宗教哲学講義

G・W・F・ヘーゲル
山﨑　純 訳

JN053511

講談社学術文庫

Georg Wilhelm Friedrich Hegel
Vorlesungen über die Philosophie der Religion.
Teil 1. Einleitung. Der Begriff der Religion,
Teil 2. Die bestimmte Religion. In zwei Bänden: Textband(a),
Anhang(b),
Teil 3. Die vollendete Religion.
Hrsg. von Walter Jaeschke,

目次

宗教哲学講義

ヘーゲル　宗教哲学講義（一八二七年）

D・F・シュトラウス
ヘーゲル「宗教哲学」講義（一八三一年）の要約

凡　例

一　本書の底本はヘーゲルの「宗教哲学」講義の新版 G.W.F. Hegel, *Vorlesungen über die Philosophie der Religion*, Hrsg. von Walter Jaeschke, Hamburg 1983-85. である。このうち、一八二七年の講義録と一八三一年講義のシュトラウスによる要約の翻訳である。

二　本文中の例えば［5／8］という数字は、ベルナーという聴講生が自分の速記録の欄外に書き込んだ日付であり、この場合であれば、「一八二七年五月八日」を意味する。すべての日付が漏れなく入っているわけではないが、講義がどのようなペースで進んだかを知る上で貴重な情報である。ちなみにこの学期の講義は三月七日に開講し、月、火、木、金の週四回、十七時から十八時の一時間ずつ行われ、八月十日に終了している。聴講生数はベルリン大学の記録によれば、一一九名であった。

三　各部各章各節の冒頭には、訳者による要約を入れた。この先の展開をこれでイメージして読み進んで頂ければ、講義の流れをたどりやすいと思う。また、この要約部分だけをつなげて読めば、「宗教哲学」講義のダイジェスト版になるはずである。

四　章節の区分と各章各節の見出しは原文通りではない。もともと講義の筆記者たちが講義の流れをふまえて、それぞれの仕方で章節に区分している。それを編者イェシュケが統一化した。本書では、原文をふまえながらも、さらに細かい見出しをつけている英語版（G.W.F. Hegel,

Lectures on the Philosophy of Religion, Ed. by P.C. Hodgson, vol. 1-3, Berkeley 1984-87. —LPRと略記）の章節区分におおむね従った。

五　訳文中の（　）は、原文中の（　）および訳語の言い換えや挿入句を表す。いずれにしても原文に属する内容である。

六　〔　〕は訳者による補足および本文中に挿入した短い注である。

七　長めの注は†印をつけて各段落のうしろに配置した。

八　［　］は、本文の一部言い換えや追加を示す異稿を、本文の通読を妨げないかぎりで、本文中に挿入したものである。末尾に、異稿の由来をVa↓Wのように、記号で示した。その意味については十を参照。

九　本文と切り離した異稿は＊印を付けて各段落のうしろに配置した。……。［＊］……となっている場合は、本文にはなく異稿にのみ見られる記述である。＊↓……↑＊となっている場合は、矢印にはさまれた部分が異稿では別の表現に置き換えられていることを意味している。

十　異稿の由来を示す記号の意味は次の通りである。

L　（ラッソン版）Hegel, *Vorlesungen über die Philosophie der Religion*. Hrsg. von G. Lasson. Bd. 1-2. Hamburg 1925-29.

W^{1}　ヘーゲル全集初版（マールハイネケ版）Hegel, Werke. Bd.11-12. *Vorlesungen über die Philosophie der Religion*. Hrsg. von P. Marheineke. Berlin 1832.

W^{2}　ヘーゲル全集第二版（バウアー版）Hegel, Werke. Bd.11-12. *Vorlesungen über die Philosophie der Religion*. Hrsg. von. P. Marheineke. 2. Auflage. Berlin 1840. (Nachdruck Stuttgart

1928)

W　はW¹とW²の両方を指す。

異稿のほとんどはこの三つの旧版のなかに編入されていたものである。それがどこから編入されたものと推測できるかを、次の記号で↓の上に示した。

An　現存する筆記者不明（Anonymus）の筆記録。詳しくは山﨑純『神と国家　ヘーゲル宗教哲学』創文社、二五三頁参照。

Bo　イグナシー・ベルナー（Boerner）の筆記録。詳しくは『神と国家』同頁参照。

Co　バウアーが第二版（W²）の編集に用いたのちに散逸したヘーゲル自筆草稿の束（Convolut）。詳しくは『神と国家』二四〇―四一頁参照。

Hu　ヨーゼフ・フベ（Hube）の筆記録。詳しくは『神と国家』二五三頁参照。

Va　新版編者が利用できた筆記録以外に旧版の編集に用いられた筆記録（Wの場合はマイヤーによるものとドロイゼンによるもの、Lの場合は筆記者不明のものとエールトマンによるもの）から旧版に編入された異稿（Varianten）。

現存する資料では必ずしも情報源を確定できないものについてはCo？　Va？　などで、また一八二七年の内容かを確定できないものについては（1827?）と表記している。異稿の出典を推定する根拠を理解するには、新版テクストの成り立ちを知らなければならない。これについてはドイツ語版の編者序文（V.3.IX-LXXXVI）および『神と国家』補論一参照。

十一　ヘーゲル関係の他の文献は次の略号のあとに巻数と頁数のみで指示した。

GW.（大全集版）G.W.F. Hegel, Gesammelte Werke. Hamburg 1968-.
　邦訳：ヘーゲル全集、知泉書館、二〇一九年―。
　『イェーナ期批判論稿』第3巻、田端信廣責任編集、二〇二〇年
　『『論理学』客観的論理学――存在論（第1版1812）』第10巻1、久保陽一責任編集、二〇二〇年（いわゆる「大論理学・存在論」）
　『『論理学』客観的論理学――本質論（1813）』第10巻2、久保陽一責任編集、二〇二一年（いわゆる「大論理学・本質論」）
　『『論理学』主観的論理学――概念論（第1版1816）』久保陽一責任編集、二〇二三年刊行予定（いわゆる「大論理学・概念論」）
　『評論・草稿Ⅰ（1817―26）』第13巻、海老澤善一、石川伊織、山口誠一責任編集、二〇二四年刊行予定
　『評論・草稿Ⅱ（1826―31）』第14巻、海老澤善一責任編集、二〇二一年
　『自筆講義録Ⅰ（1816―31）』第15巻、小林亜津子、山口誠一責任編集、二〇二〇年
　『自筆講義録Ⅱ（1816―31）』第16巻、山脇雅夫責任編集、二〇二三年刊行予定
V.（講義録選集）G.W.F. Hegel, Vorlesungen. Ausgewählte Manuskripte und Nachschriften 1983-2007.
Sk.（ズールカンプ版著作集）G.W.F. Hegel, Werke in 20 Bänden. Hrsg. von E. Moldenhauer und K. M. Michel. Suhrkamp.
　『小論理学』真下信一、宮本十蔵訳、岩波書店、一九九六年

『精神哲学』船山信一訳、岩波書店、一九九六年
『ヘーゲル批評集』『ヘーゲル批評集II』海老澤善一訳編、梓出版社、一九九二、二〇〇〇年
（↓『評論・草稿I』『評論・草稿II』）
『哲学史講義』上・中・下巻、長谷川宏訳、河出書房新社、一九九二—九三年
『歴史哲学講義』上・下巻、長谷川宏訳、岩波文庫、一九九四年
『宗教哲学』上・中・下巻、木場深定訳、岩波書店、一九九五年

日本語版への編者序文

一　宗教をめぐる論争

ヘーゲルは一八二一年に初めて、ベルリン大学で「宗教哲学」を開講し、その後あらたに一八二四、二七、三一年とくりかえし開講した。宗教哲学は、当時はまだ哲学的な諸学の模範体系のなかの既成の学科ではなかった。啓蒙主義の末期にこの模範体系の組みかえがなされたときに、哲学に対して、芸術哲学、歴史哲学、哲学史の専門教育と並んで、やっと宗教への問いが提起された。だが宗教哲学は不利な状況のなかで成立した。十八世紀の形而上学の「哲学的神学」に対する批判によって、神を認識する可能性が疑わしくなった。それとともに宗教をめぐる現実もまた疑わしいものになったからである。カントは〔形而上学ではなく〕倫理学をとおって神についての思想を獲得することを試みて、初めは大きな期待をいだかせたが、この試みもまもなく失敗であることが明らかとなった。「汎神論論争」（一七八五年）、「無神論論争」（一七九八年）、「神的事物をめぐる論争」または「有神論論争」（一八一一年）という三大論争のなかで、神について思考する正しい様式をめぐって激しい論争がなされた。この時代のほとんどすべての著名な思想家は、このうち少なくとも一つの論争に、場合によっては、さらに別の論争にも加わった。これと並行して神学の内部でも、後世に多大な影響をおよぼすような展開がみられた。聖書解釈への史料批判的方法の導入と、それにつづく神話概念の導入である。これらはまず旧約聖書に適用されたが、すぐに新約聖書にも適用されるようになった。

二　「宗教哲学」を知らずしてヘーゲル哲学を理解することはできない

ヘーゲルの「宗教哲学」はこのような論争を背景として登場した。けれども彼は論争する党派の一方の側に立ったのではなく、宗教についての新しい理解を深めた。その新しい理解とは、宗教は、精神が自己自身についての自己意識を獲得しようとする精神の一つの形態であるというものだった。この場合の「精神」とは、神話的な姿をしたものではなく、精神的な実在としてのわれわれ人間自身の本質を綜括した概念である。精神は宗教あるいは神観念のなかで、精神にとって何が真実であるかを表明するが、それとともに、精神が自分自身についていだく意識をも表明する。精神の自己意識のこのような形態として、宗教は芸術と哲学に並び立つ。しかも精神の自己意識の形態としては、芸術・宗教・哲学以外の形態はこれまでの精神生活のなかに現れてはいない。芸術よりは、宗教の方が精神の自己意識のいっそうふさわしい形態である。芸術によって神的なものを表現する際に避けがたくつきまとう自然的な諸要素が、宗教では克服されているからだ。反面、同じ理由から、宗教は哲学のレヴェルに達していないとヘーゲルは考える。みずからを概念で把握する精神にとって外的な諸契機、例えば時間的・空間的なしばりを哲学が克服しているという点で、哲学は宗教を超え出ているからだ。それゆえ宗教哲学は、芸術哲学と哲学史とともに、ヘーゲルの体系をその頂点で完結させるものである。それゆえ、宗教哲学を知ることなくしてヘーゲル哲学の十全な認識は不可能である。ヘーゲル哲学の影響史もまた宗教哲学をぬきには理解できない。

三　両刃の剣——宗教擁護と宗教批判

後期啓蒙主義は宗教を純然たる道徳へと純化したが、こうした宗教概念の狭さから、ヘーゲルの宗教解釈は宗教を解放した。その狭さとは、宗教は倫理的な義務を神の掟と理解することであって、それを一歩も超え出るものではないとする狭さであった。こうした理解は、宗教のなかで道徳的なものを超え出るような要素のすべてを取り除くことにつながる。しかもそのような要素はけっして少ない部分ではなかった。これに対してヘーゲルは宗教に、精神生活の最高の場ではないけれども、中心的な場を割り当てた。ヘーゲルの宗教解釈は宗教擁護と宗教批判を同時に遂行するものである。このような両面性は、ヘーゲルの宗教概念との対決の歴史のなかで、宗教批判的な要素を取り除くか、宗教擁護的な要素を取り除くかの二者択一的な試みへと繰り返し導き、ヘーゲル宗教哲学を伝統的な啓示信仰へと立ち返らせたり、あるいは十九世紀のその後の急進的な宗教批判へと方向づけたりした。だがまさしくこの両刃の剣にこそ、ヘーゲルの発想の特徴と実り豊かさがあるのだ。

四　包括的な比較宗教学をめざす先駆的な試み

宗教についてのヘーゲルの精神哲学的な解釈は、さらにほかの点でも注目すべき創造的な豊かさをもたらした。宗教が論じられる場合、それまでは〈異教↓ユダヤ教↓キリスト教〉という連続か、〈ユダヤ教・イスラーム・キリスト教〉という並立といった図式であつかわれてきた。ヘーゲルの宗教解釈は、古代や中世にまでさかのぼるこの二つの図式から、宗教についての考察を初めて解放した。この二つの図式は宗教を哲学的かつ歴史的に理解するのに貢献したというよりは、むしろ護教的な目的に貢献してきた。つまり自分たちの宗教〔キリスト教〕を真の宗教だと保証し、他の諸宗教を間違ったあるいはペテン的な宗教だとさえ暴くのに役立ってきた。ヘーゲルにとっても、キリスト教は「完全な」宗教に該当する。けれどもその根拠は、キリスト教のみが真の神からの啓示を受けているからなのではなく、キリスト教の神観念のなかに精神の自己意識という宗教の概念を余すところなく構成するものが主題化されているからなのだ。ヘーゲルにとって、あらゆる宗教がこの自己意識のさまざまな形態なのだということも、これに劣らず強調しておかなければならない。そのかぎりで「間違った」宗教というものはない。ただ、精神がまだ自身についてのふさわしい自己意識を得るにいたっていない、そのような諸宗教だけがありうるのだ。ヘーゲルはさまざまな宗教の全体が精神の自己知のそのような諸形態であることを明らかにしようと試みるなかで、初めて西洋の宗教的な伝統（ユダヤ教とキリスト教から影響を受けながら西洋に政治的な脅威として圧力をかけているイスラームも含む）を超えて、東洋《オリエント》の諸宗教にまで考察をおよぼした。その際、当時入手可能な宣教師や旅行家たちの報告書や最初の翻訳書、とりわけインドの諸宗教の聖典翻訳などに依拠した。もちろん今日のレヴェルで見れば、東洋の諸宗教についてのヘーゲルの理解は不十分だったと批判するのは簡単だ。けれども、そう批判する以上に重要なことは、比較宗教学が専門分野として構築される以前に、ヘーゲルがこうした試みに敢えて挑戦し、学期を重ねるごとに理解を深めていったということである。その挑戦は、精神的な本質があるところならどこでも、その精神性は自分自身についての知に達しようと努めるものだということを示そうとした。しかもその自己知への到達は、こうした自己意識の他の諸形態である芸術と哲学と一体となって、さらにそれを超えて、精神生活の他の諸形態である法と政治とも一体となって展開するものだということを示そうとした。これに匹敵するほど包括的な着想というものを宗教哲学は今日にいたるまで知らない。

五　この翻訳書の意義

それゆえ私の敬愛する研究仲間である山﨑純教授がこの領域に関する彼のこれまでの研究をふまえて、このたびヘーゲルの宗教哲学講義を日本語に翻訳するという多大な労を引き受けてくれたことは、私にとって大きな喜びである。氏はその際、宗教哲学の四つの学期の資料すべてを含むドイツ語新版のなかから、適切にも一八二七年の講義を選んだ。この学期の講義はヘーゲルが初めて宗教哲学を体系的な形式で講じきることに成功したという点で際立っているからだ。その体系的形式は先行する年度でも初めからヘーゲルの念頭に浮かんでいたものではあったけれども、それをまだ十分に具体化するに至らなかった。思想的な成熟度という点では、ヘーゲルが一八三一年に死ぬ前に行った最後の学期の講義もきっと優れていたであろう。ところがこの学期については〔本書に収録されているシュトラウスによる要約と、旧版のなかにまぎれこんでいるばらばらな記録以外に〕十分な資料がない。そこでわれわれがヘーゲルの宗教哲学を知ろうとすると、とりわけ一八二七年の講義を参照せざるをえない。ここに刊行された日本語版はヘーゲル体系のこの重要分野を日本の読者に開示するとともに、ヘーゲル哲学全体の理解をも促進してくれるものと確信している。

一九九九年新春

ベルリンとボーフムにおいて

ヴァルター・イェシュケ

（ヘーゲル研究所長）

訳者まえがき

本訳書のテクストの意義

本書はヘーゲルがベルリン大学でおこなった「宗教哲学」講義の新版（一九八三―八五年刊 G.W.F. Hegel, *Vorlesungen über die Philosophie der Religion*, Hrsg. v. Walter Jaeschke, Hamburg.）の翻訳である。これまで『宗教哲学講義』として最もよく読まれてきたテクストはブルーノ・バウアーが編集したヘーゲル全集第二版（一八四〇年）である。これがグロックナー版、ズールカンプ版に引き継がれ、邦訳『宗教哲学』（木場深定訳、岩波書店『ヘーゲル全集』一五―一七巻、一九八二―八四年）の底本ともなっている。これ以外に、マールハイネケが編集した初版（一八三二年）、ラッソン版（一九二五―二九年）がある。これらはいずれも、いくつかの異なる学期の講義記録をハサミで切ってノリでつなげる形で一書に合成したものである。ヘーゲルは一八二一、二四、二七、三一年の四つの夏学期に「宗教哲学」を講義したが、この十年間にヘーゲルの宗教思想はじつは大きく変化した。従来の諸版はこの事実を覆い隠し、ヘーゲルの宗教哲学が最初から完成していたかのような先入見を与えてきた。とくにマールハイネケとバウアーは異なる年度の講義録の異なる文脈のなかにある文章どうしをつなげる際、うまくいかない時には、つなぎの文章を挿入したり、都合の悪い箇所を削除するなどの改竄までやっている。一例として、ユダヤ教についての叙述を見てみよう。第二部の宗教史の叙述は講義全体のなかでも最も変化が激しい部分であるが、なかでもユダヤ教の位置づけは年度ごとに猫の目のように変化した。一八二四年には、ユダヤの「崇高の宗教」の限界を超える形で、ギリシャの「美の宗教」が登場する。ところが二七年には、ユダヤ教はギリシャ宗教よりも高次の宗教として評価されて、「美の宗教」より上位に置かれている。バウアー版はこの箇所を基本的には二四年の編成に従ってユダヤ教↓ギリシャ宗教の順で編集しながら、他の年度の講義録も組み込んでいる。そのため、ギリシャ宗教↓ユダヤ教という逆の順序で講義された二七年の内容を組み込むとき、「美の宗教から崇高の宗教へと高まる必然性」（本書三九三頁八―九行）という箇所から「美の宗教から」という語を削除して、何からの「崇高の宗教への超出」（前掲木場訳中巻二八〇頁八行）なのかをぼかさざるをえなかった。これは恣意的な編集のほころびを取り繕うこと以外の何ものでもない。そもそもこうした編集的な操作によって、ギリシャ宗教をユダヤ教よりも高く評価する思想と、ユダヤ教をギリシャ宗教よりも高く評価する思想とが同一のテクストに混在している。これでは思考の首尾一貫した歩みをたどることは無理である。この一例からも旧版の編集方針の破綻は明らかであろう。ヘーゲルの晩年の思想が図式的で強引な独断という印象を与えてきたのは、この種の操作が他の『講義』テクストでもしばしば行われているところにも起因している。

本書の底本の編者イェシュケはこのように問題の多いこれまでの編集方針を捨てて、各年度ごとの講義の姿を再現するよう試みた。これによって読者は、初めて本来の思考の流れにそって「宗教哲学」講義を読むことが可能となった。同時に、学期を追うごとに変化していく思想的発展をたどれるようにもなった。後者のためには新版テクスト全体を訳出すべきであろう。しかしこれはあまりにも膨大であるため、本書ではまず一八二七年度の講義録を訳出した。なぜ二七年か？　については「日本語版への編者序文」末尾（一八―一九頁）に適切な説明があるので、それをお読み頂きたい。

一八三一年講義の要約について

さらに、ダーフィット・シュトラウス（D.F. Strauss, 1808-74）が要約した最終学期（一八三一年）の講義を訳出した。シュトラウスは一八三一年十一月十日にはじめてテュービンゲンからベルリンのヘーゲルのもとを訪問したが、その四日後にヘーゲルは急逝した。講義を直接聴く機会を永遠に失ったシュトラウスは、なお半年間ベルリンに留まって、聴講生から多くのノートを借り集めて、論理学、哲学史、世界史の哲学、宗教哲学などの講義の抜粋を作った。このテキストも、もっと詳細な講義録から重要な部分を抜粋して作った要約である。講義の全体をカヴァーしているが、きわめて簡潔なまとめになっている。ヘーゲルはこの年の夏学期に「宗教哲学」を講義し、同年冬学期の開講直後にコレラでたおれたのだから、完結した講義としては、シュトラウスによる要約は、ヘーゲルの宗教思想の文字通り最終的な到達点を伝える今のところ唯一の資料である。しかもここには、人生の最後に遭遇した重大政治事件、フランス七月革命とイギリス選挙法改正の衝撃すら映し出されている。第一部の「D　国家に対する宗教の関係」（五九五―五九八頁）は、この衝撃を受けて新たに設けられた章である。この詳細がバウアー版に収録されている（Sk. 16. 236-46.『宗教哲学』木場訳、上巻末尾）。以前の学期にはなかった章であるため、この学期の記録だけで編集されていると考えられる。これは本来三一年の章別編成のなかで読まれるべきものであるため、内容の重要性を顧慮して、あえてシュトラウスの要約のなかに付録として挿入した（五九九―六一一頁）。

この要約はヘーゲル学派の分裂を誘発した『イエスの生涯』（一八三五年）の作者の筆によるものであるから、その作者がヘーゲル「宗教哲学」から何を学びとったかを直接示す資料としても貴重であろう。

異稿のあつかいについて

［　］内や＊印は異稿である。新版テクストには多くの異稿がついている。旧版のなかに編入されている記述と、別の筆記録にあってテクストが本文に採用しなかった表現、の二つに大別される。もしこれらすべてを訳出すれば、膨大な量になる。本書をスリム化するために取捨選択し、本文にはない内容を含む記述を中心に訳出した。表現は異なるが、本文の内容を出ないものは、筆記者の言葉遣いの違いであったりする場合が多く、いちいち訳出するとかえって煩わしくなるため割愛した場合がある。一八二七年講義のもの、あるいはそう思わ

れるものに限定し、三一年のものは一部を除いて割愛した。本文を通読する際、わずらわしいと感じられる読者は、〔 〕や*をいっさい無視して頂いても、本文の理解には支障がない。

注について

注は基本的には原書の編者注に基づいている。本文の通読を妨げない程度のごく短い注は〔 〕内に入れて本文中に挿入した。長めの注は†印をつけて、各段落のあとに置いた。編者注の多くはヘーゲルの講義内容の情報源や批判の対象を教えている。それは驚嘆するほど徹底した調査にもとづいている。ヘーゲルの蔵書目録などを手がかりに、ヘーゲルが出典をあげていないものも調べ上げ、用いられている版まで確定していることが多い。これらのうち、邦訳のあるものは可能なかぎり、邦訳のページ数を掲げた。ただしプラトンやカントの著作、ギリシャ悲劇など数種の邦訳があり、原書の節番号等で容易に該当箇所を見つけることのできるものについては、邦訳ページ数を省略した。また邦訳がなく原書も入手困難なものについては、ページ数を掲げても一部の研究者をのぞいて意味がないと考え、省略した。これらを詳しく研究されようとする方はドイツ語版の詳細な編者注に当たって頂きたい。

とくに第二部の異文化宗教にかかわる編者注では、中国やインド、チベット、ペルシア等々の宗教や文化についての情報源が確定され、講義の叙述に対応する箇所が原文（英語、フランス語、ドイツ語など）でしばしば長く引用されている。これらをすべて翻訳紹介すれば、それだけで膨大なものとなる。本訳書では、ヘーゲルがどのような情報にもとづいて異文化の宗教について語ったのかが一目でわかるように、使用されたテクスト名を日本語で示すにとどめた。ヘーゲルが参照しながら講義内容がそれとずれている場合などには、特に注記した。どのような文献が参照されたかは当時ヨーロッパにもたらされた異文化情報を知るうえでも貴重である。これらのほとんどは邦訳がなく、テクストそのものも入手困難なものが多い。詳しい書誌的情報を知りたい方はやはり原書の詳細な編者注を参照して頂きたい。

訳語・訳文について

訳文はできるだけ平易であるよう心がけた。わが国の翻訳には、原文の名詞形をそのまま「AのBのC」と置き換えるだけの訳文も少なくない。しかしこれだと、翻訳だけではほとんど意味が理解できなくなる場合が多い。本訳書では、原文の名詞形をできるだけ動詞的に訳して、目的格か所有格かなどがはっきりわかり日本語としてもスムーズに読み通せるように配慮した。

一つの原語を一つの訳語で訳しとおすことは考えず、文脈に応じて適宜に訳しわけた。これまで「業界用語」として通用してきた訳語でも、一般読者にはわかりにくいものは採用しなかった。例えば、Verstand は「悟性」と訳されるのが通例であるが、ここでは「固定的な知」、「分析的な知性」などと訳した。ヘーゲルはこれを、動的で総合的な弁証法的な知に対して、啓蒙主義的な分析的な知を批判的に指す場合が多いからである。とくに批判的な意味合いがない場合には「分別」または「知性」とした。Sittlichkeit は「人倫」という訳語でヘーゲル研究者のあいだでは広く普及しており、長年なれ親しんだ者には、Moralität（道徳）と区別する上で便利ではある。けれどもなにぶん古臭く、一般的には死語となっている。文脈に応じて、「共同倫理」、「倫理的な共同体」、「国家共同体」などと種々に訳しわけた。「対自」、「即自」、「即かつ対自」というヘーゲルの論理を表す基本語も研究者のあいだでは普及しているが、幅広い読者層にとっては、意味不明な言葉である。an sich, für sich, an und für sich にはさまざまな意味が同時に込められていることが多いため悩んだが、an sich は「潜在的に」、「それ自体」、「そのもの」など、文脈のなかでもっとも中心的な意味をあげ、同時に込められている意味を（　）内に示した。同じように、für sich は「それだけ単独に」、「自分で」、「自分にとって」、「顕在的」、「自覚的」などとした。an und für sich は「端的に」「絶対的に」「潜在的にも顕在的にも」などとした。「表象（Vorstellung）」という訳語も普及しているようであるが、一般読者が出会ったとき、イメージの湧かない言葉である。できれば用いたくなかったが、ヘーゲルは Vorstellung（表象）と Bild（心像またはイメージ）とは違うという趣旨のことを言っている（一二三頁）ので、「イメージ」という訳語で統一もできず、一部の箇所で「表象」を用いた。目的語がある場合には、「……を想い浮かべる」等とし、Vorstellung が単独で用いられているところでは、「観念」や「表象」などとした。

ヘーゲル　宗教哲学講義（一八二七年）

序論

はじめに、宗教は人間が取り組むことのできる最高のテーマであることを確認した上で、次の三つのことを述べる。

A　**哲学と宗教とは絶対的なもの**（真理、神）**という同じ対象をあつかう**。哲学と宗教は一般に考えられているように対立するものではなく、両者の結合の方がむしろ古代末期から中世にいたるキリスト教神学の伝統であった。両者が対立的にとらえられるようになったのは近代になってからである。ところが、最近は、次に述べるような事情から、再び哲学が宗教を囚われなく考察できる状況が出てきた。

B　**時代の要求に対する宗教哲学の関係**では、宗教哲学を講じるにあたって、現在の宗教思潮に対する自身の立場を次の二面から明らかにする。

（1）内容的には、近年の神学は贖罪者としてのキリストに関心を集中させ、長年キリスト教教義の中心にあった三位一体論などにはほとんど関心を示さなくなった。その分だけ哲学はこれらの教義内容について自由に考えることができるようになった。

（2）形式面では、神について内面的に直接的に確信するという形式が重視されるようになった。キリストや聖人たちが奇蹟を行った、といった歴史的な証言や外的な権威による裏付けは意味をなさなくなる。意識が直接的に神の存在を確信するということが原理となった。この点では「精神による精神の証言」というこの講義の立場と合致し、宗教哲学の原理がその分だけ同意を得やすくなったという利点が生じている。

ただし直接知は、神があるということを知るだけで神が何であるかは認識できないという立場をとる。これによって神学は最小限の教義にまで切り縮められてしまった。この傾向はもとはといえば、認識する前に認識を吟味するというカントの認識批判に端を発する。認識を理性的に検討することは、それ自体が理性的な認識なのであるから、認識する前に理性を検討するというのは、「泳ぎをおぼえるまでは水に入らない」と言うに等しい。さらに言えば、神が何であるかは認識できないという立場は、有限なものと無限なものとを対立的に固定してしまう。けれども有限と無限、直接性と媒介性、主観と客観とは互いに異なっていると同時に、互いに不可分でもある。これら両項の差異が否定的に保存されるような合一を理解しなければならない。

C　**講義の概観**を前もって示す前に、学知全体のただひとつの方法は「自分みずからを説明する概念」しかないことを確認する。萌芽のなかに樹木全体の発展が含まれているように、概念のなかに学的認識の全体が含まれている。それゆえ宗教哲学も、まず第一部で宗教の概念そのものをあつかう。第二部では、この概念がさまざまな特質規定を受けて、宗教史上に、そして東方、ギリシャ、ユダヤ、ローマの各地域で、もろもろの具体的な宗教形態として現れる姿を考察する。第三部では、このような制約され限定された宗教の諸形態から自己自身に立ち還《かえ》り宗教の理念を絶対的に実現した宗教〔キリスト教〕を考察する。

はじめに

われわれが考察しなければならないのは、まず第一に哲学一般に対する宗教哲学の関係であり、第二に時代の要求に対する宗教哲学の関係である。

考察の対象は宗教である。これは人間が取り組むことのできる最高のテーマであり、絶対的な対象である。それは永遠なる真理と永遠なる徳の領域であり、思想のあらゆる謎と矛盾が解消され、心情のあらゆる苦痛が取りのぞかれる領域である。それは永遠の平安の境地であって、この境地に達してこそ人間は人間なのである。人間はもともと精神であるという特質から、人間が活動しその成果を楽しむ営みの無限に錯綜したいっさいが生まれる。人間にとって価値があり尊敬に値するすべてのもの、人間が自分の栄誉と誇りと考えるすべてのものは、その究極の中心点を宗教のなかに、すなわち神についての思想と意識と感情のなかにもっている。神はあらゆるものの始まりにして終わりである。神はあらゆるものに生命《いのち》と精神を吹き込む聖なる中心である。宗教はそれ自身の内部に対象をもっている。その対象とは神のことであるから、宗教とは神に対する人間の意識の関係である。宗教の対象は端的に独立自存している。それは絶対的な究極目的、絶対的に自由なものだ。それゆえ、この究極目的に取り組んだら、もはやこの対象以外に他の究極目的などもちえない。他のあらゆる目的はこの究極目的のなかでのみ決着がつけられる。究極目的にこのように思いを集中することによって、精神はあらゆる有限性から解放される。それこそが人間の真の解放、自由そのものであり、真理を真に自覚することである。

あらゆるものははかなく過ぎ去って行く。この世の有限な生はあたかも砂漠のようなものだ。これに対して、あの究極目的に思いを集中することは、自由と真理を意識することである。それが感情にはたらけば幸福感となる。それを活動としてみれば、神の名誉と栄光とを讃えることである。このような宗教の概念は普遍的なものだ。あらゆる民族、あらゆる人間をつうじて、こうした位置を宗教は占めているからだ。宗教への専心は世界のいたるところで、現世のなかの日曜日〔聖なる日〕とみなされている。精神のこの領域にはじつに忘却《レーテ》の河が滔々と流れていて、精神《プシュケー》はそこから水を飲む〔例えば、プラトン『国家』第十巻621a-c〕。「浮世の浅瀬†」のあらゆる苦痛は、このエーテルのなかで消え失せる。それは帰依とか希望という感情のなかに生じる。あらゆるものは過去となる。あらゆる悩みは宗教のなかで消え失せ、人間は宗教のなかで幸福を感じる。運命の苛酷さがすべて夢幻と化して、現世のすべてが光と愛のなかに溶解する。それははるか彼方のことでなく、眼の前に現れている働きであり、確信であり、享受である。宗教が未来の事柄へとそらされることがあるが、それでもなお宗教は現在の生のなかで現実へと光芒《こうぼう》を放ち、宗教のこうしたイメージが現実のなかで生き生きと働く実体をなしている。これが人々が抱いている宗教の一般的な内容である。こうした内容を次に考察してみよう。

† シェイクスピア『マクベス』第一幕第七場「永遠の時の流れの中の小さな浅瀬に過ぎんこの世」(木下順二訳、岩波文庫、一九九七年、三六頁)。ヘーゲルはおそらくヨアヒム・エッシェンブルクによる独訳(一七七九年)から引用している。

A　哲学と宗教は同じ対象をあつかう

いま「考察する」と言ったが、この言い方はなにか歪んだ関係を含んでいるということをすぐ注意しておかなければならない。というのも、考察という〔主体の〕働きと、考察する対象〔客体〕について語るとき、われわれは両者を互いに依存しない自立した不動のものとして区別し、互いに対立しあう両面とするからだ。例えば、空間は幾何学の対象だが、幾何学が考察する空間図形は、考察する主体の精神からは区別されている。空間図形はたんに主体の精神の対象にすぎない。同じように「哲学が宗教を考察する」と言うとき、両者は区別された関係のなかに置かれていて、互いに対立したままである。そうではなく、むしろ哲学の内容とその要求・関心は宗教とまったく共通だと言うべきである。宗教および哲学の対象は永遠なる真理すなわち神であって、神と神についての説明をおいてほかにない。哲学が宗教を説明しているときには、ただ自身のことを説明しているだけで、自身のことを説明しているときには、宗教のことを説明している。真理というこの対象を貫いているもの、こうした営みのなかで主観的な意識を浄化して真理を享受するもの、それは思考する精神である。このように宗教と哲学とは一つになる。実際、哲学はそれ自身が宗教と同様、礼拝（祭祀）である。とはいえ、宗教と哲学とはそれぞれが独特な仕方で礼拝なので、それについてさらに詳しく述べなければならない。両者は、神をあつかう際の独特な仕方で区別される。そこに、哲学が宗教をとらえ理解することの困難があったり、両者が合一するのがしばしば不可能に思えたりもする。そこから、宗教が哲学を危惧したり、相互に敵対的な構えが生じたりもする。神学者がしばしば考えるように、哲学は宗教の内容を毀損し冒瀆するように見える。古代〔ギリシャでソクラテスを死に追いやったとき〕に見られたような宗教と哲学との対立が、今でも当然のように受けとめられ、両者の統一よりも、むしろ対立の側面の方が認められている。けれども、従来よりもいっそう囚われなく、いっそう首尾よく、いっそう恵まれた形で、哲学が宗教に取り組める時代がやってきたようだ。

哲学と宗教とのこうした結合はなにも新しいことではない。それはすでに秀れた教父たち〔テルトゥリアン、アレクサンドリアのクレメンス、オリゲネス、アウグスティヌスら〕に見られた。彼らはとりわけ新ピタゴラス派、新プラトン派、新アリストテレス派の哲学を深く学んできた。彼らの一部は哲学から始めてキリスト教へと移行したし、またある者は精神のあの深みをキリスト教の教理に適用した。彼らの哲学的教養のおかげで、キリスト教会は教理の第一歩を踏み出し、教義学を発展させることができた。たしかに、キリスト教が一定の内容と教義をもったことはかえって損失であったという言い方もしばしばなされる。教義と宗教的情感との関係や敬虔な祈りへの純心な集中との関係については、のちに〔第一部B〕詳しく言及しなければならない。

神学と哲学との同じような結合は中世にも見られた。スコラ哲学は神学と同じものであった。神学は哲学であり、哲学は神学である。思考による概念的な認識が神学には不利だと考えられることはほとんどなく、むしろ思考は必要であり、神学自身にとっても本質的なものとみなされていた。アンセルムスとかアベラールといった偉大な人々は哲学から出発して神学を形成した。アンセルムスは言う。「われわれが信仰を固めたときに、その信仰内容を知的（概念的）にも理解しようとしないのは怠慢だと私は思う†」。

† アンセルムス『なぜ神は人間になりしか（Cur Deus homo）』第一巻一、『アンセルムス全集』古田暁訳、聖文舎、一九八〇年、四四九頁。ヘーゲル『哲学史講義』下巻七〇頁参照。

B　時代の要求に対する宗教哲学の関係

古代に見られた宗教と哲学との対立はその後ふたたび先入見にまでなってしまったが、現代は哲学と神学との結合に再び好都合な時代のように思われる。それについて二つの事情に注目すべきである。第一は内容に関するもの（1）、第二は形式に関するもの（2）である。［＊］

＊〔神を認識できないとする〕立場はありとあらゆる低劣な分派に枝分かれしたのちにも、それに特有の盲目的な思い上がりから、はばかることなく哲学に歯向かう。哲学こそ精神をあのように不名誉きわまる状態から解放し、宗教をあの立場でこうむらなければならなかった最も深い苦境から再び引き上げたにもかかわらず。いつまでもあの空しいレヴェルにのみくつろいでいる神学者たちでさえも、あつかましくも、哲学が破壊的な傾向をもつと告発した。そのような神学者の方こそ、破壊されうるような内容をもはや何ももたないのにである。こうした単にいわれなき非難というだけではなく、むしろ軽率で良心を欠くとさえ言える非難をわれわれがしりぞけるためには、むしろ神学者の方こそ宗教の具体的な内容を解体するために、あらゆることをしてきたということをちょっと眺めてみればいい。①彼らはまず教義を後景に追いやって、教義なんてどうでもいいもの

だと宣言した。あるいは、②教義を見知らぬ他人が定めたもの、たんなる過去の歴史的な現象にすぎないとみなした。そこで、われわれが教義の内容面に注目して、哲学がこの内容を再建し、神学による荒廃からこの内容を安全な場所に移すさまを考察したうえで、③〔思考ではなく感情を重視する〕あの立場の形式面を振り返ってみれば、このような形式から哲学に敵対する彼らの傾向は自分自身について無知であることに気づくだろう。彼らは〔宗教について考えたり論じたりするとき〕自分でもほかならぬ哲学の原理を潜在的に含んでいることにまったく気づいていないからだ。

Co→W^2

（1）まず内容に関して、哲学によって実定的な啓示宗教の教理内容が抑圧されキリスト教が哲学によって破壊されるという非難がいつも浴びせられてきた。哲学にはいわゆる自然宗教と自然神学のみが認められてきた。すなわち、理性の自然の光が神について与えることのできる内容だけが認められて[†1]、哲学そのものはいつもキリスト教に対立するものと見られてきた。けれども、哲学が教義を破壊するという非難は現在では取り除かれた。しかもこのことはここ三十年から五十年間の現代の神学の側からなされたことであった。近年の神学のなかには教会宗派の以前の教義体系などほとんど残っていない。少なくとも以前に重視されていたほどには重要視されていない。また、それらに代わる別の教義も立てられてはいない。かつては本質的とみなされていた教理に対する広範なほとんど普遍的ともいえる無関心が、一般公衆の宗教心のなかにまで現れてきていることがすぐに想い浮かぶ。キリストはなおも贖罪者・救済者として信仰の中心とされてはいるが、かつて正統主義の教義で救済の業《わざ》と呼ばれたものは、今ではきわめて心理的で散文的な意義をもつようになってしまった。古い教会教理は残っていても、単なる見かけだけになっている。「キリストのためならば、おのれの命をも物ともしないという性格の大いなるエネルギーと不動の確信」[†2]は、これまでの教義にではなく、キリストのなかにのみ見いだされ、いまやキリストがひろく信仰の対象となっている。キリストは人間の行為の地盤に引きずり降ろされた。それは卑俗ではないにせよ、人間的な行為であって、ソクラテスのような異教徒でさえもなしえた行動様式の圏内に引き降ろされたのだ。多くの思慮深い篤信家にとってはキリストが信仰の中心であり続けたにしても、三位一体への信仰や聖書が伝える奇蹟などのきわめて重要な教理には、彼らは関心の多くを失ってしまったように思えてならない。

†1　啓示宗教に対立する「自然宗教」という概念は、啓蒙主義に共通するものである。とくに、チャーベリーのハーバート卿（Baron Herbert of Cherbury, 1583-1648）（ただしヘーゲルが彼のことを知っていたかは不明）、ライプニッツ、ヴォルフ、ヒュームなど。第二部（二〇一頁）でヘーゲルは自然宗教を啓蒙主義の帰結、ならびにカント的な批判の帰結として理解している。「自然宗教」という概念に対するヘーゲルの批判は、ヒュームの『自然宗教に関する対話』一七七九年（福鎌・斎藤訳、法政大学出版局、一九七五年）によって刺激された可能性がある。その証拠はないが、ヘーゲルはたぶんヒュームのこの著作を知っていたであろう。「理性の自然の光」という概念は、啓蒙主義を超えてベーコン、トマス・アクィナス、キケローにまでさかのぼる。

†2　典拠不明。合理主義的な釈義・教義学のなかでヘーゲルが知っていた定式化をこのようにまとめた可能性がある。

教養ある公衆の大部分、いや多くの神学者にむかって、それらの教理を永遠の至福にとって是非とも必要と認めるか、あるいはそれらを信じないと永劫の断罪を招くのかを胸に手をあてて答えなさいと言ったら、その答えはわかりきっている。「永劫の断罪」とか「永遠の至福」ということすら、いわゆる上品な社会では用いてはならない言葉である。そのような表現はギリシャ語のアレータ（*ἄρρητα*）、すなわち口に出せない言葉（禁句）とされている。たとえそのような事柄を否認しないにしても、それについて説明するのはやはり憚られることであろう。また、キリスト教の本義が述べられあるいは根底に置かれているとされる今日の教義書や信心の書や説教集を読んで、神学的文書の大部分のなかで三位一体などの教理が正統信仰の意味で曖昧さもごまかしもなく語られているか判断せよと言われたら、どう答えるべきかは問うまでもない。もはや神学はキリスト教の実定的教義にそのような重要性を置いていないし、これらの教義を解釈によってあのような霧のなかに置いて曖昧にしている。†だとしたら、それによって、教義を哲学的に理解する上での一つの障害がなくなったわけだ。つまり哲学が教会教理の敵対者とみなされたことからくる障害が消えたのだ。教会教理への関心がかくも著しく低下すれば、哲学はこれに対して囚われない態度をとることができるからである。

† 三位一体の教義をなおざりにする傾向は理神論や新神学（Neologie）にまでさかのはる。例えば、W・A・テラーの『キリスト教信仰教本』（一七六四年）やJ・G・テルナーの『神学研究』（一七七二―七四年）など。シュライアーマッハーの『キリスト教信仰（信仰論）』（初版一八二一―一八二二年）のなかにも、同じ傾向が見られる。「ひとつの不可分の神的な実在のなかに、同じ本質、同じ威力をもつ三つの位格が成り立つという教会の教説は、他の本来の教義と同じ価値をもつとはみなしえない。むしろ三位一体の教説は追加的な命題なのだ」（Bd. 2. § 187）。『信仰論』は千頁を越える大作であるにもかかわらず、三位一体の教義に対して、わずかに結論部の五節（§ 186-190）、二二頁しかあてていない。ヘーゲルがこれに驚いたことが、この書を読んだときの抜き書きノートからうかがわれる（*Berliner Schriften.* Hrsg. von J. Hoffmeister. S. 684 ff.）。山﨑純『神と国家』一三四頁参照。

さらに当時、覚醒神学の旗手として頭角をあらわしてきたトールクへの批判もここには込められている。彼の『罪悪と贖罪者についての教理』（第二版一八二五年）は「三位一体論はさまざまな教理神学が配置された派手な枠組み（木組みの家）ではあっても、信仰が基礎づけられる土台ではない」と述べている。これをヘーゲルは『エンツュクロペディー』第二版への序文（一八二七年）のなかで批判している（『小論理学』真下・宮本訳、四一―四二頁）。これに先立って、トールクがヘーゲルに『東方後期の思弁的三位一体論』（一八二六年）を献本したことへの礼状のなかで、ヘーゲルは三位一体論の軽視に不満を表明している（Br. 4-2. 60f.）。このへんの事情については、『神と国家』九二―九七頁参照。

これらの実定的な教義がすでにその重要性を失ってしまったことを示す最大のしるしは、これらの教理がとりわけ歴史的にあつかわれるという点に見られる。歴史的なあつかい方について言えば、それは他人が獲得し広めあるいは撲滅しようとした思想や表象にかかわり、他人に属する確信、自分の精神には生じない出来事にかかわる。それらはわれわれの精神の要求をかきたてず、むしろ関心の的は他人がどうしたのかという偶然的な成立の事情にある。これらの教理が精神の深みから絶対的に成立してくる仕方、その必然性と真理性は忘れられている。であるから、「御自身はどんな確信をおもちですか」と問いかけられると、びっくりしてしまう。歴史的な研究はこれらの教理に非常に熱心に取り組むけれども、内容に取り組むのではなく、それをめぐる論争の外面性、それと結びついた情念などをあつかっている。教義学がこうした歴史的な研究に専念するようになったことで、哲学は教義を貶めているという非難にもはや出会う必要がなくなった。むしろ哲学は、今日主流となっている神学以上に教会教理からあまりに多くのものを採り入れすぎたという非難を受けているのだ。

（2）神学と哲学との結合にとって再び好都合となってきたと思われるもう一つの事情は、形式にかかわるものだ。これは、神が人間の意識に直接啓示されており「宗教とはまさしく人間が直接、神について知ることだ」という時代の確信にもかかわる。この直接知が宗教にまで成り上がるが、しかしまた理性とも信念†とも名づけられる。とはいえ教会がいうのとは別の意味での信念である。神が存在するという確信、神が何であるかについての確信は、すべて人間におけるこの直接的な啓示に、つまりこうした信念にもとづくと考えられている。このような一般通念はいままでは先入見にまでなっている。最高の宗教的内容は精神のなかで人間に知られ、精神はこの私の精神のなかに現れるということ。信念は私の関心、私の最も内面的な関心、私の最も深い固有性にその根をもっていて、私の関心はそれから切り離しがたいということ。これらがそのなかには含まれている。これこそが、宗教的信仰はけっして外から由来するのではなく私のなかで直接に直観し知ることであるとする近年の定義の一般的な原理なのだ。これによって、すべての外的な権威、他から得られるすべての裏付けはしりぞけられる。私が至当と思うことは私の精神のなかにその裏付けをもたなければならない。たしかにきっかけは外から与えられるかも知れない。しかし外から始まったということはどうでもよい。私が信じるには、私自身の精神の証言が必要なのだ。

† ヤコービ『スピノザの学説に関する書簡』「人間のあらゆる認識と活動の基本要素は信である」（田中光訳、知泉書館、二〇一八年、一八二頁）。『エンツュクロペディー』第六三節注解（『小論理学』一九五—一九七頁）参照。

先に述べた宗教的な内容がこのように精神のうちに現存し現れているということが、いまでは哲学的認識そのものの明白な原理となっている。つまり、われわれの意識が直接、神についてて知り、神の存在についての知が人間に端的に確信されているということが原理となっている。こうした命題を哲学はけっして拒否しないだけでなく、むしろこの命題を哲学自身の根本規定とする。このように哲学そのものの根本原理が一般的な先入見として通念のなかに生きているということ。したがって哲学の原理がその分だけ一般の教養によって同意を得やすくなっているということ。このことはともかくも一つのもうけものであり、一種の幸運とみることができる。[*]

* このように哲学が一般的な精神状況のなかで、たんに外面的に恵まれた地位をえた……というだけではなく、哲学の原理がすでにおのずから精神のなかに、そして心情のなかに前提として生きているとすれば、哲学は内面的にも恵まれた地位をえたことになる。理性こそ精神の場所であり、そこにおいて神は人間にみずからを開示するということは、哲学にも一般的な教養にも共通しているからである。Co↓W²

[5/8] ただし直接知においては、宗教的内容が精神にあらわれているというこの原理がこうした単純な規定や素朴な内容にけっしてとどまってはいない。この点に注意しなければならない。直接知は自己をたんに肯定的に言い表すだけではなく、むしろ素朴な知は認識に対して論争を挑むようになって、とりわけ神を概念的に認識することに歯向かってくる。神をただ信じるとか、直接に知るということを求めているだけではないのだ。神の意識が自己意識に結びついているという〔正当な〕主張がなされているだけではなく、神に対する関係はただ直接的なものに限るという〔誤った〕主張がなされる。神と人とのつながりの直接性だけが、媒介というもう一方の規定を排除する形で受けいれられ、哲学に対しては、それは一つの媒介知だから有限なものについての有限な知にすぎないと陰口をたたいている。

もっと詳しく言えば、この種の知の直接性は「神が在ることは知られるが、神が何であるかは知られない」というところに立ち止まるべきだと主張する。したがって神観念の内容の拡張と充実は拒否される。けれども、「認識する」と私たちが呼ぶものは、或る対象について、それが存在することを知るというだけではなく、それが何であるかをも知るということなのだ。しかも、それが何であるかを知っているとか、それについて或る種の知識や確信をもっているというだけではなく、そのもろもろの特質や内容について知識をもっていて、その知識が充実した確かなものであって、それらの特質の連関の必然性を知っているということである。

神について直接知は次のように主張する。「神はけっして認識されえず、ただ神が存在するということだけが知られるにすぎない。しかも神の存在はわれわれの意識のなかに見いだされる」†。けれどもこの主張の論争的な側面は当面わきにおいて、直接知の主張のなかにあるものが何であるかをもう一度考察してみよう。直接知が主張したいことは、〔神認識の〕内容に証言を与えるものがわれわれ自身の精神そのものであること、この内容はけっして外から来るのでも、あるいは教義によってのみ生じるのでもないということだ。むしろ、それについての確信はわれわれ自身の精神と意識の同意にもとづくのであり、精神はこの内容を精神自身のなかに見いだすということだ。

† ヤコービに影響された当時の哲学にひろく見られた立場。それは、カント『純粋理性批判』の次の叙

述にさかのぼる。人間の認識は、経験の領域を超え出るならば、確実な成果を何ももたらさず、空想物を与えるだけである（B269）。したがって、神の存在は理論的認識には実証不可能である。――さらに、神の存在を実践理性の要請として想定する『実践理性批判』の説と結びついて、同時代の哲学および神学のなかに、神の存在は想定できても認識できないし、神をも認識できないとの見方が流布するに至った。この見方はヤコービの『スピノザの学説に関する書簡』（一七八五年）やフィヒテの『無神論という告発に対する法廷弁明書』（一七九九年、『フィヒテ全集』第一一巻、久保陽一訳、哲書房、二〇一〇年）にも見られる。『哲学史講義』のなかでヘーゲルは、この傾向に関連して、フィヒテとブーターヴェクにも言及している（下巻四六三、四七二―四七三頁）。

もう一つの面は、意識がみずからもこうした内容にかかわり、意識とその内容である神とが不可分であるということである。神について知るというこうした関係全般、意識がこの内容から不可分であるということ、これが一般に宗教と言われるものだ。しかし直接知のあの主張には、われわれは宗教そのものの考察に立ちどまるべきであるということ、もっと正確にいえば、神に対するこうした関係の考察に立ちどまるべきであるということも含まれている。つまり、神を認識することにまで進んではならない、神自身のなかで本質的であるような神的な内容にまで進んではならない、と主張している。これと同じ意味で、さらに、われわれはただ神に対する自分の関係のみを知ることができるのであって神自身が何であるかは知ることができない、一般に宗教と言われるものには神に対するわれわれの関係だけが含まれている、と言われる。† その結果、われわれは今日ただ宗教についてのみ語られるのを聞き、神の本性が何であり、神はそれ自身において何であるのか、神の本性をどのように規定しなければならないかについての探究が見つからないという状況が生じている。神そのものはけっして考察の対象とされないし、認識の対象として眼前にあるわけでもない。この対象の内部に知が拡がることはない。神に対するわれわれの関係だけがわれわれにとっての対象であり宗教そのものだ、というのだ。宗教そのものについては話題になっても、神が話題になることはなく、少なくとも宗教ほどには話題になることはない。神の本性についての詳述はますます少なくなってきている。人間は宗教をもたなければならないということだけは言われる。哲学と国家に対して宗教はどんなかかわりをもつのか。これについては語られても、神について語られることはない。

† 人間は神を認識できないとする当時の主張からヘーゲルが導いた結論。神については、敬虔な自己意識に与えられた仕方でしか語れないとするシュライアーマッハーの『信仰論』(Bd. 1. § 43 ff.) の方法を示唆している可能性がある。

しかし、直接知の命題のなかに含まれているもの、この命題によって直接的に語られているものを取り出してみると、神はまさに意識の関係のうちに言い表されていて、しかもこの関係は[*1→]不可分のものであるということになる。言い換えれば、われわれは両者を考察しなければならず、この不可分のものがわれわれの考察の本質的な対象なの[←*1]だ。この対象はそれ自身が哲学的な理念であって、けっして哲学的な概念に対立するものではない。哲学的な概念から見れば、神は精神であり具体的なものである。さらに精神とは何であるかと問うならば、精神についての根本概念は、それを展開すれば宗教論の全体となるようなものである。さしあたってわれわれの意識に「精神とは何か」を問うてみるならば、精神とは自己を顕《あら》わにすることであり、精神自身にとってあることである。精神は精神に対してある。しかもたんに外的・偶然的な仕方でそうなのではなく、むしろ精神は精神に対してある限りでのみ精神なのだ。このことが精神自身の概念をなしている。あるいは、もっと神学的に表現すると、神の精神は本質的にその教団のうちにあり、神はその教団のうちにある限りでのみ、精神なのである。[＊2]

＊1　ならない。もちろんわれわれは、一方に主観的な意識を、他方に神を客観的な対象として置いて、両者を区別することができる。しかもこれは、宗教論全体を貫く一つの本質的な区別ではある。同時にしかし、こうも言われる。両者の間には不可分の本質的な関係があって、この関係こそが重要なのであり、人々が神について考えたり思いついたりすることが問題なのではない、と。L≒W（1827?）

＊2　世界という感覚的にとらえられる宇宙は傍観者をもたなければならず、精神にとって存在するのでなければならないとかつて言われた。そうであるならなおのこと、神は精神にとって存在するのでなければならない。Co↓W2

それゆえ直接知が含んでいるもののなかに意識と神との不可分の統一が言い表されているとき、その不可分性のなかに、精神の概念のうちにあるものが含まれている。すなわち、精神は精神自身に対してあるということ、主観をただその有限的なあり方と偶然的な生活にしたがって一面的に考察してはならず、むしろ主観は無限な絶対的な内容を対象にもつということが含まれている。主観がそれだけで主観的な個体そのものとして考察されるならば、主観は有限なものについての有限な知のなかで考察される。同じように、神をそれだけ単独に考察すべきではない。そのようなことはできず、神は意識との関係においてしか知ることができないからだ。

*↓いま述べたことが時代の基本的な特質である。それは、宗教すなわち神についての知に明確にかかわる際の時代の直接的な観念と確信とみなしうるものである。このような時代の確信の根底には〔われわれの〕宗教哲学の基本要素と根本概念が結びついている。それゆえ哲学の邪魔になると勘違いされたこうした見解に対して論争しわれわれの学のために道を開けてやる必要などないのだ。直接知の主張はたしかに哲学的な認識とは対立している。↑*けれども何が哲学に対立しているかについてはまったく無自覚である。哲学とは反対のことを述べ哲学に反駁すると称して哲学にもっとも鋭く対立していると思っている直接知の主張の方でも、その内容とそれが表している規定をよく見てみれば、実は彼らが闘っている相手〔宗教哲学〕と一致していることが分かるであろう。

＊　実際、今日の時代の教養のなかに哲学的な根本概念が一般的な基盤要素（エレメント）として現存しているのが見られる。そしてここで明らかなことは、いかに哲学とはいえ、その時代の一般的な特質とは端的に異なる何かであるという形で時代を超越しているのではなく、むしろ一つの精神が現実と哲学的な思考を共に貫いていて、ただ、哲学的な思考は現実についての真実の自己理解であるというにすぎないということである。別の言い方をすれば、時代とその時代の哲学はある単一の運動によって運ばれていく。両者の違いはただ、哲学が、原理を正当化するものとして、一般的な安定化と和解の働きをするのに対して、時代というものの特性はまだたまま存在しているように見えて正当化されておらず、真に本質的な内容に対してもまだ非和解的で敵対的な関係に立つことがありうるという点に存する。ルターの改革が信仰を初めの世紀〔原始キリスト教の時代〕に連れ戻したように、直接知の原理はキリスト教の認識を最初の要素にまで還元してしまった。けれども、こうした還元がまず初めに揮発させてしまったものが本質的な内容だったとすれば、哲学こそは直接知のこの原理を内容として認識し、この内容をそれ自身のうちで真に拡張していく方向へと導くのだ。Co↓W²

このように絶対的に分離しているとされる隔壁が透明になり、根本を究めていくと、最大の対立と思われるところに絶対的な一致が見いだされるということこそが、哲学研究の成果なのだ。

さらに、この時代の見方は内容がそれ自身のなかで拡張することに反対する。神は信仰されるべきものであるが、神が何であるかは一般に知りえない、神についてはっきりした知識をなに一つもつことはできない、と主張する。はっきりした知識をもつことを認識と言う〔から、神は認識できないというわけだ〕。こうした理由から神学そのものが最小限の教義に切り詰められてしまった。神学のなかで数多くのおしゃべりや学識、理屈が繰り広げられても、その内容はきわめて貧弱なものになってしまった。教義学と呼ばれるものの普及に歯向かっているのは、とりわけこうした傾向である。このような言い回しは宗教改革の目的とされたものと比較できる。宗教改革では、カトリック教会の位階制のひろがりに対して闘いが挑まれ、キリスト教を原始キリスト教の単純な素朴さに連れ戻すことが目標に掲げられた。その結果、プロテスタント教会の教義が最小限のものに縮減されてしまった。これが近代の根本的な特徴である。たとえ神学がその知識を最小限に縮めたにしても、神学はなおも多くの事柄について、例えば倫理や人間の関係について知りたいという要求をもっている。さらに、神学はテーマをひろげて行き、歴史的な出来事を物語る雄弁さのなかに高い学識の達成を示している。その際、主体は自分自身の認識にかかわるのではなく、歴史的な出来事を伝える他人の認識や観念にかかわる。神学のこうした営みは他人の真理をあつかうから、これを〔他人の財産を登記する〕会計事務所の帳簿係の仕事になぞらえることができる。あらゆるものを包括する知性の国へと自己形成することは理性に本来固有の関心であって、これをわれわれは宗教哲学の論述のなかで見なければならない。大事なことは、この自己形成が恣意や偶然にゆだねられるのではなく、事柄と内容の必然性にしたがって理性的に生じるということなのだ。

神学はみずからの内容を「神が存在する」という知識だけに縮減してしまった。それゆえ、神学がその対象を倫理的な共同体と道徳にまで拡張するときには、この拡張そのものが認識によって生じるのではないとされるために、その拡張は必然性にしたがってではなく、勝手な思いから生じる。神学的な理屈は何らかの前提を立てて、固定的な知の自己反省的な関係にしたがって展開される。このような固定的な知の関係をわれわれは教養形成を通じて自身のなかで発達させてきたけれども、この関係が批判されることはなかった。このことが神学という学問にも当てはまる。これに対して、概念による展開はけっして偶然性を許さない。人々が概念による展開に熱心に反対するのは、概念による展開が思いつきや個人的な考えによってではなく事柄の必然性にしたがって議論を進めるというしばりをかけるからだ。

神学の理屈はさまざまな前提をもっているが、それらの前提そのものに対しても反駁は可能である。にもかかわらず、キリスト教会の理屈っぽい神学は確固たる支えをもっているかのように振る舞う。その支えはわれわれ〔プロテスタント〕の間では、聖書であり、聖書の言葉である。しかし同時に「文字は殺す」〔第Ⅱコリント三・6〕等の格言が重要だとして引かれることもある。つまり言葉をそこに書いてあるがままに受け取り、言葉や文字を聖書の文字のままに理解するのではなく、その精神を理解しなければならないと言われる。これら聖書の言葉から非常に対立した教義が導き出され、同じ文字からきわめて異なった見解が導かれたということは歴史的に知られている。それは精神が文字を理解しなかったためである。神学は文字に訴えるが、本当の根拠は精神なのだ。

聖書の言葉は体系的でない話であり、それがキリスト教の最初のあらわれ方であった。その内容をとらえ説明するのは精神である。そのさい大事なのは、その精神がどのような精神であるのか、それが真実の正しい精神であるのかということだ。外的なもろもろの前提にもとづいてではなく、それ自身の内部で必然性にしたがって論を展開する精神のみが真実の正しい精神なのだ。解釈する精神は自分で自分を正統化しなければならず、この自己正統化こそが肝要なことであり、概念が証明する内容なのだ。

それゆえ、教会法で定められた信仰の権威は一部は消滅し、一部は取り除かれた。信条書、信仰規律さえもはや拘束的なものとはみなされず、人によって解釈され聖書にもとづいて説明されたものとみなされている。ただしその解釈は説明する精神によって左右され、絶対的な支点をなすのはただ概念だけである。これに対して、〔三位一体論のような〕キリスト教の根本教理が釈義によってわきにのけられたり、いいかげんに説明されたりもする〔四二頁†参照〕。三位一体論や奇蹟についての教義などは神学自身によって陰におしやられてしまった。それらの教義の正当化と主張は、認識する〔哲学的〕精神によってのみなされる。教義学や神学それ自身のなかよりも、哲学のなかにこそ教義学がより多く保たれているゆえんである。

［5／10］第二に注意すべきことは、認識にとりかかる前に認識能力そのものの本性を研究しなければならないという要求が哲学とりわけ宗教哲学に対してなされるということであ

る。つまり、認識という道具についての研究によって初めて、人間が神についての認識を試みることが許されるか否かが確実に明らかになる、という主張だ。われわれは本当ならば、これ以上先決問題にかかわることなく主題そのものに入りたいと思っていた。しかしながら、認識能力を問うこの問題はわれわれの主題と密接にかかわっているため、ここで触れないわけにはいかない。仕事に着手する前に自分の力を吟味し自分の道具を検討するという要求は、もっともな要求であるように思われる。しかし、それがどんなにもっともらしく見えようとも、その要求が不適切でむなしい要求であることは明らかだ。認識を道具になぞらえる説明があるけれども、一方に当てはまることが他方には当てはまらない場合がよくある。理性はどのように検討されるというのであろうか？　疑いもなく、理性的に検討されるはずである。それゆえ、この検討はそれ自身が理性的な認識だ。認識を検討するためには、認識する以外にほかに道はない。認識の前にまず理性のはたらきを認識すべきだとされ、しかもその際おこなおうとすることもやはり理性的な認識であることが求められている。それゆえここで求められていることは、要求それ自身が否定されるような要求なのだ。それは、ある衒学者が「泳ぎをおぼえるまでは水に入りたくない」と言ったというエピソード[†]と同じたぐいの要求なのだ。

† ヒエロクレス（Hierokles 一―二世紀のストア派の哲学者）とフィラグリウス（Filagrius 五世紀のガロ・ロマンス語文法学者）の断片より。『哲学史講義』下巻三九七頁にも同じエピソードが引かれている。

われわれは宗教哲学において、ただちに神そのものや絶対的な理性を考察の対象とする。われわれは神や絶対的理性について知り、これらを検討するなかで、これらを認識するわけであるから、われわれはすでに認識という行動をとっている。絶対的な精神は知であり、自己自身についての特定の理性的な知である。それゆえ、われわれがこの対象を考察するときには、ただちに理性的な認識を論じ検討することになり、この認識はそれ自身が概念による理性的な検討としての知なのだ。だから認識する前にまず認識を検討せよという要求はまったく空しいことがわかる。われわれの〔哲〕学的認識はそれ自身が、求められている認識の検討にほかならない。

ここでなお言及すべき第二の事情を述べるにあたって、講義の冒頭で述べたことを思い起こしてほしい。すなわち、一般に宗教は――それが感情であれ、意志、観念、知識、認識であれ――およそ人間の意識の最高にして究極の領域、絶対的な帰結であって、人間はそれを絶対的真理の領域と信じてそこへ移っていく。宗教はこうした普遍的な使命をもつから、意識はこの領域で有限なもの全般を――つまり有限な生存とそれにつきまとうさまざまな条件や目的や関心のすべてを、とりわけ有限なあらゆる思いやあらゆる種類の関係を――すでに超え出てしまっていなければならない。宗教のうちに現にあるためには、これら有限なものをすっかり片づけて、忘却してしまっていなければならない。ところが、哲学一般に対して、とりわけ神についての哲学に対して論駁しようとする場合に、この論駁のために有限な思想や制約的な関係や有限なもののカテゴリーと形式が持ち出されることがしばしばある。このような有限なさまざまな〔知の〕形態から、哲学一般とりわけ最高の哲学たる宗教哲学に対して反論がなされる。知の直接性や意識の事実というものがこのような有限な形式に属している。このようなもろもろのカテゴリーは有限的なものと無限的なもの、主観と客観といった対立である。しかしながら、こうした対立は抽象的な形式であって、宗教のように絶対的に豊かな内容のうちには、もはやその場所をもたない。これらのカテゴリーは宗教の基礎をなす本質的な関係の諸契機であるから、本来われわれの〔宗教哲〕学にも登場しなければならない。しかし大事なことは、それらカテゴリーの本性がとっくに検討され認識されていなければならないということだ。宗教を〔哲〕学的にとりあつかう場合、このように最初の論理的な認識をすでに通過していなければならず、それらのカテゴリーについてもとっくに検討済みでなければならない〔『論理学』客観的論理学——存在論』二七—二九頁の固定的な知のカテゴリーに対する批判〕。とはいえ、普通はこれらのカテゴリーを用いて概念や理念、理性的な認識をあつかう。それらのカテゴリーは、何の批判も加えられずに、まったく勝手気ままに用いられ、まるでカントの『純粋理性批判』など存在しなかったかのようである。カントの批判はこれらのカテゴリーを攻撃し、これらのカテゴリーによってはただ現象しか認識できず、けっして真理の認識には役立たないという結論を独自の仕方でえた〔四六—四七頁†参照〕。しかし宗教においては、現象ではなく絶対的な内容こそが問題なのだ。［＊］このようなカテゴリーを哲学に対抗して持ち出してきて、あたかもそれによって教養ある人々や哲学にむかって何か新しいことを言っているかのように思ったり、また少しでも教養ある人について、あたかも彼らでさえも、有限なものは無限なものではなく主観は客観とは異なり直接性は媒介性とは異なるということを知りはしないかのごとくに語るのは、まったく的はずれであり悪趣味でさえある。にもかかわらず、このような気の効いた言い方が、あたかも新発見でもあるかのように、臆面もなく誇らしげに振りかざされているのだ。

＊　ところが、あのような屁理屈にとっては、いろいろなカテゴリーをいっそう臆面もなく扱うことができるようになるためだけにカント哲学があるかのようである。Co？Va？↓W^2

「有限と無限、主観と客観といった諸規定がいつでも、利口で生意気なおしゃべりの基礎をなしているがCo？Va？↓W^2」これらの形式が互いに異なっていることは誰でも知っている。だがもう一面として、これらの規定は同時に互いに不可分なのだ。人々は概念に、すでに物理現象のなかに見られたような力を認めようとはしない。例えば磁気において、南極（S）は北極（N）とはまったく区別されることが知られているが、しかし両者は不可分でもある。例えば二つのものについて、それらは天と地のように異なると言われる。たしかにその通りで、両者は端的に異なる。しかし天と地は不可分でもある。地は天なしには示すことができず、天は地なしに示すことができない。直接知と媒介知とは互いに異なっている。けれども両者が互いに不可分であることを見るには、ちょっと検討してみればいい。それゆえ宗教哲学にむかう前に、そのような一面的な諸形式を片づけてしまっていなければならない。直接性と媒介性とは同時に不可分でもあることを知らずに宗教哲学に闘いを挑もうとする人々を相手にするのが、哲学者にとってどんなに大変かは、以上の考察からも容易に見てとれる。なぜなら彼らは、哲学を攻撃し酷評するのに用いるさまざまな形式とカテゴリーについて甚だしく無知であり、まったく無自覚であることをさらけ出しているからだ。彼らは概念の内的な精神を知ることなく、「だって直接性は媒介とは別ものでしょう」といたって無造作に言う。彼らはそのようなくだらないことを何か新しいことでもあるかのように言いたてながら、その際「直接知はもっぱらそれだけで成り立つ」とも断言する。彼らはこれらの対象についてよく考えてもみないで、これらの規定が外的自然や自己の内的精神のなかで現にどのようにしてあるのか考察もせずに、まったく無邪気にそう断言している。哲学に対するそのような反対にはうんざりする。そのような主張が自己矛盾することを人々に示すために、いまさらながら哲学のイロハにまで立ち返らなければならなくなってしまうからだ。これに対して、思考する精神は〔固定的な知の〕反省のあのような形式を超え出ていなければならない。思考する精神はあのもろもろの形式の本性、それらの形式のなかで起きる真の関係、言い換えれば、それらの形式の有限性が廃棄されるような無限な関係を知らなければならない。

直接知は媒介知でもあり反対に媒介知は直接知でもあることを見るには、ほんのわずかな経験だけで足りる。直接知も媒介知と同じくまったく一面的である。真なるものは両者の統一であって、直接知は同時に媒介されたものであり、媒介知もまたそれ自身のうちでは単純なもので、自己に直接かかわるものなのだ。〔直接知の〕あの一面性こそがこれらの規定を有限なものにしている。このような結合によって一面性が克服されると、それは無限性の関係になる。主観と客観についても同じことが言える。それ自身において客観的である主観には一面性が消えている。しかし差異はけっしてなくならない。差異は生き生きとした躍動には必要で、精神的および自然的な生命の衝動や運動・動揺に必要である。そこでは、差異が解消されるのではなく、まさしく否定的に保存されるような合一こそが現存する〔詳しくは一三六頁以下参照〕。

C　講義内容の概観

以上のような前置きをふまえて主題そのものを詳しく見ていきたいが、なお序論で、講義全体の編成と概観、宗教哲学の見通しとその章立ての全体、さらに主題についての歴史的な知見を示しておきたい。

あらゆる学、あらゆる学知には、ただ一つの方法しかない。自分みずからを説明する概念そのものが方法なのであって、それ以外にはなく、これが唯一の方法である。それゆえ第一のものは、いつもと同様ここでも概念であり、第二のものは概念の規定、すなわちもろもろに規定された形式における概念である。これらの諸形式は必然的に概念そのものと連関している。哲学的な考察方法においては、普遍的なものである概念が、いわばたんに敬意を受けて優先されるわけではない。ふつう「自然（本性）」とか「権利（法・正義）」といった、個々の学問に先立って与えられている概念は、普遍的な規定として初めに置かれるが、これに人々は当惑する。というのも、普遍的な規定に関心があるのではなく、本来の内容、個々の章に早く入りたいと思うからだ。かような概念はひきつづく本論の内容にはまったく影響を与えない。誤って他の領域から内容が持ち込まれないように、人々がよって立つ基盤とこれらの主題の基盤をおおよそ示すだけである。例えば磁気や電気といった内容は事柄とみな

されるが、前もって立てられた概念は形式的なものとみなされる。［＊］

＊　しかも、このような考察の仕方では、例えば「権利（法・正義）」といった先頭に立てられる概念は最も抽象的で最も偶然的な内容ともなりうる。Co ? Va ? ↓ W^2

哲学的な考察においては、やはり概念から始めるが、概念はしかし、事柄を支える実体であって、樹木全体がそこから発展する萌芽のようなものだ。その萌芽のうちには樹木のすべての本性、樹液の種類、枝の分かれ方など、あらゆる規定が含まれている。しかもそれは、顕微鏡で見れば枝葉を微細な形で見分けられるというような仕方であらかじめ定められているのではなく、精神的な仕方で包み込まれている。同様に概念も対象の全本性を含んでおり、したがって認識は概念の発展にほかならない。つまり概念のうちに含まれてはいるがまだ現存するにいたらず明示され説明されていないものの発展にほかならない。

したがってまず最初のもの〔第一部〕は、宗教の概念あるいは宗教一般である。第二に、規定された宗教を考察する。われわれが規定を外からもってくるのではなく、自由な概念こそがみずからを具体的な規定へと駆り立てる。ここでは、例えば法を経験的にとりあつかうのとは事情が異なる。法制史のもろもろの規定は概念から帰結するのではなく、他からとってこられる。そこで初めて、法は何であるかが一般的に定義される。つまりローマ法やドイツ法といった特定の法が経験から取り出される。これに対して宗教史では、規定は概念そのものから生じなければならない。宗教の特定された概念は有限性における宗教、有限な宗教であり、一面的なものであって他の諸宗教に対立する性質をもつ。それは、ある特殊的なものが他の特殊的なものに対するような関係にある。

第三部では、そうした有限な規定から自分のもとへ立ち還った概念を考察する。自分の有限性・制約性からみずからを再建するこの概念は、無限な真実の概念であり、絶対的な理念ないしは真実の宗教である。以上が抽象的にあらわされた三部構成の概観である。

概念における宗教はまだ真実の宗教ではない。概念はたしかにそれ自身のうちでは真実である。しかし、自己を身体化することが魂のなかに含まれているように、概念が自己を実現するということが概念の真理に含まれている。この自己実現が概念の当面の使命である。そしてこの特質規定が概念にふさわしくなったときが宗教の概念の絶対的な実現なのだ。このように概念にふさわしくなるような特定化〔の運動〕が絶対的な理念であり、真実の概念である。この実現の進展が概念の発展である。しかも、この進展によって、宗教の何んたるかが初めて経験され認識され知られるのだ。

ところで、ここでわれわれが眼前にしている概念はとりも直さず精神そのものである。精神とはこのような展開であり、このようにして働くものである。精神というものを直接的で単純で静止的なものと考えるならば、それはなんら精神ではない。むしろ精神とはそもそも本質的に活動的であることなのだ。詳しく言えば、精神は自己を顕《あら》わにする活動である。自己を顕わにせず開示しない精神は、死せるものだ。顕わになるとは、他にとって在るようになることである。この活動は、他にとって在るようになりながら、対立と区別に踏み込む。それゆえ、精神がみずからを顕わにすることは、精神を有限〔なものとして特定〕化することである。〈他者に対して在るもの〉は、ただこのように抽象的に規定されたものとして、まさしく有限なものであるからだ。それは他者を自分に対立するものとしてもち、この他者において自己の終わりと制限をもつ。このように〈自己を顕わにし、自己を特定し、現実の存在へと踏み込み、自己に有限性を与える精神〉が第二のものである。これに対して第三のものは、〈精神が概念にしたがって自己を顕わにし、この初めの顕わにした姿を自身のうちに取り戻し、それを廃棄することで自己自身に達し、それ自身で（für sich）存在するようになり、精神が本来（an sich）ある状態であること〉、これである。これが精神そのもののリズムであり、精神の純粋で永遠な生命である。ここに、精神がみずからを顕わにすることが成り立ち、精神がもろもろの有限な対象との関係であるということが成り立っている。第三に、精神は自己にとって対象であり、対象において自己と和し、自由に達している。自由とは自己自身のもとにあることであるからだ。［＊］さきほど述べた三部構成――さらにその諸節と内容についてはいまからもっと詳しく示そうと思う――はたんに叙述的（historisch）な区分にすぎないが、ただしその区分は概念からみても必然的であるからこそ採用されているのだ。

＊　われわれの学の全体と概念の展開の全体が運動していくこうしたリズムは、上述の三つの契機

のなかに再び現れる。その三つのいずれもが、その規定からして、潜在的に総体性である。その総体性は、最後の契機において総体性として立てられるまでは、潜在的である。つまりこういうことだ。概念はまず普遍性の形式で現れ、ついで特殊性の形式で、最後に個別性の形式で現れる。言い換えれば、われわれの学〔宗教哲学〕の全運動は、概念が判断となり推論において完成するという運動でもある。もしそうであるならば、この運動のどの領域においても、三つの契機の同一の展開が現れるであろう。ただ、それぞれの領域で次のような違いがある。最初の領域では、展開は普遍性という規定のなかに統合されているが、特殊性という第二の領域では、おのおのの契機が自立的に現れるにまかせ、個別性という〔第三の〕領域において初めて、展開は、それらの規定の総体のなかでみずからを媒介する現実的な推論へと立ち還る。Co↓W^2

〔5／11〕　一　宗教の概念

すでに述べたように、第一部では宗教の概念を考察する。宗教の単純な概念においては、内容として現象するもの、すなわち内容の規定はたんに一般的なものにすぎない。特質や特殊性そのものはまだ現存していない。それゆえ宗教哲学の第一部の根本規定と性格は普遍性という規定である。

概念における宗教は、精神である神に対する主観ないし主観的意識の関係である。宗教の概念を思弁的に取り上げるならば、宗教とは〈精神の本質を意識し自分自身を意識した精神〉ということになる。精神は意識的である。しかも精神が意識しているものは真実の本質実在的な精神である。この精神は精神自身の本質であって、けっして他のものの本質ではない。そのかぎりで、宗教はただちにそれだけで理念であり、宗教の概念はこの理念の概念である。理念は概念の真実の実在であるから、この実在は概念と同一であり、まったく概念によってのみ規定されている。この概念を精神と名づければ、概念の実在は意識である。概念としての精神すなわち普遍的な精神は、意識のなかで実在化する。その意識はみずからも精神的であり、意識にとってのみ精神がありうるからだ。

それゆえ宗教は意識のなかに自己を実現した精神である。ただしその実現のいずれもが、考察を要する次の二面をもつような一つの関係である。つまり人間が神へと高まり、神や精神を意識するようになること、〔神としての〕精神が〔人間の〕意識のなかに自己を実現すること、この両面は相互に関係しあっている。〔神の〕理念において第一のもの〔第一部A〕はこの両者の関係であって、その関係のなかで両面は同一である。その関係はいくつかのものが互いに比較されるような単に共通なもの、表面的な一般性といったものではない。それはむしろ両者の内的統一である。理念のこの第一のものは実体的な統一、端的に普遍的なもの、それ以上の規定をもたない純粋に精神的なものである。その基礎は普遍性である。

これに対して、〔第二部の〕規定された宗教でわれわれは初めて明確な内容をもつ。

この最初の普遍的なものに対する第二のもの〔第一部B〕は、本来的に関係と呼ばれるもので、初めの一体性（統一）が分裂することである。そこに主観的な意識が生じ、この意識に対して、端的に普遍的なものが存在し、これに意識はかかわることになる。そこでは人間と神とが互いに区別されたものとして関係するので、このかかわりは人間が神へと高まることと称される。ここに初めて本来的に宗教と呼ばれるものが登場する。われわれはこの関係をいくつかの規定から考察しなければならない。まず初め〔B二〕の規定は感情で、そこには思考、確信全般、信念〔B一〕をも含める。第二〔B三〕の規定は表象、第三〔B四〕の規定は思考、思考形式である。われわれはこの〔B〕章で、まず宗教がどの程度まで感情の事柄であるかを詳しく検討しなければならない。第二に考察すべきは表象の形式で、第三は思考の形式である。とりわけ、この思考という規定のもとで宗教について論じなければならない。

われわれは一般に宗教について哲学する際、宗教について思考している。この宗教についての思考〔理性的な宗教哲学〕から、宗教を抽象的な概念によって定義するあの宗教的思考、つまり〔啓蒙の〕固定的な知による思考を区別しなければならない。それはふつう神の存在証明と呼ばれるものとしてあらわれるので、この証明の意味がここ〔B四c〕で考察されるであろう。この証明は今日では流行《はや》らなくなり軽蔑されている。人々はこの証明を乗り超えたと思っている。しかし、これらの証明は千年以上にもわたって権威をもってきたのだから、そのことだけですでに詳しい考察に値する。これらの証明が欠陥をもっていることを見いだしたら、〔次に〕これらの証明手続きのなかで真実であるものは何かという別の面から考察したいと思う。これらの証明はまさに人間が神へと高まる歩みを示しており、ただこの歩みが固定的な知の形式によって曇らされているだけであることを見るであろう。これらの証明が理性の形式であるためには何が欠けているかを示すであろう。そこでわれわれは理性の形式を固定的な知の形式と対比させて考察し、人間精神のなかにいつでも生じていることを表現する際に、固定的な知の形式に何が欠けているかを見なければならない。人間が神について思考するとき、人間の精神はまさに神へのこうした歩みのなかにあらわされたこれらもろもろの形式を含んでいる。

† ここでは近代の自然神学だけではなく、すでに古代からあった神の存在証明を念頭に置いている。例えば、クセノフォン『メモラビリア』第一巻四、第四巻三（『ソークラテースの思い出』佐々木理訳、岩波文庫、一九七四年、四九頁以下、一九五頁以下）、プラトン『ソフィステス』265b-266d.『法律』886a, 967b. キケロー『神々の本性』第二巻第一二章以下、アウグスティヌス『自由意志』第二巻第三―五章（『アウグスティヌス著作集3』泉治典・原正幸訳、教文館、一九八九年、七六―八八頁）、『真の宗教』三〇―三二（同上『著作集2』茂泉昭男訳、一九七九年、三三八―三四六頁）、ボエティウス『哲学の慰め』第三巻第一二章（畠中尚志訳、岩波文庫、一九三八年）。

宗教は万人のためのものであって、万人むけではない哲学とは違う。宗教はすべてのひとが真理を意識するようになる様式である。われわれはここで意識のもろもろの様式を、とりわけ感情と表象と固定的な知の思考を考察しなければならない。真理が人間にあらわれるこうした普遍的な様式のなかで宗教の概念を考察しなければならない。第二〔第一部B〕に考察されるのは、感じ表象し思考する主体がもつ関係である。

第一部の第三〔C　祭祀〕は、主体と神とのこうした対立の廃棄であり、主体が神から分離・疎隔された状態を廃棄することである。それは人間が自分のなかで、自己の主体性のうちに神を感じ知るというはたらきである。この具体的な主体としての人間が自分を神へと高め、神を自己の心胸《むね》のうちにもち、神と合一しているという確信と享受と喜びを自己に与える働きである。これを神学的な言葉であらわせば、神によって恩恵のうちに受け入れられているという確信と喜びの享受である。これが祭祀である。〔*〕祭祀の単純な形式、内的祭祀は一般に敬虔な祈りである。しかし祈りのなかでもっともよく知られているものは unio mystica（神秘的合一）という神秘なものである。

* 祭祀はたんに関わりや知識ではなく行為であって、人間が神によって救いあげられ恩恵へと受け入れられているという確証を自身に与える行いである。L.II.W[1]（1827?）

二　規定された宗教

宗教の概念から具体的な規定へと進展していかなければならない。概念そのものはまだ未発展の概念であって、そのなかにはもろもろの規定や契機が包み込まれているが、しかしまだ包みは開かれてはいない。神という概念が根源的に分割（ur-teilen 判断）し、具体的な規定をもつ。こうした規定のカテゴリーのうちで初めてわれわれは具体的に規定された現存する宗教を見いだす。

すでに述べたが、精神は一般にけっして直接的ではなく、直接性の様式で存在するものではない。精神は生きて活動していて、自分で自分を作り上げていく。生けるものはこうした活動性なのだ。石と金属は直接的であり、それだけで完了している。それらは今あるがままの状態にいつまでもとどまる。しかし生物であれば、すでに次のような自己媒介的な活動性である。植物は萌芽としてあるときには、まだ出来上がっておらず、そうした抽象的で最初の存在はまだ萌芽的な弱い存在である。植物はこの萌芽から自己を発展させ、まず自己を作りださなければならない。植物は成長をとげて、最後にはまた種子に集約される。すなわち種子という植物のこの始まりは、その最後の産物でもある。［＊］植物の場合には二種類の個体がある。すなわち、始まりとしての種粒《たねつぶ》は植物のライフサイクルの完成であり、植物の生の展開が成熟して行き着くところのものにほかならない。このことは生物全般についても言える。果実は初めの種子とは別ものである。これに対して、精神は一般に生きたものであるから、最初はたんに潜在的に胚胎していた自己自身の概念を産みだし、かくして潜在的であった概念が自己にとってあるようになる。子供はまだ理性的な人間ではなく、たんにその素質をもつだけで、やっとまだ潜在的な理性・精神であるにすぎない。子供は教養形成と発達をへて初めて精神となる。しかし精神はそれが最後のものに達したときに初めて真実の精神なのだ。

＊　同じように動物も、他のものを産みだすようなサイクルを経過する。そして人間もまた初めは子供だが、自然の存在として、同じサイクルを経過する。L.#W（1827?）

それゆえ概念一般はまだやっと第一段階にすぎない。第二段階は、〈自己を規定し、具体的な現存のなかに入り込み、他に対して存在し、自分の諸契機を区別の関係に持ち込み、自分を開示する活動〉である。この区別は概念自身が自己のうちに含んでいる規定にほかならない。宗教の概念、宗教的精神の活動について言えば、こうした自己規定の活動から具体的な規定をもったもろもろの民族的（ethnisch）な宗教が生じる。［＊］宗教のさまざまな形態や規定は、概念の諸契機であるから、〔第一部であつかう〕宗教全般の諸契機、もしくは〔第三部であつかう〕完成された宗教の諸契機としてある。とくに完成された宗教の感情と意識におけるもろもろの状態や内容の規定としてある。しかし第二に、それらは形態をもっているから、それぞれの宗教はそれだけ単独に時間と歴史のなかで展開してきた。宗教が規定された宗教であり、その規定の円環行程をまだ通過しきっておらず、したがって有限な宗教であるかぎり、それは歴史的（historisch）な宗教であり、宗教の或る特定の形態である。私が宗教の段階的な行程と発展のなかで主要な契機を示し、このような諸段階がどのように歴史的にも現存したのかを示すことによって、宗教の一連の諸形態、すなわち宗教の歴史が与えられる。

＊　宗教的な精神には、その絶対的な本質についての意識が形成されるさまざまな段階がある。それらの段階は精神が教育されていく道程であって、おのおのの段階で意識は特定の形態をとる。それは精神の概念の特定の側面についての意識であって、精神のもろもろの特質を綜括した概念の絶対的な意識ではない。L（1827?）

三　絶対的な宗教〔完成された宗教〕

＊↓第三部では、↑＊潜在的なものを顕在化した精神はその展開のなかで、もはや自分のもろもろの個別的な形態や規定を眼前にもたず、もはや自身を有限な精神とか、なんらかの特定された制約された精神として知るのではない。むしろ精神はかの制約性を克服して、それが潜在的（an sich）にもっているものを顕在化（für sich）する。精神が潜在的にあるがままの自己について知ることは、精神が端的にあることであり、完成された絶対的な宗教であって、そこでは精神としての神が何であるかが啓示されている。この宗教がキリスト教である。精神が他の領域と同じく宗教においても自身の道を通過しなければならないということは、精神の概念からして必要なことだ。精神はただ、あらゆる有限な形式の否定として、この絶対的

な観念性として、自己にとってであるということによってのみ精神なのだ。

＊　顕現し発展し特定化することは無限に進行するものでも、偶然にやむものでもない。真実の進行はむしろ、概念のこうした自己自身への内省が実際に自己自身に立ち還ったときに終わるということのなかに成り立つ。このようにして、現象そのものは無限な〔自己還帰的な〕現象であり、内容は精神の概念にふさわしいものである。精神は潜在的なものを自覚化し顕在化するが、現象も同様である。宗教の概念は宗教のなかで自分自身にとって対象となった。Co↓W[2]

私はさまざまな表象や直観をもっている。それは例えば、「この家」等々というような或る特定の内容である。それらは私の直観であり、私の前に立て（vor-stellen）られ（想い浮かべられ）ている。しかし、私がこの内容を私のうちにとらえていないとしたら、私はそれを想い浮かべることはできないであろう。直観の全内容は単一な観念的な仕方で私のうちに置かれていなければならない。観念性とは、空間性・時間性・物質性・相互外在性などこのような外的なあり方が廃棄されていることを意味する。私が或るものを知る場合は、その内容を互いに外在的にあるものとして想い浮かべるのではなく、むしろそれらの内容は単一な仕方で私のうちにある。精神は知である。しかし、精神が知であるためには、精神の知る内容がこのような観念的形式をえて、いま述べたような仕方でその外在性が否定されていなければならない。精神は教育され、この円環的行程を通過しなければならない。もろもろの形態や特質や有限性は、精神がそれらを自らのものとするためにこそ、なければならなかった。つまりそれらは、精神がそれらを否定するために、精神の潜在的（an sich）なものが精神から出て精神の対象となりながら同時にしかし精神自身であるためにこそ、存在したのである。

これこそが精神が自己自身の概念、精神自身についての概念へと至った道のりであり、精神が本来（an sich）ある姿を達成した終着点である。しかも、精神は自己の抽象的な諸契機のなかに暗示されていた仕方によってのみ、そこに到達する。キリスト教は「時が満ちた」〔マルコ一・15、ガラテア四・4、エフェソ一・10〕ときに出現した。それはけっして偶然的な時でも勝手な好みや思いつきでもなく、本質的な永遠な神意にもとづいている。すなわち、それは神の永遠なる理性と知恵のなかに定められた「時」である。それは偶然的な仕方で決められているのでなく、むしろ事柄の概念であり、神的な概念であり、神自身の概念である。

以上がこれから考察したいと思う内容の暫定的な提示である。

第一部　宗教の概念

最初に議論の始まりについて確認する。宗教哲学の講義は何も証明されていないゼロから出発するわけではない。宗教は論理学→自然哲学→精神哲学という哲学体系のなかで最後に位置するため、宗教哲学はすでにそれに先立つもろもろの学科を前提にし、それらの帰結のところにいる。それゆえ、われわれ自身が宗教について抱いている意識を考察することから始めてよい。

第一部は次の三部構成をとる。

A　**神の概念**では、他とのかかわりをもたない神の抽象的な概念を論じる。

B　**神についての知**では、神から区別された人間の意識と神との関係を論じる。その関係を意識の主体のあり方から、一　直接的な知（信仰）、二　宗教的な感情、三　表象、四　思考、という四つの形式において考察する。

C　**祭祀**は、理論的な営みに対して、神へと高まる実践的な行為にあたる。このなかで私は神と合一しているという最高の境地を味わうことができる。それは神と人間との和解の完成である。

始まりについて

われわれはどのようにして始まりを確保すべきか。この問いから始めなければならない。証明されていないものは何ひとつあってはならないというのが、全学問とりわけ哲学の少なくとも公式の要求である。しかし、事を始めるにあたってはまだ何も証明されていない。よりどころとして引き合いに出せる前提は何もない。証明するとは、表面的な意味では、或る内容・命題・概念がそれに先行する或るものからの帰結として示されるということを意味する。このように証明されて初めて、人は必然性を認識する。しかしながら、いまから事を始めようとするときには、結果として出てきたもの、他のものによって立てられ媒介されたものをまだ持ち合わせてはいない。初めにあるのは直接的なものである。その点、ほかの学問ではそれぞれにうまくできている。例えば幾何学では、「或る空間、或る点や線がある」等々といった命題から始める。そこでは証明ということは問題にならず、それを事実として直接認めるだけである。ところが、哲学では「○○がある」というような言葉で事を始めるわけにはいかない。もしそうすれば、それは〔まだ証明されていない〕直接的なものから始めることになるからだ。

ところで、われわれはここで哲学を最初から始めるわけではない。宗教哲学は哲学のなかの一つの学、それも最後の学である。そのかぎりで、宗教哲学は哲学のほかの分野を前提しており、それゆえそれらの帰結である。哲学の側からみれば、われわれはすでに先行する科目のもろもろの前提命題から生じた帰結のところにいる。われわれはここでは宗教から始めさえすればよく、宗教のこの立場がすでに証明されており、われわれ自身が宗教について抱く意識の考察にすぐに向かいうるということを確認すればよい。真理は学の進展そのもののなかに示される。宗教哲学のもともとの内容と基礎はこの学の進展の結果なのである。つまり、われわれが着手する内容が真実の内容であるということが一つの大前提《レンマ》であり、基本命題となっている。［5／14］ところで、この最初の内容にかんして一般的な意識が引き合いに出されることがある。少なくとも経験的に一般に妥当とされていることから出発することがある。けれども学において妥当すべきとされるものは証明されたものでなければならない。しかるに、このように一般に認められているものとは、主観的に前提され始まりとされるようなものなのだ。

A　神の概念

ここでは他とのかかわりをもたない神の抽象的な概念を論じる。神は閉じた絶対的な統一である。これを「神の普遍性」と名づける。神はこのような絶対的な実体である。この「永遠なる一《いつ》」という神観念からわれわれは出発する。しかしこの抽象的な神観念から一歩も出なければ、「汎神論」と非難される。ただし或る哲学を汎神論だと言って論難する人々は、汎神論という言葉を誤解している。彼らは「何から何まで（alles）が神だ」という哲学を「汎神論」と批判するが、そんなことを誰も主張しはしなかった。スピノザ主義や東洋の宗教さえも「何から何までが神だ」と言っているのではなく、個々の事物のなかを貫く統一的な実体を「神」と呼んでいる。問題はむしろ、初めの実体的な統一に抽象的にとどまるか、具体的な特質をさまざまに展開しつつ一つであり続ける精神として神をとらえるかにある。哲学を論難する浅薄な人々はこの一番大事な点を見逃している。

宗教の始まり、もっとはっきり言えば宗教の内容のことだが、それは宗教の概念である。その概念とは、神が絶対的な真理であり、あらゆるものの真理であるということ、そして主観の面では、宗教のみが絶対的に真なる知であるということだ。神が何であるかは宗教をもつわれわれにはすでに知られたことであり、主観的な意識のうちに前提された内容である。しかし〔哲〕学的にみれば、「神」という表現はさしあたってまだ一般的で抽象的な名前であり、まだ真実の内容をえていない。というのは、宗教哲学が初めて神が何であるかを〔哲〕学的に展開し認識し、それによって人は初めて神が何であるかを〔哲〕学的な認識として知るからだ。そうでなければ、われわれは宗教哲学をなんら必要としないであろう。宗教哲学こそが神が何であるかの〔哲〕学的な認識をわれわれに初めて展開しなければならない。

われわれが一般に神と呼ぶもの、また明確に規定された意味をもたない神、これがあらゆるものの真理であること。ここからわれわれは始めるが、実はこれは哲学全体の帰結である。われわれの区分によれば、哲学はまず純粋な思考の展開という論理的なものを考察し、次に自然を考察する。第三は、自然との関係における精神、つまり有限な精神である。この有限な精神が絶対的な精神へと高まり、これらすべての最終的な帰結が神であるというところに哲学の歩みはたどりつく。この最高のものとは神が存在することとの証明である。すなわち、一切を包括し包含するこの端的に普遍的なものによってのみあらゆるものが存在し存立すること、この普遍的なものが真理であること、この証明である。この〈一つのもの〉こそが哲学の帰結である。われわれは哲学のこの帰結からまず始めよう。

そのように言うと、あたかも神が何かの帰結として考えられるかのように歪曲されるかも知れない。しかし哲学的な方法がどういうものかを知ったら、帰結こそが絶対的な真理であるという意味をもつことを知るであろう。帰結として現れるものが絶対的な真理であるからこそ、帰結したものではなくなるということが、そこには含まれている。それとともに、他のものから由来し帰結したものであるという位置も廃棄され、否定される。「神が絶対的真理である」という命題は、神は帰結ではなく、この絶対的に真なるものは最後のものであるかぎりで最初のものでもある、ということを意味する。その最初のものはたんに始まりにすぎないだけではなく終わりでもあり結果でもあるかぎりでのみ、つまりそれが自己自身から帰結するものでもあるかぎりでのみ、真なるものである。この意味で哲学の帰結が宗教哲学の出発点である。

私はここでは、これが哲学の帰結であると断言するだけにとどめたい。けれどもこの断言に関して、われわれは宗教的な意識を引き合いに出すことができる。それは、神が中心点であり、そもそも絶対的に真なるものであり、あらゆるものがここから出てここへと還《かえ》り、あらゆるものがこれに依存し、これ以外にはいかなるものも絶対的で真実の自立性をもたないという意識である。これが始まりとなる内容である。

しかしながら神についてのこのような表象に胸中がどんなに満たされていようとも、〔哲〕学的にみれば、始まりはまだ抽象的なのだということに注意しなければならない。〔哲〕学では感情の内にあるものが問題なのではない。むしろその外にあるもの、しかも思考に対して意識の対象として引き出されたものだけが問題なのだ。より正確に言うと、思想の形式に達した思考する意識の対象として引き出されたものだけがもっぱら問題なのだ。宗教的意識の充実した内容に思想と概念の形式を与えること。これが宗教哲学の課題である。

この始まりは最初の内容としてはまだ抽象的であるので、この普遍性はいわば主観的な立場にあって、あたかも初めの間だけ普遍的であって、いつまでも普遍性にとどまってはいないようなものである。だが内容の始まりは次のように考えるべきだ。すなわちこの普遍的なものは〈絶対的に具体的で内容に満ちた一つの豊かなもの〉として姿を現してくるであろうが、その内容がどんなに展開していっても、同時にわれわれはこの普遍性から一歩も外へ踏み出すことはない。したがって、この普遍性が特定化されて展開していき、具体性をもった豊かなものへと発展していく際、われわれは形式上はこの普遍性を一面では捨て去るが、その普遍性はやはり絶対的に持続する基礎として存続する。その意味で、この普遍性はけっしてたんに主観的な始まりではない。われわれから見れば、始まりにおける神は、それが普遍的なものである間は、展開はしても自分自身と絶対的に統一し自分のうちに閉じこもっている。「神は閉じた完結したものである」とわれわれが言うとき、それはたしかに、われわれが期待する展開との関係において表現されている。けれども、われわれが「神の普遍性」と名づけたこの閉鎖（完結）性を、神そのものの内容に関して、抽象的な普遍性と解してはならない。つまり自分の外部に特殊的なものがなお自立的に自分に抗してあるような抽象的な普遍性ではない。「神は閉じられたものである」。この規定において、神という普遍的なものから特殊的なものが区別されているように見える。けれどもこの規定は、展開が普遍性の外へ踏み出してはいないという意味でとらえるべきだ。それゆえこの普遍性は、絶対的に満ち足りた充実した普遍性ととらえるべきである。神はこのように普遍的なものでありながら、自分自身において具体的で満ち足りたものである。ということは、神がただ〈一つのもの〉であって、多くの神々に対立しているのではなく、むしろただ〈一つのもの〉、神のみがあるということだ。

自然界および精神界のもろもろの事物と発展は多様な形態をもち、無限に多くの形をもっている。それらは程度や力、強さや内容の点でさまざまなあり方をしている。けれどもこれらすべての事物の存在は自立的ではなく、まったく他によって設定され支えられたものにすぎず、真の自立性をもたない。われわれがあれこれの事物に存在を認めるとしても、それは借り物の存在、見かけだけの存在であって、神のように絶対的に自立的な存在ではない。

普遍的なあり方をした神、制限も有限性も特殊性もまったくもたないこの普遍的なものは、絶対的に存立し、それのみが存立している。存立するものはどれも、その存立の根拠をこの〈一つのもの〉のなかにのみもっている。この最初の内容をこのようにとらえるならば、「神とは絶対的な実体であり、それのみが真実の現実である」と表現できよう。現実に存在する他のすべてのものは、それだけでは現実的ではなく、それ単独では存立しえない。唯一の絶対的な現実はひとり神のみである。したがって神は絶対的な実体である。この実体が主観性にどうかかわるかを次に語ることにしよう。

神は絶対的な実体である。この定義に抽象的な仕方で固執すれば、たしかにスピノザ主義であり、汎神論である。けれども神が実体であるということは、主観性を排除するわけではない。実体そのものは主観性からまだまったく区別されてはいない。神が実体であるということは、「神は精神であり、しかも絶対的な精神であり、永遠に単一で本質的に自己自身のもとにとどまる精神である」という前提のなかに含まれている。精神のこうした観念性と主観性は、あらゆる特殊的なものを見透す観念性であるが、それはまた普遍性でもあり、自己自身への純粋な関係であって、自己自身のもとに絶対的に存在し存続するもの、すなわち絶対的な実体である。ところがわれわれが「実体」というとき、その普遍的なものが、それ自身において具体的なものとしてはまだとらえられていないという違いがある。それ自身において具体的なものとしてとらえられて初めて、その普遍的なものは精神である。精神はそれ自身において具体的な特質をえても、なおも自己自身との統一を保ち、単一の現実性であり続けている。それをたったいま実体と呼んだのだ。さらに特徴づけを進めていけば、絶対的現実性がそれ自身との統一性〔自己同一性〕を保っているという意味での実体性は、神を精神として特徴づける際のたんなる基礎であり、一契機にすぎない。［＊］さらに先へ進んだところで、初めて具体的な特質があらわれ、さまざまな特質を統一したものがあらわれる。このことが或るものと他のものという違いを前提する。しかし始まりにおいては、或るものと他のものといったさまざまな特質があるわけではない。始まりにおいては、或る一つのものだけがあり、他のものはない。われわれが他のもののもとにあるならば、われわれはすでに先へと進んでいる。始まりについて語るとすれば、われわれはこの一つの現実を〈自己にかかわるのであって、他のものにかかわるのではなく、まだ進展せず、まだ具体的でないもの〉としてもっている。それゆえ内容も実体性の形式のうちにある。われわれが「神」とか「精神」と言ったにしても、それは特質規定をもたない空虚な言葉と表象である。意識のなかに入ってきたものこそが肝心なのだ。始まりにおいては、単一なもの、抽象的なものが意識のなかへ入ってくる。この最初の単一なものにおいて、われわれは神を実体としてとらえている。けれども、そこにいつまでもとどまるわけではない。

＊　それゆえ実体とは、われわれが神について言明する際の一、つの特質にすぎない。誤解を避けるために、とりあえずそう言っておく。哲学に対する誹謗はとりわけ、神は実体だという面から出発するからだ。つまり、哲学は首尾一貫しようとすると、スピノザ主義にならざるをえない。したがって、哲学は無神論〔九六頁†3参照〕であり宿命論〔ヴォルフ『自然神学』、ヤコービ『スピノザの学説に関する書簡』田中光訳、一八一、七四頁〕だというのだ。われわれが具体的な充実〔をもった神〕にいたるのは、それがまったく普遍的である場合〔つまり実体である場合〕にかぎられるということが、この始まりの内容のなかに含まれている。L⫶W（1827?）

これが始まりにおける内容をとらえる形式である。しかもこの内容はいつまでも基礎であり続ける。神はどんなに展開していっても、自己自身との統一〔自己同一〕から踏み出ることはない。「神が世界を創造する」とふつう言われるけれども、その際、ある新しい原理が登場するわけではなく、悪が自立的で独立的な他者として成立するわけではない。神はこの〈一《いっ》なるもの〉であり続ける。ただ一つの真の現実、一つの原理があらゆる特殊性を貫き続けている。

この始まりをわれわれは、われわれのうちにある内容、あるいはわれわれにとっての対象だと語る。これを対象としてもつのはわれわれである。そこでただちに「こうした内容を自分のうちにもつわれわれとは誰か」という問いが生じる。「われわれ、私、精神」と言うとき、それは、それ自身きわめて具体的で多様なものである。つまり、私は眺めたり見たり聞いたりするが、このように〈感じ、眺め、見て、聞くこと〉、これらすべてが私である。それゆえ「われわれとは誰か」という問いのさらに詳しい意味はこうだ。「あの内容がわれわれの感覚に対してあるのは、それらのうちのどの規定によってであるか。表象か、意志か、想像か、感情か？　この内容と対象が落ち着く場所はどこか？　この内容の地盤はどれか？」これに対する一般に流布している答えを思い起こしてみると、「〈信じ感じ表象し知る者としてのわれわれ〉のうちにこそ神はある」という答えとなる。感情、表象、信仰といったわれわれの形式・能力・側面については、とりわけいま話題になった点に関して、あとで〔一〇六頁以下〕もっと詳しく考察しなければならない。けれどもわれわれはある種の答えを探しまわったりしない。われわれは神を感情のなかにもっているといった経験や観察などにもとづいたりもしない。まずは、われわれの念頭にあるものを拠り所としたい。それはすなわち、至るところに充満しているこの〈一《いっ》なる普遍的なもの〉であり、自己同一的で透明な精気《エーテル》である。

この〈一《いっ》なるもの〉を念頭において、「この一《いっ》にして端的に普遍的なものは、われわれの精神のもろもろの能力と活動のなかのどれに対応するか」と問うならば、われわれの精神のなかでその普遍的なものに対応する活動と様式のみを、普遍的なものの内容がくつろぐことのできる地盤として挙げることができる。次に、「抽象的なものであれ具体的なものであれ、普遍的なもの全般を対象とするわれわれの意識の側面をどう名づけるか」と問うならば、それは思考である。なぜなら、思考のみがそうした内容の地盤であり、普遍的なものの活動であり、活動し働いている状態にある普遍的なものであるからだ。あるいは、思考することを普遍的なものを把握することだと言い表すならば、普遍的なものを対象とするものはいつでも思考である。思考の産物、つまり思考によって産みだされたものは普遍的なものであり、普遍的な内容である。その内容の形式、すなわちわれわれのうちで普遍的なものをとらえるものも、また思考である。このような普遍的なものは思考によって産みだされうるもの、思考にとってあるものだ。これは、すでに述べたように、まったく抽象的でありうる。したがってそれは測り知れない無限なものであり、あらゆる制限と特殊性を撤廃することである。このように〔「〜でない」という〕否定形で表現される普遍的なものも、その座を思考のなかにのみもつ。

人間は思考するものであり、そのことによってのみ動物から区別される。これは古くからあるありふれた先入見だ。動物は感情をもつ。ただし感情しかもたない。これに対して、人間は思考する。しかも人間だけが宗教をもつ。そこから、宗教は思考のなかでも最も内的な座を占めているということが導き出される。もちろん宗教はその後に感じとられることもできるが、それについてはあとで〔一一二頁以下で〕述べたい。［＊］

＊　けれども「宗教などが一つの感情なのだ」という言い方は悪い抗弁だ。感情という一形式のうちにある内容があたかもこの形式だけに属しているかのような印象を与えるからだ。Va↓L

人間が神のことを考えるということは、人間が感覚的で外面的で個別的なものを超えて高まっていくという歩みをも言い表している。つまり純粋なもの、自己と合一したものへと高まることが言い表されている。この高まりは、感覚的なものやたんなる感情を超えて純粋な境地へ歩み出ることである。そしてこの普遍的な境地が思考なのだ。以上が「宗教哲学の」始まりをなす内容である。しかも主観のあり方という面から見たこの内容にとっての基盤である。［＊］

＊　内容は絶対に分割されていないもの、中断されていないもの、自分自身のもとにとどまるもの、普遍的なものである。そして思考はこのような普遍的なものをとらえる様式である。われわれは神を普遍的なものと名づけた。そして思考にとって、われわれがさしあたって神と名づけた普遍的なものと思考との間に区別が生じる。それはさしあたってわれわれの内省に属する区別である。

その区別はまだ内容のなかにまったく含まれていない。神こそ単一の真実の現実であって、それをおいてほかに現実はないというのが、宗教の信仰であり、哲学の帰結である。この立場では、われわれが思考と名づけるような現実はまだまったく場をもたない。Va↓L‖W（1827?）〔最後の一文はW^2では〕このような単一な現実と純粋な明澄さにおいては、現実と思考する者という区別はまだまったく成り立たない。Va↓W^2

われわれが直面するものは、このような一つの絶対的なものである。このような規定の中身をまだ宗教と名づけるわけにはいかない。宗教には主観的精神すなわち意識も含まれているからだ。この普遍的なものがとらえられる場はたしかに思考ではあるが、この場は初めは〈永遠に絶対的に存在する一《いっ》なるもの〉のなかへと吸収されている。真実の絶対的な規定はここではまだ展開されず、まだ完成されていないが、たとえこうした規定が全面的に展開されても、神はいつでも絶対的な実体であり続ける。なぜなら、このような普遍的なものが基礎であり出発点であり始点ではあるけれども、同時にしかし端的に統一を持続するものであって、区別がやっとそこから成長してくるような単なる地盤ではないからだ。むしろあらゆる区別はこの普遍的なもののなかに包み込まれたままである。とは言っても、これは抽象的な意味で一般的な不活発なものではなく、むしろ絶対的な母胎であり、〈あらゆるものがそこから出てそこへと還《かえ》り永遠にそこに保持されるような無限の源〉なのだ。こうした根本規定が神が実体だという規定なのである。［＊］

＊　それゆえ普遍的なものは、自己自身と同等で自分自身のもとにとどまっているような精気（エーテル）から一歩も踏み出さない。神はこのような普遍的なものとして、かりそめの戯れ以上の存立をもつような他者のもとに実際にあるようなことにはならない。このように純一で澄んだ透明に対して、物質は何ら侵入不可能ではないし、精神や自我も、単独で真実の実体性をもっているようなつれないものではない。Co↓W^2　L

神はいつでも自分自身のもとを離れずに存在するものであり、ただ一つの真理にして絶対的な現実である、といった神観念が哲学的な理念から作りあげられる。人々はこうした神観念を「汎神論」と名づけ、そのような哲学を「同一性の哲学」と特徴づけようとしてきた。「同一性の哲学とは、はっきり言って汎神論である。ここでは何から何までも（Alles）同一性であり、自己統一（自己同一）性であるからだ」とも言う。だが同一性という言葉はまったく皮相に解されることがあって、「思弁哲学は同一性の体系だ」と言われるとき、同一性は固定的な知（Verstand）が考える抽象的な意味で解されている。同一性の哲学は「汎神論」というよりもむしろ「実体性についての表象」と呼んだ方が、より正確であろう。というのも、そこでは神はさしあたってただ実体として規定されているだけだからだ。精神という絶対的な主体は依然として実体でもある。ただし実体にすぎないのではなく、それ自身においても主体としても規定されている。「思弁哲学は汎神論だ」と言う人々は、たいていこの

違いについて何もわかっていない。彼らはあいも変わらず肝心な点を見逃している。［*］

＊　そして哲学に改竄を加えて誹謗している。Va↓W^2

敬虔な人々がよく哲学に投げかける「汎神論」という非難†については、そのいくつかの特徴をもっと詳しく見ておく必要がある。汎神論の本来の意味は、すべてのもの（alles）、全（das All）、宇宙、現存するあらゆるもののこうした複合体、こうした無限に多くの個別的な事物、これらすべてが神であるということだ。哲学は「何から何まで（alles）神だ」と主張しているという非難が哲学に対してなされている。ここで言う「何から何まで（alles）」とは個別的な諸事物の無限の多様性のすべてをいうのであって、絶対的に存在する普遍性のことではない。直接あるがままの経験的なあり方をした個々の事物であって、普遍的なあり方をした事物ではない。「神はあらゆるもの（alles）である、例えば、この紙である」等々と言えば、それは汎神論だ。私が「類（Gattung）」と言えば、それもたしかに普遍性（Allgemeinheit）であるが、しかし「何から何まですべて（Allheit）」と言うのとはまったく別のものである。類は個々に現存するすべてのものの綜括としてのみ普遍的なものであるからだ。〔ところが彼らは〕存在するもの、根底にあるもの、本来の内容までも、一切合切を個別的な諸事物だ〔としてしまう〕。

† ヘーゲルの「汎神論」をはっきりと攻撃した最初の文献は一八二〇年代のなかばに初めて登場する。匿名で刊行されたトールク（Friedrich August Gottreu Tholuck, 1799-1877）の処女作『罪悪と贖罪者についての教理、あるいは懐疑者の真の聖別（*Die Lehre von der Sünde und vom Versöhner, oder Die wahre Weihe des Zweiflers*）』（一八二三年）に、「概念の汎神論はエレア派、スピノザ、フィヒテ、ヘーゲルに特有のものである」という言い方が見られる。このパンフレットはヘーゲルの生前までに四版、一八七一年までに実に九版を重ね、英語、オランダ語、フランス語、デンマーク語、スウェーデン語に翻訳された。その持続的な影響力はシュライアーマッハーの『宗教講話』にも匹敵する。トールクの攻撃に対してヘーゲルは『エンツュクロペディー』第二版（一八二七年）への序文（『小論理学』三四―三六頁）と第五七三節注解（『精神哲学』五三二―五三三頁）のなかで反撃した。

このような攻撃は一八二〇年代末から高まっていく。やはり匿名刊行されたヒュルゼマンの『ヘーゲルの学説について、あるいは絶対知と現代汎神論』（一八二九年）はヘーゲルを無神論と攻撃した。ヘーゲルは『学的批判年報』上でこれに反駁した（『評論・草稿II』三三一―三五六頁）。このへんの事情については山﨑純『神と国家』八九―一〇〇頁参照。

こんな汎神論がある種の哲学として存在したという主張はまったく間違っている。「個別的・偶然的な形における個々の事物が何から何まで（Alles）ことごとく神である、例えば、この紙、この机が神である」と言うことなど誰も思いつかなかった。誰もそんなことを主張しなかった。いわんや哲学のなかで、そんなことが主張されたことはけっしてなかった。私たちはのちに東洋の宗教を考察するなかで、東洋的汎神論、より正しくはスピノザ主義について学ぶことになる。スピノザ主義そのもの、さらには東洋的汎神論においてさえも、あらゆるもの（Alles）のなかにあって神的なものとは、たんにその内容の普遍的なもの、諸事物の本質にすぎないということが含まれている。しかもこの本質は諸事物の特定の本質としても考えられている。例えば東洋人は言う。クリシュナ、ヴィシュヌ、ブラフマーらは自分自身について「われは金属のなかの光沢、ひかり輝くものであり、もろもろの河のなかのガンジスであり、生きとし生けるもののなかの生命《いのち》であり、分別あるもののなかの英知である」と語る。† 「われは金属のなかの光沢である」等々と言われることによって、「金属、河、分別など何から何までが神である」ということはすでに否定されている。分別あるもの、もろもろの河、もろもろの金属など、これらすべてのものは直接的に現存するものである。金属が神なのではなく、金属のなかの輝きこそが神なのだ。輝きは金属そのものではなく、個別的なものから取り出された普遍的で実体的なものであって、もはや個物の総計としてのすべて（πᾶν）ではない。そこでは汎神論とふつう言われているものが語られているのではなく、そのような個々の諸事物のなかにある本質実在がすでに語られているのだ。個々の事物にはほかにもっと多くのことが、例えば空間性や時間性が属しているが、ここではこのような個別性のなかの不滅なものだけが取り出されている。

† このことをヘーゲルは『バガヴァッド・ギーター』のシュレーゲルによるラテン語訳（一八二三年）から知る。『バガヴァッド・ギーター』第一〇章三六（上村勝彦訳、岩波文庫、一九九二年、九一頁）、『エンツュクロペディー』第五七三節注解（『精神哲学』五二四頁以下）参照。

汎神論についての通常の観念は、抽象的な統一だけを見て精神的な統一を際立たせていないところから生じる。しかも、宗教的な観念のなかでは、〈一《いっ》なるもの〉という実体だけが真実の現実性だと主張されるのに、この〈一なるもの〉に対して個別的な事物は消滅し何の現実性も与えられないということをすっかり忘れてしまっている。むしろ哲学を汎神論だと非難する彼らこそ、個別的な事物がこうした現実性をもつという主張に固執しているのだ。これに対して、エレア派の人々〔例えばパルメニデス〕は「〈一なるもの〉のみがある」と言い、「しかも無はけっして存在しない」とはっきりと付け加えた。有限なものはすべて〈一なるもの〉を制限し否定したところに生じる（つまり、あらゆる限定は否定である omnis determinatio est negatio）[†1]。しかし、「無、制限、有限性、限界、限定されたものはまったく存在しない」と彼らは言う。それゆえ、「エレア派やスピノザ主義のようなVa↓L」哲学的な規定にとどまろうとするときには、個々の事物は現実性をまったく与えられない。したがってスピノザ主義は〔無神論というよりも〕むしろ世界が存在しないとする無宇宙論（Akosmismus）[†2]である。人々はスピノザ主義を無神論（Atheismus）と非難してもきた[†3]。だがスピノザ主義においては「何から何までも」含むこの世界の方が存在しないのだ。人々は自分の個別的な存在について語り、われわれの生活はこの具体的な存在のなかにあると思っている。だがスピノザ主義によれば、世界は哲学的な意味でなんら現実性をもたないし、まったく存在しないのだ。ところがスピノザ主義を告発する者は有限なものにいつまでもとらわれて、「スピノザ主義にとっては何もかもが神だ」と言う。スピノザ主義のなかで消滅しているのはむしろ有限なものの集合としての世界だというのに。「あらゆるものが〈一《いっ》なるもの〉である」[†4]、それゆえ多数のものは本当は一《いっ》であると表現するとき、その「あらゆるもの」はもはやまったく存在しない。多は消滅する。なぜなら多（Vielheit）はその真実の姿を一《いっ》であること（Einheit）においてもつからだ。多は消滅しているということ、さらに多のなかに含まれている有限なものが否定的なものだということ、このことがあの批判者たちには理解できない。

†1　『スピノザ往復書簡集』五〇、畠中尚志訳、岩波文庫、一九五八年、二三九頁。この定式化はヤコービの『スピノザの学説に関する書簡』（田中光訳、八八頁）にも見られる。「ヤコービ著作集第三巻への批評」（『ヘーゲル批評集』一六〇頁）、『論理学』客観的論理学――存在論』一二三―一二五頁、『哲学史講義』下巻二四五頁参照。

†2　この表現をヘーゲルはサロモン・マイモンの『伝記』（Salomon Maimon: *Lebensgeschichte*. 1792. 抄訳『一放浪哲學者の生涯』小林登訳、筑摩書房、一九五一年）ないしはムールの『スピノザ神学・政治論注解』（Murr: Benedicti de Spinoza Adnotationes ad Tractatum Theologico Politicum. 1802）から学んだ。ヘーゲルはこの解釈を、スピノザにあっては神が世界から区別されていない点で無神論だとするヤコービの説に対抗して、持ち出している。『哲学史講義』下巻二四四頁参照、『エンツュクロペディー』第五〇節注解（『小論理学』一七五―一七六頁）、第五七三節注解（『精神哲学』五三三頁）参照。

†3　スピノザ主義を無神論とする解釈はとくにCh・ヴォルフ『自然神学』第七二九節に見られる。こうした解釈をヘーゲルはヤコービの『スピノザの学説に関する書簡』（田中光訳、一八一頁）から知っていた。スピノザ哲学を無神論と非難することへの批判については、『信仰と知』（『イェーナ期批判論稿』四九一頁以下）、『エンツュクロペディー』第五七三節注解（『精神哲学』五二一頁以下）参照。

†4　レッシングのこの表現をヘーゲルはヤコービの『スピノザの学説に関する書簡』から知った。「神性についての正統的な概念はもはや私には合いません。それを私は受けいれることができません。ヘン・カイ・パン（一《いっ》にして全なるもの）！　これ以外のものを私は知りません」（田中光訳、七一―七三頁）。

さらに、スピノザ主義は結局は次のようなものだという非難が広く見られる。すなわち、もしもこの哲学が「すべてのものが一である」と主張するならば、それは「善と悪とは一つであり、その間にはなんの区別もない」と主張することになり、あらゆる宗教が廃棄されてしまうという非難[†1]である。本当に「何から何まで」が神だとするならば神は廃棄されて存在しなくなる、という非難はまったく正しい。ところが、〔スピノザ主義のなかで〕廃棄されているのはむしろ有限なものすべてである。しかるに人々は、スピノザ主義のなかでは善悪の区別はそれ自体としては意味がなく、道徳は廃棄され、人間が善か悪かはどうでもよいことになる、と言っている。またしても浅薄な結論だ。たしかにこれがスピノザ哲学からの必然的な帰結だと言うことはできる。しかし彼らは好意からこうした結論を導こうとしたのではない。善と悪との区別はそれ自体としては、すなわち唯一の真の現実性である神のうちでは廃棄されている、ということは実際に認めてもよいであろう。神のなかには悪はない。善と悪との区別は、神が悪でもある場合にのみ存在する。だが、悪が肯定的なものであって、この肯定的なものが神のなかにもあるということを人々は認めないだろう。神は善であり、しかも善でのみありうる。善悪の区別はこのような〈一《いっ》なるもの〉という実体のなかにはない。善悪の区別は区別一般とともに初めてあらわれる。[†2]

†1　このような非難はCh・ヴォルフ『自然神学』第七一五節に見られる。さらにテンネマン『哲学史』（一八一七年）、トールク『東方神秘主義の精華（珠玉の言葉）集成』（一八二五年）にも見られる。『エンツュクロペディー』第二版への序文（『小論理学』三三頁以下）参照。
†2　これはスピノザがブレイエンベルフへの書簡のなかで定式化した表現である。『スピノザ往復書簡集』二三、前掲訳、一四六—四七頁。

［＊1］神が世界から区別され、とりわけ人間から区別されるときに、善悪の区別が生じる。神と人間との区別に関して、スピノザ主義は人間はただ神のみを自分の目標としなければならないということを根本的な規定とする。神の愛とは、神から区別された人間にとって、人間がこの神の愛にのみ向かい、神からの区別を主張したり、それに固執したりせずに、むしろ神のみをめざさなければならないという掟である〔「神への知的愛は神の愛そのものである」『エチカ』三三六〕。悪は無価値なものであり人間は〔自分を神から隔てる〕このむなしい区別を許してはならない、ということが最も崇高な道徳となる。人間はこの区別に

固執し、この区別を神という端的に普遍的なものに対置することができる。そのとき人間は悪である。これとは反対に、人間はこの区別をむなしいものとみなし、自分の本来のあり方をひたすら神のなかにのみ据え、神をめざすことのなかにのみ据えることもできる。そのとき人間は善である。［＊2］実体として規定された神そのものにおいては、こうした区別はない。けれども人間にとってはこの区別が存在する。そこに差異一般が、具体的に言って、善と悪との区別があらわれる。

＊1　神は〈一《いっ》なるもの〉であり、絶対的に自分自身のもとにとどまるものである。実体においては何の区別もない。L.|| W（1827?）

＊2　それゆえスピノザ主義でももちろん善と悪との区別は登場し、神と人間とが向き合う。しかも悪はむなしいものと見なすべきだという規定をともなって。L.|| W　だからスピノザ主義の立場では道徳や倫理や善悪の区別がないというのはほとんど事実でない。反対に、善悪の区別はここにこそ成り立つ。L（1827?）

哲学全般に対する〔神学者たちの〕論難について言えば、一方では哲学が非難されるのもやむをえないという面があり、他方ではその論難があまりにも浅薄であるため、〔誤解をただすのに〕初歩的な基礎から講義を始めなければならない。これは不幸なことだ。哲学に対するさらにいっそう浅薄な論難に、「哲学は同一性の体系だ」というものがある。実体がこのような自己同一性であり、精神もまたそうである。たしかにその通りだ。しかるに、人々は同一哲学について語る際、統一一般という抽象的な同一性に立ちどまって、決定的に重要な点を見逃している。それは、この統一が実体なのか精神なのかという統一の規定にかかわる点である。そもそも哲学全体がこの統一のあり方を見定める研究にほかならない。宗教哲学があつかうのもさまざまなレヴェルの統一にほかならない。統一はいつでも統一ではあるが、しかしこの統一はますます具体的になっていく統一なのだ。哲学を同一性の哲学だと非難することの一面性を自然界からの一例で明らかにすることができる。自然界には多くの統一体がある。例えば、大地にしみ込んだ水。これも統一体だが、それは一つの混合である。塩基と酸があれば、そこから塩の結晶が生じるが、そのなかには水もある。筋繊維などにも水があるが、しかしその水は見えない。水とこの物質との統一体は、水と水と土とを混ぜたとき他の実体との統一とはまったく別の性質をもっている。これらすべての事物において、水と他の実体との統一が現存するが、この統一の特質はそれぞれに異なる。もしもあらゆるもののカギを握ることした特質を抜かして、統一ということに抽象的に固執すると、結局は、混合という最悪のカテゴリーを、それよりも高次の結晶や植物や生物有機体などすべての形態に適用するはめになってしまう。大事なことはこの統一の規定の区別である。神が一《いっ》であるという統一もいつも統一ではあるが、この統一の特質規定をどうとらえるか、その種類と様式こそが決定的に重要なのだ。あのような浅薄な見方によって見逃されるのがまさしくこの特質であって、これがもっとも肝心な点である。

B　神についての知

　ここでは神から区別された人間の意識と神との関係を論じる。他との関わりをもたなかった神という概念（A）が根源的に分割して、世界と人間を創造し、みずからを顕わに（啓示）することで、人間の意識の対象となる。その関係を意識の主体のあり方から、一　神を直接的に知って信じる、二　宗教的な感情のなかで神をとらえる、三　神の内容を表象として想い浮かべる、四　神について思考する、という四つの形式において考察する。

一　神が存在するという**直接**的な**知**において、私は神と直接むすびついて、私と神とは不可分である。これが**信仰**という形式である。

二　宗教的な**感情**のなかで神との一体感を実感する。感情が信仰の源泉であり、感情から神の内容が導き出される。感情を真理の保証とする主張が近年流行《はや》っているが、感情は主観性をまぬかれないために、感情だけにとどまると、どんな内容でも感情によって正当化されてしまう。宗教感情は宗教的な表象と思考を通じて純化され陶冶されなければならない。

三　**表象**は、感情が宗教的確信の主観的な形式にあたるのに対して、確信の客観的な内容をなす。「神が一人子を産んだ」とか「善悪を認識するようになる樹」といったイメージや、キリストの誕生・受難・死という歴史物語がそれである。表象の方が感情よりも、より多くの内容を含んでいる。宗教的な陶冶形成を表象から始めなければならない。

四　思考において、a　併存するいくつかの宗教表象が互いに関係づけられ全体的な連関のなかでとらえられなければならない。b　それは或るものがあれば他のものも必ずあるという必然性の把握であり、本質的に媒介を含んでいる。そもそも直接的な知というものは存在しない。直接的に確信されていると思われる事柄も、じつは啓示や権威や宗教教育などによって媒介されている。ピアノをスムーズに演奏できるのも練習という努力に媒介されており、熟達した技能の成果にほかならないのと同じだ。c　宗教的な思考は有限なものから無限なものへと移行し両者を媒介する営みとして展開されてきた。これが神の存在証明である。ただし「神の現存（Dasein）の証明」という手続きは、有限な個物から出発してその帰結として神を導き出すという点で、ある歪みがある。むしろ有限な個物はそれ自身では真の存在をもたず、無限の絶対的な存在のなかで初めて存立しうるのであって、この否定的な関係がとらえられなければならない。神の存在証明はその意味で、自己が神へと高まることの記述、有限なものから無限な神へと高まる理論的な営みなのだ。

宗教の概念における最初のものは、神のこのような一般性であり、具体的な特質をまったくもたない一般的な精神である。この精神に対してはどんな区別もそこからは出て来ない。［5／17］この絶対的な基礎にもとづく第二のものは、区別一般であり、この区別とともに初めて宗教そのものが始まる。

この区別は精神的な区別であり、意識である。精神的で普遍的な関係は一般に、こうした絶対的な内容、こうした基礎について知ることである。〔かくして神の〕概念が根源的に分割する（urteilen）。すなわち概念という普遍的なものが判断（Urteil）へと移行し、分離・分割する。いまはこの絶対的な判断という認識を分析する場ではないので、われわれはここではそのことを事実として語るにとどめたい。なぜならそれは論理学の規定の一つであり、論理学のさまざまな規定がここで前提されているからだ〔『論理学』主観的論理学『GW.12. 52f.』〕。この絶対的な普遍性は自分のなかで自分を区別することへと進み、判断へと進展する。あるいは自らを具体的な特質をそなえたものとして設定することへと発展する。

かくしてわれわれは、神（特に規定されていない神）が意識の対象となっているという地点にたどり着いた。ここで初めてわれわれは、神と、神を対象としている意識、という二つの要素をもった。この二つを得たのだから、われわれはどちらの観念からも容易に出発することができる。

仮に神から出発してみよう。そうすると、神ないし精神がこうした判断（根源的な分割）であり、この根源的な分割を具体的に表現すれば、世界の創造と、神を対象とする主観的精神の創造である。精神は絶対的に顕わになることであり、精神が顕わになることは具体的な特質を設定することであり、他に対して存在することである。精神が顕わになることは精神以外の他のものを創造すること、しかも絶対的なものと向きあう主観的精神を創造することである。世界の創造は、神がみずからを顕わにし開示することである。さらにもっと先に進んだ規定では、この顕わになるということをもっと高次の形式でとらえることになろう。すなわち神が創造するものは神自身である。それは神とは別のもの（他者）という規定をもたない。神とは自己自身を顕わにすることであり、神は自分自身にとってある。他者は神とは別のものという空虚なかりそめの姿をしているが、しかしただちに和解されて、神の子ないしは神の似姿にもとづいて造られた人間となる。このような規定にのちに達することになるが、ここではわれわれは意識、すなわち神を対象とする主観的に知る精神にたどりついたばかりなのだ。［＊］

＊　神とは、精神にとって顕わになっていることである。そしてこのように自己を開示することは、同時に、精神を産みだすことでもある。創造とは神がみずからを開示（啓示）することにほかならない。L（1827?）前半は W[1]

以上のことから、神を知り認識することができるということが導かれる。なぜなら神は自らを開示（啓示）し、顕わにするからである。神が顕わでない［、神については何も知りえないW[1]（1827?）〕という人々は、いずれにしてもキリスト教の立場から語っているのではない。なぜならキリスト教は啓示された宗教であるからだ。神が人間に顕わになっていること。神が何であるかを人間が知っているということ。これがキリスト教の内容なのだ。以前は人間はこのことを知らなかった。しかしキリスト教にはもはや秘密はない。もちろん秘儀はある。けれども、それについて人は知らないという意味で、秘儀なのではない。〔＊〕それは固定的な知の意識や感性的な認識にとっては秘密であっても、理性にとっては開示されたものである。もしも神という名に真剣であるならば、すでにプラトンやアリストテレスにおいても、神は心の内を打ち明けないほど妬み深くはないはずだ〔プラトン『パイドロス』247a. アリストテレス『形而上学』982b28-983a5〕。アテナイ人の間では、もしもある者が彼の灯から他人が自分のランプに灯をともそうとするのを許さなかったならば死罪となった。彼はそれを許しても何ひとつ失わないからである。それと同じように、神も思いを伝えても何も失わない。それゆえ主体が神について抱く知は、神から発する一つの関係である。さらに神が精神に対して精神としてあるという絶対的な判断が神から出てくる。精神は、本質的に精神にとってあるということであり、精神は精神に向きあっているかぎりにおいてのみ、精神である。それゆえこうした精神のあり方から出発するならば、われわれは〔神の〕内容に対する意識の関係を想い浮かべることができる。

＊　エレウシスの密儀をすべてのアテナイ人は知っていた。密儀は何か深遠なものである。のちに

新プラトン派の哲学者において、密儀は直接的な神を表現した思弁的なものとなる。† L前半は‖W[1]
(1827?)

† ヘーゲル『哲学史講義』のプロクロスの項に「密儀（*Μυστήριον*）はアレクサンドリア学派にあっては、われわれが理解するような意味はなく、思弁的な哲学を意味していた」とある（中巻三九二頁）。ヘーゲルは、プロクロスにおいて密儀信仰と思弁とが一体化していた（とマリノスが彼の伝記のなかで伝えている）こと、*μυσταγωγία*（密儀への入信）という語が用いられていること、さらに、プロクロスの三位一体論（『プラトン神学』三・九―一四）に注目している。

次に、われわれは人間から出発してみよう。この場合われわれは主体を前提し、われわれ自身から出発する。われわれの直接最初の知はわれわれについての知であるから、われわれはどのようにしてこのような区別や或る対象についての知に、より正確に言って、神についての知に達するのか、と問うならば、答えは一般的にはすでに与えられている。「まさしくわれわれが思考する者であるからだ」というのが、その答えである。神は端的に普遍的なものであり、しかも思考は端的に普遍的なものを対象としている。これは単純な答えだが、そのなかには多くのことが含まれている。それをさらに考察しなければならない。

一　直接知（信仰）

われわれはここで神を意識する立場に、したがって初めて宗教一般の立場に立つ。この意識という立場をいまから詳しく考察しなければならない。まず初めに、われわれの眼前にあるがままの意識関係の内容を受けいれ記述することから始めなければならない。その際〔感情や表象など〕意識のいくつかの特定の形態もあつかう。有限な精神の側面に属するこれらの形態は一部は心理学的な種類のものである。われわれが学のきわめて具体的な内容として宗教を論じようとするならば、ここでこれらの形態を考察しなければならない。

すでに述べたように、まず神についての意識が一般的な出発点となる。それはたんに意識であるだけではなく、詳しく言えば、確信でもある。さらに、そのさまざまな面をあげれば、第一に信仰である。つまり感情であるかぎりでの確信、感情のうちにある確信である。これが〔神についての意識の〕主観的な側面だ。第二は、意識の内容のあり方にかかわる客観的な側面である。神が初めてわれわれの対象となる際の最初の形式は、神を想い浮かべるという仕方（表象）である。そして最後に思考そのものという形式がくる。

第一は、神一般についての意識である。つまり神がわれわれの対象となり、われわれが神を想い浮かべることである。しかしながらその意識はたんに、神という対象をわれわれが想い浮かべているというだけではない。この対象はたんに想い浮かべられたものではなく、実際に存在してもいるということを意識している。これが神についての確信であり、神を直接に知ることである。

あるものが意識のなかで対象となって想い浮かべられているということは、この内容が私のうちにあって私のものであるということを意味する。私はまったく幻想的な虚構の対象を想い浮かべることもできる。その場合の内容はたんに私のものにすぎず、ただ想い浮かべられているだけである。したがって私はその対象について、それが存在しないということも同時に知っている。例えば、夢のなかでも私はやはり意識であり、さまざまな対象をもっている。けれども、それらは存在しない。

これに対して、神についての意識は次のようにとらえることができる。神はたんに私のなかにある主観的なものという意味で私のものにすぎないのではなく、私が想い浮かべたり知ったりすることとはかかわりなく、私から独立している。つまり神はそれ自体で独立して存在している。このことは神の内容そのもののうちに含まれている。神はそれ自体で独立して存在する普遍性であり、私の外に私から独立している。たんに私にとってであるというものではない。このことは、いずれの直観、いずれの意識のうちにも現にある。しかもそれらのなかでは、私がこの内容をもち、その内容が私のうちにあるということと、その内容がそれ自体独立してある、という二つの規定が結びついている。これが一般に確信というあり方なのだ。〔神についての〕内容は私から区別され、自立的であり、神は絶対的にそれ自体で独立している。しかも、このそれ自体で独立し存在しているものは、私と向きあいながら、同時に私のものであり、同時に私のうちにある。この内容は自立的でありながら、私のうちにおいて不可分である。

確信とは、内容と私とが直接むすびついていることである。この関係を強調して言い表せば、私はこの内容を「私が在る」ということと同じ程度の確実さで知っている、ということになろう。この外的な存在の確実性と私の確実性。この二つは同一の確実性なのだ。〔＊〕確信がこのように一つであるということは、私とは区別された内容が実は私自身と切っても切れないということ、つまり互いに区別された二つのものが不可分であるということだ。しかもこの不可分の統一が確信のうちにある。それゆえ神についてのこうした意識のなかには、自立的でそれ自体独立して存在するもの〔神〕と、それについて知る私が含まれている。そのような自立的なものが存在するということを私は確信している。このような一つの確信、このような直接的な結びつきがここにはある。

＊　もしも私が外的な存在を廃棄してしまったら、私の存在を廃棄することになり、私について何も知らないことになろう。W²（1827?）

人々はこのような抽象的な規定に立ち止まることがあり、むしろこうした確信にとどまらなければならないと主張したりもする。にもかかわらず人々はただちに次のような区別をする。それは確実であるかも知れないが、それが真実かどうかは別問題だ、と。人々は確実性（Gewißheit）に真理性（Wahrheit）を対置して、「あるものが確実（gewiß）だと言っても、それはまだ真理（wahr）であるわけではない」と言う。

この確信についてしばし考えてみよう。確信の普遍的な面は、神とそれを知る主体との根源的な分割（判断）である。確信は同時にまた神と主体との不可分の統一である。

この確信の最初の特定の形式は信仰の形式である。信仰（Glaube）は本来それ自身のうちに或る対立をもっているが、その対立は多かれ少なかれまだ漠然としている。人々は信じる（Glauben）ということを、知る（Wissen）ということに対置するが、それは無意味な対立である。なぜなら私が信じているものを私は知ってもいるからだ。それは私の意識のなかにある内容である。知るということを一般的な事柄だとすれば、信じるということは知るということの一部分にすぎない。私が神を信じるとき、神は私の意識のうちにあり、私は神があるということを知ってもいる。だがふつうは、知るということは認識的で論証的な媒介された知だと考えられている。その場合は、知ることは信じることとは別物だ。とはいっても、知ること全般を信じることに対置することはできない。

もっと詳しく言えば、ある確信を「信じること（Glauben）」と名づけるのは、一方では、その確信が直接的に感覚的な確信でない場合であり、他方では、その確信の知がその内容の必然性を知るまでに至っていない場合である。ある観点では、知るということは直接的に確信することだと言われる。私が眼前に見るものを私は信じる必要はない。なぜなら、それを私はただ知っているのだから。私の頭上に空があることを私は信じているのではなく、ただそれを見ているだけだ。他方、私がある事柄の必然性を理性的に洞察するときにも、「私は信じる（私は思うich glaube）」とは言わない。例えば、人々はピタゴラスの定理を権威にもとづいて受けいれるのではなく、定理の証明そのものを洞察したということを前提する。それゆえ信じることは、直接的な感覚的な直観や具体的な感覚的直接性なしにもっている確信であって、同時にしかも信じている内容の必然性を洞察していない確信なのだ。近年でも、信じることはまったく確信という意味に受けとられて、ある内容の必然性を洞察することに単純に対置されてきた。とくにヤコービがこうした意味を強調した。† ヤコービは言う。われわれは自分が身体をもっているということをただ信じているだけで、それを知っているわけではない、と。ここでは、知るということは必然性の認識というもっと厳密な意味をもっている。だからヤコービは言う。「私がこれを見る」ということは、たんにそう思う（そう信じる）ことにすぎない。私は直観し感じるのであって、そのような感覚的な知はまったく直接的で媒介されていない。そのような知にはなんの理由も根拠もない、と。この場合には、信じること全般が直接的な確信という意味をもっている。

† 四四頁†参照。

これに対して、「神がある」という確信については、とくに「信仰（Glaube）」という表現が用いられる。その場合、信じている内容の必然性を洞察してはいない。そのかぎりにおいて信仰は主観的なものである。これに対して、必然性についての知は客観的だと言われる。また、ふつうの言葉づかいでは「神への信仰」という言い方もなされる。神を感覚を通じて直接に観ることはないからである。ところがひとは神を信じ、その場合に、神が存在することを確信している。信仰の根拠について語られることもあるけれども、厳密な意味での根拠が論じられているわけではない。なぜなら、もしも私が信仰の根拠を、しかも客観的で厳密な意味での根拠をもっているならば、信仰する事柄は私にはすでに証明されているからである。そのような根拠そのものが再び主観的なものでありうるのに、私は私の知を証明された知だと認めさせて、「私は信じている」と言う。神を信じる主要な根拠、その一つの根拠は権威である。権威とは、私以外のほかの者たちが自分たちは真実を知っていると信じていて、そしてそのひとたちを私が尊敬し畏怖し、彼らは何が真実かを知っていると信頼を寄せることをいう。つまり信仰は〔他人の〕証言にもとづいていて、それによって根拠をもつ。けれども信仰の絶対的な厳密な意味での根拠、宗教の内容についての絶対的な証言は精神の証言であって、奇蹟を証拠にあげるような外的な歴史的な立証ではけっしてない。［5／18］宗教の真実の内容は、この内容が私の精神の本性にかなっていて私の精神の要求を満たしているという自己自身の精神の証言によって保証されている。私の精神は自分自身について、自分の本質について知っている。それは直接的な知でもある。これが永遠に真実なものについての絶対的な証明であり、信仰と呼ばれるこの確信の単純で真実の特質である。

こうした確信と信仰は思考と対立し、真理全般と対立することになる。しかしこの対立については、のちに〔四―b、一三六頁以降で〕語らなければならない。さしあたっては、この確信とならんで次に現れる二つの形式、感情と表象について考察してみたいと思う。感情はより主観的な観点で考察される。これに対して、表象は内容の客観的なあり方にかかわる。つまり内容がどのようにしてわれわれの意識の対象となっているのか、その特質規定にかかわる。

二　感　情

感情の形式についてはまず、「私がそれを感情のうちにもつ」とか、「私はあることについて感情をもっている、例えば感覚的な事物やさらには道徳的な事柄についても感情をもっている」という言い方が何を意味するかを問うてみよう。そうすれば、「感情のなかにもつ」というのは、ある内容が私のものであり、しかもこの特定の個人としての私のものであるということにほかならないことが分かるであろう。つまり、その内容が私に属し、私にとってあり、私がその内容をもち、その内容の特質を知り、同時に私自身をこの感情の内容の特質において知るということである。それが内容についての感情であり、同時に自己感情である。感情の内容は、私の特殊性が同時にこの内容と結びついているというあり方をしている。

あらゆる内容は思考一般のなかにあるとともに、感情のなかにもあることができる。感情においてはしかし〔思考の場合とは違って〕、われわれは内容や事柄そのもの〔例えば正義・法・権利〕をたんに念頭におくというだけではなく、むしろ事柄を自分とのつながりのなかで知り、その事柄によって自分が満たされていることを喜ぶ。感情はいまとても人気がある。それはわれわれが何かを感じるとき、われわれ自身が個人的、主体的に自分固有の特性をもって居合わせているからだ。われわれは〔客観的な〕事柄そのものに重きをおくが、同時にしかし自分自身にも重きをおく。［＊］固定した目的をかかげ一生涯この目的を追求する性格のもちぬしは、とても冷たい人間でありうる。彼はただこの目的という事柄だけを追求しているにすぎないからだ。これに対して、感情の温かみは、私が私の特殊性を失うことなく事柄にかかわっていることを意味している。これは人間学的な一面である。われわれの人格の特殊性とは身体性である。それゆえ感情はこの身体性という面にもかかわっている。感情のなかでは血が煮え立ち、心臓のまわりが熱くなる。それが感情というものの性格である。感じるというこうした〔心身を貫く〕複雑な全体が、心胸《むね》とか心情《こころ》と呼ばれているものである。

＊　われわれはものを考えているとき、我を忘れている。つまり自己意識をもち合わせているので

はなく、〔思考の〕客観的な内容をもっている。けれども、われわれは考えながら感情をも抱いていることがある。しかも考えている内容のなかに巻き込まれ、その内容と結びついている。そこにわれわれの独自性がある。事柄に対する感情の温かさが語られるが、それは利害関心一般ではない。L（1827?）

神、法（正義・権利）などについて知り、それらについて意識し確信するだけではなく、それらがわれわれの感情や心胸《むね》のうちにもあるということを要求する人々がいる。それはもっともな要求だ。その要求が意味するのは、神、法といったことが本質的にわれわれ自身の関心事であるということ、われわれは具体的な主体として自分をそのような内実と同化しなければならないということである。法を心胸のうちにもった人は〔法の〕精神と一体となっている。同じように、「心胸のうちにある宗教」という言い方も宗教の内容と個人の主体性・人格性とのこうした一体化をあらわしている。原則にしたがって行為するには、たんに原則を頭で知っているだけでなく、原則が心情のなかにも根づいているということが必要である。たんなる確信だけでは、それに反する別の力にひきずられてしまう。けれども確信が心情のなかに根づいていれば、行為するひとはそのような心構えをもって、それにふさわしく行為できる。人間が心情のなかにもっているものは、そのひとの人格性というもっとも内面的なあり方にかかわっている。義務や法（正義・権利）や宗教は、それぞれ私が倫理的、合法的、宗教的である場合にかぎり、私と一体である。私の現実はそれらのなかにあり、それらは私の現実のなかにある。それら義務・法・宗教が、私が倫理的・合法的・宗教的であるという私自身のありようを決めている。

感情については、それが善いとか善くないとか、正当で真実だとか、間違っているとか真実でないとかを言明できない。こういう面が確定されていないというのが感情というものなのだ。感情というと、われわれはすぐに、どんな種類のものであれ、特定の感情を思い出す。例えば恐怖や不安の感情、下劣な感情といったものである。このような規定が感情の内容として現れる。われわれがこうした規定を想い浮かべ、それを意識している場合、われわれはある対象をもち、その対象は同時にまた主観的な仕方で感情の対象としても現れる。外的な感覚的な感情においては、その特質規定が内容をなす。例えば、われわれがなにか硬いものを感じるという場合には、硬さがその感じの特質規定である。けれどもこの硬さにおいて、われわれは「ある硬い対象が現存している」とも言う。それゆえこの硬さは主観的であるとともに、対象としてもある。われわれは感情を二重化する。われわれは感情から突如、意識へ移る。そして意識のレヴェルに立ってこう言う。感情と呼ばれる作用をわれわれに及ぼすようなある硬い客体が存在する、と。われわれがその客体を感じる前には、それが硬い対象であるということを知らない。感じたあとで初めて、その客体がかくかくの状態であると前提するのだ。

われわれはしかし、これとは別種の感情ももっている。自己感情とか、神や正義（法）や倫理についての感情である。このような感情では、まさしく感情の特質規定が内容である。

神や正義（法）は客観的なものであり、それ自体で独立してある自立的なものであり、ここでは外的な客体としてある。それとともに主観的なものでもある。私が神や正義について知って宗教的感情をいだくとき、私はこうした内容を私のうちで知り、私をこの内容のうちに知る。私はこの内容である。私がこの内容と私との合一を知るからだ。そのなかで同時に私は私の特殊的な人格についても知る。私はこの内容を私に同化し、私をこの内容に同化したことを知る。それでもこの内容は法（正義）や倫理などと同様に、それ自体独立して存在している。私が神や法（正義）について知るとき、意識が登場し、それまで感情のなかにはなかった分離分割が生じる。見ることにおいては、われわれは単にわれわれ自身について知るだけでなく、自分の外に対象を立て、みずからはうしろにさがって距離をとる。意識は感情から内容を取り出す一種の解放なのだ。

こうした内容が感情のなかで自分自身と同一視されることにとどまり続けるならば、感情こそがこうした内容の源泉であるという思いをいだくことになる。つまり、宗教的で誠実な感情が信仰の源泉であり、神・正義・倫理についての知の源泉であって、その内容がわれわれの心胸のうちにあるということが、同時にこの内容が真実の内容であるという認証・正当化をこの内容に与えるのだ、と考えられている。「われわれが心情のなかにそれを見出す」ということが考察の重要なポイントになる。近年、何が正当で倫理的であるかを知るためには、人間の心情に問わなければならないということが要求されるようになったからだ。神が何であるかをわれわれはわれわれ自身の心胸のなかに見いだすと考えられている。心情がそうした内容の源であり、根であり、それを正当化するものとしてあげられている。こうした考えをどう評価すべきであろうか？　このような感情宗教は真の宗教であろうか？　感情はかくかく行為することを正当化するものであろうか？［＊］

＊　言うまでもなく、感情は、そのなかでのみ神を真実に見いだすことができると言えるようなものではおよそないのだから、感情のなかに見いだすべきだと言われるこうした内容を、われわれはどこか他のところですでに知ることができるのでなければならない。しかも、感情のなかでのみ神を真実に見いだすということが、われわれは神を認識できず神については何も知りえないという意味だとするならば、神が感情のなかにあるなどと、どうして言えようか。われわれはまず、私とは違う内容の特質を意識のなかで、感情とは別のどこかで探し求めておかなければならない。その上で初めて、内容のこうした特質を感情のなかに再び発見したときに、感情を宗教的なものと証明できるのだ。Co→W^2

私にとって心胸がこうした内容の萌芽であり、根、源泉であるということは認めることができる。ただ、これは大した意味をもたない。心胸が源泉であるというのは、心胸がそうした内容が主観のなかに現れる際の最初の様式だという意味である。人間は初めから宗教的感情をもっていることもある。もっていないこともある。その意味で心胸は萌芽である。植物の種子が植物の最初のあり方であるように、感情も〔その後の発展を内に〕包み込んだようなあり方をしている。植物の一生は種子から始まるが、種子はたんに経験的なあり方と現象面からして最初のものである。種子はまた所産であり結果であり最後のものでもある。それゆえその種子は、すでに直接知について見たように、まったく相対的な源なのだ。木の本性の全体を包み込んでいるこの単一な種子は、樹木の一生の展開全体の所産であり結果である。感情についても同様で、真実の内容の全体がわれわれの主観的な現実性のなかに包み込まれている。だがしかし、*1→この内容そのもの——例えば神、正義（権利・法）、義務といった内容——が感情そのものに属しているということとはまったく別である。←*1 神は端的にそれ自体で普遍的な内容である。同じように、権利（正義）と義務についての規定も理性的な意志による規定である。私は意志として私の自由のなかに、私の普遍性そのもののなかに、私が自分で決定するという普遍性のなかにある。しかも私の意志は理性的である。したがって意志の特質（規定）は規定すること一般であり、純粋な概念にしたがって規定するという普遍的なことである。理性的な意志は、偶然的な衝動や心の傾きにしたがって意欲する偶然的な意志とはかなり異なったものである。理性的な意志は自己の概念にしたがって自己を規定する。そして意志の概念と実体は純粋な自由である。また意志の理性的な規定のすべては自由の展開であって、そこから展開して生じたものが義務である。したがってそれらは理性的なものである。このような内実は理性に属するものである。それは純粋概念による純粋概念に従った特質（規定）である。それゆえ本質的に思考にも属する。［＊2］神についても、これが思考に属する内容であることはすでに指摘しておいた。神という内容がとらえられ生みだされる地盤も思考であるからだ。

＊1　この内容そのものが感情そのものに属しているということとは、まったく別である。せいぜい神、神への人間の関係、正義（権利・法）、義務といった内容が感情によって規定されて表象の前にもたらされていると言えるだけだ。　L‖W[1]

＊2　意志は思考する場合にのみ理性的である。それゆえ、意志と知性とが精神のなかの二種類の領域で、意志は思考なしにも理性的で倫理的でありうると考えるのは間違っている。　L‖W
(1827?)

［5／21］内容は思考においてのみ真実のあり方をしているというのがいまや内容の本性であるから、感情のうちにあるような内容はふさわしいあり方をしていないということになる。感情の根本的な特質は私の主観性の個別的な特殊性である。知的で意欲する主体としての私は或る確信をもつことができる。しかも私の確信のこの堅固さに対しては、それ以外のあれこれの理由づけは無力だ。あるいはむしろ、そもそも別の理由づけなどまったくありえない。それほどの堅固さである。もしも私が倫理的な意志であるとするならば、私は私自身のうちにまさしくこうした特質をもっている。私は倫理的な意志であって、私の確信と意志には私の人格の特殊性の意識は結びついていない。しかしまた、その内容は私の現実性にも属している。そしてこうも言われる。私はその内容を心胸のなかにもっている。私の心がそ

のような内容のものであるからだ、と。すなわちこの内容は私自身の確信のなかに、私の知性と意志そのもののなかにある。あるいは私の人格の特殊性の意識がその内容と結びついている。この場合、内容は感情のうちにある。

或る事柄が私の感情のうちにあるからといって、それが真実で正当だと言えるだろうか？　感情は〔それだけで〕真理を保証するものであろうか？　それとも内容がそれ自体で端的に正当で真実で倫理的でなければならないだろうか？　感情を真理の保証とする前者の主張の方が近年しばしば唱えられる。［＊］この主張を判定するための手段も、われわれは自分の意識のなかにただちに見いだす。というのも、ある内容が正当な種類のものであることを知るためには感情以外のほかの決定根拠を探し回らなければならないということを、われわれは意識のなかでよく知っているからだ。宗教、正義（法・権利）、習俗、犯罪、情念といったあらゆる内容が感情のうちにありうるということは本当だ。どんな内容でも感情のなかに座をしめている。

＊　われわれは神についての感情、われわれが〔神に〕依存しているという感情〔シュライアーマッハーの「依存性の感情」を示唆〕をもち、さらに正義（法・権利）についての感情をもっている。だからこそこうした感情は正当な感情なのであって、このような内容、こうした高次のものは真実のものだ〔と主張される〕。ここでは、感情が、何が真実で倫理的かを判定する規準にされている。L（1827?）

感情が或る内容を正当化するものであるとするならば、善と悪との区別はなくなってしまう。なぜなら、善だけでなく、あらゆるニュアンスとバリエーションを伴った悪もまた感情のなかにあるからだ。あらゆる悪、あらゆる犯罪、悪しき情念や憎しみや怒り、これらすべては感情のなかに根ざしている。殺人者は自分がそうせざるをえないことを感じる。あらゆる下劣なことが感情から語られる。聖書のなかでもこう言われている。「悪口などの良からぬ思いは心から出てくる」と〔マタイ一五・19〕。もちろん神に関する宗教的なことも感情のなかにある。けれども悪は心のなかにそれ固有の座をしめている。心というこの自然的な特殊性こそが悪の座なのだ。倫理的に善いことは、人間が自分の特殊性・利己性・自己性をそのまま貫くこととは違う。人間はむしろ悪である。〔*〕感情が真実であると言われるときには、内容がそれ自体独立して真実でなければならない。それゆえ、感情や心情が純化され陶冶されなければならず、自然的な感情が行為の正当な動機であってはならない、と言われる。このことはまさしく、心の内容がそのものとして真実であるのではなく、むしろ、心にとって目的や関心とされるこうした内容やこうした特質規定が真実のものとなり真実のものでなければならない、ということを意味している。ところで、何が真実であるかは表象と思考を通して初めて学ばれる。

＊　利己心はわれわれが一般に心情と呼ぶ主観的なものである。たしかに善においても、内容が私

自身に属し、私がその内容のなかで自分自身を保っているのでなければならない。けれども、そのことはどこか他からの内容に対する形式にすぎない。〔善と悪とを〕区別する独自のものは、感情は一つの形式であって感情の内容こそが問題なのだ、ということにほかならない。L（1827?）

三　表象

感情の形式は主観的な側面であり、神についての確信である。これに対して、表象の形式は確信の中身をなす客観的な側面である。「この内容は何か」と問われれば、それは神である。神は人間にとってまず表象の形式でとらえられる。この形式は、何かを対象的なものとして念頭に想い浮かべる意識である。

宗教は万人むけにあるような絶対的な真理についての意識である、と前に〔六八頁〕述べた。宗教的な内容がまずは表象というかたちで想い浮かべられているということは、このことに関係している。絶対的な真理はまずは表象の形式をとって万人むけにある。哲学も真理という同じ内容をもっている。哲学は世間一般の精神であって、けっして特殊的な精神ではない。哲学はただわれわれの表象を概念に転じるだけで、内容はあいかわらず同一なのだ。真なるものは個別的な精神にとってあるのではなく、世俗的な精神にとってある。世俗の精神にとっては、表象と概念は一つである。或る内容から表象だけに属するものを分離することは困難である。哲学に対してなされる非難は、哲学は表象に属するものを払い落としてしまい、そうすることで宗教の内容を取り去ってしまうというものである。それゆえこの非難は、哲学が表象を概念へと転じることを宗教的な内容の破壊とみなしている。これらがこれから詳しく考察しなければならない要素である。まず初めに、表象がどんな特質をもっているかを考察する。

表象に属するものとしてはまず初めにもろもろの感覚的な形式や形態がある。これらを心像（Bild）と名づけることで、表象（Vorstellung）そのものから区別することができる。直接的な直観から表象の主要な内容と様式が取り出されて感覚的な形態をとったものを、一般に心像と呼ぶことができる。心像というと、すぐに次のことが意識される。すなわち、それらはまさに像にすぎない。それらは像そのものがさしあたって表現しているものから区別された意義をもつ。像は象徴的なもの、比喩的なものである。われわれは一度は直接的なものを、次には、それとともに考えられている内面的なものを（これが初めの外面的なものから区別される）というかたちで二重のものを想い浮かべる。このように宗教のうちには、たんに隠喩《メタファー》にすぎないとわかっているような形式が多くある。例えば、「神が独《ひと》り子《ご》を産んだ」と言うとき、それがたんに心像にすぎないことをわれわれはよく知っている。「子」とか「産みの親」という表現も、すでによく知っている〔父子〕関係を想い浮かべさせる。けれどもこの〔父子〕関係がそのまま考えられているのではなく、これとおおよそ等しいけれども、それとは別の関係を意味していることをわれわれはよく知っている。このように感覚的にとらえられる〔父子〕関係は、神について本来考えられているものに最もよく対応しているものをそれ自身のうちに含んでいる。

そのように直接的に感覚的な直観や内的な直観から取り出される表象は多い。例えば神の怒りについて語られるとき、それは本来の意味にとるべきではなく、類比や譬えや心像にすぎないことにわれわれはすぐに気づく。神の悔恨や復讐といった情感などについても同じことが言える。これらと並んで、もっと詳しい比喩《アレゴリー》、例えば人間をかたどったプロメテウスやパンドラの箱〔ヘシオドス『仕事と日』79-105. 松平千秋訳、岩波文庫、一九八六年、『神統記』570-590. 廣川洋一訳、岩波文庫、一九八四年〕などがある。これらも、その言葉本来の意味とは別の意味をもつ心像である。〔その実を食べると〕善悪を認識するようになる樹の話〔創世記二・9、16以下〕についても、同じことが言われている。その実を食べる話のところでは、この樹ははたして歴史的なものとして、厳密な意味での歴史上の樹と受けとめるべきものなのかという疑いが頭をもたげる。「食べる」という行為についても同様だ。というのも認識の樹の話は〔ふつうの経験とは〕あまりにも違うので、これが語られるとすぐに、それは感覚的な樹の実が話題になっているのではない、だから「樹」を字義通りに受けとってはいけないということが見抜かれる。

感性的なものを想い浮かべる仕方（表象様式）に属するものには、明らかに心像的なものだけではなく、歴史物語的なものとみなすべきものもある。何かが歴史物語ふうに語られることがあっても、われわれはそれをまともには受けとらず、われわれの表象をもってこの歴史物語をたどるけれども、それが真面目なことかどうかは問わない。例えば、われわれはジュピターや他の神々に関する物語を好むが、それらの神々についてのホメロスの報告をさしあたって詮索せず、ほかの歴史的な事例と同じようには受けとめない。けれども神の事蹟（歴史）という歴史的なものもある。しかもそれは厳密な意味で歴史だとされている。イエスの事蹟（歴史）がそれである。これはたんに心像の様式で（イメージ的に）与えられた神話とみなすべきものではなく、感覚でとらえられる出来事も含んでいて、キリストの誕生と受難と死はまったく歴史的な出来事としてみなされている。もちろん、これも想い浮かべる仕方で表象にとってあるものだが、それはまた別の〔客観的な〕面もそなえている。キリストの事蹟は二重のものである。それは、ひとりの人間の通常の意味での歴史とのみ受けとられるような外面的な歴史であるだけでなく、神的なものを、すなわち神にかんする出来事、神の業《わざ》、絶対に神的な行為といったものを内容としている。この絶対に神的な行為がこの歴史の内的な真実であり実体である。そしてそれこそが理性の対象となるものだ。このようにして神話は一つの意味をもった寓意《アレゴリー》をそれ自身のうちに含んでいる。一般にどんな歴史にも、このような二重性がある。外面的現象が優勢であるような神話ももちろんある。しかし神話はふつうプラトンの場合のように、寓意《アレゴリー》を含んでいる。

　たしかにどのような歴史も一般にこのような一連の外面的な出来事や行為を含んでいる。けれどもそれらは或るひとりの人間の、或るひとつの精神の出来事である。さらに、一国家の歴史は或る普遍的な精神の、すなわち一国民の精神の行為や行動や運命である。このような国民精神はそれ自体で一つの普遍的なものをすでに自己自身のうちに含んでいる。このことを皮相な意味で受けとると、どんな歴史からも道徳を導き出すことができるという言い方が可能となる。歴史から導き出される道徳は少なくとも、共同体的で倫理的な力を含んでいて、行為に働きかけて具体的な出来事を引き起こす。これらの力は内面的で実体的なものである。歴史はたしかにこのように断片化された側面をもち、もっとも外面的なものにまで個体化された個別的なものを含む。けれども、そのうちにはまた共同倫理の普遍的な法則と威力も認められる。とはいえ、これらの普遍的な威力は表象そのものに想い浮かべられているわけではない。表象に浮かべられているのは、現象するがままに出来事として叙述された歴史である。しかしながら、思想や概念をまだ明確に形成していない人にとっても、このような歴史は行動へとかりたてるような内面的な力を含んでいる。彼はそのような力を感じはするが、それらについてまだ漠然と意識しているだけである。それゆえ、歴史はそのものとしては表象に浮かべられたものであり、他方では心像《イメージ》である。宗教は、ふつうの教養を身につけた通常の意識にとっては本質的にそのような仕方で、さしあたって感覚的に現存する一つの内容としてある。つまり、まず時間的に継起し次に空間的に併存する一連の行動や感覚的な特質規定として存在する。その内容は経験的で具体的であり、多様である。その結合は一方では空間における併存であり、他方では時間における継起である。同時にしかしこの内容は内面的なものをもっている。そのなかには精神にはたらきかける精神がある。主観的な精神は、この内容のなかにある精神に証言を与える。このことはさしあたって漠然と承認されているだけで、内容のなかにあるこの精神がまだ意識に具体的にとらえられているわけではない。

第二にしかし、表象には感覚によってとらえられない形態も属する。単純な仕方で想い浮かべられる精神的な内容、すなわち単純な形での行為や活動や関係がこの種のものである。例えば、世界の創造は一つの表象である。神自身がこうした表象であり、神は多様な仕方でそれ自身のうちで規定された普遍的なもの一般である。しかしながら表象の形式では、一方に神があり他方に世界があるという単純な仕方で、神は存在する。世界もまた、それ自身のうちで無限に多様な有限なものを含む複合体である。けれども、われわれが「世界」と言うとき、このような複合体を単一なものとして想い浮かべている。われわれはいま「世界は創造された」と言い、そういう言い方によって、経験的な活動とはまったく別種の活動を指示する。［＊］

＊　われわれが「そこから世界が生じる活動」という表現を用いるときも、それはたしかに抽象的な表現ではあるが、まだ表象的であって、概念ではない。〔活動と世界の生成という〕両面のつながりはまだ必然性の形式で結びつけられておらず、自然的な生命と出来事の類似によって表現されているか、それとも、〔創造という〕まったく独特で不可解な連関として特徴づけられているかのいずれかである。L⁝W（1827?）

あらゆる精神的な内容は表象である。侯や法廷など、たとえどのような種類のものであれ、あらゆる関係全般は表象として想い浮かべられる。精神そのものが一つの表象である。それらの表象が思考から生じ、思考のうちにその座と基盤をもつとしても、それらはすべてその形式からして表象である。それらは単純に自分自身に関係するという特質をもち、自立した形で在るからだ。「神は全知で慈愛にあふれ公正である」と言うとき、われわれは或る種の規定された内容をもっている。しかしこれらの内容規定のそれぞれは単一で、他の規定とならんで自立的である。もろもろの表象の結合様式は「かつ」と「もまた」である。他方、全知といったような規定は概念でもある。けれどもそれらの規定はまだそれ自身において分析されておらず、さまざまな区別が互いに関係しあうようにはまだ想定されていない。それらの規定はむしろ表象に属している。[＊1] だから、「あることが起こる」とか「事態が変化する」とか「こうならばああでもあり、かくしてこうである」という言い方がされる。これらの特質規定は初めは偶然性の形式をもっていて、概念の形式のなかで初めてこの偶然性が規定から取り除かれる。[＊2]

＊1　それゆえ表象の内容は、それが〈イメージ的で感覚的で物語的なもの〉ではなく思考された精神的なものである場合に、抽象的で単一な自己関係のなかに取り入れられる。ただし内容が多様な特質を自身のなかに含んでいる場合には、この多様な関係が表象によってたんに外面的に受け取られ、外面的な同一性だけが設定される。L⁝W（1827?）

＊2　本質的な内容はそれだけで単一な普遍性の形式のなかに固定して、そのなかに包み込まれる。自分自身を通過して他者へと移行することも、他者と自身とが同一であるということも、それには欠けている。ただ自分自身と同一だというにすぎない。個々の点には必然的なつながりと区別を貫く統一が欠けている。それゆえ、表象が一つの本質的なつながりをつかまえる手がかりを見いだそうとするやいなや、表象はこのつながりをも偶然性の形式のなかに放置し、このつながりの本当の実体と永遠の統一性が自分を貫いていることをとらえるところにまでは進まない。例えば摂理という思想も、表象においてはそうだ。だから表象は歴史の運動を綜括して、歴史が永遠に神の意のもとにあることを基礎づける。だが、まさにそうすることによってただちに歴史の連関が、われわれには不可解で探究しがたい領域へとずらされてしまう。それゆえ普遍的なものについての思想は、それ自身のなかで規定されないため、言い表されたらすぐにまた否定されてしまう。L≒W^2（1827？）〔W^2はこれに先立って〕あるいは表象が思想にすでに近しい関係——例えば、神が世界を創造したというような関係——を含んでいる場合にも、この関係は表象によって偶然性と外面性の形式でとらえられてしまう。つまり創造という表象においては、神が一方の側にそれだけで存在し、他方の側に世界がある。Co→W^2

感情の形式が表象の形式に対置され、感情は主観的な信仰の形式にかかわる。これに対して、表象は対象的な内容にかかわるとすると、ここにはすでに、感情に対する表象の関係はどうかという問題も生じている。表象は内容の客観的な面にかかわり、感情はこの内容がわれわれの個別的な意識のなかにあるあり方である。宗教が感情の事柄だというのは本当だ。

だが宗教は表象の事柄でもある。そこでただちに次のような問いが生じる。「表象から始めるべきか？　表象によって宗教感情がめざめ、規定されるのか？　それとも始まりは宗教感情のなかにあって、ここから宗教的な表象が生まれるのか？」

感情こそが最初の本源的なものだとして感情から始めるならば、宗教表象は感情に由来するという言い方になる。これは一面ではまったく正しい。感情はさまざまな内容を包み込んだ主観性である。けれども感情はそれだけではまだ漠然としていて、感情のなかではどんなものでも可能である。すでに見たように、感情は内容を正当化するものにはなりえない。内容は初めに表象として、対象的な形で現れる。表象は内容が意識に現存する際の、より客観的な様式である。この文脈においてわれわれは主観と客観の関係に深入りして論じる必要はない。ここではただ一般的に次の周知のことを思い出しておけばよい。つまり私が真とみなし通用すると思うものは私の感情のなかにも見いだされなければならず、私の存在と性格にも含まれていなければならないということを。主観性の究極の頂点は、私が何かについていだく確信である。しかもこの確信は、たとえ感情以外の別の形でもありうるにしても、感情のうちにある。けれども感情はまだ内容を正当化するものではない。感情においてはあらゆるものが可能である。感情のうちにあるものが、感情のうちにあるからといってすでに真実だとすれば、あらゆることが真実だということにならざるをえない。例えばエジプト人のアピス（聖牛）崇拝やインド人の雌牛崇拝などのように。

これに対して表象の方は、感情の内容と特質をなす客観的なものをすでに感情よりもより多く含んでいる。この内容こそが問題で、内容はそれ自身で自分を正当化しなければならない。内容が自分を正当化し真理を認識していると称することは、それだけですでに表象の面により多くかかわっている。

表象の必要性と、表象をとおして心胸へいたる道に関して、われわれは宗教的な陶冶が表象から始まるということを知っている。教義や宗教教育によって宗教的な感情がめざめ純化される。宗教的感情は陶冶されて、心胸に深く根づく。このように心胸の奥深くに根づくことには、宗教的感情の本源的な特質（規定）が精神そのものの本性のうちにあるというもう一つ別の面がある。とはいえ、その特質（規定）がもともと精神の本質のなかにあるのか、それとも人は人間が本質的に何であるかを精神の本性から知るのか、という問いはまた別問題だ。精神の本質が感情と意識にもたらされ意識のなかへと持ち込まれて感じられるためには表象が必要だ。そしてこの表象を得るには宗教教育や教義が必要である。宗教的な陶冶はいずれにしてもこうした面から出発する。

四　思　考

いまやわれわれがより深い関心をいだいているのは思考の段階であり、ここで本来の対象が考察される。われわれは神について直接的な確信（Gewißheit）をいだき、神について信仰や感情や表象をいだく。だがわれわれはこの確信を思考においてももつ。思考におけるこの確信を納得（Überzeugung）と名づけよう。納得するためにはいろいろな理由や根拠がいる。そしてそれらは本質的に思考のうちにのみある。

a　思考と表象との関係

そこでわれわれは思考の形式をなおも表象の面から考察し、思考が表象の形式からどのように区別されるかを示さなければならない。

表象として想い浮かべる働きは、感覚的内容と精神的内容のすべてを、おのおのの内容の特質（規定）を孤立的に取り出す仕方でもつ、とすぐ前で述べた。感覚的な内容の場合は、例えば天、地、星、色などを想い浮かべ、〔精神的な内容の場合には〕神、智恵、慈愛などを想い浮かべる。これに対して、思考の形式は全般に普遍性であり、この普遍性が表象のなかにも入り込んで働いている。表象も普遍性の形式をそれ自身においてもっているからだ。この観点から「思考」という表現を受けとれば、思考が内省する場合は、思考はたんに思うこと一般ではなく、むしろ内省であり、さらには概念的にとらえようとする場合は、むしろ概念である。

表象においては内容は単純なものという形式をとったが、思考が最初に行うことは、この単純なものという形式を解消することである。すなわち、この単純なもののなかにさまざまな規定がとらえられ示される。単純なものは多様な要素を含むものとして知られる。もし事柄の概念を問うとしたら、事柄そのもののなかにあるさまざまな規定どうしの関係を問うことになる。「これは何であるか」と問うてみれば、ただちにこうした関係を問うことになる。例えば、青は感覚的な表象である。「青とは何か」と問うたら、まず青が眼前に示され、青についての直観が得られる。この直観はすでに表象のなかに含まれていた。けれども、われわれはそのような問いによって青の概念をも知ろうとする。青をそれ自身との関係のなかで、青のさまざまな特質とそれらの統一において知ろうとする。例えば、ゲーテの理論によれば、青は明と暗の統一である。しかも暗さが根底にあって、これが色を濁らせるものである。もう一方は明るくする媒体であって、これを背景にしてわれわれはこの暗さを見る〔ゲーテ『色彩論』一八一〇年、第一五五、一五一節、『ゲーテ全集』第一四巻、潮出版社、一九八〇年、三四二―三四三頁〕。天は夜であり、まっくらで、大気は明るい。この明るい媒体を通すと、暗さが青く見える。これが青の概念である。青の表象はまったく単純に青い。これに対して、青の概念はまず初めにさまざまな特質についての表象であり、次にそれらの規定の統一である。

「神とは何か」、「〔神の〕義とは何か」と問うとき、われわれはこの表象をさしあたってまだ単純な形で想い浮かべている。けれどもこの表象を思考する場合には、さまざまな特質（規定）があげられ、これらの規定の統一、いわばそれらの総和、もっと厳密に言えば、それらの同一性が思考の対象になる。この統一のさまざまな特質（規定）は対象をくみ尽くしている。「神は義《ただ》しく全能で賢明で慈愛に満ちている」と言うとき、われわれはこの特質をさらに無限に続けることができる。「神は無限に多くの名をもっている」と東洋人は言う。すなわち神は無限の特質（規定）をもつという意味だが、これによって神が何であるかを言い尽くすことはできない。それゆえ、われわれが神の概念をとらえていると主張する場合は、さまざまな特質（規定）をあげて、それら一群の規定を一つの密接なまとまりに集めなければならない。そのようにして、さまざまな規定の密接なまとまりと統一とによって、対象は完全にくみ尽くされる。

［＊］これに対して、表象においてはさまざまな特質（規定）がそれだけで単独に存在する。それらは一つの全体に属することもあれば、ばらばらになっていることもある。〔表象において〕単一であったものが思考においてはさまざまな規定に解消される。あるいはばらばらに存在する特質どうしが比較されて、それらの特質が一つのものを作り上げていながら同時にそれらが矛盾しあっていることが意識される。それらの特質が互いに矛盾しあう場合は、それらの特質が同一の内容に属しているようには思われない。こうした矛盾を意識してそれを解消することが思考の仕事である。神について「神は慈愛に満ち公正だ」と言うとき、慈愛が公正さと矛盾するということに気づくのに、われわれは熟慮を要さない。「神は全能にして賢明である」と言うときも同じだ。全能の威力の前にはあらゆるものが消滅してなくなるが、具体的に規定された特質の一切をこのように否定することは賢明さとは矛盾する。なぜなら、全能というのは特定されていない漠然としたものであるのに対して、賢明さ

は何か特定されたものを欲し、ある目的をもち、特定されていない漠然としたものを制約するからだ。同じことが多くのことについても言える。表象においてはあらゆるものが安らかに併存している。例えば、人間は自由でありながら依存してもいる。世界には善もあれば悪もあるといった具合に。これに対して、思考においては併存するあらゆる規定が互いに関係づけられ、矛盾が姿を現す。

＊ 或るものが思考される場合、それは他者との関係のなかに置かれる。対象はそれ自身において、区別されたもの相互の関係として知られるか、あるいは、われわれがその対象の外に知る或る他者とその対象との関係として知られる。L↓W（1827?）

思考とともに登場してくるもっと厳密なカテゴリーは「必然性」である。表象のなかで或る空間が想い浮かべられる。すると思考はこの空間があることとの必然性を知ろうとする。表象においては、「神がいる」と想い浮かべられる。思考は神が在る必然性を知ることを求める。この必然性は次のことのなかにある。神という対象は思考のなかでは、「在るもの」としてとらえられるのではなく、すなわち純粋な自己関係という単純な規定のなかだけでとらえられるのではなく、本質的に他者との関係のなかでとらえられる。つまり神は本質的には、区別されたもの同士の関係であるととらえられる。ここに必然性がある。或るものが存在すれば、それとともに他のものも想定されるという事態を、われわれは「必然的」と名づけている。第一のものの規定は第二のものが存在するかぎりでのみ在り、その逆でもある。表象として想い浮かべるとき、有限なものはただ「在る」にすぎない。思考にとってはしかし、有限なものはそれ単独で在るのではなく、自分が存在するためには他のものを必要とし、他のものによって在る。思考一般にとって、もっと厳密に言えば、概念による把握にとって、直接的なものは存在しない。直接的であるというのは表象の主要なカテゴリーであって、その内容は自己との単純な関係のなかで知られる。これとは反対に、思考にとっては直接的なものは何もなく、本質的に媒介を含むようなものしかない。［*］

* 以上が宗教的な表象と思考との抽象的な一般的な特徴であり、抽象的な区別である。L↓W (1827?)

b　直接的に知ることと媒介的に知ることとの関係

いま述べた思考と表象の区別をわれわれのテーマにあてはめると、これまで考察してきたすべての形式〔直接的な知、感情、表象〕が表象の側に属しているということになる。ここでわれわれのテーマにかかわるより具体的な問いは、「神についての知すなわち宗教は直接的な知か、それとも媒介的な知か」というものである。神についての媒介的な知は、いわゆる神の存在証明という形で〔次のcで〕詳しく触れることになる。

「神が存在する」。この命題については直接的な知のところで述べた。［＊1］今度はしかし思考という規定に移り、それとともに必然性という規定へと移ったのだから、必然性についての知、媒介についての知が登場してくる。つまりいつも媒介を必要とし媒介を含む知である。このような媒介的な知が、これまで述べてきた直接的な知や信仰や感情などに対して登場してくる。次にこの点について述べなければならない。［＊2］

＊1　われわれはこの命題をさしあたって事実として受けいれて、これをここまではただ神についての知の形式に関する命題として語り、その形式をただ記述してきた。つまり宗教は神についての知であり、神が存在するという知である、と。L↓W（1827?）

＊2　しかも初めは〈媒介的な知と直接的な知との〉対立のなかで考察しなければならない。Va↓W^2

神についての知はただ直接的なあり方をしているべきだというのは非常に広範に見られる見解ないしは断言である。これに関する問いは今日の教養文化の〈傾向の〉なかでもっとも興味深いもののように思われる。ひとは次のように言う。「神についての知は直接的に与えられていて、われわれの意識の事実だ†。宗教ないしは神について知ることは、ただ信じることである。媒介された知は排除されるべきだ。それは信仰の確信と確かさをだめにし、信仰の内容をも台無しにするからだ」と。［＊］

＊　そこにわれわれは直接知と媒介知との対立を見いだす。L‖W（1827?）

†　フィヒテ『あらゆる啓示に対する批判の試み』一七九三年（『啓示とは何か』北岡武司訳、法政大学出版局、一九九六年、一二頁）にこの表現が見られる。しかしフィヒテはのちに、そのような「意識の事実」に単純に依拠することを批判するようになる（『全知識学の基礎』一七九四年、『フィヒテ全集』第四巻、隈元忠敬訳、哲書房、一九九七年、二七五―二七六頁注）。それゆえ、ヘーゲルの批判は直接フィヒテを狙っているのではなく、ヤコービと彼の弟子たちに見られる類似の言い回しを対象にしている。例えば、ケッペン（F. Köppen）には「倫理と宗教は人間の心のなかの事実であり、人間の探究的な知性にとっての事実である」という表現がある（『啓示について――カント、フィヒテ哲学に関連して』第二版、一八〇二年）。『哲学史講義』のなかでヘーゲルはフリースの「意識の事実」という表現も批判している（下巻四七二頁）。

思考、とくに具体的な思考は媒介された知であるということを、ここで前もって指摘しておくことができる。媒介された知は内容の点から見れば必然性についての知である。知が直接的であるということも、知が媒介されているということも、いずれも一面的で抽象的な見方である。直接性にしても媒介性にしても、他から切り離してそれだけで正しいとか真理だとかと、われわれは考えたり前提しているわけではない。概念をもって把握するという真の思考は、直接性と媒介性の両者をそれ自身のうちに合一しており、いずれか一方を排除するわけではけっしてない。このことは後で見るであろう。或るものから他のものへと推理をおよぼすことや、或る規定が他の規定に依存し条件づけられていること、こうした内省の形式は媒介された知に含まれる。これに対して、直接的な知はあらゆる区別を遠ざけ、区別どうしが連関しあっているあり方をしりぞけて、或る一つの単純なもの、或る一つのつながりだけをもつ。つまり知るという主観的な形式と、「それが在る」という規定をもつ。それゆえそれは、私と「在る」ということとのつながりである。神があるということを私が確実に知っている場合、その知は私が在ること（私の存在）であり、私と知の内容〔神〕とのつながりである。このように、私が確実に在るのに応じて神もまた確実に在る〔と直接的な知は主張する〕。［＊］

＊　私の存在と神の存在とは一つのつながりであって、この関係が存在である。この存在は単一なものであると同時に、二重のものである。直接知にあっては、このつながりがまったく単一であって、関係のあらゆる様式が根絶されている。L⫶W（1827?）

直接的な知をとくに立ちいって考察する場合、われわれは思弁的な考察から始めようとは思わない。まずは経験的な仕方だけで始めてみたい。それは直接的な知と同じ立場に身を置かなければならないという意味だ。直接的な知は経験的な知である。［＊］私は神観念を私のなかに想い浮かべるが、これは経験的なことである。直接的な知の立場はこうだ。この経験的な事実を超え出てはならない。意識のなかに見いだされるものだけが妥当すべきだ。神についての知がなぜ私のうちに見いだされるのかを問うてはならない。――このような直接的な知の立場では、なぜ私がその知を見いだすのか、どのようにしてその知が必然的なのかは問われない。もしそう問われれば認識へと導かれるのだが、この認識こそがまさしく害悪であり遠ざけておくべきものだと主張される。けれどもここで、直接的な知というのはそもそもあるんだろうかという経験的な問いが生じる。

＊　それが意識の事実だということを、私は知っている。Va↓W

［5／25］われわれは直接的な知というものの存在を否認する。すでに述べたように、媒介的な知も直接的な知も互いに孤立的に存在するわけではない。必然性についての知を含む媒介的な知を取り上げてみよう。必然的であるものは原因をもっている。必然的であるものは必ず存在する。しかも、それを存在させる或る他のものも本質的に存在する。この他のものが在ることによって、必然的であるもの自身が在る。区別されたものどうしの連関がそこには在る。媒介はたんに有限な媒介であり、たんに有限な仕方でしかとらえることができない。例えば、結果は一方の側に存在する或るものであり原因は他方の側に存在する或るものだ、ととらえられる。有限なものは他のものに依存するものである。［＊］これに対して、概念と理性によるより高次な媒介は自己自身との媒介である。二つのもののこうした連関、

しかも或るものは他のものが在るかぎりでのみ在るという連関は、理性による媒介に属している。

＊ 有限なものは他のものに依存するものであり、それ自体で独立して存在するものではない。それが存在するためには、他のものを必要とする。人間は自然的に依存している。人間は外的な自然と外的な事物を必要としている。それらは人間によって設えられる。けれども人間に対立して自力で存在しているように見え、人間は、それらが存在し利用できる場合に、露命をつなぐことができる。L≒W（1827?）

知が直接的であると主張する際、媒介は排除されている。直接的な状態というのは最初のものとして語られる。「或る直接的に現存するもの」とひとは言う。けれども、たとえわれわれがたんに外面的な仕方で経験的にものごとをとらえようとしても、直接的なものはまったく存在しない。媒介を排除して直接的な状態という規定だけしかもたないものは存在しない。むしろ直接的なものも媒介されている。直接的な状態そのものが本質的に媒介されている。有限な現存という意味はそれらが媒介されているということなのだ。どの事物、どの個体も媒介されている。星であれ動物であれ、どのようなものも創造され産みだされて、いまそこにある。われわれが或る人について「彼は父親だ」と言うとき、彼の息子は媒介されていて、父親は直接的なものとして現れる。けれども、父は産みだすものであるとともに、みずからもまた産みだされたものである。生きとし生けるものすべてがそうだ。生きるものは、産みだすものであるときには、始めるもの、直接的なものとして規定されるが、それ自身がまた、産みだされたもの、それゆえ媒介されたものでもある。

直接的な状態とは〈在ること〉一般を意味する。〈在る〉というこの抽象的な自己関係は、われわれが関係を遠ざけるかぎりにおいて、直接的である。けれども、それを或る関係の一面として想定するならば、それは一つの媒介されたものだ。例えば、原因は結果をもつかぎりにおいてのみ原因であるから、原因も媒介されている。それゆえ現存する或るものを因果関係のなかの一面として、つまり結果として規定する場合には、関係を欠くものと考えられた原因の方も媒介されたものとして認識される。直接的に在るものもすべて媒介されている。「現に在るすべてのものはたしかに在る」。これは誰もが抱くそっけないつまらない洞察だ。けれども現に在るものは媒介されたものとして在る。（さしあたって、それは有限なものである。われわれはまだ自己媒介について語っていない。）それは媒介されており、相対的であり、本質的には一つの関係である。それは、それ自身が存在するために、それが直接的であるために、他のものを必要とする。そのかぎりにおいて、それは媒介されている。論理的なものは弁証法的なものであって、「在ること」(Sein 存在) はそのものとして、それだけ孤立して考察する場合には、真実でないもの、まさに「無」(Nichts) である。「在る」(存在) の真理をなす次の規定は「成る」(Werden 生成) である。「成る」は一つの単純な表象であり、自己関係的でまったく直接的なものであるが、しかしそれ自身のうちに

「在る」（存在）と「ない」（Nichtsein 非存在）という二つの規定を含んでいる。成るものはすでに在るものでもあるが、しかしまだないものでもあり、これからやっと生成する。それゆえ生成は媒介されているが、しかしそれが単純な思想であるかぎりにおいて、直接的でもある。直接的な状態にかかずらっているのは学校の知恵だけである。媒介されたものに対抗する自立的なものを直接的な状態においてもつと考えるのは、悪しき固定的な知である。

　直接的な状態の一種でその一つの特殊的なあり方である直接的な知についても事情はまったく同じで、直接的な知というものは存在しない。われわれは直接的な知を媒介的な知から区別する。直接的な知は媒介されていることに無自覚な知であるけれども、実際は媒介されているのだ。われわれは感情をもつ。これは直接的なことのように見える。われわれは直観をもち、その直観は直接性の形式で現れる。［＊1］或る直観を考察してみるならば、まず第一に、私は知り直観するという働きそのものであり、第二に、私は自分以外の客体という或る他者を知る。私が知るのは客体を媒介にしてである。情感においても私は媒介されている。しかも客体によって、あるいは私が感じるということの特質によって、初めて情感のなかで媒介されている。知るということ〔その働き〕は〔区別のない〕まったく単一なことである。だが私は何かを知るのでなければならない。〔その何かを抜きにして〕ただ知るということにすぎないなら、私はまったく何も知らない。同じように、私は何かを見るのでなければならない。〔その何かを抜きにして〕たんに見るということにすぎないなら、私はまったく何も見ていない。それゆえ知るという主体の側の一般的なことと、第二に知られたり見られたりする客体の側の特定の何かとは、互いに補完しあっている。あらゆる知のなかに、〔知るという〕主観的な働きと〔知られる客観的な〕内容とがある。〔主観と客観という〕区別されたものどうしの一つの関係こそが本質的である。しかもこの関係は本質的に媒介を含んでいる。したがって直接的な知について、実際のところは次のように言える。すなわち直接的な知というのはまったく存在しない。直接的な知が真だと言う人はまず自分が眼前にあるものをよく見るべきだ。そうすれば、直接的な知というものが内容を欠いた空虚な抽象であることがわかるだろう。つまり直接的な知とは、ただ「知る」ということにすぎないのだ。［＊2］

＊1　けれども思想にかかわるさまざまな規定をあつかうときには、さしあたって現れているがままの状態にとどまっているわけにはいかず、実際にそうなのかを問わなければならない。L:W(1827?)

＊2　ただ「知る」ということを直接的な知と名づけることができる。それは単純である。けれども知が現実的である場合には、知るものと知られるものとがあり、関係と媒介がある。とはいえたんに媒介された知を実在的な真実な知と見なすことはできない。媒介知だけというのも空虚な抽象である。L:W(1827?)

さらに、宗教的な知についても、それが本質的には媒介された知であるというのが実情である。どのような宗教のなかにあっても、ひとはそれぞれの宗教のなかで躾けられ教育されるということを誰もが知っている。この教育と躾けが私に或る知識を授ける。この知識は教義によって媒介されている。実定宗教について言えば、この宗教は啓示された宗教である。しかも〔教祖などの〕個人には外在的な仕方で啓示された。その場合、この宗教への信仰は本質的に啓示によって媒介されている。それゆえもしもこの媒介を拒否するならば、実定宗教のなかに含まれている啓示の内容や宗教的な教育と躾けなども一緒に拒否してしまうことは明らかだ。［＊］ここで〔啓示や教育という手段と啓示され教育された内容とを〕区別して、啓示や教育は自分のなかに宗教を植えつけた外面的な事情ではあるが、いったん信仰をもったらこの外面的な事情を克服していると見なすこともできる。いったん信仰をもったら私はこうした教育をあとにする。それゆえ啓示という出来事もわれわれにとっては過去のことだ。宗教は自己意識のうちにのみあり、それ以外のどこにもなくなる。そのような媒介を捨象することがどの程度まで正当化されうるのか。これについて次に論じてみよう。たとえその媒介を過去のものと見なすにしても、われわれが外面的な事情と名づけた規定はいつでも宗教に含まれている。それゆえ外面的な事情は本質的であって、けっして偶然的ではない〔と考えることができる〕。

＊　教義や啓示といった諸事情は偶然的で付随的なものではなく、本質的なものである。たしかにそれらは外的な事情ではあるが、外的であるからといって本質的でないというわけではない。L.II

W（1827?）

反対に、もう一方の内的な面に眼を転じて、信仰や確信が媒介されたものであることを捨象して忘れてしまうならば、われわれは信仰や確信をそれだけ切り離して考察する立場に立つ。ここからとりわけ、「われわれは直接、神について知る。これはわれわれ自身のうちにおける啓示である」という直接知の主張が生じてくる。この主張はわれわれも木質的には堅持しなければならない偉大な原則ではある。実定的な啓示も教育も〔精神の〕外から働きかけて宗教心を人間のなかに機械的に生じさせるようにして引き起こすことなどできないということがその原則のなかには含まれているからだ。宗教を知ることはもちろん必要なことではあるが、そのためにはあの媒介が必要なのだ。にもかかわらず、この媒介を何か機械的なものと見なしてはならず、一つの呼び起こし（Erregung）と見なすべきである。「人間は何ごとも学ばず、もともと自分のうちにもっていたものをただ思い出すだけだ」というプラトンの古い言葉〔『メノン』81c-d〕も、これと同じ意味である。これを哲学的でない外面的な言い方にすれば、人間は〔前世など〕以前の状態のなかで知った内容を思い出す、となる。神話的にはそう表現される。けれども、そこには次のような真意が含まれている。すなわち、宗教、法（正義・権利）、倫理など精神的なあらゆるものは人間のうちにただ呼び起こされるだけである。人間は精神それ自体であり、真理は人間のうちにあり人間のなかで意識にもたらされる。

精神は精神に証言を与える。この証言は精神自身の内的な本性である。このことのうちには、宗教は人間に外から機械的に持ち込まれたものではなく人間自身のうちに在り、一般に人間の理性と自由のうちに在るという重要な特質が含まれている。何かに呼び起こされるという事情を捨象して、宗教についてのこうした知がどんなものであり、精神のなかでみずからに啓示されているという宗教的な感情がどのような性質のものかを考察してみるならば、その知は、すべての知と同様に、たしかに直接的ではある。しかしそれは媒介をも自身のうちに含んでいる直接性である。知ることの直接性は媒介を排除するものではけっしてないのだ。

或るものがまったく直接的に見えながら実は媒介の結果であるというような事例をもっとあげることができる。われわれは実際に知っていることを直接、眼前にしている。例えば数学の結論。これは多くの中間項を通過していながら、最後にはわれわれが直接に知る或るものとして現れている。絵をかいたり、演奏したりすることもそうだ。すべては練習の成果であり、おびただしい数の行為に媒介されたものである。熟達した技能などはいずれもそうだ。[＊]宗教的な知を詳しく考察してみれば、それはたしかに直接的な知であり、私が神を想い浮かべるときには、私は神を直接念頭にいだく。けれどもこの単純な直接的な関係のうちには媒介も含まれている。第一に私が知る者であり、第二に対象があり、これが神である。私が神についていだいている知は一般にひとつの関係であり、それゆえ媒介されたものだ。私はこの内容、この対象に媒介されてのみ知る者であり、宗教を信じる者なのだ。媒介を自分のなかにまったく含まないようなものをあげることなどできない。

＊　このように直接的な知は結果であることがわかる。これは単純な心理学的な考察だが、直接知に固執する立場に立つひとには思いもよらないことである。L（1827?）

c　神への高まりとしての宗教的な知──神の存在証明

そこで宗教的な知をもっと詳しく考察してみると、この知はたんに私が私の対象と取り結ぶ単一な関係としてだけ現れるのではなく、それ自身のなかではるかに具体的なものである。神についての知というこのまったく単一なものも、それ自身のなかで一つの運動である。もっと詳しく言えば、神への高まりである。われわれは宗教を一つの高まりとして、或る内容から他の内容への移行として語る。そのさい出発点をなすのは有限な内容であり、そこからわれわれは神へと移行し、絶対的で無限な内容にかかわり、そこへと移って行く。

この移行のなかで、媒介するということの特徴がはっきりと語られる。この移行には二種類ある。まず第一は、有限なものごと（この世のもろもろの事物や、意識の有限性、つまり「われわれ」とかこの特殊な主観としての「私」と呼ばれる有限性全般）から無限なもの（もっとはっきり神と規定された無限なもの）への移行である。もう一種類の移行は、もっと深いもっと抽象的な対立にかかわるもっと抽象的な側面である。そこでは一方は神として、無限なもの一般として、われわれによって知られた主観的な内容として規定される。移行する先のもう一方は客観的なもの一般、ないしは存在するものとして規定される。第一の移行において、共通なものは存在（das Sein）である。両面の内容はそれぞれ有限なものと無限なものと想定される。この存在をわれわれは直線として想い浮かべることができる。一方は有限として規定され、そこから他方の無限へと移行するが、存在は両面において共通のままである。移行はただ有限なものが消滅することを意味するだけである。これに対して、第二の移行では、共通なものは無限なものであって、しかもそれが主観的かつ客観的という形式で想定されている。かつて神の存在証明と名づけられた諸形式がこれである。

［＊1］そもそも神についての知は媒介である。なぜなら私と神という或る対象との関係が生じていて、その対象は私とは別の他者であるからだ。［5／28］互いに異なるものどうしの関係があって、一方が他方に本質的にかかわっている場合、この関係を媒介と言う。一方はこのものであり、他方はこれとは別のものであって、両者は互いに区別されており、直接的に同一ではなく、一つのものではない。私と神とはこのように互いに区別されている。もし両者が一つのものであるならば、関係と言っても、それは媒介を欠く直接的な自己関係であり、〔他者との〕関係を欠く区別なき統一であろう。両者が区別されたものであるならば、両者は一つのものではなく、互いに他とは異なる。にもかかわらず両者が関係づけられる場合には、すなわち両者が区別されていながらも同時に或る同一性をもつ場合には、この同一性そのものは〈両者が区別されていること〉から区別され、互いに区別された両者とは

異なるものだ。そうでなければ、両者が区別されたことにはならないからだ。［＊2］

＊1　いまや神についての知の関係をそれ自身において考察しなければならない。知はそれ自身においてくて媒介された関係であって、他者によるにせよ、それ自身のうちにおいてにせよ、とにかく媒介された関係である。L.‖W（1827?）

＊2　両者は区別されている。両者の統一（一体性）は両者そのものではない。両者がそのなかで一つであるようなものは、両者がそのなかで区別されるようなものである。しかし、両者は区別されている。それゆえ、両者の統一（一体性）は両者の区別からは区別されている。L.‖W（1827?）

したがって両者の媒介は、互いに区別された両者に対する第三のもののなかにある。しかも媒介それ自身が両者を連結する第三のものであり、そのなかで両者は媒介されて同一となる。そこにわれわれは推理というよく知られた関係をもつ。推理には区別された二つのものと、一つの統一とがあって、その統一のなかで両者は第三のもの〔媒概念〕を介して一つにされる。それゆえ神についての知が語られる場合、ただちに推理の形式が話題になるが、それはごく自然であるだけではなく、事柄の本性そのものに基づいている。神についての知は、より具体的には神の存在証明という形式をとって現れる。それゆえ神についての知は媒介されたものとして示される。媒介されていないのは、抽象的にただ〈一つのもの〉ととらえられたものだけである。神の存在証明は神についての知を表している。なぜならこの知は自分のなかに媒介を含んでいて、しかもこの媒介は宗教そのものであり、神についての知であるからだ。神の存在証明の釈義という媒介された知は、宗教そのものの釈義である。けれども証明というこの形式には何か歪んだものがある。この知そのものが一連のいくつかの証明とみなされる場合には、その歪みを示すことが重要だ。その歪みに対しては批判がむけられてきた。けれどもこの知の形式につきまとう一面的な契機は、神の存在証明という営みを丸ごと無意味にするものではない。反対にわれわれはこの営みからその歪みを取り除くことによって、神の存在証明の名誉回復をはかることが大事である。「神の現存（Dasein）の証明」という表現を聞くと、そこには何か歪んだものがあるのではないかとすぐに気づく。そこでは神とその現存とが語られているが、「現存」というのは特定された有限な存在のことである。Existenz（個別的な存在）という語もこのように特定された意味で用いられる。けれども神の存在（Sein）はいかなる仕方においても制約された存在ではない。神とその存在（Sein）、ないしはその現実性とか客観性と言った方がより適切であろう。さらに、「証明する」ということは、二つの規定の間の連関をわれわれに示すことを目的としている。二つの規定が異なるものであって、けっして直接的に一つでないから、連関を示す必要があるのだ。二つの規定のそれぞれは直接的には自己関係のなかにあり、神は神として、存在は存在としてある。証明するということは、最初は互いに区別されたこれら二つのものが一つの連関と同一性をもっているということである。その場合の同一性は抽象的な同一性ではない。もしそうなら両者は初めから一つのものであり、直接的であることになるから。

連関を示すことが一般に、証明するということである。連関といっても、さまざまな種類がありうる。証明する際、どのような種類の連関を示すかは決まっていない。例えば、まったく外面的で機械的な連関というものがある。壁には必ず屋根がついているのが見られる。家が天候〔の変化〕などに備えて、そのように造られているからだ。天候への備えという家の目的が壁を屋根と結びつけている。これで家は屋根をもたなければならないということが証明されたと人は言うかも知れない。たしかにそれは連関ではあるが、同時にわれわれには、壁と屋根との連関は壁と屋根それぞれのあり方には関係ないという意識もある。また、木材や瓦が屋根をつくっているということも木材や瓦のあり方には関係なく、それらにとってはたんに外面的な結びつきにすぎない。さらに、事柄や内容そのもののなかにあるような連関もある。例えば幾何学的な図形がそうだ。*三角形の内角の和は二直角である。*〔三角形であることと、その内角の和が二直角であることとは〕事柄の性質上、必然的に結びついている。これに対して、〔家をつくる〕角材と石とは互いに結びつかなくても、それぞれが角材や石であることができる。三角形の場合は、〔三角形であることと、その内角の和が二直角であることとの〕結びつきは外面的な連関ではなく、一方は他方なしにはありえない。他方は一方と同時に想定されている。この種の〔必然的な〕連関を示すための証明、あるいはこうした必然性への洞察はしかし、それぞれの特質規定が事柄そのもののなかでもっている連関からは区別される。つまりわれわれが証明するなかでたどる歩みは、事柄そのものの歩みではない。それは事柄の本性のなかにあるものとは別ものだ。例えばわれわれは〔三角形の内角の和が二直角であることを証明するとき〕補助線を引く。けれども三角形自身が、三つの角の和が二直角になるように、その一辺を伸ばす手続きをとって、それによってやっとそうした規定に到達すると言うことなど誰も思いつかない。補助線を引くのはわれわれの洞察の歩みなのである。われわれがたどる媒介と、〔三角形という〕事柄そのもののなかにある媒介とは、互いに区別される。作図と証明はわれわれの主観的な認識のためにのみ役立つ。〔三角形という〕事柄が〔その一辺を伸ばすという〕媒介を通じて〔内角の和が二直角という〕関係に到達するという客観的な事態を作図と証明は含んではいない。証明の歩みはたしかに主観的な必然性ではあるが、対象そのものにおける連関や媒介ではないのだ。

＊　直角三角形が与えられれば、同時に、斜辺の平方と他の二辺の平方との間に特定の関係が存する。L.:W（1827?）

神についての知、神のもろもろの特質規定どうしの連関、および神の特質規定とわれわれが神についてもっている知との連関。これらにかんしては、この種の証明はその手続きゆえにすぐに不十分となる。主観的な必然性しかもたないこのような手続きにおいて、われわれはすでに知られている初めのいくつかの規定から出発する。例えば、三角形とか直角が与えられているというのが前提や条件となる。いくつかの特定の連関が先行しており、その上でわれわれは、或る規定があれば他の規定もあるということをそのような証明のなかで示す。すなわち帰結をすでに与えられた現存する規定に依存させる。それによって、われわれがめざすものが前提に依存したものとして考えられる。［＊］

＊　幾何学的証明はたんなる固定的な知による証明としては、最も完全な証明である。固定的な知による証明は、或るものが他のものに依存したものとして実際に示される形で、最も首尾一貫して遂行される。L⫽W（1827?）

証明についてのこうした考えを神の存在証明についての考え方に適用してみると、神についてそのような連関を明示しようとする不適切さがすぐにわかる。その不適切はとりわけ、われわれが〈有限なものから神への高まり〉と名づけた最初の手続きのなかに現れる。つまり神を証明の形式でとらえようとする場合、有限なものを基礎としてそこから神の存在を証明するという関係にある。このような連関では、神の存在は帰結として、すなわち有限な存在に依存するものとして現れる。それは歪んだ関係である。われわれが証明と名づけた手続きは、われわれが神として想い浮かべているものにはふさわしくない。神は何かから導き出されるようなものではなく、端的にそれ自体で独立して在るものだからだ。とはいえ、このような指摘によって証明の手続き全般がそもそも無意味であることが証明されたと考えるならば、それもまた一面的であって、人々の一般的な意識とも矛盾する。というのも、神との連関は、証明という形式を取り去れば、神への高まりを含んでいて、証明は自己が神へと高まることの記述にほかならないからだ。神の存在証明を投げ捨て、いわばお払い箱にしたのは、ほかならぬカントによる理性批判である〔『純粋理性批判』B611-658〕。人間は世界を考察し、有限なものから絶対的に必然的なものへと高まる。というのも、人間は思考する理性的なものであり、事物の偶然性のなかには満足を見いだすことができないからだ。有限なものは偶然的なものであるから、端的に必然的なものが存在してこの偶然性の根拠にならなければならないとひとは言う。［＊1］また、ひとは宗教をもっている場合、〔目的論的証明と呼ばれる〕手続きをとって、こう推論するだろう。世界には生きものが存在するが、それらは自分が生きていくために自分のなかで有機的に組織化されていて、その各部分は一つの調和を保っている。しかもこれらの生きものはすべて、空気などもろもろの外的な対象を必要とする。それらの対象は彼らから自立していて、彼らによって設定されたわけではないのに、彼らと合致している。それゆえ、こうしたもろもろの調和の内的な根拠がなければならない。これはそれ自体で独立した調和である。この根源的な調和は、調和をもたらす一つの活動を前提している。すなわち、いくつかの目的をめざす一つの活動するものを前提している。*2→こうした普遍的な手続きが神の存在証明にはある。それはこの証明への批判によっても妨げられることはなく、むしろ必然的である。←*2

＊1　これが人間の理性の歩み、人間の精神の歩みである。そして神の存在証明は無限なものへの

こうした高まりについての記述にほかならない。Va↓L　W[1]

＊2　これが、われわれが「自然における神の知恵に感嘆する」と呼ぶものであり、生きた有機体の驚異であり、それに対する外的な諸対象の調和である。この調和から人間は神の意識へと高まる。神の存在証明という形式を非難する際、それが内容の面からも古臭くなってしまったと考えるとすれば間違いだ。しかしもちろん内容はその純粋性において示されてはいない。この欠陥をそう指摘することはできる。Va↓L⫶‖⫶W

［5／29］神の存在証明に反対して次のように言うひともいた。この証明は心底からの力強い納得にはつながらない。証明という手続きのあいだは、人はまったく冷静のままで、対象的な内容をこととし、「こうならばこうだ」ということを洞察できても、その洞察はたんに外面的なものにとどまっている、†と。神の存在証明がもつこうした欠陥は、主観的に認識する立場からのみ指摘できることだ。証明という手続きには、なにか外面的な事柄についての認識しかないということが生じるからである。この手続きはあまりにも客観的にすぎ頭だけで冷静に納得するだけだが納得というものは心胸《むね》のうちになければならないと言われるとき、こうした欠陥の指摘は〔神の存在証明とは〕対極的な立場から語られている。もっと言えば、この非難のなかには、この証明手続きはむしろわれわれの精神と心胸が高揚するような、われわれ自身の高まりとならねばならないという要求がある。すなわち、われわれはもろもろの外面的な規定の連関に対して、たんに考察的な態度をとっているだけではいけな

い。むしろ、感じ信じる精神が、さらに精神全般がみずからを高めるべきだ。この高まりのなかには精神的な運動も、つまりわれわれ自身の運動、われわれの意志の運動もなければならないという要求である。神の存在証明はもろもろの規定の外面的な連関を示すだけだとわれわれが言うとき、われわれは精神の高まりがないことを残念に思っている。このことが〔神の存在証明の〕欠陥なのだ。

† 当時よく言われていた非難を念頭に置いている。例えばケッペン『啓示について』(一三八頁†参照) に類似の表現が見られる。

神の存在証明には二つの規定があって、その二つが互いに結びつけられる。神についてまだ特定されていない神一般という表象と、存在がそれである。この二つが一つにされ、存在するものが神の存在として示され、神が存在するものとして示される。二つの規定があって、そこから前進するのだから、われわれは存在から始めて神へ移行することもできるし〔宇宙論的・目的論的証明〕、あるいはまた神から始めて存在へ移行することもできる〔存在論的証明〕。〔前者のように〕この証明手続きが高まりと規定される場合には、証明の直接的な始まりはただ「在ること」(das reine Sein たんなる存在) であり、その帰結は〔神と存在という〕二つの規定の結合、すなわち「神が存在する」という知である。われわれが「高まり」と呼んだ前者の手続きを考察してみると、神の存在証明の形式のなかには次の命題が含まれている。すなわち、有限なものが存在するのだから、他のものに限定されることのない無限なものも存在しなければならない。あるいは絶対的に必然的な本質存在（Wesen）が存在しなければならない。有限なものは、それ自身のなかに自己の根拠をもたない偶然的なものである。それゆえ〈他のもののなかで再び根拠づけられる必要がもはやないもの〉が存在しなければならない〔カント『純粋理性批判』B632f. に即して宇宙論的証明について叙述している〕。人間はこの手続きをたしかに自分の精神のなかで行う。もっと詳しく言えば、この手続きは次のような媒介として現れる。すなわち世界は無数の偶然的な現象の集合であり、われわれから見て有限な多くの個別的な対象の集合だとわれわれは意識している。われわれの意識と思考が敬虔な祈りという感情の形式のなかに包みこまれているときには、われわれの精神の動きは、有限なものはわれわれの精神にとって何の真理ももたない偶然的なものであり一つの存在ではあっても実際はたんなる非存在にすぎないという方向にむかう。有限なものは肯定的な形式では存在しないということは、それ自体、肯定的な意味をもっている。有限でないものを肯定的に表現すれば、無限なもの、絶対的な存在である。われわれは神に対して初めはただこうした〔有限でないもの＝無限なものという〕規定をもっているだけである。それゆえここに有限なものと無限なものとの媒介がある。しかし本質的なことは、この媒介が有限なものを超え出て行く際この有限なものを高まりのなかで否定しもはや存立させないということである。有限なものは否定的な規定をもっている。それを肯定的に表したものが無限の絶対的な存在なのだ。

この媒介の要素をもっと詳しく見ていくと、さまざまな規定があって、証明がそれらを通過していくのがわかる。例えば直接的に現存するもの、この世に現存するもろもろの事物、そして神。証明の出発点は有限なものである。次に、有限なものは真実のものではなく真に存在するものではなく否定的であるという規定である。

そこでまず、われわれは有限なものの否定作用という否定的側面を見る。すなわち有限なものはそれ自身において矛盾であり、存在するのではなく、自分自身を破壊するという否定的側面、有限なものの自己廃棄を見る。有限なものは自己を廃棄するという命題の思弁的な意味と形式については論理学で考察される〔『論理学』客観的論理学――存在論』一二六―一二八頁〕。けれどもわれわれはその命題をおのずと確信している。そこで、有限な事物は没落する定めをもち有限な事物の存在は同時に自分をみずから廃棄するようなものであるという言い方で、ふつうの意識を挑発してみてもよい。それによってわれわれは初めは有限なものの否定だけをとらえる。有限なもののこうした否定が肯定的でもあるということだ。有限なものの繰り返しのなかに成り立つような悪しき肯定というものがある。つまり、以前にあった有限なものを再びもたらすだけで、有限なものがまた別の有限なものを立てることを繰り返すだけの悪しき無限である。ヘラクレイトスは「あらゆるものが変わりうる、あらゆるものが流転する」と言った〔プラトン『クラチュロス』402a. アリストテレス『天について』298b 29ff. 池田康男訳、京都大学学術出版会、一九九七年、一四四頁、同『形而上学』987a 33f., 1078b 14f.〕。ここでは否定から始まって、たえざる変化へと進展して行くだけである。肯定とはいっても、それは真の存在をもたない個別的な存在の集合にすぎない。そこでは転変こそが究極的なものであるからだ。この〔否定から真の肯定にいたる〕中間形態は論理学で考察されるので、ここでは、その移行によっても有限なものは何も変わらないと言うにとどめておこう。というのも、有限なものはたしかにみずから変化して別のものへと移行するが、しかし別のものも再び有限なものであるからだ。或る別のものが或る別のものとなるだけで、両者は同一のものである。或るものは別のもの（他者）でもある。なぜなら或るものは有限なものであり、別のものも有限なものであるからだ。このようにして別のものが自己自身と合致し、自己自身に達する。否定は廃棄される。別のものへのこの移行、この悪しき肯定は有限なものの悪しき進展であり、たんに一つの規定の退屈な繰り返しにすぎない。けれどもそのなかには真の肯定がすでに孕まれている。有限なものは変化する。この有限なものが別のものとして現れ、別のものが別のものとなる。その場合に現存しているのは両者が同一であるということだ。この別のものは自己と合致し、別のもの（他者）において自分自身に達し、自己との同等性、自己関係に達する。これが肯定であり、存在である。真の移行は転変やたえざる変化のなかにあるのではない。むしろ有限なものの本当の他者は無限なものである。しかもこの無限なものはたんに有限なものの否定であるだけではなく、肯定的であり存在である。〔真の肯定としての〕存在はこのようにまったく単純な考察〔によって得られるもの〕である。この肯定的な歩みはわれわれの精神の歩みである。これはわれわれの精神のうちに無意識に生じている。哲学はこれを意識にもたらす。われわれが神へと高まって行くとき、これと同じことを行っている。まず、無限なものそれ自身は有限で否定的なものである。第二に、無限なものは肯定的なものである。それはさまざまな規定を通過して進展して行く。しかもけっして外面的にそうするのではない。それは必然性そのものである。この必然性はわれわれの精神の行為なのだ。

このような内面的な媒介と神の存在証明とをくらべて見ると、次のような違いが見られる。証明では、有限なものがあるがゆえに無限なものが存在すると言われる。ここでは、有限なものがあり、これが出発点で基礎だと述べられる。それゆえこの証明に対しては、次のような異議が出される。有限なものが基礎にされ神の存在にまでされている。有限なものが不動の出発点である。この証明手続きのなかでは、神の存在は有限な存在によって媒介されている、と。これに対してわれわれの手続きでは、推論はこうなる。まず初めは、たしかに有限なものがある。第二にしかし、有限なものはそれ自身では存在せず、それ自身で真ではなく、むしろ自らを廃棄する矛盾である。そうであるがゆえに、有限なものの真理は、無限なものと称される肯定的なものである。二つのものが別個に存在しその間に一つの関係や一つの媒介がある、というのではない。むしろ二つのものが別個に存在するという出発点は自分で自分を撤廃する。それは自分を撤廃する媒介、媒介の撤廃による媒介である。無限なものはたんに一側面にすぎないのではない。固定的な知による媒介では、二つの存在するものがあって、こちら側に世界があり、あちら側に神がある。世界についての知が神の存在の基礎にされる。われわれの考察では、世界は真なるものとしては放棄され、こちら側に存在し続けるものとはみなされない。この手続きの唯一の意味は、無限なもののみが存在し、有限なものは真の存在をもたず、神のみが真実の存在をもつということだ。［＊］これは、まったく洗練された抽象にもとづく区別である。それら抽象化〔された区別〕はしかし、われわれの精神のなかのもっとも普遍的なカテゴリーにほかならない。それゆえこの点を誤解しないようにするために、この区別を認識することが重要なのだ。

＊　出発点となった最初のものは存続するのではなく、むしろみずからを放棄し、廃棄される。これが重要な点だ。出発点となった最初のものは自分自身を廃棄する。L（1827?）

この証明手続きに対する主要な異議は、有限なものが存在し存続するというあの歪んだ規定にもとづいている。この批判は次のようにも表現される。「有限なものから無限なものへの移行はありえない。両者のあいだには橋がない。われわれはそれぞれ制約された実在である。それゆえ、われわれの意識をもってこの深淵を飛び超えることはできない。無限なものをとらえることはけっしてできない。†無限なものはまさに無限なのであって、われわれは有限なのだ。われわれの知や感情、理性と精神は制約されていて、その制約された状態にいつまでもとどまっている」。このようなおしゃべりは、しゃべっているなかですでに反駁されている。われわれが制約されているというのはたしかにその通りだ。それゆえ自然の制約性ではなく、理性の制約性が話題になっている。けれども、有限なものはなんら真理性をもたず、しかも有限なものがたんに制約にすぎないことをまさしく理性は洞察するということ、これもまた正しい。われわれがなにかを制約として知るとき、すでにわれわれはそれを超え出ている。動物や石は自分の制約を知らない。これに対して、自我や知、思考一般は制約されてはいるが、制約について知ることができる。そしてまさに制約について知るなかで、制約は制約にすぎず、われわれの外にある否定的なものにすぎず、したがってわれわれは制約を超え出ている。われわれは無限なものに対して、あのような愚かな尊敬をいだく必要はない。無限なものはまったくただの抽象であって、初めはただ在る〔存在〕という抽象で、制約は取り除かれている。それは、存在とはいっても、〈自己自身にかかわる存在〉であり、普遍的なものとはいっても、そのなかではあらゆる限界が観念的で廃棄されてしまっている。それゆえ有限なものは存続しない。有限なものが存続しないかぎり、有限なものと無限なものとの間にもはや溝はない。有限なものと無限なものという二つのものももはやない。なぜなら、有限なものはかりそめのもの、影となって消え失せ、無限性へと移行しないからである。出発点はもちろん有限なものである。しかし精神はそれを存立させない。以上が神についての知と呼ばれるものの詳細な展開である。神についての知とはまさしくこのような意味での高まりなのだ。

† ヘーゲルはここで「有限なものは無限なものを把握できるか」という古くからの問題に言及している。この問題は当時とりわけカントの『純粋理性批判』とヤコービの『スピノザの学説に関する書簡』

（田中光訳、七四頁）によって「把握できない」という形で決着がつけられた。シェリング『独断主義と批判主義にかんする哲学的書簡』第六、七書簡（『シェリング初期著作集』日清堂書店、一九七七年）、『知識学の観念論の解明のための論稿』（Werke. Bd. 1. 367 f.）参照。

さらにここで歴史的な注釈を加えることができる。神の存在証明のよく知られている第一のものは、宇宙論的証明である。これは世界の偶然性から出発し、肯定的なものをただたんに無限なものの一般としてだけでなく、偶然的な規定との直接的な対立のなかで、絶対的に必然的なものとして規定し、あるいは絶対的に必然的な本質である主体として思いえがく。ここに、もっと詳しいさまざまな規定がすでに入り込んでくる。この証明はいくらでも増やすことが一般的には可能である。論理的な理念のおのおのの段階がそれに役立つ。例えば、本質から絶対的に必然的な本質へ移行する段階（『論理学』客観的論理学——本質論』二九一—二九二頁）がそうである。†

† ここから一八四頁までの講述はW^2のなかにまとまって編入されている。『宗教哲学』木場訳、下巻三八八—三九九頁参照。

絶対的に必然的な本質は、一般的、抽象的にとらえると、直接的なものとしての存在ではなく、自己自身へと反省したもの、すなわち本質である。われわれは本質を有限でないものとして規定し、否定的なものの否定として規定し、それを無限なものと名づける。それゆえ、移行がむかう先は抽象的なひからびた存在ではなく、否定の否定としての存在なのだ。この点に前の証明との違いがある。この存在は単純性のなかに自身を取り戻した区別である。この区別されたものの特質規定は本質のなかにある。他方、この区別されたものは自分自身にかかわり、自己を規定する。否定することは特質を規定することである〔九五頁†1〕。特質規定を否定することは、それ自体が規定することである。否定がないところには区別も規定もない。区別を立てることによって特質規定も立てられる。なぜなら区別が立てられなければ、肯定があるのみで否定はないからだ。特質を規定することは、一般に絶対的な存在のうちにあり、本質とのこうした統一のうちにある。特質を規定することはそれ自身のうちにあるから、それは自己規定である。区別は外から規定のなかに入ってくるのではない。規定自身のなかに不安定が否定の否定としてある。この不安定はさらに活動性として規定される。このように本質が自分のなかで自己を規定し、区別を立てたり撤廃したりする。それは一つの行為であり、依然として自己との単一な関係のなかで自らを規定することである。それはそれ自身において必然性をもっている。〔＊〕

＊　有限な存在はいつまでも他者であり続けるのではない。無限なものと有限なものとの間に裂け目はない。有限なものはみずからを廃棄する。その真実は無限なものであり、端的に存在するものだ。有限な偶然的な存在は、それ自身において自己を否定するものである。けれども、この自己否

定は肯定的なものでもある。そしてこの肯定が絶対的に必然的な本質なのだ。L⫴W（1827?）

［5／31］証明のもう一つの形式は、同じような媒介を基礎にしていて、形式上の規定は同じであるが、より多くの内容を含んでいる。それが自然神学的ないしは目的論的証明である。ここでも一方に有限な存在がある。けれども、この有限な存在はたんに抽象的に存在として規定されるだけではなく、〈自然に生きるもの〉であるという、より内容ゆたかな特質規定を自身のうちに含んだ存在なのだ。この証明手続きをずっと広範囲にひろげていくことができる。というのも、〈生きるもの〉の詳しい特質が次のようにとらえられるからだ。すなわち、自然のなかにはいくつかの目的があり、それらの目的にかなった一つの仕組みがある。同時に、この仕組みはこれらの目的によって産み出されたものでなく、それ自身で自立的に生じ――別の特徴づけでは目的でもあるけれども――、この眼前で見いだされたものは先のそれぞれの目的に適合したものとして示される。

自然神学的な考察は、〔世界が〕たんに外面的に目的にかなっていることを考察する。したがって、それが不信な眼で見られるのももっともなことだ。というのも、もろもろの有限な目的を考える際、これらの有限な目的は手段を必要とするからだ。この〔目的―手段関係〕はどこまでも特殊化される。例えば、人間は欲求をもっている。人間は自分の動物的な生命を維持するために、あれこれのものを必要とする。そのような諸目的が第一のものであり、それらを満たすための手段が現存し、しかもこれらの手段をそのような目的のために生じさせたのは神であるとみなすならば、そのような考察は神の本質にふさわしくなく、神の品位を落としてしまうことがすぐにわかる。なぜなら、これらの諸目的が分化し特殊化していく場合、諸目的はそれだけでは無価値なものとなり、われわれはそれらに何の尊敬も払わないし、それらが神の意志と英知の直接的な対象であるとは考えにくい。あまりにも些事にわたるこうした考察は、ゲーテの或る風刺詩のなかでこうとらえられている。「創造主はビンを創り、それをふさぐ栓を得るためにコルクの樹を創った、と称讃されている」〔シラー編『ミューズ年報　一七九七年』クセーニエ（二行詩）〕。

カント哲学については、カントが『判断力批判』のなかで思考を重要な概念のなかに還元して、「目的に内面的に適合している」という重要な概念を立てた〔『判断力批判』§ 82, 63, 66〕ことに注目すべきである。それが生きている（Lebendigkeit）という概念である。これはアリストテレスが自然をとらえる概念でもある〔『自然学』第二巻第八章とくに199a17-32〕。すなわち、どの生命体も目的であって、そのための手段である手足や器官をそれ自身でもっている。そしてこのような各部分の過程が、生きるという生命体の目的を形づくっている。それは目的と手段が外面的にかかわりあうような有限な目的適合性ではなく、目的が手段を産み出し手段が目的を産み出す。主要な特質（規定）は生きているということである。世界は生きていて、生き生きとした生命圏を保っている。同時に、太陽や星といった生きていない無機的な自然も、人間という生命体と本質的に関係している。人間は一方で生きた自然であり、他方で個々の目的を思いつく。このような有限な目的適合性は人間に属する。

これが一般に、生きているという特質についての規定である。それはしかし世界に現存する生命である。これはたしかに、それ自身において生きており、目的に内面的に適合している。しかし同時に、おのおのの個別的な生命体とその類《るい》は、非常に狭い範囲に限定された自然である。そこで、本来の歩みは、この有限な生命から絶対的な生命へ、普遍的な目的適合性へと向かう。すなわちこの世界は調和のとれた一つの宇宙《コスモス》、一つのシステムであって、そのなかではあらゆるものが相互に本質的な関係を保ち、なにものも孤立していない。自分のなかで秩序を保っているものにおいては、おのおのの部分が自分の持ち場をわきまえ、全体に参与し、全体によって支えられ、全体を産み出し、全体が生きるために活動する。それゆえ大事なことは、もろもろの有限な目的から出発して普遍的な生命という一つの目的へと向かうことである。その一つの目的はさまざまな特殊的な目的に分化していくが、この特殊化は互いの本質的な関係のなかで調和を保っている。

神はまず絶対的に必然的な本質実在として規定されたが、この規定は、すでにカントが述べたように、神の概念をあらわすにはまだまだ不十分だ〔『純粋理性批判』B614f., 639.『判断力批判』§§85ff., §91Anm.〕。たしかに神のみが絶対的な必然性である。しかしこの規定は神の概念をくみ尽くしてはない。生命という規定、一つの普遍的な生という規定の方がすでにより高くより深い。生命は本質的に生きた主体的なものであるから、この普遍的な生も一つの主体的なもの、一つの魂、Νοῦς（ヌース）である。普遍的な生には魂が含まれていて、あらゆるものを意のままに統括し組織化する単一のヌースという規定が含まれている。目的論的な証明の特質規定はとりあえずこのようなものである。

　形式的な点にかんしては、目的論的な証明の場合にも、先の〔宇宙論的〕証明の場合と同じことを思いおこさなければならない。つまりこの移行は本当は固定的な知が考えるようなものではないということだ。固定的な知は、あのようなもろもろの仕組みや目的が〔宇宙には〕在るのだから、〈あらゆるものを綜括して秩序づける統括的な知恵〉が存在するはずだ、と推理する。けれどもこの移行は同時に高まりなのであって、この高まりはまた（この点が大事なのだが）否定的な契機をも含んでいる。その直接的なあり方における生命体、その有限な生命における諸目的はそのままでは真実のものではないからだ。その真実とはむしろ、あの単一の生命、単一のヌースである。二つの異なるものがあるわけではない。最初の出発点は基礎や条件としてあり続けるのではなく、そこからの移行のなかに、最初のものが真でないこと、最初のものの否定が含まれている。それは、それ自身否定的で有限なものの否定、個々の特殊的な生の否定である。有限なものの否定が否定される。このような高まりのなかで有限な生命は消え失せ、普遍的な魂の生命のシステムという一つのヌースが、真理として意識の対象となる。

　しかしここでもまた、次のことが事実である。すなわち「神は生命《いのち》のただ一つの普遍的な活動であり、一つの調和ある宇宙《コスモス》を産み出し、しつらえ、組織するよう計《はか》らう〔世界〕霊魂である」という規定†は、神の概念にはまだ不十分である。神の概念は、神が精神であるということを本質的に含んでいる。それゆえここから、世界を統括するこの本質実在は世界から切り離された一つの原因であり一つの賢明な本質実在であるという論へと移行できる。けれども原因とか知恵は、厳密に言えばまだここにはないもっと進んだ特質規定である。有限な生命という規定から出てくるものは、せいぜい生命の普遍性すなわちヌースである。出発点にある内容はこのようなものだ。

† これがヘーゲル自身の定式化によるものか、それとも何らかのテクストに関するものかは不明。あらゆるものを統括するヌースという考えはアナクサゴラス以来のもので、世界霊魂という考えはプラトン（例えば『法律』896-899）以来みられる。シェリングの『世界霊魂について』一七八九年（Schellings Werke. Bd. 1. 1965. S. 413ff.）、『ブルーノまたはもろもろの事物の神的な原理と自然的な原理について』一八〇二年（『世界の名著　続9　フィヒテ、シェリング』中央公論社、一九七四年、三五七頁）などにもみられる。神の自然神学的な存在証明に対するヘーゲルの批判はカントの『判断力批判』第八五節に対応している。カントの遺稿にも「世界霊魂」の思想がみられるが、この遺稿をヘーゲルは知らなかった。

有限なものから無限なものへの移行の第三の形式は、この面からしてもっとも本質的で絶対的な形式である。それをもっと詳しく考察してみなければならない。この移行の内容をなすのは生命であるとたったいま指摘したが、この第三の形式についても、その根底にある内容は精神である。この移行を推論の形で表そうとすると、こう言わなければならない。「有限な精神がある（この存在がここでの出発点となる）がゆえに、絶対的で無限な精神がある。そこでわれわれは精神という神の規定に達する」。けれども、この「ゆえに」というもっぱら肯定的な結びつきもまた、有限な精神が基礎で神が有限な精神の個別的な現存の帰結になってしまうという欠点を含んでいる。これもまた歪んだとらえ方である。有限な精神がもつ否定的なもの〔有限性〕は否定されなければならない。それゆえ真実の形式はこうだ。「もろもろの有限な精神が在る。けれども有限なものは真理をもたず、有限な精神の真理と現実はひとり絶対的な精神である。有限なものは真実の存在ではない。有限なものはそれ自身が、自身を撤廃し否定する弁証法である。しかもこの否定は無限なものとしての肯定、端的に普遍的なものとしての肯定である」。〔これは最高の移行である。というのも、この移行はここでは精神そのものであるからだ。Va↓W[2]〕こうした移行が神の存在証明において詳述されないのは、驚くべきことだ。

　この事情に関連して、いわゆる汎神論というものを顧慮してみてもよいだろう。だがすでに〔九二頁以下で〕述べたように、汎神論なるものは本来ありえなかった。汎神論は〔何から何までが神だという〕万有神論（Allgötterei）である。それは、あらゆるもの、例えばこの缶、この一つまみの嗅ぎタバコが個物のままで神だという考えである。この趣味の悪い名称で人々が考えたことは、実体としての神と有限なものとを、実体に対する偶然的な存在の関係でとらえるということだ。私はこう言った。有限な生命は真の生命ではない。むしろ有限な精神の真理は絶対的な精神である。それゆえ、一方に精神のこうした否定作用があり、他方に絶対的な精神がある、と。〔スピノザは汎神論者だとみられているが〕彼においては絶対的なものが実体であって、有限なものには存在が与えられていない。それゆえスピノザ説は〔いわゆる汎神論・無神論ではなく〕唯一神論であり、無宇宙論である。神は存在するけれども、世界はまったく存在しない。そこでは、有限なものは真実の現実性をもたないからだ。それなのに近頃のあのおしゃべり屋たちは、有限な事物も神と同様に現実的な存在をもち絶対的なものだということから逃れられないのだ。われわれ自身が考える移行のなかでは、有限なものが移行の出発点になるが、その有限なものは否定的なものであることが明示されている。有限なものの真理は無限なもの、絶対的な必然性であり、より深く規定すれば、絶対的な生命、精神である。ここに、私が示した関係が現れる。けれども、絶対的な精神は有限なものに対してたんに実体としてのみあるのか、それとも主体としてあるのかという規定、有限な精神たちは無限なものの働きの結果なのか、それとも無限なものに属する性格なのかという規定はまだここにはない。後者のような規定ももちろん一つの区別ではあるが、それほど大騒ぎするほどのものでない。主要な区別は、〔前者の〕絶対的なものが実体として規定されるのか、それとも主体、精神として規定されるのかという区別である。汎神論について論じる連中は、もっとも単純な思想の特質（規定）をわかっていない。［＊］

＊　けれども、ここはまだこれを論じるところではない。精神を考察する際に、精神が本質的に主体性であることをわれわれは見るであろう。Va↓L

われわれは神と存在を対向させた。存在から始めるかぎり、存在はその最初の現象から見て、ただちに有限な存在である。けれども、このように「神」と「存在」という二つの規定があるのだから、われわれは同じように神から始めて存在へ移行することもできる。［＊］神から始める場合、神自身はまだ存在と同一なものとして想定されておらず、存在するものとして想い浮かべられていないのだから、出発点である神はもちろん有限な形式で想定されている。存在しない神というのは有限なものであって、本当のところは神ではない。このように〔存在と神との〕関連が限定されているということは、その関連が主観的であるということだ。神は主体としてあるのではないが、何か主観的なものである。神ということの普遍的なもの一般はたしかに現存するとはいえ、しかし、それはわれわれの表象のなかにあるそれ自身有限な現存にすぎない。こうしたとらえ方は一面的である。神のこうした内容はこのような一面性と有限性に囚われている。その一面的で有限な内容が神観念と呼ばれている。ここでの関心は、この観念がたんに想い浮かべられた主観的なものにすぎないという欠点を取り去って、この内容が〈存在する〉という規定を得ることにある。

＊（「われわれはできる」〔という言い方をしたが〕、神の概念については、あとで見るように、「できる」という〔可能性〕は話題にならない。むしろ神は絶対的な必然性である。）L・W（1827?）

媒介のこの第二の側面については、これが存在論的証明として固定的な知によってとらえられるような有限な形式で現れるさまを考察しなければならない。存在論的証明は神の概念から神の存在へと移行する。古代人つまりギリシャの哲学はこの移行を行わなかった。またキリスト教の時代にも長く行われなかった。その移行には精神のもっとも深い内省が必要だったからだ。偉大なスコラ哲学者の一人カンタベリーのアンセルムスは深い思弁的な思想家であるが、この表象を次のようにとらえた。われわれは神について想い浮かべられた観念をもっている。けれども神はたんに想い浮かべられるにすぎないのではなく、神は存在する〔『プロスロギオン』第二章、『アンセルムス全集』聖文舎、一五二頁以下〕。ではいったいこの移行はどのようになされるのか。神がたんにわれわれのなかの主観的なものにすぎないのではないということが、どのように洞察されるのか？　言い換えれば、在る（存在）という規定はどのようにして神と媒介されることができるのか？　存在と神とは二つの別のものなのだから。

カントの批判はこのいわゆる存在論的証明に対しても向けられ、その当時は勝利をおさめたと言ってよかろう〔『純粋理性批判』B620-630〕。ごく最近にいたるまで、この存在論的証明はすべて固定的な知のむなしい試みとして反駁されたと見なされてきた。けれどもこの証明は、前に見た証明と同様に、神への高まりであり、精神自身の行為であり、より正確には、人間が放棄することのできない思考する精神自身の行為なのだ。歴史的には、すでに見たように、古代人はこうした移行を行わなかった。精神がその最高の自由と主体性にまで成長して初めて、精神は神が主体的なものであるという思想をつかんで、主観性と客観性とのこうした対立に達したのだ。

［6／1］アンセルムスは媒介を次のように言い表した。神が絶対的に完全であるということは神について想い浮かべられた観念のなかに含まれている（これはきわめて不明確な表現だ）。[†1]一般的には、それはまったく正しいと言えよう。もしも神を想い浮かべられたものとしてのみ心にとどめておいたとしても、たんに想い浮かべられたものは欠陥あるもので、およそ完全なものではない。なぜなら、完全なものはたんに想い浮かべられたものではなく、現実にも存在するからだ。ゆえに、神は完全なものであるから、たんに想い浮かべられた表象だけではなく、現実性と実在性もまた神に属している、と。これに対するカントの批判はまずは抽象的で一般的なものであった。つまりこの証明では神の概念が前提され、そこから出発し、概念自身から実在性が、すなわち存在と思考が導き出され「取り出されている(herausgeklaubt)」[†2]というものであった。

†1　アンセルムス自身は『プロスロギオン』のなかで「神は絶対的に完全である」とは言っていない。「神はそれ以上に偉大なものが考えられえないもの」（第一五章、前掲訳一六七頁）という定義であった。アンセルムスの表現の曖昧さに対するヘーゲルの批判は、すでに十一世紀にガウニロがアンセルムスに対して行った批判を採用している。

†2　『純粋理性批判』B631にausklaubenという類似表現がみられる。

アンセルムスの思想はのちに固定的な知によって、次のようにもっと包括的に定式化されるようになった。神はあらゆる実在性の綜括であり最も実在的な本質（das allerrealste Wesen）†であるというのが神の概念である。ところで、存在もまた一つの実在性である。ゆえに神には存在も属する、と。これに対して次のような異議が唱えられた。「在る（Sein）」は実在性ではなく〔『純粋理性批判』B626〕、或る概念の実在性に属するものではない。概念の実在性とはその概念の内容規定を言う。「在る」によってはしかし、概念の内容に何も付け加わらない、と。この反論をわれわれがなんらかの具体的な内容で説明すると、例えばこうなる。金《きん》は具体的な特定の比重をもっている。このことは金の実在性の一つである。そこにさらに「金色」といったような〔性質〕が、「金」という概念の別の実在性として付け加わってくる。カントがこれをわかりやすく説明した。私は百ターラーを思い浮かべる〔『純粋理性批判』B627〕。百ターラーという概念、その内容の規定は、私がそれを思い浮かべているだけか、それともそれを〔実際に〕ポケットのなかにもっているのかにかかわらず、同一である。概念一般から存在が帰結するというアンセルムスの第一の形式に対しても、概念と存在とは互いに区別され、概念も存在もそれぞれ単独で在るから、存在はどこか外から概念に付け加わってこなければならず、存在は概念のなかにはない、という異議が唱えられた。これも再び百ターラーの例でわかりやすく説明できる。「百ターラー」という概念は、「百ターラーが存在する」ということをなにも決めてはいない。これが存在論的証明に対してなされた批判であり、今日まで通用しているものだ。主要な争点は、はたして概念のなかに存在があり概念のなかで存在が導き出せるのか、という点にある。

† 『純粋理性批判』B624ff. の ens realissimum という概念。ただしヘーゲルはこれを ens perfectissimum（最も完全な本質）という概念と同義に用いている。後者の方がここで参照される伝統のなかでは優勢であった。例えば、デカルト『省察』第三省察三六、ヴォルフ『自然神学』II, 4: § 6. バウムガルテン『形而上学』331: § 806.332: § 810 など。

〔カントがアンセルムスにむけた〕こうした異議に対しては、次のように反駁することができる。われわれは日常生活のなかでは、百ターラーについて想い浮かべられたものをたしかに一つの概念と呼ぶことがある。けれどもそれは概念ではなく、たんに私の意識内容についての規定にすぎない。「青」というような感覚的に想い浮かべられた抽象的なものや、私の頭のなかにある知性による規定には、もちろん存在が欠けている。けれども、そのようなものを概念と呼ぶわけにはいかない。〔百ターラーというような日常的に想い浮かべられたものではなく〕そもそも概念そのものを、完全な形での絶対的な概念を、あるいは神の概念というそれ自体で独立してある概念をとりあげるべきである。このような概念ならば、存在するということを一つの規定として含んでいる。

概念は自分を自分に媒介する生きたものだ。存在もそのように概念がみずからを特定化するなかで生じる規定の一つである。このことは二通りの仕方で非常にわかりやすく示すことができる。まず第一に、概念にかんしていえば、概念は直接的に普遍的なもので、みずからを規定し特殊化する。それは、根源的に分割（判断）し、自らを特定し、限界を設定し、しかも自分のこの限界を否定し、有限性の否定を通じて自分と同一であるという活動である。これが概念一般であり、神の概念、絶対的な概念である。神とはまさにこのようなものなのだ。精神としての神、ないしは愛としての神はみずからを特殊化し、世界と神の子を創造し、自分の他者を設定しながら、この他者のなかで自分自身を保ち、自己自身と同一である。一般に概念のなかでは、さらには理念のなかでは、特殊化することは同時にそのまま活動であるが、こうした特殊化を否定することによって、概念は、自分自身と同一で自分自身にかかわる活動である。

さらに「存在とはなにか？　われわれは存在を神の理念と一つのものとして知る必要があるが、このような存在の性質、規定、実在性とはなにか？」と問うならば、われわれはこう答えなければならない。「存在は言い表しがたいもの、概念を欠くものにほかならず、概念のような具体的なものではなく、自己関係というまったく抽象的なものにすぎない」と。存在するものが存在する。それは自己自身にかかわる。「存在するものは直接的なあり方をしている」と言うことができる。存在は一般に直接的なものである。反対に、直接的なものは存在であり、自己自身にかかわるものである。つまり媒介が否定されている。「自己自身にかかわる直接性」という規定は、それだけでは、概念は自己関係だというまったく抽象的でもっとも貧弱な規定である。それは概念一般としても、神という絶対的な概念としても、そうだ。この抽象的な自己関係は概念それ自身のなかに直接ふくまれていて、論理学はここから始まる。そのかぎりで存在は概念から区別される。存在はまだ完全な概念ではなく、概念のもろもろの規定の一つ（概念はそれ自身のもとにあるという概念の単純性、すなわち自己同一性・自己関係性という規定）にすぎないからである。それは、存在は概念のうちにあるという単純な洞察である。概念のうちに存在はないという主張は、存在についての思想を欠いている。たしかに存在は概念から区別されているが、しかし存在は概念の一規定としてのみある。だから存在という規定は直接的に概念のうちにある。われわれは存在という概念を日常生活で想い浮かべるようなものと混同してはならない。

［＊］他面、われわれは次のように言った。概念は存在という規定をそれ自身においてもっている。存在という規定は概念の規定の一つである、と。しかし概念は総体性であるから、存在は概念から区別されてもいる。概念と存在が区別されているかぎりで、両者が一つになるには媒介も必要だ。両者は直接的に同一なのではない。どのような直接性も、それが自身のうちで媒介であるかぎりでのみ、真実であり現実的である。反対にどのような媒介も、それが自己のうちで直接的であり自己関係的であるかぎりでのみ、真実である。概念は存在から区別されているが、この区別を廃棄するものも概念である。この区別はそういった種類のものなのだ。

＊ 存在はわれわれが概念のなかに見いだす規定であるが、概念からは区別されている。しかし概念は全体であるがゆえに、存在は単なる一規定にすぎない。L‖W（1827?）

概念はこのような総体性であり、自己を客体化する運動であり過程である。存在から区別されたたんなる概念そのものはたんに主観的なものである。それは欠陥あるものだ。［＊］

＊ けれども概念は最深にして最高のものである。あらゆる概念は、自身が主観性であり存在から区別されているという自身の欠陥を廃棄するものである。概念はそれ自身が、みずからを存在する客観的なものとして産みだす行為である。L‖W（1827?）

概念の運動を活動としてとらえることは、むろん論理学のなかで詳述すべきことではあるけれども、ここで少なくともそれを想い浮かべることはできる。われわれは概念一般にかんして、概念はわれわれがただもっているだけのもの、自分のなかで作るだけのものという考えをまず捨てなければならない。概念は或る対象の目的であり、生きたものの魂である。われわれが魂と呼ぶものは概念である。そして精神と意識のなかで、この概念は概念として現存するに至る。しかも自由な概念として、概念の現実的なあり方そのものからは区別されて、概念の主観的なあり方で現存するに至る。太陽や動物は概念であるにすぎず、その概念をもっているわけではない。それらにとって概念はまだ自分にとって対象的になってはいない。太陽や動物においては、こうした分離はまだない。意識のなかには自我と言われるもの、現存する概念、主観的な現実のなかにある概念がある。そして私というこの概念は主観的なものである。けれども、どんな人間でもたんに私であるということ（Ichheit）に満足してはいない。自我は活動的である。この活動は、自分を客観化し自分に現実性と具体的な存在を与えることである。さらにもっと具体的に規定すると、概念のこうした活動はすでに動物においても、衝動と呼ばれるものであり、自我や精神においてもそうである。衝動のどんな満足も自我にとっては主観的なあり方を放棄する過程であり、主観的で内面的なものを外面的で客観的で実在的なものとしても立て、たんなる主観的なものと客観的なものとの統一を生み出し、両者からこうした一面性を取り去る過程である。私は衝動をもっている。その衝動は欠陥ある主観的なものである。衝動を満たすことは私に自己感情を与える。もしも私がたんに何かに憧れ何かをめざす努力のさなかにあるとすれば、私は現実的なものではない。努力は具体的な存在に達しなければならない。この世のあらゆる行為は、主観的なものを放棄し、客観的なものを立て、かくして両者の統一を産み出すことである。主観と客観の対立を廃棄し両者の統一を産み出すということほど、あらゆるものがその事例となるようなものはほかにない。概念はみずからを主観的に立てるだけではなく、客観的にも立てる。あるいは主観的にも客観的にも立てなかったりする。それゆえ一方では、概念はそれ自身においても、存在というこの貧弱で抽象的な特質規定をもっている。しかしながら概念は生きたものであるから、〔存在から〕区別されなければならないが、このように概念が区別されるかぎりにおいて、生きた概念は主観的なものを否定し、主観的なものを客観的に立てるものである。

これこそが存在論的証明への批判と呼ぶべきものである。アンセルムスの思想はそれゆえその内容からして、必然的で真実の思想である。けれども証明を導き出す形式は前の媒介様式〔宇宙論的証明〕と同じように欠陥がある。純粋な概念、それ自体で独立してある概念、すなわち神の概念が前提されると、この概念が同時に存在もし、存在をもつということもまた前提される。概念と存在との統一は前提となっている。これがたんに前提にすぎず、証明されてなく、ただ直接に受けいれられているという点に、まさに欠陥がある。この内容を信仰や直接知と比較してみると、こういう言い方ができる。神はわれわれの意識の事実である〔一三七、一三八頁†参照〕。われわれは神について想い浮かべる。それには神の存在が結びついている。それゆえ想い浮かべられた神には神の存在もまた切り離しがたく結びついている、と言明される。概念においては、存在はたんに観念のなかの存在（esse in idea）ではなく、実際に存在するもの（esse in re）でもある。それはアンセルムスの前提と同じ内容である。前提するということは、或るものを証明されてもいないのに第一のものとしてすぐに受けいれることを意味する。それは信じるという点で同じことだ。*↓「それを直接的に知る」、「それを直接的に信じる」という言い方が〔今でも〕される。↑*それゆえ、われわれはアンセルムス以来いかなる点でも一歩も前進していない。すでに述べたように、欠陥は、証明すべきことが一つの前提となっていて、直接的にあるものであって、〔概念と存在との〕統一の必然性が認識されていないという点にある。この前提はいたるところに見いだされ、スピノザにさえ見られる〔『エチカ』第一部定理七〕。彼は神ないしは絶対的原因というものを、ほかならぬ次のように定義したからだ。実体は現存なしには考えられない。神の概念は現存をそれ自身のうちに含んでいる。つまり想い浮かべられた神は存在に直接結びついている、と。これはアンセルムスが言ったことであって、いまも信仰のなかで言われている。

＊「それを信じる」、「それを直接的に知る」と言われる場合、表象と存在との統一が、アンセルムスの場合とまったく同様に、前提として言い表されている。Va↓W²

スピノザは、実体は存在を自己のうちに含んでいると言う。概念と存在とがこのように不可分であるのは、神の場合にだけ絶対に事実である。事物が有限であるということは、事物のありようが事物の概念および概念による規定とは異なるというところにある。有限なものはそれ自身にふさわしくないものである。あるいはむしろ、その概念にふさわしくないと言った方がよい。人間は死すべきものであると言われる。われわれはそれを「肉体と魂とは分離する」、「肉体は有限で魂は概念である」とも表現する。そこには分離があるけれども、純粋な概念のなかでは不可分性だけがある。どのような衝動も自己を実現しようとする概念の実例である。精神ないしは生命体の衝動においては、ただたんに形式的なものだけが論じられるだけではなく、衝動の内容も論じられなければならない。満たされた衝動は形式の上ではたしかに無限である。けれども衝動は或る内容をもっていて、この内容に応じて有限であり制約されている。したがって概念あるいは純粋な概念に対応していない。［＊］

＊　以上が概念についての知の立場からの説明である。最後に考察したことは神についての知、神についての確信一般であった。その際の主な特徴はこうだ。われわれが或る対象について知る場合、その対象はわれわれの前にあり、われわれはそれとじかに結びついている。けれどもこの直接性は媒介を含んでいる。この媒介はわれわれが神への高まりと名づけたものであり、人間の精神が有限的なものを無とみなすことである。このような否定を介して、人間は神へと高まり神と連結する。「私は神が存在することを知る」という結論、この単純な関係はそのような否定によって成り立っている。L≒W（1827?）われわれが考察した第一のものは宗教一般の基盤であった。第二のものは神についての知であった。なお考察しなければならない第三のものは、宗教のなかに現れてくる否定的な要素、われわれが祭祀と呼ぶ要素である。L（1827?）

〔6／14〕 C 祭 祀

これまで考察してきた理論的な営みに対して、**祭祀**は、神へと高まる実践的な行為にあたる。このなかで神と人間との和解が完成され、人間は神と合一しているという最高の境地を味わうことができる。その形態は、まず第一に敬虔な祈りであり、第二に供犠〔および聖餐〕である。供犠のなかで自己の所有の断念が表現される。第三に、この外面的な行為を内面的に深めれば、各人がみずからの個別的な利害を超えて社会的に実現された倫理状態へと高まることである。倫理的共同態こそ祭祀のもっとも真実の姿である。その意味で、個人的な主観を払いのけ純粋な真理を探究する哲学も持続的な祭祀である。

〔＊〕これまで考察してきた第二のテーマ、つまり「神についての知」では、私は神を考察の対象として思索を深めてきた。その対象だけが私の前にあり、対象は私に確信されている。そのかぎりでのみ、私は対象について知っている。たしかに私は証明のさいに出発点とした有限なものについても知っている。けれども私は有限なものを否定することから真理を知ること、神について知ることへと移行した。私はこの精神的な領域へと自分を引き上げ、この精神的な地盤へと移った。この地盤が神あるいは神的なものである。〔有限なものと無限な神との〕この関係は理論的なものであって、まだ実践的なものを欠いていた。今度はこの実践的なものが祭祀において語られる。

＊　宗教一般の概念のなかで考察してきたことのなかに、祭祀の内容はすでに含まれていた。L（1827?）

理論的な関係では、私は私の対象に没頭していて、私については何も知らない。［＊］このような知は関係を欠いた結びつきであって、実際に現存する全体ではない。私は対象によって満たされ、対象に向きあっている。私が存在し或る対象をもっているということは、意識を振り返ってみて初めてわかることである。対象についての私の知を私が考察したから、そこに私と対象があるのだ。私がこのように内省して、私と対象というものが生じる場合に、それら二つのものが存在し、それら二つが互いに区別される。〔これに対して〕直観するという理論的な関係では、対象だけがあって、それが私を満たす。私は私について何も知らない。けれども真実のものは私とこの対象との関係なのだ。

＊　「神についての知」の結論は直接的な結びつきであった。直接的な結びつきはもっと些細な事例にもある。例えば、私はこの紙について知っている。このように知るなかで、私は紙の表象によ

って満たされている。その際、私は私自身については何も知らない。L（1827?）

この関係をもって実践的な関係が始まる。実践的な関係のなかでは、私は私にとって在るとともに、対象に向きあい、しかもこの対象と私との一致を実現しなければならない。私は対象を知り、それによって満たされているだけでなく、この対象によって満たされている自分を知らなければならない。対象を私のうちにあるものとして、かつまた私をこの対象のうちにあるものとして知らなければならない。この場合、対象は真理であるから、私を真理のなかに知らなければならない。こうした統一をもたらすのが行為、言いかえれば祭祀という側面である。実践的な関係つまり意志において初めて、主観性と客観性との分離が本格化する。理論的な関係のなかでは、私は対象によって満たされている。［＊］意志という実践的なものにおいて初めて、私は〔対象を離れて〕自分だけで在り、自由であり、主体として私にかかわっている。したがって、いま初めて対象に向きあっている。その場合、実践的なものにおいて初めて制約が生じるのであって、理論的な関係には制約はない。意志は無制約であって知においてのみ私は制約されていると言われるけれども、制約は本来は意志について語ることができる。意欲するなかで私は私だけで在る。そこに私以外の別の対象が私に対立すると、それらの対象は私を制約するものとなる。意志は或る目的をもち、この目的をめざす。意志とは、この対象が私にとって制約であるというこうした限界こうした矛盾を撤廃する活動である。私が意志ある主体として私だけで在りながら私がめざす別の対象が在るという限界は、実践的なあり方のなかにある。私が行為するかぎり、私はこの対象を私に同化し、対象との関係のなかで私の有限性を突破して、私の自己感情を再建したいという欲求をもっている。この欲求を抱いているとき、私は制約されている。それゆえ欠陥は、対象が私にとって外面的に現れているということにある。

＊ 私は私を対象に対立させてはいない。私が対象について知る場合、対象が存在し、私は存在しない。L（1827?）

実践的なものにおいては、人間は〔自分以外の〕他者を対象としている。この対象は宗教では神であり、神について私は知る。人間が自分に引きこもるかぎり、この対象は人間にとって他者であり、彼岸である。理論的な関係のなかでは、人間はこうした対立を内省することはない。そこでは、〔自分と神とが〕このように直接的に一つであって、〔神を〕直接的に知り信じているからだ。理論的な関係のなかで人間は神という対象と結びつく。それゆえ、われわれは理論的な意識をその意識の帰結と結論にしたがって表現することができる。これに対して祭祀のなかでは、一方に神がいて他方に私がいる。したがって祭祀の特質は、私を私自身のうちにある神と合体させ、私を神のうちに知り、神を私のうちに知るということにある。［＊］

＊　祭祀の特質はこのような具体的な統一である。われわれが見るところ、理論的な意識も具体的な意識であるが、まだ潜在的にそうであるにすぎない。理論的な意識が主観にとっても具体的であるということが、まさしく実践的な関係なのだ。L⁑W（1827?）

祭祀とはこの最高の絶対的な享受を自分に与えることである。そこには次のような感情がある。すなわち、私は私の特殊的な主観的な人柄をもって居合わせながら、この具体的なものとしての私が神と合体しているのを知り、私が真理のうちにあることを知り――しかも、私は私の真理を神のうちにのみもつのだから――、神のうちにある私を私に合体させる。このような感情である。

祭祀においては、神と人間との和解が端的に完成しているということが前提されている。この和解をいまから絶対的に成就することが問題なのではなく、〔すでに成就している〕和解を特殊的なものとしての私に対して産みだすことだけが課題である。なぜなら実践的な関係においては、私はこの具体的な個別的な者として現実であるからだ。端的に成就されているこうした和解に参与することが祭祀という行為である。この和解は普遍的に実現されている。それがあらゆる宗教的な意識の基礎なのだ。

われわれは宗教の基盤をなすこのような実体性から始めた。そこには〔すでに〕、神のみが真理であること、もっと詳しく言えば、神は愛に満ちたとか人間を創造したといったことが含まれている。神のみが真実の現実性であり、私が現実性をもつ場合には私は現実性をただ神のなかでのみもつということが前提されている。つまり神のみが現実性であるから、私は神のなかに私の真理と現実性をもつと主張される。これが祭祀の基礎である。

［＊1］祭祀のこうした側面は今日では多かれ少なかれ脇におしやられ、もはや重要でなくなってきている。話題はもっぱら神への信仰を人間のうちに覚醒させることに向かっている。けれども宗教をいまから引き起こそうとするのは宗教の外のことである。［＊2］祭祀のさまざまな形態についてはのちに〔第二部の宗教史で〕詳述する機会があるであろう。［＊3］[*4↓]神学の教義学の unio mystica（神秘的合一）の章はふつうは祭祀をあつかう。[↑*4]そもそも神秘的なものは思弁的なものの一切であるのに、このことが固定的な知には隠されている。私は神の恩恵のうちにあり神の精神は私のうちに生き生きとしてあるという感情と享受、私と神とが合一し和解しているという意識。これが祭祀の最内奥にあるものだ。

＊1　和解がすでに成就されているか、あるいは和解が端的にもとから現存しているということが前提されている。例えば、異教の人々〔ギリシャ人〕には、神は自分たちの近くにいて神々は親しい存在だという幸福な意識があった。L（1827?）

＊2　祭祀はむしろ宗教の内にある。神が存在し神が現実性であるという知は、私がただそれに同化しさえすればよい地盤なのだ。「神は存在する」ということをいつも言い聞かされるだけに甘んじなければならないとは、何という不幸な時代であろう！

祭祀はむしろ世界の究極目的という端的な存在を前提にし、しかもこの前提から発して、経験的

な自己意識とその特殊的な諸関心に反対するから、……Co↓W^2

＊3　祭祀は初めに宗教のなかにある。宗教そのもののなかに、神は存在し真実の現実であり実際の基盤であるということがある。祭祀によってもたらされるものは、unio mystica（神秘的合一）と呼ばれる感情である。

＊4　教義学のなかに神秘的合一という教えがあったが、いまでは神秘的なものに対して非常な嫌悪感がいだかれている。Va↓L

祭祀の第一の形態は一般に敬虔な祈りと言われるものである。＊↓敬虔な祈りはたんに神の存在を信じることだけではない。信仰が生き生きとしたものとなって主体が祈るときに、敬虔な祈りはある。すなわち主体が信仰内容〔神〕にただたんに対象的にかかわるのではなく、この内容に没入するときに、敬虔な祈りは現存する。敬虔な祈りの燃え上がる情熱こそが、ここでは本質的に重要である。それゆえそこには主体が居合わせている。主体（主観）性こそが敬虔な祈りのさなかに自分を保持しつづけている。祈り語り、さまざまな表象をへて自分と対象〔神〕そのものについて知り、自分を高めることに専心するものは、この主体性にほかならない。敬虔な祈りは自分を動かす精神であり、この動きとこの対象のなかで自分を保ち続ける。この内面性こそが一般に敬虔な祈りなのだ。↑＊

＊　主体が一心に祈り、その対象〔神〕に没入するときでも、主体はなおそこに居合わせている。

主体は祈る営みに専心する当のものである。祈り、〔神に〕語りかけ、さまざまな思い（表象）に心をはせ、心の高揚に専念するのは、主体である。けれども、主体は祈りのなかでは自分一個の特殊性のなかにあるのではなく、対象〔神〕のなかでの自己の運動のなかにのみあり、自らを動かす精神としてのみある。Co↓W^2

祭祀に含まれる第二の要素は、和解の感情が外面的・感覚的にもたらされる際の外面的な諸形態である。例えばサクラメントの場合は、感情と現にある感覚的な意識に和解がもたらされる。しかも、その多様な行為のすべてが「犠牲」と言われる。すでに理論的な意識のところで、主体が有限なものを超え意識が有限なものから高まるのを洞察したが、それと同じ否定作用が今度は祭祀のなかで意識的に遂行される。というのも、祭祀のなかでは主体こそがまずもって大事だからだ。

敬虔な祈りがもつ生き生きとした熱情のなかで、人はすでに〔宗教的な〕表象から遠ざかりつつある。意識がふだんもっている〔日常的な〕関心に抗して、自分を真理のうちに（しかも活動的に）保持しようとする力強いエネルギーがそこにはある。敬虔な祈りのなかには否定があり、それが犠牲（供犠）によって外面的な形態を獲得する。主体は何ものかを断念し、何ものかを自分のものにすることを拒否する。主体は何かを所有しているが、自分が真剣であることを証《あかし》するために、その所有物を放棄する。この否定を主体はときにもっと集中的に遂行し、何かを〔神に〕捧げ、それを〔祭壇で〕焼くためだけに否定する。人身《ひとみ》御《ご》供《くう》もそれである。他方また、例えば何かを食べたり飲んだりするような感覚的な喜びさえも、すでに外面的な事物の否定である。このようにして、否定と犠牲から飲食の喜びへ、さらには、それらの否定を介して神との一体性のうちに身を置いたという意識へと進んで行く。このように感覚的に味わい楽しむことが、神と結びついているというより高次な意識とただちに結びつく。

祭祀の第三の最高形態は、人間が自分の主体性をみずから断念することである。外面的な事物の所有を断念するだけではなく、自分の心胸《むね》というもっとも内面的なものを神にささげ、この内面の奥底から悔い改め、私的な情念や意図をもつおのれの洗練されていない自然性を自覚する。これらの自然性を払いのけ心を浄《きよ》めることによって、純粋な精神的な地盤へと高まる。〔外面的な事物を求めようとする私的な情熱や意図は〕むなしいものだという感情はたんなる状態であり、個別的な感情にすぎない。であるから、それは徹底的に遂行されなければならない。心と意志が普遍的で真なるものへと徹底的に真剣に陶冶されたならば、社会的に実現された倫理状態が現存するようになる。そのかぎりで、社会的に実現された倫理状態こそもっとも真実の祭祀である。その場合でもしかし、神的なものや神という真実なものについての意識が同時にそれに結びついていなければならない。

この点で、哲学は持続的な祭祀である。哲学は真なるものを、しかも絶対的な精神とか神という最高の形態での真なるものを対象とするからだ。哲学とは、この真なるものをただたんに単純な形態で神として知るだけではなく、神の作品のなかでも神によって産出されたものとして知り、そして理性的なものを理性を授けられたものとして知ることである。おのれの主観性、個人的なうぬぼれから生じる主観的な思いつきを払いのけ、思考のなかで純粋に真なるものに専心し、しかも客観的な思考にしたがってのみ振る舞うということもまた、真なるものを知ることに属す。個別的な主観性をこのように否定することは、本質的で必然的な契機である。

皮相な言い方をすれば、宗教は神へのかかわりである。このかかわりは思考のうちにある、とわれわれは言った。神は思考にとって存在する。というのも、神は端的に普遍的なものであるからだ。この端的に普遍的なものの根源的な分割（判断）は世界の創造であるが、これは絶対的な精神に対して特殊的な精神が自己を特殊化し区別することである。われわれが考察した最初の関係は、知るという理論的な関係であった。第二の関係は実践的な関係であり、神への高まりを知ることである。しかもこの高まりがそれ自体、知ることなのである。第三の契機はこの知ることを知ることである。それが現実的な宗教である。

第二部　規定された宗教

第一部では、神一般と、神についての意識一般について述べたが、第二部では、歴史的（時間的）あるいは地域的（空間的）に特定された具体的な宗教について、次の順序で考察していく。まず第一に、A **直接的な宗教すなわち自然宗教**をとりあげる。この場合の「自然宗教」とは「自然の光」である理性にもとづく宗教という意味ではなく、自然的な宗教すなわち原始的な宗教のことである。具体的にはエスキモーやアフリカの原始宗教、そして中国の国家宗教である。これらはまだ宗教の名に値しない呪術（A一）である。個々の呪術師がそのまま絶対的な威力をもつとする素朴なレヴェルを超えると、次に、自己内への瞑想を通じて全宇宙の実体との合一をめざす宗教が現れる。これが自己内存在の宗教、仏教（A二）である。ここで到達した実体性が再び多様な姿で展開したものがインドの宗教、ヒンドゥー教（A三）である。太陽や月、山河など自然のさまざまな力が、空想によって人格化され、多様な神々の姿で現れる。次の段階へ移行すると、多様化したものが再び一つの普遍的なものへ立ち還る。ペルシアの宗教、ゾロアスター教において、神は善なる光の神として登場する（A四a）。光の神は端的に肯定的なものであり、闇と対峙していた。この闇という否定的なものとの矛盾を通過して、すなわち死をくぐり抜けて甦った神が、エジプトのオシリスである（A四b）。かくして感覚的なものの否定を通過したことで、ようやく精神の基盤に立ちいたった。

第二に、B **自然的なものから精神的なものへと高まった宗教**として、ユダヤ人の崇高の宗教（B二）とギリシャ人の美の宗教（B一）を考察する。前者は思想のなかで抽象的な神を崇拝し、後者はより具体的な形態をとったさまざまな神々を崇める。第三に、さまざまな外面的な目的に合わせた御利益宗教、C　ローマ人の宗教を考察する。

はじめに

ここではさまざまな特殊的な宗教、具体的に規定された宗教を考察する。それらは規定された特殊的な宗教であるがゆえに、有限な諸宗教であり、異教徒の民族宗教全般である。われわれはこれまで神一般について語り、神についての意識や神に対する意識の関係について語ってきた。人間が自身のうちにある神的精神について知り、神的精神のうちにある自身について知ること。これらについて語ってきた。これらの関係はまだ具体的な特質規定をもたない表象として示されただけである。われわれはしかし、〔明確に規定された〕表象をわれわれの意識のなかにもとうとする。〔このあとの第三部は絶対的な宗教であり、宗教の概念が実現されたもの、十全に成就された宗教であるが〕第二部の規定された宗教において初めて、あの普遍的な本質のなかにもろもろの特質規定が入ってくる。ここで初めて神についての認識が始まる。こうした特質規定を通じて初めて神についての思想が概念となる。

内容となる神が具体的に規定されるのと同様に、神について知る人間の主観的な精神の側も具体的に規定されるようになる。神が人間にとってどのようなものかを規定している原理は、人間がそれ自身のうちで、あるいは精神面でどのようなものかを規定している原理でもある。例えば、ある悪しき神、ある自然神は、自由でない悪しき自然的な人間と対をなす。

神についての純粋概念である精神的な神は、神について実際に知っている自由な精神的な精神と対をなす。規定された宗教のなかで精神は、〔崇拝の〕対象となる絶対的な精神、およびその絶対的な実在を対象とする主観的な精神として規定される。対象と主観の両面がここで初めて特定の性格をもつ。

規定された宗教そのもの、すなわち有限な宗教には、精神や宗教の下位の規定しか見あたらない。絶対的な真理の宗教はまだ姿をあらわしていない。けれども、宗教がその絶対的な真理に達し、精神が精神にとって対象となり、精神に対する精神の関わりが成立するためには、要するに精神そのものがその真に無限の規定に達するためには、このような〔宗教史の〕歩みが一つの条件となる。このような規定されたおのおのの宗教は、精神が意識し知る過程のそれぞれ特定の段階である。［6／15］それらは、真実の宗教という精神についての真実の意識が現れるための必要な諸条件である。それらは歴史的に存在するものでもあるので、それらの歴史的なあり方にも注目していきたい。われわれはこのような特定の諸形態をとる宗教を歴史的な諸宗教として学んでいく。精神の学という真実の学、すなわち人間を対象とする学では、そのような具体的な対象の概念の展開はその概念の外面的な歴史でもあり、しかも現実のなかに現存してきた。それゆえ宗教のこれらの形態も時間のなかに継起し、空間のなかに併存してきた。次に全般的な章立てを示したい。

宗教の最初の形態は必然的に、直接的な宗教である。これを自然宗教と呼ぶこともある。「自然宗教（Naturreligion）、自然的な宗教（natürliche Religion）」という言葉は、近代になって、しばらくのあいだ別の意味をもっていた。「自然宗教」という言葉は、人間が自分の理性によって、理性という自然の光によって［神についてVa↓W］認識できるはずのものと理解されてきた〔序論四〇頁†1参照〕。

自然宗教が理性が与える宗教である場合は、自然宗教は啓示宗教に対置され［、しかも人間が理性のうちにもつもののみが人間にとって真実でありうると主張されVa↓W2］てきた。「自然的な宗教」というのは歪んだ表現である。われわれはたしかに自然すなわち理性という概念について語る。けれども、全体としては、自然的なものは直接的なものと理解され、感覚的なもの一般、陶冶されていないものと解されている。これに対して、理性はむしろ、もはや初めの直接的なあり方をしていない。精神はまさしく自然を超えて、自然のなかから自分を引きずり出すものである。精神は自然的なものに対してのみ自由になるのではなく、自然的なもののなかで、自然的なものを自分に従わせ自分に適合させ従順にする。近年の語義での「自然的な理性」という表現はこのような両義性をもってしまったため、避けた方がよい。自然的な理性の真実の意味は「概念にふさわしい精神ないし理性」である。つまり理性と精神が真実あるがままに受けとられるならば、理性は啓示宗教となんら対立しない。啓示宗教は神の啓示であり、精神の啓示なのだから。さらに次のことを付け加えておきたい。精神はその概念からして啓示宗教に対置されることができるが、他方でしかし、啓示宗教は精神に対してのみ妥当し、精神は精神に対してのみ啓示されうる。精神の本質と真実は、精神を欠くもの、理性を欠くものには開示できない。精神によって受けいれられるということが可能となるには、受けいれるもの自身が精神でなければならないからだ。「精神は精神に対して証言を与えなければならない」。*↓宗教的にはふつうこのように表現される。↑*精神は証言を与えなければならないという意味で、あらゆる宗教は自然的である。つまり、あらゆる宗教は概念にふさわしく、精神に呼びかける。

＊　精神が精神に与える証言こそ最高の証言である。それ以外の他の認証や権威づけは、ここで考察すべき意識の立場を引き起こすことにのみ貢献する。精神がみずからの自己意識に達したとき、精神は、空想のたぐいに訴えるような外的な認証を超えてしまっている。L（1827?）

自然宗教は近年の語義では、たんに形而上学的な宗教のことでもあった。ただし形而上学というものが固定的な知による思想という意味をもつかぎりで、そうであった。それは近代の固定的な知にもとづく宗教であり、理神論と言われる。それは啓蒙主義の帰結であり、*↓神を人間の父という抽象的なものとして〔のみ〕見る知である。↑*

＊　神を抽象物として知ることであり、そこでは神についてのあらゆる特徴づけ、あらゆる信仰がそのような抽象的なものに還元される。これはもともと自然宗教とは呼べないものだ。それは抽象的な固定的な知の究極の極端な立場であって、〔思弁神学に対する〕カントの批判〔『純粋理性批判』B659-732とくに703〕の結果である。LW（1827?）

われわれにとって第一のもの〔A〕は自然宗教、すなわち精神がまだ自然との一体性のうちにあると規定される宗教である。精神はそのようなものであるから、まだ自由ではなく、まだ精神として現実的ではない。このような安定した一体性、自然に対する中立性、自然的なものと精神的なものとの混淆、まったく直接的なあり方をした精神。人間的な個体は初めはそのようなものである。特定の個人が最高の絶対的な威力とみなされ、自他ともにそのようなものとして認められるというところから、宗教が始まる。

宗教の第二の段階〔B〕で、精神的なものが自然的なものを超える。これは二重の仕方で生じる。一方〔ユダヤの崇高の宗教〕では、思想のなかで生じる。つまり神は思想にとって、しかも思想にとってのみ存在し、抽象化されたものである。他方〔ギリシャの美の宗教〕では、神は具体的な個体としてある。その個体は直接的で自然的な仕方でのみ現存する自然存在一般ではない。むしろ精神的なものが支配的で優位に立つ。ただし精神的なものは、自身を形ある現実的なものにするために、まだ自然的なものをもっているので、まだ純粋な精神としてあるのではなく、精神的な個性としてある。自然的なものは精神に従属し、同時に個性は特殊化された個性である。そこには同時に、そのような特殊化された個性が無数にある。それらはまだ自然的なあり方をしていて、自然的な形態にとらわれている。†

† ここ第二部の序論の時点で、ヘーゲルはユダヤの宗教からギリシャの宗教へという順序で考察するつ

もりだった。ところが実際にB章を講述する段で、この順序は逆転する。一八二一、二四年の講義では、ユダヤ教→ギリシャ宗教という序列であったのが、二七年の講述の途中から変更されたことが明瞭に読み取れる。ここでの逆転は三一年の講義で、再び元へ戻される（六四〇頁以下と六五四頁以下）。そもそもユダヤ教についてのヘーゲルの評価は、十年間にわたる宗教哲学の講義期間に激しく揺れ動いた。それとの関係で、ギリシャ宗教とユダヤ教との相対評価も大きく変化した。山﨑純『神と国家』第三章第四節参照。

第三の形態〔C〕は目的に合わせた宗教〔ローマの宗教〕である。［＊］神のなかに或る目的や目的一般が立てられているが、それはむしろ〔都合のいい〕外面的な目的である。まだ純粋に精神的な目的でもなければ、絶対的な目的でもない。その目的はまだ純粋に精神的な自由な目的でないがゆえに、その宗教を運命の宗教と呼ぶこともできる。神のなかに或る特殊的な目的が立てられるが、この目的は他の特殊化された諸目的に対しては理性を欠くものである。いずれの目的もたんに特殊的な目的にすぎず、同じように正当化されるからである。

＊ 個々の精神は神々のなかに自分自身の主観的な目的だけを欲する。自分〔の利益〕を欲するのであって、絶対的な内容を欲するのではない。それゆえ目的に合わせた宗教では、L（1827?）

歴史的な発展の視点から言えば、〔第一の〕自然宗教〔A〕は東洋の宗教である。精神的なものが自然的なものを超えていく第二の宗教形態〔B〕は、ユダヤ人の崇高の宗教とギリシャ人の美の宗教である。

ここでもし精神の高まりについて語ろうとすれば、もっと詳しく規定する必要がある。〔第一の〕自然宗教でも、純粋に自然的な威力・自然的なものの暴力を思想が超えるのが見られるからだ。しかし、この高まりが整合的に首尾一貫して遂行されることはない。とてつもないこの恐るべき不整合性のなかに、さまざまな威力が――自然的な威力も精神的な威力も――互いに混じり合っている。精神的なものと自然的なものとのこうした混合が、この段階の内容なのだ。第二の段階では、自然的なものの乗り超えがそれ自身のなかで首尾一貫して遂行される。自然的なものは屈服させられ、崇高の宗教では完全に支配されたものとして奉仕し、〔美の宗教では〕主観性の形態化と顕現のためにのみ奉仕する。

第三の形態である外面的な目的に合わせた宗教〔C〕はローマの宗教である。これをギリシャの宗教から区別しなければならない。〔6／18〕ここから絶対的な宗教〔第三部〕へと移行する。ローマの宗教は目的に合わせた外面的な宗教である。なぜ外面的かと言えば、目的が本質的に立てられてはいるが、そこにはたんに制約された諸目的、有限で外面的でさえある諸目的があるからだ。以上が規定された宗教の三つの形態である。

A　直接的な宗教
——自然宗教

はじめに　**a　原初の状態**が本源的に無垢な楽園だったという一般に流布している考えを批判する。自然と合一した原初状態というのは無垢ではなく、粗野で野蛮な動物的な状態であって、人間のあるべき状態ではない。人間は自然への埋没から抜け出て自然と決裂し、しかもこの決裂をとおって自然と和解しなければならない。人間は本来それ自体として（an sich）真実であり善であり自由であるとしても、この「自体（das Ansich）」は潜在的なものである。それは実現されてこそ人間の本来の状態と呼べるのだから、その実現化こそ人間精神の概念である。人間は最初の時代に善について最高の見識をもっていたという考えは、それゆえ、まったくばかげている。

b　自然宗教の諸形態は、自然的な対象を神と崇める宗教ではない。どんなに低次な宗教にあっても、自然よりは精神の方が高いと考えられている。ただ、この精神的なものが直接的で自然的なあり方をしているという点に自然宗教の特徴がある。最初に呪術宗教、第二に仏教、第三にヒンドゥー教、第四にペルシアのゾロアスター教とエジプト

──の宗教を考察する。

a　原初の状態

自然的な宗教の独特な形態を考察する前に、一般に流布している考えを取り上げてみよう。それは空想が思い描き、さらには妥当なものと主張され通用している次のような考えである。──最初の宗教は真実の優れた宗教でもあった。のちの宗教のすべてはこの最初の宗教の堕落形態をあらわしているにすぎない。そして、この宗教の没落から夢や断片的な暗示がえられ、これらが後の諸宗教の根底にある。これらの痕跡はまだ認識できるし、その歴史的な認識はとりわけ興味をそそる。†

† シェリング『学問研究の方法についての講義』一八〇三年、第八講義（『学問論』西川富雄・藤田正勝監訳、岩波文庫、二〇二二年、一七三―一九〇頁）やシュレーゲル『インド人の言語と智恵について』一八〇八年に見られる考え方。さらに、シェリング『サモトラケの神々について』一八一五年、クロイツァー『古代諸民族の象徴学と神話学』（以下『象徴学と神話学』と略）第二巻、一八二〇年とくに S.375 参照。

このような考えは、ときに〔経験によらずに〕端的にアプリオリに正当化できると信じられ、ときにまた歴史的にアポステリオリに正当化できると信じられてもいる。〔歴史的に正当化できると信じる人はこう言う。」もしも宗教や学問的な認識の歴史をその起源にまでさかのぼってみれば、そこにもろもろの真理や認識の痕跡が見いだされるであろう。それらの痕跡はのちの宗教よりももっと高い起源を暗示しながら、のちの宗教状態のなかに保存されてもいる。それらの痕跡は規定された諸宗教そのものとの関連においても、あるいはまたそれら諸民族の学問的な教養や知見との関連においても、理解できないような痕跡なのだ、と。

　アプリオリに正当化できると信じる人は、すでに述べた次のような考え方をする。人間はもともと神によって、神に似せて創られた〔創世記一・26以下〕。最初の人間はその概念にふさわしく、その概念の純粋さのうちにあって、善であり、悪ではなかった。さらに言えば、神と自然とがこのように一体であると知ってもいた。彼〔アダム〕はこうした本源的な純粋さのなかにあって、神をそのあるがままに知っていた。彼は神の本質でもある彼自身の本質にしたがって行為した。彼はまだ分裂に踏み込んでおらず、まだ堕落していなかった。精神のまなざしはまだ、混濁して鈍くなってはいなかった。人間はまだ、主観と自然とを分断する固定的な知による内省の散文状態に堕ちてはいなかった。まだ、自然と外的な諸事物から分離してはいなかった。有用な事物とみなす特殊的な利害関心をまだもってはいなかった。それゆえ彼は自然の内面的なものそのものを眺め、自然の内面を真に知っていた。† 彼は自然に対しても外的なものに対するようにかかわるのではなく、みずからの純粋さに従って純粋な神にかかわるように、自然のふところに飛び込んで自然をあるがままに直観していた。それゆえ彼は真実の宗教とならんで絶対的な学をももっていた。——このような表象をわれわれは思想から容易に作り出すことができる。けれどもそれは、すでに述べたように、さまざまな民族の宗教のなかにも見いだされる。たいていの宗教は、最初の人間が楽園に暮らしていて本源的な無垢の状態にあったことから始めている。ギリシャ人も〔太古に〕黄金時代をもっている。ローマ人はサトルニスの時代をもっている〔ヘシオドス『仕事と日』108-119. 松平千秋訳、岩波文庫。ウィルギリウス『選詩』4.6〕。このような表象は非常に広く見られるものであって、それを近代になって思想が自分から再び正当化しようと試みたのだ。

† 自然との神秘的な一体という表現はアルブレヒト・フォン・ハラー（1708-77）の詩「人間の諸徳の虚偽」（『スイス詩習作』第六版、一七五一年）やヤーコプ・ベーメ『シグナトゥーラ・レールム——万物の誕生としるしについて』（一六二一年執筆、『キリスト教神秘主義著作集13』南原実訳、教文館、一九八九年）に見られる。後者の作品についてはヘーゲル『哲学史講義』V9. 79でも言及されている（邦訳下巻一八二—一八三頁参照）。

これが「自然宗教」という言葉で理解されてきたことである。自然宗教は最初の原始的な啓示である。この啓示は、人間が罪・情欲・悪一般によって悪くなったことで、人間によって初めて損なわれ、失われ、だめにされてしまった。悪、無知、情欲、利己的傾向、個別的な目的追求、自分で決めようとする意志。これらが、善を知り欲するという真理への洞察の側面を濁らせるということは、もちろん容易に認められる。そこで問題はこうだ。このような特徴づけを〔過去にあった〕一つの状態、しかも最初の本源的な真実の状態とみなしうるか？

上に示した最初の宗教についての表象のなかにある根本的な規定は、たんに正しいものとして認めうるというだけでなく、真実の表象としても基本に置かれなければならない。けれども、この真実の表象があのような最初の根源的で自然的な真実の状態として規定できるのかという形式を、この根本規定から区別しなければならない。この根本規定とは、人間が自然存在そのものや動物ではなく精神であるということにほかならない。人間は、精神であるかぎりにおいて、このような普遍性一般をそなえている。すなわち理性の普遍性をそなえ、具体的な思考活動である理性をそなえている。理性が普遍的であり、それゆえ自然本性も理性的であるということを知ることは、一部は理性のもとからある本能による。また一部は理性の発展による。自然本性はもちろん意識的な理性ではないが、さまざまな目的にかなった特質を自身のうちにもっている。自然は知恵ある創造主によって理性的であるように設《しつら》えられている。その知恵が目的であり、概念であり、自由な合理性そのものである。それゆえ精神は、神も理性的であり絶対的な理性・絶対的な合理性であるということをも知る。そして精神は、神をも自然と同じように認識できるにちがいないと本能的に信じている。すなわち、精神は神のなかに自分とはまったく異なるものを見いだすが、しかし精神がこれら〔自然の〕諸対象を理性的に探究するならば、自らの本質をも見いだすにちがいないと信じている。精神は神と自然を理性的に探究するなかで理性的なものとしてみずからを認めるであろうと信じている。

基本的な規定はたしかにそのようである。*↓けれども、それが実際に最初の状態なのかという問題がある。上に述べた失楽園のイメージについては、この楽園が失われたということが、すでにこれが本質的な状態でないことを示していると言わざるをえない。真実なものや神的なものであれば、けっして失われず、永遠に端的に存続するはずだからだ。人間が神および自然とこのように一体であるということが真実として想い浮かべられると、もっと高い概念が、この一体的な状態は真実のものではないということを教える。↑*人間が自分自身と一体であり神および自然と一体であるということは、一般的な意味では、あるいはそれ自体としては、実際に実体的な本質的な規定である。人間は理性であり精神である。人間は精神なのだという素質を理性がもっているがゆえに、人間は潜在的にそれ自体として真実のものである。けれども、それはまだ潜在的な概念にすぎない。この潜在的な概念を想い浮かべる場合、人間は普通それを過去あるいは未来のものとして想い浮かべる。端的に存在する内的なものとしてではなく、直接的、外面的にあるような状態として想い浮かべる。

＊　けれども、すでに述べたように、この基本的な規定は、たいていの人々が時間的に最初の本源的なものが真実のものであるとイメージするような状態、人々がそれに憧れそれの喪失を不幸と嘆

くような状態としては考えられない。Va↓L

概念はもちろん自己を実現しなければならない。けれども概念の実現、概念が現実化する活動、そして現実化して現存するに至ったもろもろの形態、および現実に実現された現象は、単一な概念が自身のうちにあるあり方とは異なる様相をもつ。先に述べたあの合一は一般に概念であり潜在的な自体であって、〔すでにある〕状態や現実存在ではない。概念が実現することで、さまざまな状態や個別の存在が生じる。この実現は、楽園や無垢が描かれるあの状態とはまったく異なる種類のものなのだ。

人間は〔直接的な仕方で存在するのではなく、Va↓W^2〕本質的に精神であり、精神は本質的に自身に向かっている自覚的で自由な存在である。自然的なものに対立し、自然への埋没から自分を引き出して、自然と決裂する。この決裂をとおして、そしてこの決裂から出発して、初めて自然と和解する。たんに自然とだけではなく、自身の本質、自身の真理とも和解する。この真理を自分の対象として自分に対置し、真理と決裂し、その決裂を通過して真理と和解する。分裂を通ってもたらされたこうした合一こそが、初めて精神的な真の合一であり、和解から生まれた合一なのだ。それはけっして自然の統一ではない。石や植物は自然と直接一体となっているが、それは精神にふさわしい統一でも精神の合一でもない。精神の合一は分裂状態から生じるのである。

かの原初の状態を無垢と呼ぶならば、一つの誤解が生じる。人間は無垢の状態から抜け出て罪あるものとならざるをえないと言えば、饕餮を買いそうに思われる。しかしながら無垢の状態は人間にとって善でも悪でもないところに成り立つ。無垢の状態とは動物の状態なのである。楽園（παράδεισος）はそもそもの初めは動物の園（ティアガルテン）にすぎない。† *1→それは責任のない状態であり、←*1それゆえ人間の状態なのだ。人間の倫理的状態こそが、初めて罪への能力と責任を問える状態であり、それゆえ人間の状態なのだ。「罪（Schuld）」とは一般に「責任を負う（Zurechnung）」ということだ。［＊2］けれども世間一般では、罪は人間に帰せられる当のものである。罪があるということは、責任が問われうるということを意味する。つまり或ることをその人が自覚的に欲して行ったということ、その人がそのことを正当なこととして行ったということを意味する。

＊1　それは人間が善についても悪についても何も知らない無自覚的状態であって、そこで人間が欲していることを善とか悪とかと規定できない。人間が悪について何も知らないときは、善についても知らないからだ。これに対して、罪ある状態とは、責任が問われる状態である。Va↓L⫶W

＊2　ふつう「罪（Schuld）」といえば、悪い意味でとられ、その人が悪いことをしたと解され、そして「その人は悪くなるにちがいない」と言われる。L⫶W（1827?）

†　クセノフォン『アナバシス』1.2.7（松平千秋訳、岩波文庫、一九九三年、一五頁）のなかに、キュロス（ペルシアのダレイオス二世の次男）が城と、野生動物のいる大きな公園をもっていて、馬を駆って

動物たちを狩りして、しばしば自分と馬たちを鍛えようとしていた、という記述がある。庭をあらわすヘブライ語はギリシャ語旧約聖書のなかでは、*παράδεισος*（パラデイソス）と訳された。このギリシャ語はギリシャ起源ではなく、壁に囲まれた公園を意味する古代イラン語 pairi daêza に由来する。シチリアのディオドロス（前一世紀）『神代地誌』第二巻一〇（飯尾都人訳、龍溪書舎、一九九九年、一四六頁）、ヨセフス（三七―一〇〇年頃）『古代ユダヤ史』第一〇巻二二六参照。

実際には、あの原初の自然的な合一は現実の状態としては無垢の状態ではなくて、粗野な状態、動物的な状態、一般に欲望と野蛮の状態なのだ。動物はそのような状態にあっても善でも悪でもない。これに対して人間は、動物的な状態においては野蛮であり悪であって、人間の本来あるべき状態にはない。人間は自然のままでは本来あるべき状態ではない。人間は自分自身が精神となることを通じて、つまり何が正当かを知り欲する内面的な悟りによって、みずから〈人間であるもの〉にならなければならない。自然のままでは人間はあるべき状態にない。このことが「人間は自然のままでは悪である」と表現されてきた。これが原罪（遺伝・相続する罪）として想い浮かべられることがあるが、「遺伝・相続」とは通俗的な仕方でイメージするための形式なのだ。［＊］諸民族が原初状態を概念に即して想い浮かべるとき、その状態は合一である。ところが、彼らはこの原初状態を過去か未来のいずれかの状態として表現する。だが原初というのは、状態としては粗野であるけれども、思想の立場から見れば、やがては自然性の形式から抜け出て自己を実現するにいたる概念なのだ。

＊　ここには次のことが含意されている。すなわち、人間は自然本性に従ってのみ生き、みずからの心情と心に思い浮かぶものに従い、心の赴くままに生きる場合には、自分自身をあるべき状態でないようなものとみなさなければならない、ということだ。L・W（1827?）

聖書のなかには「堕罪」という抽象的な呼び名のよく知られた表象がある。これは非常に意味深い表象であって、たんに偶然的な物語ではなく、人間につきまとう永遠の必然的な物語である。それが聖書では外面的な神話的な仕方で表現されている。そのため堕罪の表象そのもののなかに不整合が含まれるのは避けがたい。理念の生き生きとした状態は思想によってのみとらえられ、思想によってのみ表すことができる。理念が感覚的な表象で語られるとき、必ず不一致が生じる。それゆえ堕罪の表象は不整合なしにはありえない。だが、そこには次のような理念の本質的な根本的特徴が含まれている。すなわち、人間はもともとは自然との合一のなかにあるけれども、人間は精神なるがゆえに、この本源的な自然状態から抜け出る。人間は自分と自然とを区別し判断し審判するようにならなければならない。そのようにして初めて、人間は神と善について知る。人間が神と善について知るとき、人間は初めてそれを意識の対象とする。それを意識の対象とするとき、その個人は自分をそれから区別している。——このような理念は端的に存在するものであるが、これが堕罪という形で神話的に時間上の一つの出来事のように表されると、不整合は避けられなくなる。

この表象の根本的な特徴は次のようなものである。善悪を認識できるようになる樹というものがそこに描かれているが、それは感覚的なあり方をしている。そのことはすぐに見てとれる。人間はそそのかされてその実を食べた。すると善悪を認識できるようになった。こう物語は語る〔創世記第三章〕。これが堕罪と呼ばれ、あたかも人間は悪いことだけを認識し悪くなっただけのようである。けれども、人間は同じように善をもよく認識できるようになったのだ。これについて、人間はそうなるべきではなかったと言われる。一方ではしかし、人間が善悪の認識に達するということが、精神の概念のなかには含まれている。［＊］「人間はそこに達するべきではなかった」という思いは、善悪のこうした認識のなかには反省という意識の分裂が含まれているという考えのなかにも見られる。つまり自由は生じたが、その自由が抽象的であるため分裂が生じたのだ。人間が自分を自覚する（für sich）場合、すなわち自由である場合に、善と悪とがともに人間の対象となり、人間はいずれかを選択できる。人間は善と悪を対象にして、善と悪の上に主人として立つ。このような形式的な自由の立場はあってはならない立場である。ただし、それはまったくあるべきでも起こるべきでもなかったというのではない。それはむしろ自由のためには必要であって、それがなければ人間は自由でも精神でもない。けれども、〔それがひとたび生じてしまった以上〕それは廃されなければならない立場であり、精神との和解と合一をもって終わらなければならない。意識は二重のものを自身のうちに含んでいる。一方では、反省によって自由をえることで、あってはならない邪悪を自身のうちに含むという分裂状態にある。他方で、意識をもつことは人間が救済され自由となる原理であり源泉である。つまり意識は精神であるという意味がある。この両面が堕罪の物語のなかに含まれていることも明らかだ。人間は分裂の立場にとどまるべきでないという一面は、「罪が犯された」、「あってはならないこと、あり続けてはならないことがなされた」ということで言いあらわされている。「お前たちは神のようになる」と言ったのはヘビであった〔創世記三・4〕。自由の高慢は存続してはいけない立場だ。分裂は分裂を癒す源泉を含むかぎりにおいて存続すべきである。このもう一つの面は神の次の言葉のなかに表現されている。「見よ、アダムはわれらのなかの一人のようになった。彼は善悪を知ってしまったのだから」〔創世記三・22〕。それゆえ、ヘビが言ったことは嘘ではなかったばかりか、神自身がそのことを確証さえした。ところが、この節はふつうは見すごされる。ないしは話題にされることがない。

＊　すでに述べたように、人間は悪について何も知らない場合には、善についても何も知らない。しかもこの知るということは同時に本質的でもある。人間は善悪を意識し認識できる場合にかぎって人間であり、理性的なものであるからだ。L　(1827?)

それゆえ、こう言うことができる。人間は原初の時代にはおぼろげな状態にあったが、この状態から脱して意識の光に達する。もっと一般的に表現すれば、善と悪とが人間に知られるところとなった。［＊1］これは人間の自由の永遠の（たえざる）歴史物語である。この叙述のなかに実際にあるものを取り出してみると、そこには、＊↓のちにキリスト教においても現れてくるもの［＊理念のなかにあるものVa↓LW］と同じものがある。すなわち、人間精神は和解に達しなければならないということが、それだ。［＊2］これこそが、楽園についての単なる表象、あるいは意識と意志を欠いたおぼろげな無垢という表象に対置すべき真の理念なのだ。

＊1　それゆえ一方で、この立場は分裂、形式的な自由、悪、高慢を含んでいて、そこで人間は善と悪とのあいだでの選択に直面する。この立場が分裂の立場であるかぎり、人間はこれを超え出なければならない。L（1827?）

＊2　表面的に表現すれば、人間が善となり、みずからの使命を成就しなければならないということだ。内省の立場、意識と分裂の立場はそのためにも必要なのだ。L⫴W（1827?）

人間があの最初の時代に善と自然について最高の知見をもっていたという考えは久しく受けいれられてきたが、これはまったくばかげている。このことについて手短に述べてみたい。自然の法則などは熟慮によってのみ見いだされる。しかも、もっとも遅れて現れる熟慮が初めて、これらの法則が理念に対応していることを知るに至る。これは直接知とは正反対のことである。

＊　自然と神について最高の知見をもち学の最高の立場に立っていたという考えはまったくばかげ

た考えであって、まったく根拠がないことを歴史的にも証明できる。Va↓W

最古の宗教や学はそれよりももっと古い学の破片を含んでいるとして人々が挙げる歴史年代について言えば、それは真実ではない。それはまた、インド人や中国人の方が〔ヨーロッパ人よりも〕高い見識をもっていたとする歴史学的に欠陥ある以前の指摘にもとづいている。最古の宗教や学の源泉をヨーロッパのなかに知ってから、そのような指摘は妥当しないことがわかった。例えば、インドの天文学的な知識に関して、デランブルはベリーの説が間違っていることを指摘した。†

† 最古の学がそれに先行する時代の学の破片にすぎないという見解は十八世紀末にかなり広く見られた。例えばジャン＝シルヴァン・バイイ『古代天文学史――その起源からアレクサンドリア学派の成立まで』パリ、一七八一年。この見解はジャン・ジョゼフ・デランブルの『古代天文学史』（パリ、一八一七年）によって論破されたとヘーゲルは見ている。ヘーゲルがここで批判している見解はシェリングの『サモトラケの神々』（一八一五年）にも見られる。ただし、シェリングはそのような破片を中国やインドの神話よりもむしろギリシャ神話とカバラー（ユダヤ神秘主義）のなかに見ていた。

b　自然宗教の諸形態

宗教の最初の形態である自然宗教について、初めに簡潔に要約しておきたい。宗教一般には神についての一般的な知が含まれている。しかもわれわれは神について少なくとも、神はそもそも精神であるということを前提できる。それゆえ自然宗教も、精神的なものが人間にとって最高のものであるという精神的な契機を含んでいる。

自然宗教とは人間が自然的な諸対象を神として崇めることだ、という考えがこれによって排除される。そういう面がないわけではないが、副次的な要素である。どんなに劣悪な宗教に生きる人間にとってさえも、やはり精神的なものの方が自然的なものよりもいっそう高次のものなのだ。彼らにとっても、太陽は精神的なものより高いわけではない。自然宗教は外的な物理的な諸対象を神とみなして崇める宗教ではない。むしろこう言うべきだ。人間にとってたしかに精神的なものが最高のものではあるが、ただしその精神的なものは〔自然宗教という最初の形態では〕さしあたって直接的で自然的なあり方をしている、と。最初の自然的なあり方をしているのは人間であり、〔呪術師や王などの〕現存する具体的な人間である。それゆえ自然宗教は、それが自然的であるかぎりにおいて、自然的なものを自身のうちに含んではいるけれども、それはまったく外面的な物理的な自然性ではない。同時に、自然宗教は精神的なものをもってはいるが、それは自然的な精神的なものなのであって、感覚でとらえられるこの現前する人間自身である。それはアダム・カドモン†とか人類の祖とか神の息子といった人間の理念ではない。人祖とかはずっと発達した表象であって、思想によってのみ、思想にとってのみ現存する表象である。自然宗教における精神的なものは人間のそのような普遍的な本質的なあり方を想い浮かべたものではなく、この特殊な自然的な人間そのものである。最初の自然宗教は精神的なものの宗教であるが、ただし精神的なものが外面的・自然的・直接的なあり方をしている宗教である。それゆえ精神的なものとは感覚的に直接現前するこの人間である。われわれが自然宗教について知りたいという関心をいだくのは、そもそも神は昔から人間に現前するものであるということを認識するためであり、そして神は抽象的な彼岸に存するものという考えから立ち戻るためでもある。

† アダム・カドモンは、ユダヤ神秘思想カバラーのなかで、神のエネルギーを最初に受けとめ普及した人祖とされる。このイメージをヘーゲルはベルリン大学の同僚アウグスト・ネアンダー（J. August Neander, 1789-1850）の『もっとも洗練されたグノーシス主義的諸体系の生成的発展』（ベルリン、一八一八年。『グノーシス派の体系』と略記）から知ったと思われる。『哲学史講義』中巻三六〇頁参照。

自然宗教のこのような最初の抽象的な規定から脱する道は、精神がこうした感覚的に直接とらえられる外面性と自然性から純化されて、思想における精神として知られるようになることである。すなわち人間が表象や思想において、精神としての精神という表象に達することである。［＊］

＊　以上が、自然宗教の分野の特質であり、そのなかにはさまざまな形態が見られる。というの

も、自然的なものの領域は異なる諸要素にいつも分散するからだ。L（1827?）

自然宗教のなかの最初の宗教は、最高のものについての意識、すなわち一人の人間〔呪術師や王〕の意識を自然を支配する強力な威力としてとらえることである。この最初の宗教をも仮に宗教と呼ぶならば、それは呪術の宗教である。

［6／19］より高次な内容を含む自然宗教の第二の形態〔仏教〕は、もはや直接的に自然的な状態の人間ではない。つまり直接的な自己意識や主観的な欲望をもった人間ではなく、〔行《ぎょう》のなかで〕自己へと内向し自己へと集中した人間である。したがって、この内面性はより高次の本質的で威力あるものであり、支配的なものである。自己へと内向する人間〔行者〕、これが第二のものである。

第三の形態〔ヒンドゥー教〕では、人間の意識はたしかに自己のうちにあり、自己のうちに引きこもったものとしてあるが、同時にしかしこうした自己内存在という抽象状態から脱する。具体的なものは自己内存在そのもののなかに置かれているのではなく、具体的なもの〔神々〕は〔日月や山河など〕無限に多くの威力や形態や一般的な諸契機へと分散する。それら多くの形態は自己内に存在する本質性と結びついて、多かれ少なかれ、これらの本質性を空想的に形象化したものである。

第四の形態は、直接的な個人からの分離の始まりであり、これまで最高のものとして知られていたものの分裂と客体化の始まりである。これには二つの形態がある。第一の形態〔ゾロアスター教〕は、この客体化のなかで具体的なものに単一なもの〔光の神〕が対置される。ただし、この単一なものはまだ抽象的で自然的なあり方をしているけれども、自身のうちに精神的な特質を含んでもいる。実体的なものの客体化の第二の形態〔エジプトの宗教〕は、主観性の概念、具体的なものの概念、具体的なものの展開とこれらの展開の総体がそれだけで主体に意識されるようになるなかで成立する。

以上が自然宗教の四つの形態である。すでに述べたように、これらの形態と特質は宗教の現存する諸形態である。精神のこうした形態と特質が〔展開する〕歩みは、同時に宗教史の基礎でもある。［＊］

＊　自然宗教を超えて、美の宗教と崇高の宗教のなかで、初めて神は直接的な個人と——あるときは思想のなかで、またあるときは想像のなかで——向き合う自由な独自の自立性をもって登場する。L（1827?）

一　呪術宗教

自然宗教の最初の形態では、人々は普遍的なものを畏れ崇拝するのではない。呪術師というひとりの人間が直接的に自然を支配する威力をもつと信じられている。人間は自然を支配しようとする直接的な意欲から行為する。これが　a　**呪術の概念**である。

　b　**未開の呪術宗教**は、エスキモーやアフリカ人などの未開民族のあいだに見られる。彼らは神とか不死といった普遍的な観念をもたない。彼らは呪術をもちいて自然を支配しようとするが、それら高次の普遍的な実在にむけられているのではなく、直接もろもろの自然対象に訴えているだけである。自然を支配する威力といっても、それは呪術師の主観的な意志にとどまっている。主観的な思いと個々の自然対象に対置される普遍的なものがまだ分離されていない。ただ、死者の祟りを信じる点に、直接的な意識レヴェルを超える一種独特の高まりがかすかに認められる。

　c　**中国の国家宗教**は天《ティエン》を最高の支配者とする天の宗教である。これを西洋的な天と考えると、自然宗教と呪術の段階を脱しているかに思われるが、実はそうではない。天《ティエン》はまったく規定されていない一般性を指していて、実際に支配するのは皇帝なのだ。皇帝だけが天とつながり、自然を支配し、地上を治める。死者の霊魂は肉体を離れても生き続けるが、これらは地上にあって、皇帝によって治められ、役職に任命されたり解任されたりする。したがって、ここまでが未開の呪術と合わせて自然宗教の第一段階をなす。これに対してタオでは、意識が自己自身のなかへと還《かえ》って内省する。タオとは普遍的な理法を意味し、そこに三位一体的な思想の萌芽も認めうるが、まだまったく抽象的なものだ。タオという理法のなかにあっては、人間は内面の充実を欠き、自分の内面に自由や理性や良心といった支えをもたない。人間にかかわる外面的なもののすべてが、中国人には威力である。彼らはあらゆるものにたえず恐怖と不安を抱いているから、易や風水に熱心になる。

a　呪術の概念

自然宗教の最初の段階は呪術宗教である。われわれはこれを宗教の名に値しないものとみなすことができるので、この宗教の立場を理解するためには、われわれ〔文明人〕によく知られた表象や思想を忘れ去らなければならない。それらのなじみ深い観念はそれ自身が近代のもっとも皮相な教養によって得たものなのだから。われわれは〔呪術に生きる〕人間を〔先入見なしに〕じかに、大地の上にそれだけ単独に立つものとして考察し、彼の頭上に天空を、彼のまわりに自然を考察しなければならない。まず初めは、熟慮〔や思想への高まりVa↓W〕といったものはなく、何か普遍的なものについての意識もまったくない。ここから始まってやっと神についてのいっそうふさわしい概念が生じてくるのだ。

異文化の宗教を内側から感じとることは難しい。〔それはちょうど〕一匹の犬の立場に身を置くには、犬の感覚を必要とする〔のと同じだ〕［＊1］。われわれは生きた対象の本性を認識するが、その対象のもろもろの特質を感じとるほどにまで、対象のなかに身を置くことは不可能だ。というのも、対象の特質を内から感じとることは、自分の主観性の総体をそのような対象の特質で完全に満たすことを意味するからである。対象はいつまでもわれわれの思想の対象であり続けるけれども、われわれの主観性や感情の対象ではない。われわれは異文化の宗教を理解はできても、それを内側から感じとることはできない。＊2↓例えば、われわれはギリシャの神々を理解はできても、そのような神々の像を心底崇拝する気持ちを内に感じとることはできない。↑＊2

＊1　われわれは象についてのイメージをもっている。けれども象の本性の内面まですっかり考えることはできない。そうするには、われわれ自身が象の本性をもたなければならないだろう。An

＊2　例えば、ギリシャの神々の像がたとえどんなに美しいものであったにしても、われわれがそれを崇拝するほどに、その対象の特質が一瞬にしてわれわれ自身の特質になることはできない。

Va↓W

　われわれは美しいギリシャ宗教とその神々を理解し、それらを思想でとらえることはできても、それらの神々に跪くことはできない。An

　最初の自然宗教は、ギリシャの宗教以上に、はるかにわれわれの意識全体からかけ離れたものだ。［＊］人間はそこではまだ直接的な欲望や力のうちにあって、直接的な意欲から行為している。この意欲がどこから来るのか？　誰がこれをしたのか？　原因があるはずでは？　といった理論的な問いが立てられることはない。対象をその偶然的な面と本質的な面とに分けること、あるいは原因の面とたんに結果として生じた面とに分けることは、最初の自然宗教を信じる者にはまだ思いつかない。意志も彼のなかではまだ理論的ではない。意志のなかにはまだ分裂がなく、自己抑制がない。意欲における理論的なものとは、普遍的なものや権利（法、正当なもの）・義務と呼ばれるものであり、法律であり、確固とした規定であり、主観的な意志を限界づけるものである。これらは思想であり、自由の思想に属する普遍的な形式である。これらは主観的な恣意や欲望や好みからは区別される。これらすべては普遍的なものによって抑制され、支配され、普遍的なものに合うように陶冶される。欲望から発する自然的な意欲は、そのような普遍的な観点に立って意欲し行為することへと改造される。

＊　それらを理解するためには、われわれ自身の教養形式をすべて忘れ去らなければならない。

Va↓W^{2}

〔最初の宗教では〕人間の意欲はまだ分割されていない。人間の意欲を支配しているのは欲望〔と野性的な意志Va↓W^{2}〕である。同じように、この人間という自分についての表象も、未分化なぼやけた状態にあり、理論的なものには無感覚で、意志は粗暴である。これは精神が自分に頼ろうとする最初の野性的な段階にすぎない。たしかにそこには恐怖という否定の意識があるが、それはまだ〔ユダヤ教に見られるような〕主に対する畏怖ではなく、手に負えないものとして現れる自然の偶然的な暴力に対する恐れなのだ。智恵の始まりとなる主への畏怖は〔詩編一一一・10、箴言一・7、ヨブ記二八・28〕、わが身勝手な意志に対抗する精神的に自立したものへの畏怖である。主への畏怖は、人間が自らの個別性において自分の無力を知り、この個別性が自分のなかで震撼させられるときに、初めて人間のなかに生じる。智恵の始まりとは、自分ひとりの利害関心や主観性がみずからを真実でないと感じ、個別化して無力を自覚したときに、否定を介して知という普遍的な絶対的なものへと移行すること、これである。

〔これに対して〕宗教の最初の形態は本来「宗教」とは呼べないものなので、われわれはそれに「呪術」という名前を与える。それはたしかに、精神的なものが自然を支配する威力だ〔と信じる宗教ではある〕けれども、この精神的なものはまだ精神として現存しているわけではなく、普遍的な精神としてあるわけではない。この精神的なものは初めはたんに人間の個別的で偶然的な自己意識であるにすぎない。その人間〔呪術師〕は単なる欲望にすぎないけれども、彼の自己意識のなかでは、自分を自然よりも高いと知り、自分の自己意識が自然を支配する威力だと思っている。〔＊〕

＊　それゆえ、この段階の主要な特徴は、意志によって自然を直接支配するということであり、精神は自然よりも高いものだという自己意識である。これは一面では劣悪なものに見えるが、他面では、人間が自然に依存し自然をこわがっている場合よりも高い立場である。L　(1827?)

ここで、〔自然を支配する〕二種類の仕方に注目しておきたい。第一は、直接的な自己意識が、自分のなかに自然を支配する威力があり自己意識がこの威力の座だと自覚している場合である。この場合、その自己意識は、そのような威力を発揮している自分を通常の自分からただちに区別する。その人間〔呪術師〕が普通のことを行い普通のものを食べたり飲んだり眠ったりするときや自分の単純な仕事に従事しているときには、彼はそのつど個々の対象を眼前にしている。その場合には、例えば釣りや狩りといった特定のことがらにのみたずさわって〔自分の力をそれだけに限定してVa↓W[2]〕いると思っている。自分の生業《なりわい》や活動のなかでこうした通常の事柄にかかわっているという意識は、自然の一般的な変化を支配する威力として自分を意識することとは別である。自然を支配していると意識している場合、その個人は自分の通常の行為や営みのなかに自分がいるとは思っていない。彼は自分がより高次の威力であるかぎりで、通常の状態とは異なるより高次の状態に移されているにちがいないと思っている。この高次の〔トランス〕状態は特殊な人々の状態であり、彼らに与えられた天賦の能力だ。彼らは呪術師であって、このような威力であろうとして、こうした高次の状態に移るのだ。［＊］

＊　そして、この状態を引き起こすための方法を伝統的に学んでいかなくてはならない。長老たちに教えを仰ぎ自分の内面にもやもやしたものを感じるのは、このような選ばれた人々である。L.Ⅱ:
W (1827?)

第二は、自然全般を支配する単一の直接的な威力であって、〔文明人が〕もろもろの道具をとおして個々の自然対象に働きかける間接的な力とは比較にならない威力である。開化された人間、文明人が個々の自然の事物に及ぼすそのような力は、彼がすでに世界から引き下がっているということを前提している。つまり世界が彼に対して外面的なものになり、彼の方でも世界に対して自分に対抗する自立性を認め独自の特質と法則を容認するということが前提になり、自然の事物もそれらの特質において互いに関係しあい多様な相互連関のなかにあるということが前提になっている。*↓文明人は事物が他のものとの関わりのなかでもつ性質を知ることによって、威力を行使する。↑* それらの事物のなかで別のものが優勢になると、それらの事物の弱さが現れる。彼はこの弱点を学び、これを利用して事物に働きかける。つまり、この弱点を攻撃［し拘束Va↓W^2］する形で武装することで、事物に働きかける。彼は外的な諸事物を自己の目的に従って互いに作用し合うよう関係づける。外部世界をその性質と質的な連関に従って自由に放任するのは、文明人にして初めてできることだ。そのためには人間が自由であること、つまり自分自身において自由であることが必要である。自由になって初めて、人間は外部世界である他の人々と自然の諸事物を互いに自由に対立させる。自由でない人間にとっては、他のものもまた自由ではない。人間が自身において自由であり、世界を自身に対して自由に解放する。このような立場に立って初めて、自然の諸事物に対する間接的な働きかけと、自然に対する媒介的な力が人間の威力のなかに生じ直観される。

＊　世界をその性質のままに自由に解放する威力を文明人は行使する。Va↓W

これに対して、人間が自分の表象と意志を通じて直接的に働きかける場合は、働きかける側も働きかけられる側も、ともに自由でないことを前提している。そこでは、外的な事物を上まわる威力が人間のなかに精神的なものとして想定されてはいるが、その力は自由にふるまう威力としてあるのではない。それゆえに、この威力は自由なものに対して間接的にかかわるのではなく、自然を直接支配する威力としてふるまう。これが呪術だ。呪術はこの意識レヴェルにある諸民族の自己意識において最高のものである。呪術は別の高次の宗教のなかにも従属的な要素として、ひそかに深く入り込んでいる。例えばキリスト教における魔女信仰や悪魔祈禱といったものがそうだ。ただしキリスト教では、それらは無力なもの、不適切な無神的な観念とみなされている。

例えばカント哲学でも、祈りは一種の呪術のごとくに見なされた。自然の媒介によってではなく、祈りを通じて精神から何事かを引き起こそうとするからである〔『純然たる理性の限界内における宗教』北岡武司訳『カント全集』第一〇巻、岩波書店、二〇〇〇年、二六二、二三九―二四〇頁〕。けれども〔これが未開の呪術と〕違うところは、人間が神にむかって祈るときは絶対的な意志に訴えているという点にある。絶対的な意志は祈る個人をも配慮の対象とし、祈りを叶えたり叶えなかったりして一般に善を促進するとされている。＊↓これに対して黒魔術は、人間が自分の主観的な思いのままに亡霊や悪魔を手中にして、それらに自分の欲することをやらせる。↑* ここにも一つの媒介があるけれども、その媒介は、人間の意志が亡霊や悪魔に呪文をかけて命じ自然のもろもろの威力が彼に従うような媒介である。この場合、人間の意志は暴力であって、呪術の立場で、より高次の諸威力を意のままにする。

＊　これに対して呪術は、人間がおのれの自然性と欲望に従って自然を思いのままにすることである。Va↓L.II.W

人間の意識をもつ具体的な人間の意志が自然的なものを超える威力として知られているということ。これがこの最初のまったく直接的な立場の一般的な規定である。ただし、*↓ この自然的なものはけっしてそれ以上のものではない。自然の諸対象は人間を直接とり囲んでいる対象である。自然が意志に対してもつ一般的な形式は、「事態はまさに見たとおりだ」というものであって、それが熟慮されることはない。初め人間は自分をとりつつむ環境や自然の活動に対して鈍感である。太陽は昇り、そして沈む。人間は毎日それを見ている。だが、それに感動することはない。それはルーティーン化した習慣になる。昼、夜、季節といった、全体として安定したものには慣れっこになっている。人間の心を揺り動かし関心をかき立てるものは、安定したものの攪乱である。例えば地震、荒天、かんばつ、洪水、猛獣や敵〔の来襲〕など、不安定なものがそうだ。↑*

＊この自然的なものは、われわれの表象の範囲を超えるものではない。というのも、ここではたいていのことが人々の関心を引かない馴染み深いものであるからだ。あらゆるものが安定している。〔これに対して〕地震、荒天、洪水、死の危険がある猛獣や敵〔の来襲〕などは、馴染みのない異常事態である。これらに対処するために呪術が用いられる。Co?Va?↓W²

b　未開の呪術宗教

［6／21］次に、これらの呪術が人々の間でどのように発展したかを示す詳しい記述を紹介してみよう。呪術宗教はエスキモーのような粗野な未開民族のあいだで今も見られる。例えばロス船長、そして他にもパーリーのような探険家たちは、氷山以外の世界を知らないエスキモーを発見した。† エスキモーは質問に答えて、自分たちは神とか不死といった類の観念をまったくもたないと言った。彼らは太陽と月には敬意をいだいている。彼らはたんに呪術師や巫術師を信じているにすぎない。これらの人々は、雨を降らせたり嵐を起こしたり鯨を引き寄せたりするのは自分の意のままであると言う。自分たちの技はアンゲコックという昔の呪術師たちから学んだのだと言う。昔の呪術師たちは野蛮状態にあった。彼らの身振りには何の意味もない。彼らが海に呪文を唱えるのを聞いても、彼らの言葉はより高次の実在〔神〕に向けられてはいなかった。彼らはただ自然のもろもろの対象に訴えているだけだ。

彼らには普遍的な実在という観念がない。例えば一人のエスキモーに「死んだらどこへ行くと思うか」とたずねたら、「埋められる」とだけ答えた。ずっと昔、一人の老人が「月へ行くだろう」と言ったが、知性的になったエスキモーはもう長いことそう信じてはいない。

† イギリスの北極探検家J・ロス（Sir John Ross, 1777-1856）『バフィン湾探査と北西航路の可能性の調査を目的としてなされた発見のための航海』ロンドン、一八一九年、W・E・パリー（William Edward Parry, 1790-1855）『大西洋から太平洋への北西航路発見にむけた航海日誌』ロンドン、一八二一年。ヘーゲルはロスの航海記は読んでいたが、パリーの航海日誌を読んだ証拠はない。

これに対してアフリカには、今でもかなり広範にこうした形態が見られる。モンゴル人と中国人の場合はもっと発達している。すでにヘロドトスは、アフリカ人はみな呪術師だと言った。〔『歴史』第二巻三三〕。彼らについてのどの時代の知見も、いつも彼らをそう特徴づけていた。アフリカでも、シンギリという祭司と呼べるような特殊な人々がいる。彼らは、モンゴルのシャーマンのように、忘我状態に陥り、荒れ狂って失神する。この状態は、通常の意識と行為に抗して彼らが達する高揚状態である。民衆のなかにも、こうしたエクスタシーに身を捧げ、それゆえに尊敬される特別の人々がいる。あるいは、王と並んで特別な尊敬を集め部族に特別な影響力を行使する家系がある。

彼らが貴族制や王制といった一種の国家を形成するところまで発展してくると、呪術師たちが一つの特別な司祭階級を形成するのではなく、王がこのシンギリそのものの頂点に立つことになる。王自身が呪術行為を行うこともあれば、彼の神官たちに委託することもある。王は神官たちをそのような霊力を行使すべき人物に任命する。これに対して、この種の秩序が支配していない部族の間では、氏族や部族がこれらの呪術師たちをも支配する威力であり続ける。ある固定的な世俗的な権力がこの威力を掌握するのではない。世俗の権力が呪術師たちの助けを必要とする場合には、彼らに贈り物をする。もし呪術師たちが拒めば、彼らは暴力を振るわれ、恐ろしい虐待を受ける。呪術師に助けを求める事態とは、とりわけ、長引く激しい雷雨に身をさらされる場合である。さらに病気の場合であり、戦争を始めようとする場合である。それゆえここには、自然を超える力を自分に授けあるいは授けられている直接的な人間たちがいる。

アフリカ人たちは本質的にはまだ直接的な呪術段階にあるけれども、自然を超える力を死者や死別した親族たちに帰する死者崇拝を営むことで、すでにわずかながらも進歩していると言うことができる。死んだ人間はもはや、まったく感覚的な直接的な個人ではない。彼は表象の形式のなかに高められていて、直接的な現在のなかにはない。もしも表象が強調されると、死者は感覚的な個別性を失って、思想にまで高められた普遍的なものという性格がすでに与えられる。死別した父祖や親族などの故人は、ここアフリカでは厳密な意味では崇拝されているわけではない。ここには死者供養はないが、現に現れた結果は死者のせいにされ、死者に対して対策が講じられる。人々は災いが生じたのを死者たちのせいにするが、同時にしかし、災いを避けるために死者たちに祈願もする。われわれが自然現象と称するものを、これらの人々はまだ自然なものとわかっていない。彼らは自然の連関については何も知らない。例えば、病気を敵のせいにする。たんに存命の敵のせいにするだけでなく、とりわけ、その病人を憎んで死んでいった敵のせいにする。彼らは死んだ者を神々《こうごう》しく変容したものとしてではなく、生者がもっているような感覚的な情念や欲求にまったく囚われたものとしてイメージする。凶作などのほかの災厄も同じように死者たちのせいにされる。

死者の骨の一部は丁重に保存され、それを〔呪術に〕用いようとしたり、それを供養しなければならない場合には、死者の骨を礼拝し崇拝し、彼らのために行進し、崇拝と浄めの儀礼を執り行う。人々は骨を、とりわけ惨殺された敵のされこうべを高価な箱に入れて持ち歩く。それによって、その敵が属していた部族に対抗する力を手中にしていると彼らは信じこんでいる。

「それゆえ、ここでは死者はとりわけ大きな役割を果たす。L（1827?）」或る宣教師（カヴァツィ†）は、アフリカ南部のポルトガルと関わりの深いコンゴ発祥の一部族、ドゥシャガについて恐るべき現象を報告している。その部族は一人の女王をいただき、彼女が彼らに掟を定めていた。彼らの間には呪術のもつあらゆる野蛮さがこの上もない形で現存していた。女王は死者崇拝を導入したか、あるいは少なくとも、それを唯一の祭祀とした。シンギリが雨を降らせたいと思ったら、死者に犠牲が捧げられる。彼らは天に向かってジェスチャーし、語り、懇願し、命令し、罵り、天を脅す。手にムチを持って天にむかってたたき、天につばする。かくして、空に一片の雲が現れると、呪文を倍に増やす。それでもまだ雨が降ろうとしなければ、天に最大級の罵声を浴びせ、天に向かって矢を放ち、天を悪しざまにするぞと誓う。

† J・A・カヴァツィ（Joannes Antonius Cavazzi）『コンゴ、マタンバ、アンゴラ三王国の歴史記述』（ボローニャ、一六八七年。『歴史記述』と略記）。ヘーゲルはこのイタリア語版ではなく、おそらくそのドイツ語版（ミュンヒェン、一六九四年）を用いたと思われる。

宣教師たちは彼らが眼にしたさまざまな情景を個々に記述している。病人を治したいときには、人々は呪術師のところへ行って病気の原因を告げてもらう。病気の原因が或る敵〔の祟《たた》り〕であった場合、その敵、とりわけその死者に復讐を思いとどまらせる。このやり方をもう少し詳しく述べてみよう。それは恐るべきもので、通常は殺人をともなう。シンギリとその取り巻き連中は凄まじい叫びを上げ始め、それが二、三時間も続く。その主な光景は次のようなものだ。呪術師は死者を強いて、その霊を自分にとりつかせる。そして死霊が力を得たり他の死者を宥めたりするために強く望むこと——例えば、殺人や身の毛のよだつような儀式や血なまぐさい犠牲——を告げさせる。例えばシンギリが「二人の人間を生贄に捧げよ」〔という死霊の言葉を〕語り、まわりに立っている人々のなかから二人を指名し、ナイフをとって二人を切り裂き、彼らの血を飲み、まわりにいる者たちに彼らの手足を分け与える。そして会衆全員がその肉を食い尽くす〔カヴァッツィの前掲書による〕。そのような血なまぐさい生贄はごくありふれたもののようだ。ドゥシャガの女王についても、女王が戦争に強くなるために自分の息子を臼《うす》で搗《ひ》きつぶして、お付きの女たちと一緒にその肉を食らい、その血を飲んだと報告されている〔前掲書。『歴史哲学講義』上巻一六六頁にも同じ記述がある〕。そこにはまさしく恐るべきものがあるが、人々はこれを介して通常の意識を超えて、ある高次のものについての意識を得ようとする。人間を偶然にまかせて殺してしまうというあの身の毛のよだつ光景のなかに、ある種の高揚があらわれる。

また、ある別の王について次のように語られている。その王は、戦争が避けられなくなったためシンギリたちに相談したところ、「夜に角笛を響かせ、それを合図に、通りで出くわした者をことごとく殺すよう親衛隊に命じよ」との指示を受けた。三十年前に一人のイギリス人使節がこの王の宮殿にいた。この秘密の合図が知れわたり使節が用心していたことで、彼と彼の取り巻き連中は辛うじて破滅を免れた。実際にその決定は実行された。その結果、それほど多くの犠牲者が出たわけではないが、この息詰まるような夜は十七日間も続いた。†

† T・E・バウディッチ（Thomas Edward Bowdich, 1791-1824）『ケープコースト城からアシャンティへの伝道』ロンドン、一八一九年。

これらすべての事例のなかに、われわれは直接的な意識を超える独特な高まりを見る。それは死者についての表象の高まりである。［6／22］その表象は一方では死者を威力あるものと見なし、他方では生者が望むことを死者にやらせる。黒人は野蛮な感覚にとどまっていて、普遍的な理解力に達していない。彼らは夢のなかで死者に苦しめられ、うなされる。これに対抗して、さまざまな呪《まじな》いがかけられる。死体がまだある場合には、死者を苦しめて彼らから力を奪うために、墓を暴いて首を切断し、そこから流れ出る汁をうなされている者に飲ませる〔カヴァッツィの前掲書による〕。このようにして経験的な自己意識はみずからの支配を維持して、けっして自分に対抗する他の支配を受けつけない。

それゆえ、どんな病気も或る者の憎悪の結果だとされ、それと結びついて、死も憎しみの結果だと考える。だから彼らは人間が自然に死ぬという現象を望まない。病気の人間、とくにさまざまな王たちが彼らによって殺される。一人の王が病気になったり年老いたりすると、王が敵対する勢力に殺害されることにならないように、彼らみずからが王を殺害する。不満を抱く首領たちがこうして王を片づけようとする。王があまりにも残虐な統治を行うと、彼らは王に「死ぬにちがいない」と告げる〔『歴史哲学講義』上巻一六五―一六六頁にも同じ記述があるが、出典は不明〕。〔王殺しの〕セレモニーを王みずから決めることが許されている。したがって、彼らは人間が人間の意志によって死ぬということを威厳あることと見なしている。自然の原因とか自然の連関といったものはまだこれらの部族の精神のなかにはない。彼らは悪いことすべてを人間（生者および死者）の邪悪な意志のせいにする。あるいは自然的でない他の諸力のせいにする。あらゆるものが自然的でないやり方で説明され、自然以外のもののせいにされる。こうした表象がさらに進むと、われわれが「悪魔」と呼ぶものへと高まる。エジプトから莫大な宝を持ち帰ったイタリア人ベルツォーニは、メムノンの巨大な頭をもイギリスに輸送した。それは驚くべき作品だった。エジプト人たちはいつもこの頭がナイル河の岸辺に置かれているのを見ていた。彼らは金を支払われて、この大きな頭を船に運び込むよう強いられた。そして彼らが実際にその頭に手を触れたとき、彼らが動かしたにもかかわらず、頭が動いたと彼らはおびえ、それを悪魔の力のせいにした。†

† ベルツォーニ（Giovanni Belzoni, 1778-1823）『エジプトとヌビアにおけるピラミッド、神殿、墓所、遺跡の内部の調査活動と最近の発見についての報告』ロンドン、一八二二年。

黒人たちは夥しい数の神像［と自然の諸対象Va↓W］をもち、それらを彼らの神々とし、呪物《フェティシュ》（フェティシュというのはポルトガル語の転訛である）としている。手当たりしだいに石やチョウ、バッタ、カブトムシなどが彼らの家神となる†［この家神が自分たちに幸運をもたらしてくれることを彼らは期待するVa↓W］。これは彼らみずからが創案した具象であり、不定の未知の力をもつ。*↓なにか予想がはずれたり不運にあったりすると、↑*彼らはこの呪物を投げ捨てて別のものを調達する。

* 不運にあって、その呪物が世話をやいてくれないと分かると$Va↓W^2$

† タッキー『英国海軍J・K・タッキー大佐の指導のもとに一八一六年に行われた南アフリカのコンゴ、ザイール河の探検紀行。付録―スミス教授の日誌』（ロンドン、一八一八年）のスミスの報告による。

これらの民族は、呪文と呪物を用いることによって経験的な意識を超える威力についての表象、あるいは生者および死者の意志と情念をも超える威力についての表象に到達する。けれどもこの威力は単に外的で感覚的なものと想定されていて、それらをそのような威力にまで高めた人々の勝手な思いのなかに完全にとどまっている。

この宗教では、人間はまだその主観的な特殊性から脱していない。みずからの利己的な個別性と自然とに対置される端的に普遍的なものを、分離するところにまでまだ進んではいない。この宗教の性格をこのように特徴づけたが、ここからは、われわれはもっと発達した形態、中国の宗教について語らなければならない。

c　中国の国家宗教とタオ

この宗教はまだ呪術の原理の枠内にある。それは呪術宗教の洗練された一形態にすぎない。

中国には仏陀《ブッダ》（Fo oder Buddha）の宗教というものがある。これは紀元五〇年に導入された。[†] さらにタオという古い中国の宗教がある。タオとは独特の神であり、理法である。けれども国家宗教すなわち中国の宗教は天（Tian）を最高の支配者と認める天の宗教である。ここで天といわれるものは、たんに自然の威力ではなく、同時に道徳的な使命とも結びついた自然の威力である。この自然の威力は天の恵みを道徳的な功績と品行に従って分け与えたり剝奪したりする。〔それゆえ、この自然の威力はみずからを道徳的な威力とも規定する。L（1827?）〕

† 『海路と陸路の旅行史』（ライプチッヒ、一七五〇年）は仏教導入を紀元六五年とし、『北京の宣教師によるシナ人の歴史、学問、芸術、習俗、習慣等に関する論稿』（パリ、一七七六―一八一四年）は六四ないし六三年、F・ブキャナン（F. Buchanan）「ビルマの宗教と文学」（『アジア研究』第六巻、ロンドン）は六五から六七年の間としている。

かくしてわれわれはまったく別の高次の領域に踏み込んだように見える。われわれのところ〔キリスト教文化圏〕では、天は「神」を意味し、そこに自然的なものは少しも混じってはいない。天は初め自然的な力であったが、これが道徳的な観点からも規定されるようになると、この天〔の観念〕によって、いまや自然宗教と呪術の領域を脱したかに見える。だが、よく考察してみると、われわれはまだまったく自然宗教の枠内にいる。ここで最高のものは、個別的な人間、経験的な意識、個人の意志であるからだ。

Tian（天）はHimmel（空、天、天国、神）を意味する。それに関して、中国へ宣教師として派遣されたカトリック修道会の間で、多くの論争が行われた。〔伝道の初期のころ〕宣教師たちは中国の宮廷でとても快適に過ごした。彼らは中国人にかつてできなかった暦を仕上げることに専念した。イエズス会の宣教師たちは中国でキリスト教をひろめる際、中国人が神に「天」という名を用いることを許した。彼らはそのことで、カプチン会やフランシスコ会など他の修道会によって、教皇庁へ厳しく提訴された。理由は天は、自然の力を指していて精神的な唯一神を指していないというものであった。天は最高のものであるが、しかし精神的・道徳的な意味だけで最高なのではない。この天はまったく規定されていない抽象的な一般性を指していて、自然的かつ道徳的な連関についてまったく規定されていない綜括的概念一般である。皇帝は地上の統治者であって、天上の統治者ではない。人間が尊重する掟、〔神の掟、Va→W〕宗教的・倫理的な掟をこれまで与え今も与えつづけているのは天ではない。天が自然を統治するのではなく、皇帝が一切を統治する。皇帝だけが天とつながっている。皇帝だけが例年の四大祭に天に犠牲を捧げる。天と語り天に祈りを届けるのは皇帝だけである。ひとり皇帝のみが天とつながっている。したがって地上の一切を治めるのは皇帝である。われわれのところ〔西洋〕では君侯（Fürst）が治めるが、神もまた治める。君侯は神の命令に拘束されている。しかるに中国では、自然をも支配し自然の諸威力を統治するのは皇帝であって、地上に存在する一切がかくあるのは、そのようにしてである。

† カトリックの中国布教に先鞭をつけたイエズス会は、現地の宗教や習俗への妥協も辞さない現実主義的な方法を採用した。神をTian（天）と呼び、キリストを西洋の孔子と教え、信者たちが天や孔子や祖先を崇拝する習慣を容認した。中国布教に遅れて参入してきたフランシスコ会とドミニコ会の宣教師たちは教理に厳格であったため、イエズス会の世俗的な成功に反感をいだき、彼らの妥協的な布教方法を教皇庁に提訴した。これが、十七世紀初めから十八世紀半ばまで一六〇余年にわたって繰り広げられた「典礼問題」といわれる大論争である。その主な論点は、① 中国人の天や上帝はキリスト教の神と同じか、② 孔子は神か、それとも道徳的なシンボルか、③ 祖先崇拝は宗教性のある習慣か、などであった。一七四二年の教皇大勅書Ex quo singulariによってイエズス会に不利な形で決着がつけられた。勢力を失ったイエズス会も解散に追いやられ、典礼問題は終息する。教皇勅書は、キリスト教会の「神（Deus）」に「天主」という語を与え、「空《そら》」を意味する「天」の名を拒否すべしとした（矢沢利彦『中国とキリスト教』近藤出版社、一九七二年、『世界宗教大事典』平凡社、一九九一年の「典礼問題」（森紀子）参照）。ただし典礼問題の第一の焦点は神の名称にあったのではなく、中国の祭祀とりわけ孔子と祖先の祭祀がキリスト教と合致しうるかという点にあった。ヘーゲルがこの論争の焦点を神を天と特徴づける理解が適切かという問題に置いているのは、典礼問題をそのような視点で描いていた『海路と陸路の旅行史』第六、七巻（ライピチッヒ、一七五〇年）を参照したためと思われる。なお、「カプチン会」の名があるのは、講義筆記者の聞き取りの誤りか、ヘーゲルの誤解によるものであろう。

われわれは世界という世俗的な現象を〔神から〕区別して、この世界の外でも神が支配すると考える。［＊1］この世の外には、死者の霊魂が住む天国がある。これに対して、中国人の天はまったく空虚なものだ。［＊2］なるほど死者の霊魂も存在し、肉体を離れても生き続ける。けれども、それらは［自然の領域を支配する者たちと考えられるから、Va↓W²］地上にあって、皇帝がこれら霊魂をも治め、それらを役職に任命したり解任したりする。［＊3］意識的に完全な統治を行うのはこの個別的な自己意識のみである。

＊1　けれどもここ〔中国〕では皇帝だけが支配者である。VA↓W²

＊2　天は、他の宗教でイメージされているように、より高次の精神や死者の身体を支配しているわけではない。Huの欄外

＊3　死者が自然の国の統括者と考えられる場合、彼らはそのことによって高められている、と言うことができよう。しかし実際は、彼らは自然的なものの守護神にまで貶められている。したがって自己意識をもった意志がこれらの守護神を規定しているという方が正しい。

それゆえ、中国人の天は、地上を超えて一つの自立した国をなしそれだけで理想の国であるような一つの世界なのではない。それは、われわれが天使や死者の魂が住む天国をイメージするようなものではない。あるいはギリシャのオリュムポス山が地上の生活から区別されるようなものでもない。むしろ、あらゆるものが地上にあって、力をもったあらゆるものが皇帝に従属している。Co？Va？↓W²

イエズス会の『〔北京の宣教師による中国人の歴史、学問、習俗、習慣などに関する〕論稿』やそれよりももっと古い史書から、王朝交替劇——周王朝が政権につき、それまでの王

朝を追放した経緯――に関するまったく珍しくも壮麗なイメージがわれわれにもたらされた。そこには、どのようにして新しい君主（Fürst）「武王」が彼の王朝の法を定め、王国を打ち立てたかについて、つまり周王朝の確立について詳しく語られている。この王朝は紀元前一一二二年に政権をとった。なにしろ中国史は紀元前二三〇〇年の記録をもっている。この記述は非常に特徴的であるので、そこから抜粋してみよう。――この新しい君主が玉座についた。宮殿は当時まだ北京にはなかった。前王朝の最後の君主が首都にある彼の宮殿（この宮殿そのものが一つの都市であった）のなかで、彼の財宝と廷臣たちとともに、焼身自殺した。この炎が消えた時に、新しい君主は入城した。けれども天と彼との間ですべてが決裁されるまでは、すなわち法律と王国の官制がととのえられるまでは、即位式は行わないと君主は布告させた。この決裁とは、王（Kaiser）†が二巻の書を公開し公示することであった。この書はこれまで、古くからある山上に一人の老人によって保存されてきた。そのうちの一巻は新しい法律であった。とはいえ、それらは古い法律とほとんど同じだった。これらの法律が発布された。もう一巻は王国の官吏の名簿を含んでいた。官吏は二つのグループに分かれる。一つは〔現に生きている〕高官で、もう一種類は死者、Shen（神霊）である。神霊は新政府の生きた官吏と同じように、王によって任命される。この王は今日にいたるまで、彼の王国の死者たちを統治する者である。国家の暦法は今日でもまだ二種類の区分からなる。このあと話は、どのようにして王の将軍が王の意志により官吏の任命を行ったかを物語っている。二巻の書を〔山へ〕取りに行って神霊を指名することを命じられた将軍は、〔（住所録に載っている）An」諸霊を役職に任命するという彼の主たる任務を遂行する際の冒険談を語っている。

† Kaiserが用いられているが、「皇帝」という称号は始皇帝以後に用いられるようになったので、ここでは王と訳しておく。

死者の功績を称え前王朝を丁重に扱うことは、同時に前の王家に敬意を表し、彼らを新王朝に結びつける。［*］将軍が聖なる山々の一つに派遣された。将軍はそこに祭壇をしつらえ、玉座に座り、彼の参謀を自分の前に立たせて、すべての死没者を目の前に呼び寄せ〔てもてなし〕た。供犠のあとで将軍は王の辞令を公布した。死没者たちは、王によって、そしてここでは将軍によって告げられた天の布告を、うやうやしく受けいれなければならない。［6／25］将軍はこれらの霊に王がどんな官職を任命したかを公示した。将軍はつづいて、前王朝で任官されていた霊たちに対して、その怠慢を激しく非難した。神霊たちは非難され、とりわけ最近の死没者たちは、王国を滅亡に導いた悪質な行政を非難される。将軍は国家混乱の要因となった神霊たちに向かって言った。「お前たちは天によって罷免された。行きたいところへ行くがよい。お前たちが犯した過ちをただすために新たに生をうけるがよい」と。そのとき神霊の全団が身を引いた。将軍は自分の胸甲を身に付け、左側に黄色い旗をもつ。それに続いて彼は玉座から、ボーチェン（Bo-qian）†とかいう名の者に王による昇進辞令リストを読みあげるよう命じる。リストの筆頭にボーチェンという名があったので、彼は第一位の神霊となったのだ。将軍は、彼の戦勝のおかげで国家は大きな災難を免れた、とこの神霊を祝福した。前王朝の死没者も昇進させられた。このなかには、前王の叔父であるウェンツォン（Wen-zong）†という将師の名があった。彼は〔呼ばれても〕すぐに現れようとしなかった。しばらくして現れたが、跪こうとしなかった。彼は立ったままでいた。将軍は彼に言った。「お前はもはや生前のお前ではない。いまでは〔地位も名声もない〕取るに足らないものだ。だから、慎み深く天の命令に聴き従うように」。すると彼は跪いた。そして雲や嵐や雨をつかさどる最高位の監督に任命された。そのあと二十四の霊が火の監督や疫病の監督に任ぜられた。要するに、自然的な人間が必要とするすべての事柄の監督に、もろもろの霊が任命された。

＊　神霊は直接的な自然諸力や自然現象ではなく、それ以上に、さまざまな威力や能力の形式である。それらの力は想像によってのみ想い浮かべられるのではなく、死んだ人間に属するものと見なされる。その際の関心は、第一に、どんな威力も王から独立ではないということ、第二に、前王朝で尊敬されていた男たちが〔新王朝でも〕名誉を受け、彼らの一族が新しい王と結びついて、政治的な基盤を獲得するということにある。L（1827?）

†　Bo-qian も Wen-zong も、書経、史記、墨子、詩経、孟子の殷周革命の記事に該当者が見当たらな

い。ドイツ語版の注でもふれられていない。

これが目に見えない諸威力に関する王国の組織である。王は高官たちの目に見える世界の主であるとともに、目に見えない神霊に対する主でもある。雨や河などの霊は綜括的な監督者で、そのもとに個々の地方神を従えている。地方神はもっと狭い地区の雨や河などを監視する。個々の山、林、村のほとんどすべてには、それぞれ個々の神霊がいる。神霊はたしかに崇められてはいるが、人々はそれらに特別な敬意を払いはしない。それらは王が直接命令を与える高官たちの配下にある。高官たちはそれらがうまく機能するように配慮しなければならない。さもないと、高官たちは神霊と一緒に罷免される。王だけが天の命令を知り、王だけが天と結びついて、見える世界と見えない世界の両方に支配をひろげている。これがこの自然宗教の形式である。

武王の体制についての報告のなかで、もう一つ特殊な状況について言及しなければならない〔前掲『北京の宣教師による……論稿』第一五巻による〕。王は以前に神霊に告知した辞令を国民に公示したのち、盛大な入城をはたした。王は天に犠牲を捧げ、死亡した彼の家族すべてを王位にまで高め、それによって特別な栄誉を受けさせた。そのあと王は彼の将軍たちと将校たちすべてに報奨を与えた。王は全員にたっぷりと褒美を与えた。ただ一グループだけが報奨から除外された。それはタオという特別の信仰を奉じる者、すなわち道家（der Sekte des Dao）の信奉者たちであった。

タオとは「道」一般のことであり、精神が進むべき正しい道、理法である。道家は、あとで見るように、すでに紀元前十二世紀に現れた。† 王が名声の高い将校を報奨からはずしたのは注目すべきことだった。王の意図は、彼らを体《てい》よく脇に追いやり他の臣下から引き離すことにあった。* これら勇気ある将校たちのなかには教義の大家もいたし、下級の道士もいた。七人の上級将校が勇気ある特別な行動で表彰された。彼らは多くの兵士の目には、人間の肉体を着ているにすぎない神霊と映ったし、みずからもそう自称した。ある式典の日に王は彼らに向かって演説した。朕はお前たちのことを忘れない。お前たちの功績の価値を十二分に認めている。王は続けて言う。「お前たちは神だ。ただ肉体をまとっているにすぎない神だ。それは疑いようがない。お前たちが朕の目の前で行ったきわめて偉大な行動の数々が、朕にとってはそれの十分な証拠だ。お前たちが地上に戻ってきた意図は、新しい功績をあげて新しい徳行をあらわすこと以外にありえない。朕はお前たちを破滅をもたらす時の流れから安全に守ることで、お前たちが徳を行える状況に置く。これ以上に良い方法を知らない」。こう言って王は彼らが山々に滞在するよう定め、そこで、もはや人間の姿をもたない神霊との親密な交わりのなかで、さらに時を過ごせるようにする。彼らは彼らの宗派に属するすべての者、不死の生を得ることにのみ専心するすべての者を引き連れていくよう指示された。王はこの七人を王国の全山を監督する首領に任じ、道士たちを支配する全権を与えた。こうして彼らはタオの探究と、不死になるための努力を義務づけられた。彼らは他の神霊とともに、ほかの人間たちには入り込めない自然の秘密について情報を得るものとされた。このようにして彼らは現実社会から隔絶されたのだ。

＊　王は暴力を用いずに自分の国をこれらの人々から浄化したかったのだ。An

†　タオ（道）についての思想は西周（前一一二二―七七一年）にまでさかのぼるが、道家は東周末期（紀元前四世紀）まで現れなかった。ヘーゲルはタオについての古くからある思想と道家とを同列に論じている。

内面的なことに没頭する一集団が当時すでにあったことが、そこからわかる。彼らは上記の普遍的な国家宗教に属するのではなく、セクトを組んで思索にふけり、自分のなかに引きこもり、何が真実かを思考のなかで自覚しようと試みた〔『北京の宣教師による……論稿』第一五巻による〕。

〔アフリカで見たように〕自然宗教の最初の形態は、直接的な自己意識がみずからを最高の統治者と知り、直接性と直接的な意志を最高のものとみなした。自然宗教の次の段階は、意識が自己自身のなかへ還ることである。つまり意識が自己自身のうちへと瞑想を深めるという要求が生じる。これが道家である。道家では、信者たちは思想へと内省し抽象的な思想に精を出すが、同時に不死であり純粋でありたいという意図をもっている。彼らのうち或る者は入信したばかりの者である。また或る者はその道を究めるという目標に到達して、自分自身をすでに具体的なあり方の実態からしても最高の存在とみなしている。

それゆえ古代の中国人にも、内面的なものへの方向性がすでに見られる。つまりタオという抽象化された純粋思考へと向かうことで、自然宗教は第二の形態へと移行する。タオの教義の改良と修正はのちの時代に属し、とりわけ老子の功績である。老子は孔子よりも少し古いが、孔子やピタゴラスと同時代を生きた賢人である〔アベル＝レミュザ『老子の生涯と思想の記録』パリ、一八二三年〕。孔子はまったく道徳的で、けっして思弁的な哲学者ではない。天は国王の権力によって現実味をえる普遍的な自然の威力であって、道徳的なものと連関している。とりわけこの道徳的な側面を孔子が完成させた。彼の教義は国家宗教と一体となって成長してきた。すべての高官は孔子を学ばなければならなかった。これに対して、道家は抽象的な思考にのみ関わった。

［6／26］タオとは普遍的なものである。非常に注目すべきことは、理性的で具体的な「三」という規定がすぐに現れてくることである。理性が一を生じ、一は二を生じ、二は三を生じ、そしてこの三は宇宙を生じる。これと同じものがピタゴラスにも見られる。宇宙は暗い原理に基づいているが、同時に光という明るい原理にとり囲まれている。一つの精神、一つの息が両者を統一し、それらの間に調和をもたらし、維持する。三項構造の第一の規定は一《いつ》であり、J《イー》と呼ばれる。第二の規定はChi《チィー》〔Hi〕〔気〕ないしかすかな息である。第三の規定はWei《ウェイ》と言われる送られた使者である。この三つの記号はおそらく中国のものでない。そこにJ、H、Wという三つの文字が見られ、ヘブライ文字のJehovaやグノーシス派のYaoと

いう三文字と関係している。†1［思考の場へ踏み入るやいなや、すぐに三という規定が生じる。L≒W²（1827?）］一《いっ》は無規定的なもの、規定を欠くものであり、最初の悪しき抽象であり、まったく空虚なものである。*↓これが自己のなかで具体的で生きたものになるべきだとすれば、それは〔具体的に〕規定されなければならず、二となる。三は規定の総体であり完成である。こうした必然性をわれわれは、三位一体的（三一的）な形式の思考へとむかう人間のこの最初の試みのなかに見る。↑*神のなかに三つの規定が認識されなければ、神は空虚な言葉になってしまう。思考のこの始まりには、すでに思考のもっとも単純でもっとも抽象的な規定がある。思考は、絶対的な威力があるというところから始める。そこから普遍的なものへとのぼっていくのだが、その始まりはもともとまったく空虚で抽象的だった。こうした関係のさらなる展開が中国の文献に含まれている。タオの記号はときに三角形であったり、ときに三本の水平の線で、その真ん中の一本は短く、垂直の線が三本すべてを貫いていて、これら三つが本質的にひとつにとらえられる記号であったりする。†2これらの記号は中国では卦《か》と呼ばれている。八卦《はっか》は中国的な内省のより高次の要素を含んでいる。†3

＊　一が生きた精神性の原理をもつべきだとすれば、特定化へと進展していかなければならない。一であるということ（統一）は、それ自身のなかに二を含む場合にのみ、現実的であって、したがって三が与えられる。Va↓W²

†1　アベル＝レミュザの前掲書のなかにこのような叙述がある。『哲学史講義』では「哲学がそのような表現を一歩も出ないとすれば、それは最初の段階にとどまっている」と批判的に言及されている（上巻一一八頁）。

†2　これについてのヘーゲルの情報源は不明。いずれにしても誤解があり、そのような記号はない。三本の水平線が垂直の線で貫かれるというのは「王（ワン）」を指しているのかも知れない。タオを示す漢字はもっと複雑な「道（ダオ）」である。

†3　『易経』のなかで示された八卦を指す。ヘーゲルが直接『易経』を知っていたとは思われない。おそらくフランスのイエズス会士ゴービル（Antoine Gaubil, 1689-1759）がフランス語訳した『書経——中国人の古代史の基礎、統治と道徳の諸原理を収めた聖典の一つ』（パリ、一七七〇年）に依拠している。『哲学史講義』上巻一一五—一一六頁でも触れられている。

道家では、思想という純粋な場へと移行することに始まりがある。けれども、ここに高次の精神的な宗教が定礎されたと思ってはならない。タオという規定はまったく抽象的なままである。生動性、意識、精神的なものはいわばタオそのもののなかにあるのではなく、むしろ、まったくまだ生身の人間のなかにある。老子は神霊でもあり、あるいは仏陀として現れた〔『北京の宣教師による……論稿』第一五巻による〕。〔われわれにとっては、神は普遍的なものではあっても、それ自身のうちで規定されている。神は精神であり、その具体的なあり方は精神性である。しかるに、ここでは L⁝W〕タオの現実と生命はまだ現実的な直接的な意識であって、タオは老子のような死者でもあるが、他の形態のなかに変形して、他の人間や他の僧のなかに生き生きと現存していると思われている。天という〈一《いっ》なるもの〉は支配者であるが、しかし抽象的な基礎としてある。これに対して、王はこの基礎を実際に具現したものであり、本来の支配者である。タオという理法の表象についても事情は同じである。理法は抽象的な基礎であって、現存する人間のなかで初めてその現実性をもつ。普遍的なもの、より高次のものはたんに抽象的な基礎にすぎないから、人間はそのなかにあって、本来的に内在する充実した内なるものを欠いたままであり続ける。人間は自分のなかに支えをもたない。人間が初めて自分のなかに支えをもつにいたるのは、自由と理性が登場するときである。つまり人間が自分は自由であるという意識にめざめ、この自由が理性として仕上げられるときなのだ。この仕上げられた理性は絶対的な原則と義務を与える。これらの原則を人間は自分の自由と良心のなかで自覚する。良心のなかでこれらの原則は内在的な規定となる。このようにして人間は初めて自分のなかに、自分の良心のなかに一つの支えをもつ。*↓絶対的なものがたんに抽象的な基礎であるにすぎないような関係のなかに人間がとどまるかぎ↑*り、人間は自分のなかになんの支えももたないし、内在的に規定された内面性をまったくもたない。それゆえ外面的なもののすべてが彼にとっては内面的なものである。外面的なもののすべてが彼にとって意義をもち、彼と関わりをもつ。しかも、それは実践的な関わりである。一般的な関係においては、これが国家体制であり、外から統治されることである。

* 人間が精神としての神について知り精神の諸特質について知る場合に、初めて神のこうした特

性が本質的で絶対的な規定となった。それは理性的な性格一般であり、人間のなかで義務であるもの、人間自身の側に内在するものである。けれども普遍的なものがあのような抽象的な基礎一般にすぎない場合には、L⫶W（1827?）

人間が自身のうちに価値と尊厳をもち［外的なものに対して防御しVa↓W^2］うるのは、人間本来の道徳性や人間に内在する理性によってであるが、中国の宗教にはこれが欠けている。むしろ人間に関係する外面的なもののすべてが、中国人にとっては威力なのだ。中国人は自分の理性と倫理性のなかに自分の内なる力を何ももたないからだ。その結果、外面的なもの一切に対する漠然たる依存が生じ、極端で偶然的な迷信が生じることになる。中国人は世界中でもっとも迷信深い国民である。彼らはあらゆるものにたえず恐怖と不安を抱いている。外面的なもののすべてが彼らにとって重大な意味をもち、彼らを支配する威力であり、暴力を用いて彼らに影響を与えることのできる何かである。中国はとりわけ易の本家である。どんな偶然的な事情に対する不安も彼らを易に駆り立てる。どの地域にも予言をこととする夥しい数の人たちがいる。住宅や墓所の正しい位置、その場所と方位を見いだすこと。これは中国人にとって生涯を通じての重大事である。一軒の家を建てる場合、よその家が*↓自分の家の側面にあって、その前面が自分の家に対してある角度をとるとき、これに対して、ありとあらゆる儀式が執り行われたりする。↑*〔『海路と陸路の旅行史』による〕。

＊ 彼らはまず、その位置関係からなんの不幸も生じないかどうかをよく思案してみなければならない。Hu

二　自己内存在の宗教――仏教とラマ教〔チベット仏教〕

仏教は、瞑想や行《ぎょう》を通じて意識と情念を断ち無と合一することを目的とする。無の境地は仏教でいうニルヴァーナ（涅槃《ねはん》）であり、これこそ究極にして最高のものである。この境地に達した人は神そのものとみなされる。神が無だというのは一見奇妙ではあるが、それは、神が規定をもたない空虚な抽象的本質にすぎないという意味だ。また、ダライ・ラマのように人間的な欲求をもった一人の具体的な人間を、世界を永遠に創造し保持する神〔生き仏〕とみなす信仰も、われわれには不快きわまりないものかも知れない。だが、それをナンセンスとして投げ捨てるよりは、それを理性とつなげて理解する方がむずかしいのだ。この宗教にとって本質的なものは自然界に内在する理法、あらゆるものを貫く一つの生命活動である。この働きによって血液も循環し、それによって人間は生かされている。しかし、からだのなかで起こっているその働きを人間は意識することがない。この自然の働きはアナクサゴラスがいうヌースであり、シェリングのいう神的な知性である。したがって、この宗教は実体性の立場という意味で汎神論である。

汎神論については近年誤解されている。「何から何まで（Alles）」を神と崇めるのが汎神論なのではない。個々のあらゆるものを貫く一つの全体（das All）を唯一の神とみるのが真の汎神論なのだ。このような意味での実体性の意識がこの宗教で始まっている。けれども、この実体性が純粋な精神性においてとらえられているのではなく、ダライ・ラマのように一人の人間の姿で現れているという点に特徴がある。

自然宗教の第二の形態は、これまで考察してきたタオにおける自己へと内向する（Insichgehen）あり方と関連している。タオの生き方はまだまったく抽象的で、生身の人から分離していなかったが、今度はもっと明確でもっと集中的な自己内存在（Insichsein）である。すなわち、最高の威力である絶対的なものが自己意識の直接的なあり方でとらえられるのではなくて、実体としてとらえられる。とはいえ、同時にこうした直接性をまだ保持した本質としてとらえられる。その本質は〔ブッダやラマといった〕一人ないし数名の個人のなかに現存する。その実体はこれら個々人のなかに現存するとともに、世界と自然とすべての事物を創造し保持する威力であり、支配である。つまり世界に対する絶対的な威力である。

この形態にはさらに多様な形態があるが、その区別に深入りするつもりはない。仏教*↓〔Fo の宗教〕あるいはインドのブッダ――仏陀はゴータマとも呼ばれる――の宗教がこの形態に属する。それにラマ教〔現在は「チベット仏教」と呼ばれる〕も関係している。インドではブッダは歴史上の人物である。具体的な故人たちが崇拝されるが、同時に彼らは、彼らの僧侶のなかにも、彼らを描いた絵のなかにも現前すると考えられている。ラマ教では特定の個々人が神〔生《い》き仏《ぼとけ》〕だと考えられ、彼らは生き生きとここに感覚的に現前するものとして、この具体的な実体だと考えられている。↑* このように一人の人間のなかに感覚的に現前することが依然として主要な特徴である。この宗教はビルマ、中国、モンゴルなど地上に最も広く伝播した宗教である。この宗教を奉じる民はイスラーム教徒よりも数が多い。そのイスラーム教徒でさえ、キリスト教徒よりもまだ数が多いのだ。

＊　ブッダはインド人のあいだでは、神の化身の一つであり、ひとりの歴史的な人物でもあり、仏《ほとけ》でもある。仏というのは歴史的な故人である。彼らは崇拝されるけれども、同時に、彼らを描いた絵画のなかや僧侶たちの心のなかで、生き生きと現前していると考えられている。

ラマ教は、これらの人々の幾人かは神自身であり彼らは生き生きとここに現前する実体である〔とする教え〕である。ダライ・ラマのような一個人が実体の絶対的な威力として知られるということは、それ自体は矛盾でもなんでもない。ダライ・ラマはたしかに他の人たちと同じように死ぬけれども、彼のなかには神が現前しているのだ。彼はこれ以上に異常な力を自身にもち合わせているわけではないが、彼のなかには実体の威力という直接的で無意識的なもの、端的に染みわたり直接的に現存するものがある。これが先のものと密接に連関している。Va↓W[1]

ここに実体性の形式が登場する。それは、絶対的なものが自己内存在であり、この一《いっ》なる実体であるという形式である。けれども、その一なる実体は、スピノザの場合のように、思想にとっての実体、思想のうちにある実体としてのみとらえられるのではなく、同時に感覚的な現前や個別的な人間のなかにも現存している。この宗教を奉じる諸国民の性格について言えば、こうした実体性は、呪術のなかにあらわれるような直接的な個別的な意識を超える高まりを含んでいる。呪術の場合には、個別的な意識がそのまま威力であり欲望であって、そこではまだ粗野なものが断ち切られてはいなかった。これに対して、ここで考察する仏教の段階では、最高のものが〈一なる実体〉として知られている。そのなかには欲望や個別的な意欲を超える高まりがある。粗野な欲望を抑え、おのれの内面的な統一への沈潜がある。仏陀の像は次のような思索的な姿勢をとる。両足と両手は組み重ねられ、足の指は口の方を向くようになっている。これは、自分自身のなかへ立ち還り自分自身を吸い込んでいることを表している。† この宗教を奉じる民の性格は、荒ぶる欲望をコントロールして鎮静化させた状態の、物静かで柔和で随順する性格である。これらの民の間でいくつかの大きな宗教結社が成立している。彼らは中国の坊さんやモンゴルのシャーマンのように、精神の安定と平穏な営み〔修行〕のうちに共同生活をしている。自分の心のなかでこのような平安に達することが、人間にとって最高の目標としてはっきりと掲げられている。

† この像はじつはブッダを表しているのではない。ヘーゲルはおそらくクロイツァー『象徴学と神話

学』（一八一九年）のなかの図XXIの２（上図）を参照していると思われるが、それはヒンドゥー教寺院に見られるナーラーヤナ、あるいは宇宙の水の上を住居とするブラフマーであり、マヌ法典の宇宙創成譚にもとづく姿である。

*1↓こうした静安をとくに仏教の形の原理として言い表すと、究極にして最高のものは無であり何も無い状態だということになる。〔以下この段落のおわりまで『海路と陸路の旅行史』による〕すべては無から出て無へ還る。それは絶対的な基礎であり、何も規定をもたない。あらゆる特殊的なものが無にされている。特殊的な生活や現実はたんに形式にすぎず、無だけが真の自立性をもち、これに対して、他のあらゆる現実は自立性をもたないからだ。それらはたまたま在るものにすぎず、非本質的な形式にすぎない。↑*1この無とされた状態は人間にとって最高のものである。それは、この無のなかに沈潜し、さらに無一般の永遠の静安のなかに沈潜することであり、実体的なもののなかへと沈潜することである。そこにあら

ゆる規定はやみ、徳も知性もなく、あらゆる運動が止まる。自然的な規定も精神的な規定もことごとく消滅している。*2↓幸福であるために、ひとは自己への不断の沈思黙考によって、何ごとも欲せず何ごとも望まず何ごとも行わないよう努めなければならない。こうした境地に達したとき、徳とか不死といった、より高次なものはもはや問題にならない。このように心を無にするなかで無と一つになり、それゆえ神という絶対的なものとも一つになるところに、人間の聖性がある。もしも人間が聖性というこの最高の段階に達したならば、人間は神から区別されず、永遠に神と同一であって、あらゆる変化がやむ。魂はもはや転生《てんしょう》を怖れる必要はない。ここには次のような理論（観想）的な契機が語られている。すなわち、こうした純然たる無、こうした静寂、空《くう》が絶対的に最高のものであって、個体は形式的なものにすぎないということである。↑*2 実践的な契機としては、人間はなしうることを欲し行うということである。［*3］人間は自分からは何もする必要はない。*4↓人間は自己のあり方のなかで否定的に振る舞い、外面的なものに対してだけでなく、自分自身とも闘わなければならない。人間が到達すべき目標として想い浮かべる状態、〔無と〕一体となった純粋なこうした境地は、仏教徒のあいだでニルヴァーナ（涅槃《ねはん》）と呼ばれ、苦・老・病・死という苦しみをのがれたとき人はニルヴァーナに達した、と書かれている。† そのとき人間は神と一つとなり、↑*4 神そのものとみなされる。つまりブッダとなったのだ。

*1　（1）絶対的な基礎は自己内存在の静寂であり、そこではあらゆる区別がなくなり、精神の

自然性についてのあらゆる規定やあらゆる特殊的な威力が消滅している。自己内存在としての絶対的なものは規定されていないものであり、特殊的なものすべてが無にされた状態である。したがって、あらゆる特殊的な現存や現実はたんに偶然的なもので、どうでもいい形式にすぎない。

（2）無規定的なものとしての自己への内省は（再び自然宗教の立場にふさわしく）直接的な内省にすぎないから、内省が、〈無と非存在こそは究極的で最高のものである〉という形で、原理として表明される。無だけが真の自立性をもち、他のあらゆる現実、あらゆる特殊的なものは現実性をもたない。あらゆるものは無から生じ、無へと還る。無は一者であり、あらゆるものの始まりにして終わりである。人間や事物がどんなに種々雑多であっても、無というただ一つの原理だけがあり、そこからさまざまな人間や事物が生じてくる。性質や差異はただ形式をなすにすぎない。Co↓W^2。

＊2　ひとは沈思黙考を続けることによって、この原理と等しくならなければならない。ひとは情熱も好みももたず、行為もせずに、何も欲せず何もしないという状態に達すべきだ。

　ここでは徳も背徳も和解も不死も問題にならない。こうした無我と沈黙の境地において神・無・絶対的なものと一つになるということが、人間の聖性である。身体のあらゆる動き、魂のあらゆる活動がやむところに、最高の境地が開ける。この境地に達したとき、等級も転変ももはやなく、人間は死後の放浪を何も恐れる必要がない。そこでは人間は神と一つである。人間は実体的なものであり、それだけで存在するという理論（観想）的な契機がここに表明されている。Va↓W

＊3　この静寂、空虚こそ絶対的なものである。Va↓L　これこそ絶対的なものである。Va↓W

＊4　人間が自身の感覚のなかでこのように否定的に振る舞い、外面的なものに歯向かうだけでは

なく、自分自身にも歯向かって、無と一つになり、あらゆる意識と情念を払いのけるとき、ひとは仏教徒がニルヴァーナと呼ぶ境地に高まっている。そこにおいて、ひとは思いわずらうことなく、もはや苦・病・老・死に従属することはない。† Co→W[2]

† ニルヴァーナについてのこの記述は、ブキャナン「ビルマの宗教と文学」（二四一頁†）にもとづく。ただし、ブキャナンがニルヴァーナを小乗仏教に即してとらえているのに対して、ヘーゲルはこの状態を神ブッダとの合一状態として一般的にとらえている。ヘーゲルは、彼が用いた他の資料（『海路と陸路の旅行史』）にも見られるように、大乗仏教に即して理解している。

［6／28］人間が神を無と考えることは、一見して奇妙だ。それはたしかにきわめて奇異にちがいない。だが詳しく考察してみれば、神を無と規定することは、神がけっして規定できないもの、無規定なものだということにほかならない。つまり神にはいかなる種類の特定化も属さず、神は無限なものであるということにほかならない。というのも、「神は無限なものである」とわれわれが言うとき、それは「神はあらゆる特殊的なものの否定である」ことを意味するからだ。「神は無限なものであり、本質であり、純一な実在、実在のなかの実在であって、しかも神のみがそのような実在である」。これが今日流布している神の定義であるが、しかしこれは「神が無である」というのとまったく同じか、ほとんど同じ意味だと言わざるをえない。ただしそれは、神が存在しないという意味ではなく、神は空虚であり、この空虚が神であるということを意味する。「人間は神について何も知りえず、何も認識し

えず、神についてはどのような表象ももてない」とわれわれが言うとき、それは神はわれわれにとって無であり空虚なものであるということを穏やかに表現している。それは、どのような種類のものであれ規定（特定化）はすべて捨象しなければならないという意味である。そこに残るのは無と本質的実在であるが、この本質的実在は、本質的実在であるという以外のいっさいの規定を欠いているがゆえに、特質をもたない空虚なものなのだ。神を無規定なもの、まったく空虚なものととらえること、*↓これは〔それ自体↑*が〕宗教的な表象の一つの特定化された必然的な段階であって、そこに最初の直接性の様式は廃棄され、消滅している。

＊　直接的な存在とその自立性　Va↓W[2]

〔この宗教を奉じる〕人々の主要な行《ぎょう》は、無と合一すること、意識と情念をいっさい払いのけることである。行の核心は意識と情念のこうした捨象、こうした完全な孤独、まったくの空虚と断念のなかに身を置くこと、すなわち無のなかに身を置くことにある。この境地に達すると、その人間は神から区別できなくなり、永遠に神と同一となる。

魂の転生《てんしょう》についての教説*［＊表象Va↓W］が仏教のなかに入ってくる。この立場は、タオの信奉者が神霊となって、みずから不死になろうとする立場よりも高いレヴェルにある。瞑想し自己のうちへと立ち還ることによって不死に到達しようとすることが、人間の最高の使命として示される。それは、魂それ自身がそのものとして永続的で実在であること、精神が不死であることを言い表しているのではない。ただ、人間があのような捨象［や高まりVa↓W］によって不死になる、あるいは不死になるべきだということだけを言い表している。不死の思想の核心は、人間が思考しみずからの自由のなかで自分自身のもとにあるということにある。そのとき、人間は端的に自立的である。他人はだれも彼の自由を侵害することはできない。彼は自分自身にのみかかわる。他人は彼のなかで重きをなさない。*↓私自身とのこうした同一性、すなわち自我という〈この自己自身のもとにあるもの〉、これは真に不死であ↑*り、どのような変化にも振り回されることがない。自我自身は不変のものであり、自己のうちにのみあり、自己のうちでのみ運動する。自我は死せる静寂ではなく、運動である。ただし変化ではなく、自分のなかで永遠の平安と永遠の明澄を保つ。神が本質的な実在をそなえたもの（das Wesenhafte）として知られ、その本質実在面から考えられ、〈自己のうちにあり自己のもとにあること〉が真の規定となる。このことがいま始まったのだから、主体に関してこのように自己のうちにあり本質的な実在をそなえていることが、それ自身において精神的な主体の本性（自然）として知られるようになった。このように本質的な実在をそなえていることは、主体ないし魂に属することでもある。魂は不死であり、純粋に自己のうちにあるものとして知られるが、しかしまだ本来の意味で純粋な精神ではない。むしろこの本質実在性には、現存する仕方がたんに偶発的な感覚的な直接性にすぎないということが結びついている。自己自身のもとにある魂が本質的な実在をそなえながら、同時に〔具体的な人物のなかに〕現存するということ。このことが〔魂の〕不死〔輪廻《りんね》〕として考えられている。

個別的な存在なき本質実在は単なる抽象物にすぎない。本質的な実在をそなえた概念は、個別的に現存するものとしても考えなければならない。それゆえ実在化には本質的な実在をそなえていることが必要である。けれども実在化の形式はここではまだ感覚的な個別的な存在、感覚的な直接性なのである。

＊　自由は真に無限なものである。An　私は自由だというこの普遍的な自我は無限な自我である。Hu私自身とのこうした同一性、すなわち自我という〈自己自身のもとにあるこの真に無限なもの〉、これがこの立場では不死と言われる。Va↓W[2]

魂は不死であり、死後もなお存続するが、しかしいつも〔精神とは〕別の感覚的な仕方で知られる。このような表象が輪廻である。魂は神と同じように、自己のうちにあるものとして抽象的にとらえられるから、魂が死後にどのような感覚的な形態に移るのか——それが人間の形をとるのか、それとも動物の形をとるのか——はどうでもよい。精神は具体的なものとして知られてはいない。抽象的な本質だけが知られている。しかも、現存する現象は単に直接的で感覚的な形態にすぎない。［人間がこうした形態へと生まれ変わることが、道徳性や功績と結びつけられている。L:W（1827?）］だが、人間が自己自身を無にする捨象（自己放棄）を達成すると、人間は輪廻から解脱する。彼はこの世の個別的な存在を再び受けいれることから解放され、外的な感覚的な形態化（肉体化）を免れる。

神は無として、本質的実在一般としてとらえられる。このことはより詳しく解明されなければならない。とりわけしかし、本質実在的な神がこの生身の人間として知られる。つまり仏とか仏陀とかダライ・ラマとして知られもする。ありとあらゆる人間的な欲求をもったひとりの人間を、世界を永遠に創造し保持し産出する神と見なすこうした取り決めは、われわれからすれば、もっとも嫌悪すべき不快きわまりないおよそ信じがたいものに思われるかも知れない。一人のダライ・ラマはこのような自己イメージのなかに生きていて、他人からもそのような者として崇拝されている。このイメージは理解できる。そしてそれを理解するとき、われわれはダライ・ラマを神とするイメージを正当化する。それがどのようにしてそれなりの根拠や合理性をもつのか、どのようにして理性のなかに位置するのかを示そう。けれどもそこにある欠陥や不条理を洞察することも必要である。*↓「そんな宗教はまったくばかげた非合理なものだ」と言うのは簡単だ。難しいのはそのような宗教形態の必然性と真理を認↑*識し、その必然性と真理が理性と結びついていることを認識することだ。そのことは、或るものを意味がないと宣言することよりも難しい。

＊　われわれがさまざまな宗教を考察するにあたっては、それらがばかげた非合理なものだけではないことを洞察しなければならない。もっと大事なことは真理を　Va↓W

自己内存在は、生身の経験的な個別性から、本質的な実在という規定あるいはそうした実在をそなえているという特質へと進展していく本質的な段階である。言い換えれば、実体についての表象や意識、〈世界を統治し、あらゆるものを理性的な連関にしたがって生成・成立させる実体的な威力についての表象や意識〉へと進展していく本質的な段階である。この実体的な威力については、それが無意識的に働くということくらいしかわれわれには分からない。それは未分化な働きであり、それ自身のうちに一般性の規定をもつ一般的な威力である。このことを明らかにするために、ここで自然の働き、自然の精（Naturgeist）、自然の霊魂といったものを思い起こさなければならない。自然の精が意識的な精神であるとは思わない。自然の精のなかに意識的なものは何もないと考える。植物や動物、それらの有機組織と活動、これらを支配する自然法則は意識をもたない。これらの法則はかの生き物の実体的なものであり、それらの本性、概念である。その本性、概念は潜在的には、それらに内在する理法であり、生きた霊魂〔活動原理〕である。けれどもそれらは意識をもたない。

人間は精神であり、この精神は〔人間という〕生きものを統一する霊魂として規定される。人間が生き生きと活動できるのは、有機組織が活動を展開する際、その活動があらゆるものを貫き、あらゆるものを保持しながら、ただ一つの生命活動であるということ、こうした生命活動の統一性による。この働きは人間が生きているかぎり現存する。けれども人間はこの働きについて知ることも、それを意志することもない。にもかかわらず彼の霊魂の活発な活動は彼の生の原因であり、生をひきおこしている本源的な事態［にして実体Va↓W］である。そのことについて、このように活発に活動している霊魂でもある人間は何も知らない。例えば、人間は血液循環を自分で意志するわけでもないし、血液が循環するように指令を出しているわけでもない。でも人間はちゃんと血液を循環させている。しかもそれは彼の行為である。彼の有機組織《からだ》のなかで生じていることを行い働かせる力は彼自身なのだ。このように意識することなく働く理性、あるいは意識されることのない理性的な働き、つまり自然の働き、これを古代人はヌース（νοῦς）と名づけた。アナクサゴラスは「ヌースが世界を統治する」[†1]と言った。この理性はしかし意識的な理性ではない。近年の哲学はこの理性の働きを直観とも呼んだ。とりわけシェリングは神を直観的な知性（anschauende Inteligenz）と特徴づけている。[†2] [*↓]神は知性である。[↑*]直観する理性は自然の絶えざる創造である。それは自然の保持と言われるものでもある。創造と保持とは分かちがたいからだ。有限な直観のなかでは、われわれは事物のなかに没頭する。事物がわれわれを満たす。想い浮かべたり内省したり判断したりすることのすべてに先立って、もろもろの対象にこのように没頭することは、意識の低次の段階である。〔これに対して〕対象について内省し、表象し、自らの視点を定めてそこから対象を眺め判断する。これはもはや直観そのものではない。

＊　神、知性。Va↓W

†1　『哲学史講義』（上巻三二七頁以下）のなかで、ヘーゲルはおもにアリストテレスの『形而上学』984b15-22にもとづいて、アナクサゴラスのヌース論を紹介している。さらに、『形而上学』985a18-21、

アリストテレス『霊魂論』A2、プラトン『パイドン』97b-99d も参照。ヘーゲルは「世界史の哲学」一八三〇／三一年序論草稿のなかでもアナクサゴラスのヌース論に言及している（GW.18. 144ff.『自筆講義録II』）。

†2　おそらくシェリングの「知的直観」(intellektuelle Anschauung) をさす。『哲学史講義』のなかでも、それに言及している（下巻四八〇―四八一、四九〇頁以下など）。シェリング『超越論的観念論の体系』一八〇〇年、『学問研究の方法について』一八〇三年など。ただしそれらで、神が「直観的知性」だとは明言されてはいない。

それゆえ、これは実体性の立場ないし直観の立場である。これがいまわれわれが眼にしている立場だ。それは正しい意味での汎神論の立場と解すべきものである。それは絶対的な統一、絶対的な実体であり、実体のそれ自身のうちでの働きについての東洋的な知と意識と思考である。その実体のなかでは、特殊的な個別的なものはすべて過ぎ去り、消え行き、真の自立性をもたない。こうした東洋的な表象に西洋的な表象が対立している。西に太陽が沈むように、人間も西洋において自己のなかへ、自己の主観性のうちへと沈潜する。西洋においては、個別性が主要な規定であって、個別的なものこそが自立的である。東洋的な意識では、普遍的なものが真に自立的なものであるというのが主要な規定であるが、われわれ西洋の意識では、事物と人間の個別性が上位に立つ。それどころか西洋的な考えは有限なものや個別的な事物が自立的で絶対的であると主張するところまで進む。「汎神論」という表現には「普遍性」〔という概念〕が一般にもっている両義性がともなう。（ヘン・カイ・パン “Ἓν καὶ πᾶν）とは一つの全体（全一者）のことであり、端的に一つであり続ける「全《すべて》（das All）」をいう。けれども、パンは「何から何まですべて（alles）」をも意味するから、πᾶν（パン）は思想を欠いた哲学的でない悪しき表象となってしまう。そこで人々は「汎神論」を〈なにからなにまで神と崇めること（Allesgötterei）〉と理解し、〈全てこそが神である（Allgötterei）〉とは解さない。〈全てこそが神である〉という見方では、神が「全て」ならば、唯一の神（nur ein Gott）しかいない。個々の事物は「全て」のなかに吸収されて、たんに偶然的に存在する影であり、まぼろしである。だが哲学に対しては、全一的なものこそ神であるという第一の意味で汎神論であることが期待される。これが「普遍性」のもつ二義性である。それを固定的な知がいう普遍性という意味にとれば、それは〔普遍ではなく〕「何から何まで全部（die Allheit）」である。「全部」ということを、ひとはさしあたって、個別性がそのまま自立的であり続けるかのように考える。けれども思考の普遍性、実体的な普遍性は自己との統一であって、そのなかでは個別的で特殊的なものはみなたんに観念的なものであり、本当の存在をもたない〔第一部九一頁以下にも類似記述あり〕。

一面では、このような実体性がここに始まる。実体性は根本規定であるが、神についてのわれわれの知の基本規定でしかない。この基本はしかしまだ真実のものではない。「神は絶対的な威力である。存在するものはみな神の絶対的な威力のなかでは観念的であるにすぎない」とわれわれは言う。「自分は存在する。現実性をもつ」とあつかましく語るものはどれも［廃棄されVa↓W²］、絶対的な神の絶対的な威力のなかの一つの契機にすぎない。ただ神のみが存在する。ただ神のみが単一の真実の現実である。こうした実体性という観念はまだ理念ではないけれども、われわれの宗教でも神の観念の基本にある。もしも「神の遍在」ということが空虚な言葉でなければ、それは実体性も表現していて、実体性がその基礎にある。けれども、これらの〔深遠なVa→W〕表現がくだらないお喋りのなかで単に空《そら》で繰り返されるだけで、真剣に取り上げられることがない。思想のなかにあるものだけが真剣味をもつからだ。*↓スピノザが神の遍在を思想のなかで実体性としてとらえたところ、人々はこれを汎神論と非難した〔第一部九二頁以下〕。そう非難できるのは、彼らが次のことをすぐに忘れるからだ。つまり神が実体として遍在し万物のなかに働くものとしてとらえられると、まさにそのことによって、あらゆる事物がそれらのなかに神が働いているかぎり無にされるということを忘れるからだ。↑*有限なものが本当に存在しもろもろの事物が自立的であるとして、神をそれらの事物から排除してしまうと、神は遍在するものではなくなってしまう。なぜなら、神が遍在すると言うならば、同時に、神は現実的である〔、神は事物ではないVa→W^2〕と言うことになろうが、神はもろもろの事物と並んで在るわけではなく、エピクロスの神のように〔世界の〕すきまに住んでいる†のでもないからだ。むしろ神はもろもろの事物のなかでこそ現実的であって、これに対して諸事物はけっして現実的ではない。それが諸事物の観念性ということなのだ。ところが最近の軟弱な思考はこう結論する。「諸事物は神である。すなわち諸事物は存在し、諸事物は打ち消しがたく保持され続け、打ち消しがたい現実性である」と。こうした状況であるから、「神は遍在的である」と述べることに真剣になるならば、神は精神と心情と思想にとって一つの真理でなければならず、精神はそのことに関心をもたなければならない。

＊　とりわけ神学者たちがそう語る。彼らはたしかにスピノザ主義に従ってそう言う。けれどもその際に、スピノザ的な実体においては、まさしく個別的で特殊的なものが消滅する。そして、それにはなんらの真理性も現実性も存在も与えられない。Va↓LW

†　神々は世界の中間のすきま（Zwischenwelten, Intermundien）に住むというエピクロスの教説。キケロー『卜占論 De Divinatione』第二巻一七、『神の本性について De Natura Deorum』第一巻一八（『キケロー選集』第一一巻、岩波書店、二〇〇〇年）によって伝えられた。『哲学史講義』中巻二七六頁参照。

ヤコービは「スピノザ主義は無神論だ」[†1]と言って、これに激しくかみついた。ところが当のヤコービ自身が「神は特定されたあらゆる現存在のなかの存在（das Sein in allem Dasein）だ」[†2]と言う。けれども「特定されたあらゆる現存在のなかの存在」というのは、実体にほかならない。神が肯定的なものであるからといって、個別的な事物が肯定的なものであるわけではなく、個物はたんに観念的なもの、止揚されたものである。スピノザ主義哲学は汎神論の哲学ではなく、実体の哲学であった。「汎神論《パンテイスムス》」というのは不適切な表現である。その表現では、πᾶν（パン）が〔何から何までも含む〕総体（Allesheit）と受けとられ、普遍（Allgemeinheit）として理解されないという誤解が生じかねないからだ〔第一部九一頁以下〕。

†1　ヤコービ『スピノザの学説に関する書簡』（田中光訳、一八一頁）。ヤコービは〈最高の実在ではあるが、しかし必然性にしたがってのみ行為する実在〉への信仰を無神論と名づけて、スピノザを批判しているので、ヘーゲルとヤコービの無神論の概念はずれている。

†2　一八二四年の講義では、この言い回しがGott ist das Sein (das Allgemeine) in allem Da（＝Bestimmt) sein. (V.4. 165）と言われていたので、この意味を補って訳した。「Daseinがbestimmtes Seinである」ことについては、『論理学』客観的論理学――存在論』九四頁参照。スピノザの教説についてのヤコービのこの叙述は『スピノザの学説に関する書簡』田中光訳、九八頁参照。ただしヘーゲルが引用した言い回しは、ヤコービが自分の立場を表したものではなく、スピノザの立場を再現したもので、これをヤコービはすでに批判している。

これよりも高次のあらゆる宗教における神、なかでもキリスト教の神は絶対的な一つの実体である。同時に神は主体でもある。しかもその主体は主体以上のものである。人間が人格性をもつように、神のなかに主観性、人格性、精神、絶対的な精神といった規定が登場してくる。それらはより高次の規定であるが、にもかかわらず精神は実体、しかも、ただ一つの実体であり続ける。スピノザ哲学にとって究極のものであるこの抽象的な実体は、思考された実体であり、思考にとってのみ存在する。それは一つの国民宗教の内容ではありえず、ある具体的な〔国民〕精神の信仰でもありえない。［＊］具体的な精神は、主観性すなわち精神性を欠いているという欠陥を補う。けれども、われわれは今やっと自然宗教の段階に踏み込んだばかりだから、ここでは精神性はまだ精神性そのもの、思考された普遍的な精神性ではなく、感覚的で直接的にとらえられる精神性である。ここに居るのは、感覚によって外面的に直接的にとらえられる精神性としての人間、つまり一人の〔特定の〕人間である。

＊　精神は具体的である。そのような実体の一面的な規定にとどまるのは抽象的な思考だけだ。L≒W（1827?）

実体的であるということの真実を知ってみれば、〈実体的である〉とは、〈それ自身において主体である〉ことなのだ。したがって、このような純粋な主体性は精神性を含んでいる。けれども直接性の段階では、自己自身を知る精神性はまだない。ここにあるのは直接的なあり方をした精神性である。とはいえ、この一人の人間［一個の経験的で個別的な意識Va→W^2］の形態をした精神性である。［6／29］もしもこの人間が普遍的な実体の対極に立って自身のうちにとどまっている場合には、この人間をいったいどのようにして普遍的な実体として表象できるのかと問われるならば、前に〔二一九―二二〇頁で〕述べたことを思い起こさなければならない。つまりその人間はそれ自身において、生きた実体一般として、彼の身体によって決められた実体的な現実である。その生き生きとした活動は実体的な仕方で彼のなかに働く生命なのだ、と考えることができるにちがいない。

この立場は、普遍的な実体性を現実的な形態において含んでいる。そこにある考えは、ひとりの人間が瞑想するなかで、すなわち自己と関わり自己へと沈潜するなかで、普遍的な実体であるということだ。ただし、彼がたんに↑*生き生きとした状態にあるというだけではなく、*↓ヌースは中心として立てられているけれども、彼のなかのヌースは、彼の特質と発展のなかで自覚されているわけではない。ヌースのこうした実体性、一個人のなかで想い浮かべられたこの深まりは、王国の行政を意識のなかに思い描いている王の瞑想ではない。このような自己沈潜、この抽象的な思考それ自体が活動的な実体なのであり、世界を創造し維持するものだと考えられている。これが仏教とラマ教〔チベット仏教〕の立場である。

＊　彼は自己への沈潜のなかに、ヌースの中心のなかにあるけれども。Va↓W^2

ダライ・ラマは三人いる。小チベットと大チベット、それにシベリア南東部（チンギス・ハーンの出身地アジア高原の山岳地帯）〔ウズベク〕のそれぞれにダライ・ラマがいる。†そのような高僧ラマは実はもっと多くいる。彼らは隠遁生活に身を捧げた仲間の指導者でもある。彼らもダライ・ラマと同じように尊敬されている。これらのことは〔ダライ・ラマの権威にとって〕何の障害にもならない。〔ラマという〕主体への形態化はここではまだ排他的なものではない。精神性と主体性とが実体と浸透し合うことによって初めて、神は本質的に一つのものである。したがって、ここでは実体は一つであるが、主体への形態化〔化身〕は多数ある。しかも、形態化が多数あるということが、形態化のなかに直接ふくまれている。というのは、このような形態化は実体との関係においてさえ、たしかに一つの本質的なものとしてあるけれども、同時にまた、たまたま存在するものとしても考えられている。意識や意志や個々の洞察のなかに、初めて対立や矛盾があらわれる。それゆえ、一つの国に世俗の支配者が多数いることはできないが、ダライ・ラマなら多数いる。けれども、この精神的な働きは精神的な形式をみずからの特定されたあり方や形態としているにもかかわらず、その働きは実体の働きにすぎず、意識的な働きや意識的な意志ではない。

† ヘーゲルは誤って高僧ラマをすべてダライ・ラマと呼んでいる。この三人とは、ラサのダライ・ラマ（観世音菩薩の化身）、タシルンポのパンチェン・ラマ（阿弥陀仏の化身）、そしておそらくモンゴル系のクトゥクトゥと呼ばれる高僧であろう。パンチェン・ラマについては、イギリスの外交官サミュエル・ターナー（Samuel Turner, 1749-1802）の「タシルンポ寺院でのタシ・ラマへの謁見（一七八三年十二月四、六日）」および「チベット紀行」（いずれも『アジア研究』第一巻所収）に言及されている。クトゥクトゥという高僧については『海路と陸路の旅行史』に言及されている。「小チベット」「大チベット」という地理上の名称は当時まだ多義的に用いられていた。ヘーゲルは「大チベット」のなかにラサ周辺地域も含めるが、『海路と陸路の旅行史』ではラサ周辺地域をチベット固有の部分とし、大チベット（＝ブータン）から区別している。

仏教とラマ教との間には一つの違いがあるが、上に述べたことは両者に共通である。仏については、八千たびも化身して人間として存在するに至ったと言われる。中国で偉大なラマが住んでいたところへヨーロッパ人はほとんど訪ねたことがなかったが、（一七七〇年ころ）イギリス人の一行が小チベットにいるラマを訪問したことがあった。［＊1］イギリス使節ターナーによる小チベットのラマについての記述〔前注†「謁見」記〕がある。そのラマ〔七世パンチェン 1782-1853〕は二歳か三歳〔ターナーの記録では一歳半〕の幼子《おさなご》であった。その先代のラマ〔六世パンチェン〕は中国皇帝に招かれて北京へ旅する途中に、天然痘で亡くなった†1〔一七八〇年〕。彼は或る二歳の子供のなかに〔生まれ変わりとして〕再び見いだされた。この幼子に代わって、政務は先代のダライ・ラマの大臣が摂政として代行した。大臣はダライ・ラマの椀《わん》を捧げ持つ者†2と呼ばれた。この子はまだ乳を与えられていたけれども、活発で才気に満ちた子であった。振る舞いにおいても極めて端正な気品を保ち、みずからの高位職をすでに自覚しているかのように見えた。［＊2］それゆえ使節団は摂政とその取り巻きに対して、この〔幼い〕ダライ・ラマがどんなに高貴な心構えと洞察力と品位をそなえ、どんなに冷静な落ちつきを保っているかを、いくら称讃してもしたりなかったという。先代のラマもまた洞察力に富んだ気品ある高潔な人物だった。［＊3］

＊1　彼らがダライ・ラマについて語るのを聞くと、ダライ・ラマを民衆をからかういかさま師と見なしたくもなる。ところがイギリス人の一行の見方はまったく違っていた。L（1827?）

＊2　これを坊主のごまかしと見たり、ダライ・ラマをいかさま師と見なしたりするのははばかげている。ダライ・ラマが没するとすぐに、世界精神も別の個人へと移った。この個人を若干の外的な特徴をたよりに見つけ出すのは困難なことだった。Anの欄外

＊3　だが、実体を一身に集中している一個人が威厳をもった気高い振る舞いをするということには内的な連関がある。LW[2]（1827?1831?）

†1　この情報は、ターナーの「謁見」記をヴィルヘルム・ハルニッシュがまとめ直した「サミュエル・ターナー大佐のブータン、チベット旅行」（『最近のきわめて重要な陸上および海上旅行』第六巻ライプチッヒ、一八二四年）にもとづく。ヘーゲルはこれ以外にも、ターナーの『タシ・ラマ寺院への使節団の報告』（ロンドン、一八〇〇年）を用いている可能性がある。ヘーゲルの引用が英語版からのものか、それともハルニッシュによるドイツ語版からのものかは分からない。パンチェン・ラマへの訪問に関しては、両版とも内容的には区別できないからだ。

†2　ターナー「チベット紀行」では、ダライ・ラマの椀を捧げ持つ者（the cupbearer 酌人）と摂政（the Regent）とは別人である。

いま示した事情は、実体が一個人のなかにいわば特別に現存し、彼において外へ現れるために、彼のなかに集中したということである。こうした実体の働きは世界のなかで普遍的に働いていて、この実体は普遍的なヌース（理法）である。このことと、普遍的なヌースが特別に一個人のなかに現存し感覚的な外面的な姿で他人の眼前に現存するということとは、それほどかけ離れたことではない。ここでは、このようなさまざまな特質を提示するだけにと

どめておこう。われわれはまだ実体性の立場に立っていて、その実体性にはたしかに主体性や精神性が必ず結びついてはいるけれども、精神的なものはここではまだ直接的に感覚でとらえられるようなあり方をしていて、主体性の方もまだ直接的な主観性である。実体性の立場はもっと発展した基礎をも形成するので、われわれは実体性の立場をまだすぐには立ち去らずに、その第三の形態へと移ることにしよう。

三　ヒンドゥー教——インドの宗教

インドの宗教には、a　一《いっ》なる実在が神であり絶対的な威力であるという面と、この実在が　b　多様な威力に分散しているという面とがある。ここでいう多様な威力とは、太陽や月、山や河といった具体的な自然物から、生成・消滅・変化といった抽象的な事柄まで、じつに種々雑多である。それらはとてつもない不整合をかかえこみながら、もろもろの威力へと展開する。多神という点ではギリシャの宗教とも共通するが、ギリシャの宗教が神々を美的な形態で表現しているのに対して、インドの宗教は神々を空想的に人格化しているにすぎない。神々はまず〈一なる実体〉ブラフマンであり、第二にヴィシュヌ、クリシュナなどのさまざまな化身である。第三に荒ぶる自然の生命力・破壊力を象徴するシヴァである。ここで自然の多様な形態は再び〈一なるもの〉へと立ち還る。これがトリムールティと呼ばれる三一的な構造である。

c　**祭祀**では、ブラフマンに対する人間のかかわりを考察する。インドの最高の祭祀は、あらゆる意識や意欲や情念を断念して人間的なものを完全に空《くう》にすること（ニルヴァーナ）である。自己への集中（ヨーガ）によって神と合一した人はヨーギーと呼ばれる。

d　**次の段階へ移行**するなかで、多様な形態の神々は一つの普遍的なもののなかへと溶解していく。ブラフマンとして見られた一体性は人間〔バラモン〕としても現存し、まだ主観と不可分であった。これに対して、新しい統一は意識から分離している。ここに初めて神は本来の客観性を獲得し、人間と向きあう精神となっていく。

宗教の第三の形態の特質を次に述べよう。ここでの実体性はその外面性の総体のなかにある。実体性が外面的なものの総体のなかで想い浮かべられる。つまり世界の総体に即して表象され知られる。それゆえ、ここに見いだされる第一のものは同一の実体であって、それ以外のすべての規定された特殊的なもの、つまり主観はたんにたまたま存在するものにすぎず、死滅しさえする。ここで新たにつけ加わってくる第二のものは豊穣な世界という具体的なものであり、普遍的な実体の特殊化である。それは普遍的な威力である実体との関係において、意識にとっても表象される。それは精神的な威力と自然の威力である。両者の差異はいずれも普遍的なものに属するものとして知られる。両威力は一方では特殊的な自立的な威力として現れるが、同時にしかし消滅し食い尽くされて、最初の一体性（統一）へともたらされる。すなわち最初の実体性という普遍的な自己のうちにあるあり方のもとへもたらされる。

それゆえここで視界が拡げられる。われわれはここで総体性をもつ。視点が具体的になる。それは必然的な進展である。ここでの実体は単一の本質的な威力である。それ以外のものは具体的なものであって、これまではさまざまな仕方で偶然的なものにすぎなかった。より具体的に特徴づけるると、まず第一に、理念は単一の理念であり、自己と直接的に一体である。けれども、〈一《いつ》なるもの〉が神であり絶対的な威力であるのと同じように、第二に、理念も自身のうちにおいてもみずからを区別し特殊化する。そしてこうした特殊化がさまざまな特殊的な形態と威力をもたらす。第三に、こうしたもろもろの特殊的な形態と精神的な自然諸力は〈一なるもの〉へと還帰し、〈一なるもの〉によって維持されるものとして表象される。ここに、一つの超感性的な国が存立し、それがさまざまに特殊化する。けれども、その超感性的世界はそれだけで絶対的に自由になるのではなく、普遍的な実体によって支えられている。ここには理性的な発展の基礎が存在してはいるが、それはまだいくつかのいたって一般的な規定のなかにあるにすぎない。

a　一《いつ》なる実在

この立場をより詳しく認識するために、これをインドの宗教の立場と特定したい。インドの宗教には、いま述べたような単一の実体性がある。しかもそれは純粋な思考として、純粋な自己のうちにあるものとして現存している。それはもろもろの事物の多様性から区別されていて、特殊化の外にある。それゆえ、もろもろの特殊的な威力そのものにおいて現存し実在するのではない。それは、神が子において現存し具体的に存在するのとはわけが違う。むしろ自己のうちにあるものは自己のうちに抽象的なままにとどまり、まったくそれ単独で抽象的な威力としてある。けれどもそれは同時に、すべてを支配する威力なのだ。特殊化と区別はこの自己のうちにあるものの外にある。だが、この自己のうちにあるものはこのように抽象的なものであるために、再び一つの具体的な存在をえなければならない。この具体的な存在がまだ直接的であり区別の外にあり真に神的な存在ではない場合には、またしても、直接的にそこにいる人間の精神のなかの直接的な個別的な存在である。

b　多様な威力

以上が第一の面である。第二は多くの威力への区別である。この多くの威力は多くの神々としてある。それはしばりのない多神論であって、まだ形態美にまで進んでいない。つまりギリシャ宗教の美しい神々ではまだない。*↓同じように、現代の分析的な知性による散文もまだない。威力というのは一方では、太陽や月、山々、河川などのもろもろの対象であり、あるいは、もろもろの形態の生成・消滅・変化といった、もっと抽象的なものである。それらは自己のうちにあるものの外部に存続して、まだ精神のなかに取り込まれていないもろもろの特殊的な威力であって、まだ本当に観念的に設定されてはいないが、しかしまた精神からもまだ区別されていない。実体はまだ精神的ではない。↑* もろもろの威力もまだ精神の外に設定されてもいない。もろもろの威力はまだ分析的な知性でもって考察されていないし、美的な想像による形象でもなく、たんに空想的なものにすぎない。それらはもろもろの特殊的な威力ではあるが、まだ粗野な特殊性であって、そこには何の体系性もない。分析的な知性、そのような知性によってとらえられるもろもろの要素の必然的な関係、これらをかすかに予感させるものはあっても、分析的な知性によって全体を把握して体系化することはまだなされないし、ましてや理性による総体的な体系化はまだなされていない。あるのは種々雑多な多様性だ。特殊的なものを分析的知性によってとらえるという特質はまだ見られない。

＊　散文と思考があらゆる関係に浸透して、人間がいたるところで抽象的に考え振る舞う場合に初めて、人間は外面的な事物について語る。これに対してここでは、思考はたんにこの実体、自分自身のもとにあるものにすぎない。思考はまだ実際に適用されておらず、まだその人間全体に浸透していない。さまざまな特殊的な威力——太陽や山河といった諸対象、あるいは生成、消滅、変化、形態化等々といったもっと抽象的なもの——はまだ精神のなかに取り入れられていない。まだ真に観念的なものとして想定されていないし、しかもまだ分析的な知性によって精神から区別されてもい

ない。そして純粋な存在は、まだ精神的でない実体のあの自己内存在のなかに集中している。Co↓W^2

私たちは自然にあるもろもろの対象を、太陽や月や海などのように、外面的に存在する事物だと言う。［＊1］ここインドではしかし、純然たる存在はまだ自己のうちにあるもののなかに集中している。思考はまだ思考全体、精神全体に浸透してはいない。＊2↓思考が一般的なものとなった散文世界で初めて、一般的な事柄について語られる。私たちは世界を考察するとき、世界について思考する。「いろいろな対象がある」と私たちは言う。それらが外的な事物であるというのが、それらの対象のカテゴリーである。したがってそれらは散文的にとらえられる。ところがここインドでは、思考は実体であり、〔ただ〕それ自体〔で存在するもの〕(das Ansich) である。それはまだ思考されていない。↑＊2 もろもろの自然の威力はまだカテゴリーのなかにとらえられてはいない。自立性とか事物とかいったカテゴリーは〔世界を枠づける〕支配的な力をまだもってはいない。［＊3］

＊1　私たちは一般的な自然的な現存物について、そして一般的な自然的な諸力について、「そのようなものがある」と言う。例えば「太陽がある」というように。これらは外面的に存在するもの、事物である。事物は内省された存在の述語である。Va↓W^1

＊2　固定的な知は言う。自然的な事物が存在する。われわれはそれらについて考え、それらを自

分から区別して考える、と。これがそれらの述語であり、カテゴリーであって、それによってそれらが散文的にとらえられる。〔以下二八四頁＊三行目「適用されておらず」までと同じ文が続いて〕それらの対象はまだ、「外面的」、「連関している」、「原因と結果」といったカテゴリーの形式では考察されてはいない。Va↓W^1

＊3　自然的な諸威力の自立性は精神的な人格性であるが、精神はまだ分析的な知のレヴェルにまで達していない。むしろ、自然的な諸威力は人格化される場合に、自立的なのだ。L.‖W^1
(1827?)

さらに言えば、対象の内容はまだ、〔ギリシャのように〕美の様式でとらえられているわけでもない。これらの諸威力や普遍的な自然諸対象、あるいは例えば愛といった心情の力などは、まだ美的な形態としてとらえられてはいない。美的な形態としてとらえられるためには、すなわち形態美のためには、自由な主観性——感覚的なものや事物のなかにあっても同時に自由であり、自由であると自分でも知っているような主観性——が必要だ。なぜなら、美というものは本質的に、次のような精神的なものであるからだ。すなわち感覚でとらえられるようにみずからを外へと表し、感覚的な具体的な存在のなかに自身を示すような精神的なもの。しかしこの感覚的な具体的な存在に精神的なものが徹頭徹尾浸透して、感覚的なものがそれだけで在るのではなく、一貫して精神的なもののなかでのみ精神的なものによってのみ意味をもち、かくして精神的なものの徴《しるし》である。そのような精神的なもの。これが美である。感覚的なものがそれだけで存在するのではなく、それ自身を示すのでもなく、それ自身とは別のもの、自分自身とは別の何かを表現する。これが真実の美というものだ。生きた人間、生きた人間の顔には多くの外面的な作用が現れ、それらが身体的な感覚的なものを精神的なもののもとへ包摂してしまうのをくい止めている。このような〔美的形態に見られる〕関係はここ〔インドの宗教〕にはまだ現れていない。精神的なものがまだやっと実体性という抽象的な規定のなかにあるにすぎないからだ。それゆえ、精神的なものはこうした特殊化へと向かい、もろもろの特殊的な威力へと展開していくけれども、実体性はまだそれだけ単独にあり、これらの特殊化やその特殊的なあり方や感覚的で自然的な具体的な存在に浸透してそれらを克服するにはまだ至っていない。実体はいわば一つの普遍的な空間であって、その空間を満たしているものは、そこから生じた特殊化であるが、実体という空間はそれらの特殊化をまだ組織的に観念化して自分に服従させてはいない。同時にしかし、これらの威力は普遍的な仕方で表象されたり思考されたりはしておらず、たんに表象に対してのみ、自立的なものとしてそこにあるので、人間が一般にもっている自立性がこれらの威力に与えられている。ここでとらえられている最高の規定は精神的なものであって、これらの威力は人格化されているけれども、空想的に人格化されているのであって、まだ美的な仕方で人格化されているのではない。

　実体が基礎となっているけれども、もろもろの区別が〈一なるもの〉から抜け出て、自立的な神々や普遍的な諸威力として現れる。これらの神々は自立的でありながらも、しかし再び統一のなかへと解消してもいく。インドの宗教には、こうしたとてつもない不整合があって、それが表象世界の全体を貫いている。一方で神々の自立性が表象される。他方で神々は〈一なるもの〉であって、それによって神々の特殊的な形態や本性など、神々の特殊性は再び消滅する。同時にまた、〈一なるもの〉、この実体はたんに客観的に知られているのではない。実体はまだ思考に対して客観性をえていない。むしろ、〈一なるもの〉はこうした抽象にまで高まった人間として、つまり人間的な意識として実在的に現存する。

［7／2］次に述べるのはこの立場がもつ客観的な内容についての表象である。その基本的な内容も〈一なる単一な絶対的な実体〉である。その実体はインド人が「ブラフマン、ブラフマー」と呼ぶものである。「ブラフマン（Brahman）」は中性で、われわれの言うGottheit（神性）にあたる。「ブラフマー（Brahmā）」は普遍的な本質実在をむしろ人格や主体として表す。ちなみに、この区別は必ずしもいつも守られているわけではない。さまざまな格変化形のなかで、すでに区別はおのずとぼやけてくる。男性形と中性形の多くが同じ格形をもつからだ†。［＊］

＊　この区別は次の理由からもあまり強調すべきではない。つまりブラフマーはたんに皮相な形で人格化されていて、ブラフマンの内容はすでに言われた単純な実体のままであるからだ。　L.‖W[1]（1827?）

† ヴィルヘルム・フォン・フンボルトが、一八二五年六月三十日と二六年六月十五日にベルリンの科学アカデミーで行った講演「バガヴァッド・ギーターの名で知られたマハーバーラタのエピソードについて」のなかで、これについて論じている。同じ問題をアウグスト・ヴィルヘルム・シュレーゲルも『インド叢書』第二巻のなかで言及している。ヘーゲルの書評「ヴィルヘルム・フォン・フンボルトの、バガヴァッド・ギーターの名で知られたマハーバーラタのエピソードについて」『学的批判年報』一八二七年（Sk. 11. 185ff.『評論・草稿Ⅱ』九三頁以下）参照。

この単一な実体には区別も現れる。この区別は概念の本能にしたがって規定され、概念の根本的な規定すなわち概念の展開が現れる。第一のものをまったく抽象的に受けとれば、それは〈一なるもの〉としての総体性一般である。それはここでは三つのうちの一つとして現れ、貶められている。これら三つを包括するものは、最初の〈一なるもの〉から区別されて考えられている。第二のものは規定性であり、区別一般である。第三のものは、その本当の規定によれば、区別された項が一体性（統一）へと連れ戻され具体的な統一となったものだ。この形態なき一体性（統一）がブラフマンである。ブラフマンはその規定によれば、統一された三である［＊］。さらに言うと、区別されたさまざまな威力が第二のものである。この「三つ」は「一つ」にすぎない。区別は絶対的な統一にさからう何の権利ももたない。区別は永遠の慈悲と呼ぶことができる。これに義〔キリスト教でいう神の義〕が加わる。義とは、存在するものが存在せず変化すること全般の権利、さらに特定の規定へと生成する権利を得ることだ。一つの全体的な統一をなす総体としてのあの「三」を、インド人はトリムールティと呼ぶ。ムールティは魂のことであり、あらゆる流出、あらゆる精神的なものの全般をいう。トリムールティとは三つの本質実在である。

＊　絶対者がこのように三であることを、その抽象的な形式から見れば、あるいはたんに形式的に見れば、それはたんにブラフマンであり、空虚な本質実在である。その特質から見れば絶対者は三であるが、ただし一つの統一のなかにある。それゆえこの三一性（トリアス）は一つの統一にすぎない。Va↓L.‖.W

第一のもの、単一の実体はブラフマー、ブラフマンと呼ばれるものだ。しかし、ブラフマーより上位に立つパラブラフマーというのも現れる。なんとも複雑に入りくんでいる。ブラフマーが主体であると、それについてありとあらゆる物語が語られる。けれども、ブラフマーというような規定はそのなかに或る規定されたものを含んでいるので、思想や反省はただちにこれを再び超え出る。たった今これら三つのなかの一つとして規定されたものを超え出て、他のものと区別して規定されるあの高次のものを自分で形成する。端的に実体でありながらも、それが再び他のものと並ぶ一つにすぎないものとして現れる場合には、パラブラフマーといういっそう高次のものがさらにほしいという思想的な欲求が生じる。けれども、それらの形態がどのような関係にあるかを人々は明確に言うことができないのだ。

ブラフマーは実体としてとらえられ、そこからあらゆるものが産出され創造される。それ

aヴィシュヌ　bシヴァ　cブラフマー
（クロイツァー『象徴学と神話学』1819年より）

はあらゆるものを産出し創造する威力である。しかしながら単一な実体、〈一《いっ》なるもの〉は抽象的な威力であるから、それは不活性なもの、形のない不活発な質料に等しいものとしても現れる。そこで次にとりわけ、形態化する活動と呼べるものが生じる。一なる実体はたんに〈一なるもの〉であるがゆえに、形態を欠いたものだ。したがって、このことは実体性が満たされていないことの一つの現れでもある。つまり形式が存在しないから、〈一なるもの〉は形態を欠く。それゆえブラフマンという〈一なる自己同一的な実在〉は、不活性なもの、〈たしかに産出的ではあるが同時に受動的に振る舞うもの〉として、いわば女性的なものとして現れる。ヴィシュヌは言う。「ブラフマンはわが子宮ウテルヌス「、たんに受け入れるものVa↓W」である。われはそこにわが精子を注ぎ込み、あらゆるものを産みだすだろう」†と。［＊］ブラフマーからはあらゆるもの、神々も世界も人間も生じる。同時にしかし、この〈一《いっ》なるもの〉は活動せず不活発なものであることが明らかになる。

＊「神は本質実在である」という規定においても、動かし産み出す原理は含まれておらず、なんの活動もない。L⁝W（1827?）

† ジェームズ・ミル『イギリス領インドの歴史』第一巻、ロンドン、一八一七年。

〈実体から生じる〉区別はさまざまな宇宙生成論や世界創造についての叙述のなかにも現れてくる。ついでに言えば、インド人がユダヤの聖典〔旧約聖書〕に見られるようなはっきりした世界創造の物語や確定された表象をもっていると思ってはならない。インドではむしろ誰もが詩人であり、視霊者であり、預言者であって、自分独自の表象を自分なりの仕方で、自分のうちに思弁的に没入して作り上げる。それゆえ固定的なものは何もない。各人が別々の見解をもっている。マヌ法典†1では世界創造はかくかくであっても、ヴェーダや他の宗教的な作品ではまた事情は別だ。それぞれの叙述がそれ独自のものをもっている。「インド人は創世についてこれこれの表象をもっている」という言い方はできない。あらゆる見解がいつも一賢人の表象にすぎないからだ。それらに共通するものは先にあげた基本的な特徴だけである。ヴェーダには世界創造について次のような記述がある。[†2] ブラフマーはたった一人ぼっちで孤独であった。そこで、いと高きものと考えられた〈一《いっ》なる実在〉がブラフマーに言った。お前は自分を拡張して、自分自身を産みだせ、と。だがブラフマーは一千年ものあいだ自身の拡張した姿をとらえることができなかった。そこで彼は再び自分のなかに引きこもった。ここではブラフマーはなるほど世界を創造するものとして表象されてはいるが、しかし彼は〈一なるもの〉であり、活動せず、他のより高次なものに呼び出されるものであるから、形態なきものとして表象されている。それゆえ、他のものを必要とする。一般にブラフマーはこのような〈一なる絶対的な実体〉である。

†1　ヘーゲルは英訳 Institutes of Hindu Law, or the ordinances of Manu.（カルカッタ、一七九四年）を用いている。

†2　アレクサンダー・ダウ『ヒンドスタンの歴史』第一巻、ロンドン、一七六八年。この独訳が一七七二—七四年に刊行されていたが、ヘーゲルは英語版を直接もちいている。ヘーゲルの訳は部分的には刊行された訳よりも正確である。

第二のものはヴィシュヌないしクリシュナである。すなわちブラフマン一般の化身である。それは具体的に特定化された存在が保持され、まったく完全に形成されて地上において顕わになった現象であり、現象する人間、個々の人間である。このような化身をインド人は

クリシュナ（マドラス博物館）

多種多様な名で列挙している。一般的に言って、ブラフマーが人間として現にそこに現れている。とはいえ、人間として現れているものがブラフマーだとも言えない。なぜならこの人間化（受肉）はブラフマーのたんなる形式として想定されているわけではないからだ。ここにはインド人のとほうもない詩的創作が含まれている。これらの化身のイメージは部分的には、歴史物語的なもののなごりを含んでいるように見える。つまりこれらの化身のなかには、君主や強力な王たち、さらに偉大な征服者たちも含まれているように思われる。偉大な征服者たちは状況に新しい形を与えた者たちで、神々である［＊1］。＊2↓これらの神々には色恋沙汰もつきまとう。↑＊2

＊1　クリシュナの行為は征服であり、それはまったく神らしくない。L≒W（1827?）

＊2　征服と情事は一般に化身の二大側面、二大行為である。Va↓W（1827?）

第三のものはシヴァおよびマハデーヴァ〔シヴァ神の宇宙創造の力（シャクティ）を表す

「偉大な女神」〕である。これは変化全般を意味する。〔シヴァの〕根本特質は一方ではとてつもない生命力であり、他方では破壊し荒廃させるものであり、荒ぶる自然の生命力である。それゆえ彼の主なシンボルは彼の強さを表した雄牛である。それは自然の生殖力をイメージしたものであるが、同時にしかし破壊的なものでもある。けれどもシヴァのもっとも一般的なイメージはリンガ〔サンスクリット語で「しるし」を意味する。男性のしるし、すなわち男根に象徴されたシヴァ神〕であって、それはギリシャ人のあいだでファロス〔男根〕として崇められていたものである。たいていの寺院にはこのシンボルが掲げられ、至聖所の御本尊はこの表象を含んでいる。それゆえすでに述べたように、第三のものは生殖と破壊という変化一般にほかならない。深い概念である真実の「三」は精神であって、〈一《いっ》なるもの〉が自己自身へ立ち還ることである。それはたんなる変化ではなく、区別が第一の〔実体〕と和解され、二つに分裂した状態が克服されるような変化なのだ。

シヴァを象徴するリンガ（アッラーハーバード博物館）

自然に属するこの宗教では、こうした生成はまだたんなる生成、たんなる変化として理解されている。［＊］とはいえ、この区別は本質的なものであって、この立場全体にもとづいている。自然宗教の立場そのものからして、区別は必然的なのである。

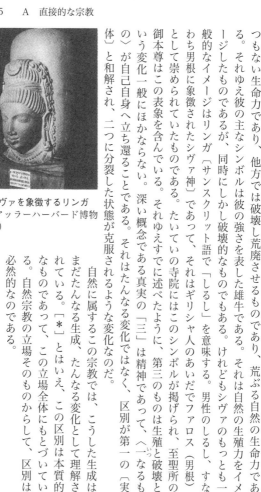

＊　だが、統一が区別を一つのものへと止揚することとして自身を産み出すような、区別の変化として理解されてはいない。意識も、精神も直接的な一体性（統一）という最初のものが変化したものである。他者とは根源的分割（判断）であり、或る他者を自分に対立するものとしてもつものである。私は知るものである。それゆえ、他者が私にとってある場合に、私はこの他者において私に還り、私のなかへと還っている。第三のものは和解するものではなく、ここではたんに産出と破壊の野蛮にすぎない。L⁝W（1827?）

上に述べたさまざまな区別は、すでに述べたように、統一として、トリムールティとしてとらえられる。ブラフマーそのものではないこのトリムールティが再び最高のものとして理解される。けれどもまた、[この最高のものがトリムールティとしてとらえられるように、Va↓W」おのおのの神格も再びそれだけ単独に理解されると、それぞれがそれ自身で総体をなし、全体的な神である。

注目すべきことに、ヴェーダの古い部分はヴィシュヌについては語っておらず、ましてやシヴァを話題にはしない。そこではブラフマーという〈一《いっ》なるもの〉だけが一般↑1に*↓神である。あのようなさまざまな区別はのちの時代に初めて登場してくる規定だからだ。カーストにもいろいろあって、あるカーストはクリシュナだけを崇拝し、別のカーストはシヴァだけを崇拝する。こうした違いから大きな戦争が起こった。↑2↑*

＊　さらにインド人は多くの宗派に分かれている。ほかに多くの差異があるけれども、なかでもとくに次の差異が目立つ。或る宗派はヴィシュヌを崇拝し、他の宗派はシヴァを崇拝する。それをめぐってしばしば血なまぐさい戦争が起こった。とりわけ祭りと年の市には何千人も命を落とすような争いが生じた。Va↓W

†1　イギリスにおけるインド学の先駆者コールブルック（H.T. Colebrooke 1765-1837）の「ヴェーダについて」（『アジア研究』第八巻）。六三三頁†参照。

†2　ミル『イギリス領インドの歴史』第一巻。ミルはここで多くの文献に依拠しているが、とくにペーターソン「ヒンドゥー教の起源について」（『アジア研究』第八巻）にもとづいて、ブラフマーとヴィシュヌとシヴァ、そしてそれらの信奉者のあいだでの優位性をめぐる争いを叙述している。さらにW・C・ザイボルト『高度古代文明の神学と国憲の思想』（テュービンゲン、一八二〇年）にも「ヴィシュヌとシヴァの優位性をめぐる争いがしばしばヒンドゥー教徒のあいだに流血の戦いを引き起こした」とある。

ヴィシュヌと言われるものもまた、自分自身についてこう語る。「われはすべてである。われは形を与える絶対的な活動であり、ブラフマンは母胎であり、われはそのなかであらゆるものを産みだす」〔ミル前掲書〕。さらに「われはブラフマンである」とも言う。そこにヴィシュヌとブラフマンの区別がなくなっている。シヴァもまた憤然として言う。「われこそは絶対的な総体であり、宝石のなかの火、金属のなかの輝き、男のなかの力、魂のなかの理性である†」と。シヴァもまたブラフマンなのである。「そこでは、すべてが、したがって他の二つ〔ヴィシュヌとシヴァ〕も一つの人格に解消し、これらの区別をもった一つのものに解消する。他のさまざまな威力や自然の神々や守護霊のように。L・W〕

† ヘーゲルはここで再びアタルヴァシールシャ・ウパニシャッド（シヴァをアートマンの人格化と改釈する最初のウパニシャッド）を参考にしている。しかし、ヘーゲルがあげている対照（宝石のなかの火、金属のなかの輝き、男のなかの力、魂のなかの理性）のほとんどはシヴァが語ったものではなく、『バガヴァッド・ギーター』のなかでクリシュナが自身について語ったことである。ヘーゲルは第一部（九三頁）ですでにこれに言及していたため、これをここに編み込んだものと思われる。「金属のなかの輝き」、「魂のなかの理性」と似た表現は『バガヴァッド・ギーター』（上村勝彦訳、岩波文庫、一九九二年、九一―九二頁）にある。宝石と火の対比は『マールカンデーヤ・プラーナ』のなかでマハーバーラタの特徴づけとして出てくる。このテクストをフランツ・ボップは独訳『洪水伝説。マハーバーラタのもっとも重要なエピソードほか三篇を含む』のなかで引用している。ただし、この独訳の刊行は一八二九年であり、一八二七年講義の時の情報源は明らかでない。

これらの区別のほかに、もろもろの特殊的な現象や威力もまた自由であり、それだけで存在するものとして表象されている。ただし、それらは人格化されている。そこでは太陽や月、ヒマラヤ、ガンジスやほかの河が人格として表象される。例えば復讐心といった特殊的な主観的な感情も、あるいは悪のような力も人格化される。あらゆるものが互いに入り交じって習合している。たとえそれらが動物として表象されている場合でも、それらの存在は一つの人格化なのだ。それらは人間的な仕方で語られ、一般に、生き生きと語られる。〔＊〕枝にとまった身近な鳥が愛の神であったり、牛や猿がとても崇拝される。病人のための病院はなくても、病気の牛のための病院ならある〔ミル前掲書〕。天の神インドラもブラフマーやシヴァやヴィシュヌのはるか下に立つ。† インドラは再び多くの神々を従え、星々さえも従えている。個々の特殊的な威力はすべてこうして自立していくが、それはまた消滅していく自立性でもある。

＊　実体が動物の形態をもとることは、インド人にはよく知られている。L·‖·W1 (1827?)

†　古いヴェーダのなかで最も多くの讃歌を捧げられた英雄神インドラがこのような低い地位に貶められたのは、古いヴェーダ信仰がバラモン教にとって代わられたためである。ヘーゲルはこの点を考慮していない。ただし三一年講義のなかには、ヒンドゥー教の歴史的転換についての初歩的な認識が見られる。六三三頁参照。

c　祭　祀

＊↓次に、祭祀、つまりブラフマンに対する人間のかかわりについて述べたい。↑＊ 絶対的で最高の祭祀は人間的なものを完全に空《くう》にすることであり、インド人があらゆる意識と意欲、あら

ゆる情念と欲求を放棄する諦念（ニルヴァーナ）である。あるいは自己への集中（瞑想）によって神と合一する（ヨーガ）。観想にのみ生きて世俗の欲望をすべて断った人はヨーギーと呼ばれる。インド人は祈るとき自分自身のなかに集中するが、それは一面では、われわれの祈りと同じように、そのときだけのものだ。他面でしかし、インド人はこうした捨象を彼らの意識と実存全体の性格にまで高め、あらゆる事柄に対する完全なる無関心と禁欲をめざす。本質的な特質はこうである。私たちの祈りはそのときだけの高揚であって、そのあとでは日常的な営みと利害関心に立ち還る。これに対してインド人の場合には、一面では祈りが一時的であることも事実であるが、他面ではこうした捨象が全生涯にわたって持続して現れ、習俗的なもののすべてや人間が追求するに値するあらゆることに対する完全なる無関心が支配する。こうした無心のなかにある人間、こうした純粋な自我性のなかにある人間は、ブラフマンそのものである。ひとりのイギリス人がそのような人にたずねた。「ブラフマンとか瞑想って何ですか？　ブラフマンのための寺院はあるんですか」と。彼は答えた。「私たちは一《いっ》なるブラフマーを崇拝しています。ブラフマーのための寺院はありません。ヴィシュヌとクリシュナのための寺院があるだけです。それはカトリック教徒が神のために教会をもつのではなく、一人の聖人のためにもつのと一緒ですよ」[†1]と。――〔この話で〕カノーヴァ〔のことを思い起こす。彼〕は神の栄誉を讃える壮麗な教会を建立するために、莫大な資産を故郷の町に寄進した。だが、聖職者はそれを許さなかった。教会は一人の聖人〔キリスト〕のものでなければならなかったからだ。[†2]――この答えに対して、「このような専心は何と呼ばれますか」とそのインド人に問うたら、こう答えた。「もしも私が何かの神の栄誉のために祈りを捧げて、思いを完全に自身のなかに集中するとき、私は心のなかで自分自身にこうつぶやく。私自身がブラフマンであり、私は最高の実在者なのだと」。このようにまったく私自身のもとに在ることがブラフマンなのである。†1

＊　絶対者、とりわけブラフマンに対する主体の関係は祭祀であるが、それはこのブラフマンがもともと何であったかを詳しく示すであろう。Va↓W1

†1　フランシス・ウィルフォード（Francis Wilford, 1761-1822）「西方の聖なる島々についての論稿」『アジア研究』第一一巻、一八〇五年。

†2　ベルリン時代の抜粋ノート（*Berliner Schriften.* Hrsg. v. J. Hoffmeister. 708f.）と「フンボルト書評」（二八九頁†）（Sk. II. 195『評論・草稿Ⅱ』一〇六頁）にもこの逸話がみられるが、出所は不明。カノーヴァ（Antonio Canova, 1757-1822）はイタリア、ポッサーニョ生まれの新古典主義の彫刻家。

［7／3］この世に対して死せる状態にあること。自分自身のなかで不動のままでいること。これを自分の性格とし確固たる原理とすること。これがこの祭祀の頂点である。この境地に達した人々はヨーギーと呼ばれる。ヨーギーにはさまざまな位がある。あるイギリス人〔サミュエル・ターナー〕が、ダライ・ラマを訪ねる旅のなかで知ったひとりのヨーギーのことを語っている。†1このヨーギーはまず第一段階の行《ぎょう》で、十二年間も立ったまま眠り続け

た。第二段階は、さらに十二年間、頭の上で両手を組んだままでいるという行である。これをやり遂げた者には三時間四十五分間、五つの火の間に座り続けるという試練が続く。或る者は火の上に片足で吊るされたままやはり三時間四十五分間もちこたえることを望んだが、彼は耐えきれなかった。最大の行は、生きながらに埋められて、しかもこれを三時間四十五分間も続けることである。もしこれらすべての試練に耐え抜くと、そのヨーギーは完全なものとなり、全自然に対する絶対的な威力、すべての神々に対する絶対的な威力をもつにいたる［＊］。彼はブラフマーそのものとなった。彼はわれわれが前に〔自然宗教の冒頭で〕自然の暴力を操れる威力をもった呪術師と見なした者にあたる。[†2] ヴィシュヴァーミトラがこのような威厳に達したいと望んでいたことは、或る叙事詩から知ることができる（ラーマーヤナの詩を参照せよ[†3]）。

＊　インドラもあらゆる自然神も彼に屈する。〔Va↓W¹にこの段落全体に対応する長い類似記述があるが、本文にまったくないこの一節だけを訳出する。〕

†1　ヘーゲルはこの紀行をハルニッシュによる独訳（二七九頁†1）で知る。ほかにターナー『タシ・ラマの寺院〔タシルンポ寺院〕を訪れた使節の報告』ロンドン、一八〇〇年、ミル『イギリス領インドの歴史』ロンドン、一八一七年を参照している。「フンボルト書評」（二八九頁†）（SK. 11. 161f.『評論・草稿Ⅱ』六五—六六頁）、『歴史哲学講義』にも同じ記事が見られる（上巻二四五頁）。

†2　「フンボルト書評」（SK. 11. 162）から分かるように、このエピソードをヘーゲルはフンボルト

「バガヴァッド・ギーターの名で知られたマハーバーラタのエピソードについて」から知る。

†3　ウィリアム・ケアリーとジョシュア・マーシュマンによるラーマーヤナの英訳（The Ramayuna of Valmeeki. Serampore 1806）による。フランツ・ボップによる独訳（一八一六年）もヘーゲルはもっていた。

バラモンは生まれながらにしてヨーギーとしての威厳をもつ。彼らは二度生まれたと言われる〔『マヌ法典』第二章一六九、渡瀬信之訳注、平凡社、二〇一三年、七一―七二頁〕。一度は自然に生まれ、二度目は精神による捨象〔煩悩からの解脱〕によって生まれ変わった。すなわち一人のバラモンが生まれると一つの強力な神が生まれるとされる。王はバラモンを怒らせないように気をつけなければならない。バラモンは〔激怒すると〕王の全威力を破壊してしまうこともあるからだ〔『マヌ法典』三五三頁〕。王はけっしてバラモンの責任を問うてはならない〔同三〇〇頁〕。バラモンは別のカーストからは絶大な尊敬を集めている。インドの〔マヌ〕法典によれば、バラモンは他のものとまったく同じ一人の人間でありながら、このような気高い人たちと見なされている〔同三五三頁〕。今ではバラモンの生活はまったく変わってしまった。彼らはイギリス人によって書記やその他の仕事に雇われている。ビルマの最近の暴動の逮捕者のなかにはバラモンもいた。彼らは他のものたちとともに撃たれた†。にもかかわらず法律によれば、王はバラモンを裁くことはできない。

† バラモンの立場の変化についてのヘーゲルの情報源は特定できない。新聞から得た可能性がある。またミル『イギリス領インドの歴史』を用いたことも考えられる。ミルはそのなかで、ポンディシェリーのフランス人将軍が住民をカーストの別なくあらゆる種類の仕事に雇って、驚愕させたこと、略奪が起こった際に六人のバラモンが撃たれたことを記述している。ヘーゲルはまた「フンボルト書評」のなかで、イギリス人のもとで下級職に就いていたバラモンが、インド人から敬意を表されていた、というフィックラレンスの報告を引用している（SK. 11. 202f.『評論・草稿Ⅱ』二一四頁）。

［＊］最高の頂点は、隔絶した思考のなかでブラフマンとしてまったく独立して存在することである。この思考は、無というまったく空虚な意識と直観へ沈潜するなかに生じる。けれども精神と自然のそれ以外の内容は乱雑な分散状態にある。頂点に立つ統一はたしかに、あらゆるものがそこから生まれそこへと還る威力である。しかしその統一はけっして具体的ではなく、自然の多様な威力を結びつける絆ではない。また精神面においても具体的ではなく、多様な精神活動や情感を結びつける絆ではない。前者〔自然界〕において、その統一が自然的な事物を結びつける絆になる場合、その統一をわれわれは必然性と呼ぶ。それは自然のさまざまな力と現象を結びつける絆である。そのような必然性という絆があるために、自然のもろもろの性質や事物が自立していながらも本質的に互いに結びついているのが見られる。自然のなかには法則や分別があって、もろもろの現象はそれらに従って連関している。これに対して、ブラフマンの統一は孤独で孤立したままである。それゆえ、ここでは内容の充実があっても、それは雑然とした奔放な充実である。同じように、精神的なものにおいて

も、具体的なものがない。精神においては、思考作用という普遍的なものは、自身を自身のうちで規定する具体的なものではない。思考が自身のうちで自身を規定し、その規定されたものがこの普遍性へと発展的に解消される。こうして具体的となった純粋な思考、これをわれわれは理性と名づける。義務や権利は思考のなかにのみある。これらの諸規定が普遍性の形式で立てられると、意識的な真理と洞察という点で理性的であり、また意志に関しても理性的である。けれどもブラフマンというあの〈一なるもの〉、あのような孤独な一体性（統一）はそのような具体的な統一とはならず、理性、合理性とはならない。それゆえ、ここでもまた、いかなる権利もいかなる義務も現存しない。というのも、意志と精神の自由は、規定のなかにあっても自身のもとにとどまることにほかならないからである。しかしこの自身のもとにとどまること、この統一はここでは抽象的で規定を欠いている。

＊ブラフマンに対して敬虔な気持ちが示されることはない。ブラフマンが崇拝されることはなく、そのための神事も寺院も祭壇もない。ブラフマンの統一性は、実際に働いている自己意識という実在的なものと関係していない。一者の意識がこのように孤立しているということから帰結することは、神的なものに対する関係のなかでは何ものも理性によって規定されていないということである。L（1827?）

これが一方では、インド人の想像的な多神教の源泉である。すでに述べたことだが、ここには「存在」というカテゴリーがない。私たちが事物の自立性と呼ぶものに対して、あるいは「それらがある」とか「〜がある」と私たちが言う事態に対して、インド人は何のカテゴリーも持ちあわせていない。人間はさしあたってただ自分だけを自立的なものと知る。それゆえ人間は自然のなかの或る自立的なものを、自分と同じ自立性をそなえたものとして想い浮かべる。つまり人間がそのありようと、その人間的な形態と意識において、もともと身につけているような人間的な自立性をそなえたものとして想い浮かべる。だから想像は何でも神々にしてしまう。それは、ギリシャ人が彼らなりの仕方であらゆる樹々を樹の精（ドリィアデス）にし、あらゆる泉を泉の精（ニンフ）にしてしまうのと同じだ。ギリシャ宗教の項でわれわれはこう語るだろう。人間の美的な想像力があらゆるものに生気と魂を吹き込み、あらゆるものを精神を吹き込まれたもののように想い浮かべる。人間は自分と同類のもののあいだをさまよい、何でも手当たり次第に擬人化し、みずからの美的な共感によって、あらゆるものに人間自身がもつような美しい様式を与える、と。このことがインド人のあいだでは、美的な様式とは反対に、むちゃくちゃにはしゃぎまわるようなやり方でなされる。彼らはこのような勝手なやり方をお互いに共有できるほど寛大なのだ、ともたしかに言える。けれども、この寛大さは悪しき自己イメージのなかにその根拠をもっていると言わざるをえない。さらに、人間は自由とか端的に真に存在する永遠なものという内容をまだ身につけておらず、自分の内容と使命が一つの泉や一本の樹の内容よりも高いということをまだ知らないということも、その寛大さの要因だ。ギリシャ人にあっては想像力が〔自由に〕戯れることができるが、インド人にはそのための自尊心の高さが欠けている。彼らが存在について想い浮かべる内容は、自分について想い浮かべる事柄を一歩も出ない。彼らは自分を自然のあらゆる形成物と同レヴェルに置く。思考がまったくの抽象に陥っているためである。

自然のさまざまな力は擬人化されてその存在が意識され想い浮かべられる。これらの自然力は具体的な人間以上のものである。具体的な人間は自然的なものとしては自然力に依存しているし、みずからの自由を自身の自然的な側面に対抗してまだ区別していないからである。人間の生はもろもろの自然対象のあり方や一つの自然的なものの生を超える価値をもたないという考えがそこにはある。人間の生は、人間自身がそれ自身において自然的なものよりも高次である場合にのみ価値をもつ。ところがインド人においては、人間の生は軽蔑すべきもの、取るに足りないものなのだ。それは水をガブッと一飲みする以上の価値をもたない。価値を与えるにしても、肯定的な仕方ではできず、ただ否定的な仕方でしかできない。生は自己否定を通じてしか価値をもたないからだ。〔現実の生を〕捨象するこうした構えにとって、具体的なものはすべて否定的なものにすぎない。自分自身を犠牲に捧げたり、両親が自分の子どもを犠牲に捧げたりするインドの祭祀のあのような面が生じてくる所以である。夫のあとを追う妻の焼身自殺〔寡婦焚死〕というしきたりもそうだ。†1 もしもこれらの犠牲がはっきりとブラフマンのために、ないしは何らかの神のために（それもまたブラフマンであるから）なされるならば、もっと高い価値をもつであろう。例えば、彼らが〔聖なる〕ガンジスの源である〔聖なる〕ヒマラヤの雪岩に登って、この源へ身を投げるならば、高級な意味をもった犠牲とみなされる。それは罪業に対する贖罪でもなければ、なにか悪い事態を改善するための供物でもなく、純粋にただ自分に価値を与えるための犠牲である。このような価値はまさに否定的な仕方でしか達成できない。[†2]

†1　コールブルック「貞節なヒンズー教徒未亡人の義務について」『アジア研究』第四巻。
†2　アレクサンダー・フォン・フンボルトの「インドの山の気高さについて」に対する匿名批評（The Quarterly Review. vol.22. No.44）を参考にしている。ヨーギーの行《ぎょう》、ヴィシュヴァーミトラの難行については三〇一―三〇二頁および三〇二頁†1参照。

人間が自由をもたず自分のなかになんの価値ももたない場合には、それと結びついて、これまで述べたようないわく言いがたい無数に多くの迷信が具体的にひろがって、膨大な拘束と制約が生じる。外面的で自然的な事物へのかかわりはヨーロッパ人には重要ではないが、自然へのこうした依存がインドでは一つの確固とした持続的なものとされる。迷信というものはその根を、人間が外面的な事物に対して無関心ではいられないということのなかにもっているからだ。そして、外面的な事物に対して無関心ではいられないのは、人間が自分のなかに自由をもたず精神の真の自立性をもたない場合である。どちらの足で立つべきか。どのようにして放尿すべきか、冬に向かってか、それとも南に向かってか。そんなことまで指示されている。ここにはバラモンたちが遵守しなければならない規則もある（『マハーバーラタ』のなかのナラ王の物語も参照せよ）†。彼らの迷信は、自由のこうした欠如のゆえに、想像もおよばないものになっている。それに対応して、彼らには倫理性も、理性的な自由の規定も、権利や義務も無縁である。インド人は非倫理性の深みに沈みこんでいる。

† 『マヌ法典』第四章三五―三七、四五―五二（前掲訳、一三五―一三六頁）による。ただし、「どちらの足で立つべきか」の指示はこの章にはない。バラモンは昼は北をむいて、夜は南をむいて放尿すべしとの指示が第四章五〇にある。四八には風に顔をむけてはならないとあり、ヘーゲルはおそらく両節を合成してしまっている。「冬に向かって」とあるのは、講義を筆記したポーランド人フべがWind（風）をWinter（冬）と聞き間違えたためであろう。バラモンの義務についてはコールブルック「ヒンドゥー教徒の、とりわけバラモンの宗教儀礼について」（『アジア研究』第五巻）に詳述されている。この叙述はさらにミル『イギリス領インドの歴史』第一巻に依拠している。ナラ王物語についてはフランツ・ボップによるラテン語訳『ナラ――サンスクリット文学、マハーバーラタ』（ロンドン、パリ、ストラスブール、一八一九年）にもとづいている。この物語はボップによる独訳『インドラ天へのアルジュナの旅――マハーバーラタの他のエピソードとともに』（ベルリン、一八二四年）にも入っている。マハーバーラタ『ナラ王物語』鎧淳訳、岩波文庫、一九八九年参照。

本質実在は絶対的な一体性（統一）であり、主体が自己内へ沈潜することである。この自己内沈潜は特殊的な精神である有限な〔人間〕主体のうちに生じる。真なるものという理念には、普遍的なもの、実体的な自己統一・自己同一が属する。しかし、それはたんに特定されていない実体的な一体性（統一）ではなく、それ自身のうちで規定されている。ブラフマンといわれるものは、規定を自分の外にもっている。ブラフマンの最高の特質は自分の実在的な具体的なありようを意識し知ることであり、ただそれでしかありえない。そして主観的な統一という特質がここでは主観的な自己意識そのものである。別の形式における特質は普遍的なものを特定化し、もろもろの特殊的な精神的・自然的な威力となる。この特殊的なものも一体性の外に出てしまう。そこには動揺だけがあり、神々にあたるもろもろの特殊的な威力は、あるときは自立的であるかと思えば、またあるときには消滅するものとしてある。つまり特殊的な威力は実体という抽象的な一体性のなかで没落し、そして再びそこから成立してくる。それゆえインド人は言う。「すでに何千というインドラがいたが、これからもなお多くのインドラが生じるであろう」[†]と。もろもろの化身もまた消滅していくものと想定されている。個々の特殊的な威力が実体的な統一のなかに戻っていっても、その統一は具体的ではなく、抽象的な実体的統一のままである。これらの特質規定がこの統一から出ていっても、それによって統一が具体的になるわけではなく、それらの特質規定は統一の外に立てられていて、自立性という特質をともなったもろもろの現象として想定されている。

† コールブルック「ヒンドゥー教徒の哲学について」（『王立アジア学会会報』第一巻、ロンドン、一八二四年）による。ただし、この引用のもともとの文脈は、ヴェーダの神々の世界が後のヒンドゥイズムの哲学的構想に従属していったという歴史的な事情を述べている。それゆえ、「これからもなお多くのイン

ドラが生じるであろう（werden noch sein）」という未来形は、もとの文脈とは無関係である。

d　次の段階への移行

われわれが立っている移行点は、このように〔多様な神々に〕区別されたあり方である。こうした個々に存在する主体的なあり方が一つのカテゴリーのなかに溶解する。その一つのカテゴリーにおいて、われわれは普遍的なもののなかにある。そのような主体は特定化された存在であり、他者にとって顕わに現象した存在である。このような主体、このような主観的な自己意識が、ブラフマンと称されるあの実体的な一《いつ》と同じものとして想定されるようになるというのがここで生じる移行である。さらにこの〈一《いつ》なるもの〉が、それ自身のなかで具体的な規定をはらんだ一体性（統一）として、それ自身にそなわった主観的な一体性として理解される。したがって、この一体性は、それ自身に総体性をそなえたものとしてとらえられるようになる。最初の段階では、この一体性は、それ自身において特定され主観的なものとしてとらえられるので、自身を精神的な一体性へと高めるようなものをもっている。つまり、精神的な統一に属するものを身につけている。その一体性が精神的な統一であるからだ。この一体性はそれ自身において主体的であると特徴づけられるから、それ自身において精神性の原理をそなえている。この一体性は精神的ではあるが、しかしまだ絶対的な精神ではない。さらに、この一体性は具体的な総体であるから、自己意識的な主観をもはや必要としない。インド人にあっては、この統一は主観と不可分だった。統一がまだ不完全でそれ自身にそなわった主観的な統一でない場合には、統一はまだ主観を自身の外にもつ。統一が完全な総体となると、統一は主観をもはや必要としない。けれども、ここに〔一《いっ》なるもの（神）の〕真の自立性が始まり、それとともに、〔崇拝の〕対象となる内容から意識が分離し、絶対的なものが客観性を獲得し、絶対的なものが意識自身から自立しているという意識が芽生える。

これまでわれわれが見てきたものは不可分の統一であった。この宗教形態において最高のものは、これまでは主観的で経験的な自己意識からまだ分離しておらず、まさにそれと不可分の統一であった。いまや分離が生じてくる。しかもその場合でも、内容はそれ自身において具体的な総体性をそなえたものとして知られている。

この移行のなかには注目すべき二つの規定がある。その詳しい展開は『論理学』にゆだねられるが、ここでは次の二つの規定が補助命題以上のものとして現れ、それにわれわれは依拠する。

［7／5］その一つは、われわれがブラフマンとして見た一体性ともろもろの特質規定とが互いに外在的でないということだ。後者の特質規定というのは、多くの威力、経験的な主体のことであり、もろもろの区別が現れて際立った状態のものであって、それらはあるときには自立的なものとして通用するが、またあるときには消滅し没落してしまう。前者の一体性がこれらさまざまな区別をともないつつ具体的な統一に立ち還る。具体的な統一の真理

は、それ自身のうちで具体的な総体をなす一体性だということである。したがって、もろもろの特殊的な威力が一体性のなかへと廃棄されたり、この一体性から〔再び〕これらの威力が現れ出たりする交互の転換はもはや生じない。インド人が考えるような生成と消滅の交替はもはやない。むしろ、もろもろの区別項を一体性のなかで廃棄して、一方では独り立ちできないものとして観念のなかで否定的に想定しながら、他方でまた保存もするということ。これがここでの理念であり、真理である。このような具体的な統一こそが真理であるということは「論理学」のなかで展開されるので、ここではそれを参照するよう指示するだけでよかろう。

もう一つの本質的な規定は、これによって初めて経験的な自己意識が絶対的な自己意識から分離し最高のものの内容から分離したということ、ここで初めて神が本来の客観性を獲得したということだ。以前の段階では、ブラフマンというのは自己のうちへと沈潜した経験的な自己意識であり、自己内での抽象であった。言い換えれば、最高のものが人間〔バラモン〕として現存していた。いま初めて、客観性と主観性との間に断絶が生じる。かくして、ここで初めて客観性は本来的な意味で神の名に値するようになる。とはいえ、この客観はまだ不完全ではある。われわれがここで神の客観性を見るのは、神の内容がそれ自身において具体的な総体性であるようにみずからを規定したからだ。このことが神は精神であるということ、あらゆる宗教において神は精神であるということなのだ。

宗教には主観的な意識も含まれるということが今日ことさら強調されるようになったが、

これは正しい見方だ。そこには、主観性は宗教には欠かせないという本能的な直観がある。けれども、人々は精神的なものが経験的な主体としてありうると考えているようにわれわれには見える。人々はある自然物を神としてしまう。その結果、精神性は意識の側にのみ属し、神までも自然存在としてこの意識の対象となってしまう。一面では、神は自然の本質実在としてある。しかし本質的には神は精神なのだ。これが宗教の絶対的規定であり、それゆえどんな形態の宗教でも、これが基本的な規定であり、これが実体的な基礎をなす。自然物は人間的な仕方では、人格性をもった精神や意識としても想い浮かべられる。けれどもインド人の神々はたんに表面的に人格化されているにすぎない。この人格化は、神［という対象Va↓W］が精神として知られるというところまでまだ全然たっしていない。人格化されているのは太陽とか樹とかいった個々の特殊的な対象である。そのことは神の化身とされるものでさえもそうだ。ところが個々の特殊的な対象は、それらが特殊的なもの［で自然の諸対象Va↓W^2］であるがゆえに、自立性をもたない。それらの*↓自立性はたんに捏造されたものにすぎない。しかるに最高のものは精神なのである。しかもこの規定は↑*［＊この精神的な規定と自立性はまずVa↓W^2］経験的で主観的な精神ないし主観的な自己意識に由来し、それに属する。そうであるのは、その規定が十分に発達している場合か、それとも〔信仰する〕主体が内省を深めることを通じてブラフマンが現存するようになる場合か、のいずれかである。

もはや、単純に人間が神であり神が人間であり神がただ経験的人間的なあり方をしているというのは事実ではない。神はそれ自身において真に客観的であって、［＊］本質的に客体であり、人間一般に向きあっている。人間と神とが和解し、神が人間として神人として現れることへ立ち還るのを、のちに〔第三部五〇三頁以下に〕見るであろう。だが神の客観性はいまここから始まるのだ。このような具体的な総体性として、神は二重のあり方をしている。これが未開の総体性〔自然宗教〕の第四の形態〔精神的なものへ移行しつつある宗教〕である。

＊　それ自身において総体性であり、それ自身のなかで具体的に規定されている。つまりそれ自身において主観的に知られている。そのようにして初めて神はVa↓W^2

この新しい形態では、最高のものと知られているものが生身の個体から分離し始め、そこからの分裂と客体化が始まる。このように〔最高の実在（神）が生身の個体から自身を〕回収し〔それらから自身を〕区別し客体化するやり方には、二つの形態がある。まず初めは純粋に単純な仕方で〔ペルシア宗教〕、次に発酵という仕方で〔エジプト宗教〕現れる。後者も一つの統一を表すが、それは同時にさまざまな要素が統一へむけて闘争しあい発酵するさまを表している。それは不純な主観性であるが、純粋な統一そのものへむかう努力でもある。前者はわれわれにとって第四の形態である。

四　精神的なものへ移行しつつある宗教

第一の形態はペルシアのa　光の宗教、ゾロアスター教である。この宗教のなかで、神は真に自立的に存在するものとなっている。つまり神は善という絶対的なものである。この善はまだ抽象的で一面的であるため、悪との対立のなかにある。また、善は光と直接的に一体であるという点で、自然性をまとっている。かくして善の国（光）と悪の国（闇）とが二元的に対立しながら、不可分の統一をなす。これがペルシアの宗教の根本理念である。

次の段階へ移行するなかで、光と闇との二元論がひとつになり始める。光という端的に肯定的なものが、闇という否定的なものとの矛盾をくぐり抜けて、精神的なものに到達しようとしている。この否定は神の死として現れる。神は自身から疎外されながら、この自己喪失を通じて自分を再発見する。

b　**エジプトの宗教**における神オシリスは殺され甦ったものであり、もはや感覚の次元には属さず、表象の国のなかで神として想い浮かべられたものだ。主観性が初めて表象の形式で現れ、精神的な基盤の上に立っている。ペルシア人にとって、光は直接的なあり方をしていたが、エジプト人にとっては、例えば、ナイルは自然の運行という内的なものを意味しておりナイル河はこの内的なものを指示する外的な記号という関係にある。エジプト人の祭祀は内的に表象されたものを外的なものへと形成しようとする衝動であった。それがピラミッドのような驚嘆すべき作品を産み出したのだ。

a　光の宗教――ペルシアの宗教

精神的なものへ移行しつつある宗教の最初の形式は、純粋で単純な総体性である。しかしそうであるがゆえに、それ自身はまだ抽象的な総体性である。この形式における神は真に絶対的に存在するものとして知られ、真に自立的なものとして、それ自身のうちで特定されたものとして知られる。つまり神は善である。けれども、神が善であるといっても、その善はまだ自然的な仕方で現存している。この形態は一般に光の宗教と呼ばれるものだ。この宗教のなかで、主体性の概念や具体的なものの概念が、さらにこの具体的なものが展開して総体を形づくることの裏付けが、主体に意識されるにいたる。われわれはこのなかにあるさまざまな特質を詳しく考察して、それらの必然性を証明しなければならない。その必然性は概念と思想にもとづく必然性である。それゆえ、われわれはあるときは論理的なものを前提し、またあるときはたんにこの必然性のあり方を示唆するだけにとどめる。

第一に、〔多様に展開したものを〕再び回収することが真実のものであり、実体的な統一である。その統一は自己自身のうちにおいて主体的であり、したがって一般にみずからを規定する。この統一はみずからを特定化するけれども、そうして生じた特質は再び外面的で偶然的である。ブラフマーからは神々のあのような粗野で概念を欠いた世界が生じる。〔具体性への〕展開は一体性（統一）にかなったものではなく、むしろ統一からこぼれ落ちてばらばらになっている。これに対して、ペルシアの宗教では統一はそれ自身においてみずからを規定する。だが、そのようにして生じた規定は経験的で多様な規定ではなく、それ自身、純粋で普遍的で自己同等的なものである。それは実体が特定化する働きであって、それによって実体は*↓実体であることをやめ、みずからを主体として規定する統一である。その統一は或る内容をもつ↑*。そしてこの内容は統一によって規定されたものであり、統一にふさわしく普遍的な内容である。このことが善ないしは真といわれるものだ。善ないし真は、知と意欲のさらなる種別化に属する形式にすぎないけれども、最高の主観性においてはただ一つの真理であって、この一つの真理の特殊化であるからだ。普遍的なものが精神の自己規定の働きによって特定化される。普遍的なものが精神によって規定され精神に対してあるということ、この面からして、普遍的なものは真理なのだ。普遍的なものが精神によって立てられ、精神の統一性にふさわしく自己を規定する働きであり、精神の自己規定の働きである場合、そのことによって、普遍的なものは精神の普遍性においてみずからに忠実でありつづけ、精神のあの統一性以外の規定は生じない。そのかぎりにおいて普遍的なものは善である。それゆえ客観性をもつのは真実の内容であり、善は真実と同じものである。この善は同時に、絶対的な実体という〈一なるもの〉がみずからを規定する働きでもある。したがって善はそのまま絶対的な威力でありつづける。絶対的な威力としての善。これが内容を規定するものである。

＊　実体であることをやめて、主体であることが始まる。みずからを規定するこうした統一は或る内容をもつ。Va→W^2

第二に、まさしく絶対的なもののこのような規定作用のなかに、具体的なものとの連関が、すなわち世界との連関、具体的に経験される生活一般との連関がある。あらゆる事物は〔絶対的なものの〕このような威力から生じる。このことは前に〔二八一頁以下のインドの宗教の項で〕見たものと同じものだが、ここではそれが従属的な契機としてある。インドの宗教では、自己規定の様式が規定の様式としては抽象的な意義しかもたず、〈自分のなかへ立ち還って、普遍的に真にして善なるもののなかに同一のままにとどまっているような自己規定作用〉ではなく、たんに規定することと一般であった。この契機がペルシアの宗教にも存在するが、しかし従属的なものとしてある。それは〔具体的な生、Va→W^2〕多様なあり方をした世界である。ただしここで肝心なことは、善が自己を規定する働きであり、この絶対的な規定作用が善そのもののなかにあるかぎりで、善のなかには善と具体的な世界との連関が含まれているということなのだ。

主観性、特殊性は一般にこうした実体のなかにある。すなわち絶対的な主体である〈一なるもの〉自身のなかにある。特殊的な生活に属するこの要素、この規定された状態は、同時に絶対的なもの自身のなかに設定されている。したがってこの要素は、〈絶対的なもの、善にして真なるもの、無限なもの〉と〈有限なものと称されるもの〉とを肯定的に連関づけるものである。先行する宗教形態における肯定的な連関は、あるときは自己への純粋な沈潜のなかにのみ見られ、そのなかで主体は「われはブラフマンである」と言う。けれどもこれは絶対的で抽象的な連関であって、精神がもつあらゆる具体的な現実をあいまいにし放棄してしまうことによってのみ成り立つ。つまり否定によってのみ成り立つ。無限なものと有限なものとの肯定的な連関はいわば一本の純粋な糸である。さもなくば、その連関は抽象的で否定的な連関となって、〔有限な主体の自己〕犠牲や自死となってしまうであろう。しかしここ〔ペルシアの宗教〕では、肯定的な連関があるために、諸事物が一般に善だと言われる。肯定的な連関によって、石や獣や人間が一般に善なのである。善はかれらのなかに現前する実体であって、善であるようなものが彼らの生命であり、彼らの肯定的な存在なのだ。彼らは善であり続けるかぎり、善の国に帰属する。彼らはそもそもの初めから〔神の〕恩恵のなかに受けいれられている。インド人のように一部の者〔バラモン〕だけが二度目に〔善人に〕生まれ変わったというのではない。有限なものは〔ことごとく〕善によって造られている。だから善なのだ。

第三に述べるべきことは、この善は、たとえそれ自身において主観的であり、それ自身において規定されていて、みずからを善と規定し、実体的な統一や普遍的なもののそのものにふさわしくとも、こうした規定そのものとしては、みずからはまだ抽象的であるということだ。善はそれ自身において具体的である。にもかかわらず、具体的であるというこの規定それ自身がまだ抽象的である。善はいろいろに適用される。言い換えれば、人間はいろいろと善い意図をもっている。そこで「善とは何か？」ということが問題となる。かくして善のさらなる展開と特定化が求められる。われわれはまだ善を抽象的な形でしかもっていないから、善をまだ一面的なものとして、対立にとらわれたものとして、他者に対する絶対的な対立としてもっている。これに対立する他者が悪である。

善のこうした単純さのなかでは、否定的なものがまだその権利を認められていない。善の国と悪の国という二つの原理、このような東洋的な二元論がここには見られる。この大いなる対立こそがここでその普遍的な抽象にまで達する。

［＊］善はたしかに真実で力強いものだが、まだ悪との闘いのなかにあって、悪が絶対的な原理として対立し続けている。［7／6］悪はたしかに克服され和解されるべきではあるが、「べし」は「である」ではない。「～すべし（Sollen）」というのは、みずからを貫徹できない力であり、弱いもの、無力なものだ。[†]

＊　たしかに、先に考察した〔インドの〕無数の神々においても多様性や区別はあったが、善と悪とのこの二元性は普遍的な原則にまでなっている。善と悪として区別されたものが、こうした二元性として対立している。これはこれまでのものとは異なる。L⁑W（1827?）

† ペルシアの宗教における善と悪との対立の思想を、暗にカント―フィヒテ哲学と結びつけている。ヘーゲルの見方では、カントおよびフィヒテによれば、善には限りなき接近が許されるのみでけっして到達できない。したがって善は現実のなかにいつもすでに現前するものとして認識されない。例えば、カント『実践理性批判』熊野純彦訳、作品社、二〇一三年、三〇〇頁、フィヒテ『全知識学の基礎』一七九四年、第三部（『フィヒテ全集』第四巻、隈元忠敬訳、晢書房、一九九七年、二七七頁）参照。

宗教および哲学はこの二元論をめぐって展開する。二元論は宗教および哲学の関心事であり、そこではまったく普遍性においてとらえられた区別となる。この対立は思想の様式で、その普遍性を獲得する。今日でも二元論は一つの形式であるが、このごろ語られる二元論は弱々しく衰えた形式である。† 有限なものを自立的なものとみなして、無限なものと有限なものとを互いに対立させ、無限なものは有限なものに一切関与せず有限なものは無限なものへと超え出ることはないと考えるとき、それはアーリマンとオルムズドの対立と同類の二元論、マニ教と同類の二元論である。ただ違いは、これらの対立を〔イメージゆたかに〕想い描こうという考えと思いがないだけだ。有限なものがさらにその特定化を進めて、みずからを有限で自立的なものと主張し、無限なもの、普遍的なものに対立し歯向かうとき、有限なものは悪である。ところがいままでは、有限なものに無限なものと同じ資格を与え二つとも妥当させようとする無思想ぶりに人々は立ちどまっている。だが神はただ一つの原理、ただ一つの威力であって、それゆえにこそ、有限なものと悪は真の自立性をもたないのだ。

† スピノザは内在的原因の原理によって、有限なものから無限なものへの移行を試みた。ヤコービはこの試みに反対して、有限なものと無限なものとの間の超えがたい深淵を再び強調した。ヘーゲルによれば、汎神論的な内在思想を批判しようとするヤコービらの関心は、結果として、有限なものから無限なものへの移行を理解できなくしてしまった。それによって、彼岸に孤立する形で想定された無限なものが同時に有限なものとなるという結果になった。ヤコービ『スピノザの学説に関する書簡』一七九五年、第六、七書簡（田中光訳、七四頁）、シェリング『独断主義と批判主義についての哲学的書簡』（『シェリング初期著作集』池田俊彦・中村玄二郎訳、日清堂書房、一九七七年、一五九―六八頁）参照。

第三の規定は、善はその普遍的なあり方をしながら同時に自然的なあり方をしていて、自然性という単純な顕現（Manifestation）、すなわち光という単一な顕現であるということだ。光は感覚的なものにおける抽象的な主体性である。空間と時間は抽象的なものである。これに対して、物理的な普遍性における具体的なものは光である。このような表象の立場から振り返ってみれば、〔インドの〕ブラフマーはたんに空間にすぎなかった。それはまだ、それ自身において自立的なものと想い描かされるだけの力を自分のなかにもたなかった。ブラフマーは人間の経験的な自己意識を必要としていた。

われわれがここで到達した善も、光という純粋な自然性だとはいえ、自然性の側面をまだ本質的に身にまとっているという難点がある。けれども一般論として、精神から自然を取りのぞくことなどできはしない。精神には自然も含まれている。神をそれ自身において具体的なものとして、純粋な精神としてとらえてみれば、神も同時に本質的に自然の創造主である。それゆえ概念における理念、本質性における神はそれ自身のうちに、われわれが自然と呼ぶような実在性ないし外面性を設定しなければならない。自然性の契機を欠くわけにはいかない。この契機はここではまだ、善という精神的なものと抽象的な仕方で直接的に一体化しているにすぎない。まさしく善がまだ抽象的なものであるからだ。善はそれ自身のうちに特質規定を含む。そしてこの特質規定のなかに自然性の根がある。われわれは「神が世界を創る」と言う。「創る」行為は主体性であって、そこには一般に特質が属している。自然を規定する働きはこの活動と主体性のなかにある。もちろん、自然は一つの創られたものというもっと密接な関係のなかにある。けれどもここ〔ペルシアの宗教〕にはまだそのような関係はなく、あるのは抽象的な規定である。その規定は本質的には自然一般の形式をもつ。すなわち光という形式と、善と直接的に一体だという形式をもつ。というのも、この規定は一般的で未展開な規定にすぎないため、直接的なものがまさしくそれ自身絶対的なものであるからだ。次に、光は闇と対立する。光と闇という二つの規定が自然のなかでこのようにばらばらになっている。光は闇を追い出す威力であるのに、光と光を否定するものとが併存しているというのは自然の無力である。それゆえここに見られる神の観念はそれ自身まだ無力なものである。それは抽象的であるがゆえに、対立や矛盾をそれ自身のうちに含んでこれに耐えるということがまだできない。むしろ悪を自分の横にもつ。光は善であり、善は光である。両者は不可分の統一をなしている。これがこの宗教の根本理念なのだ。

歴史的に見れば、これはパーシー教である。オルムズドとアーリマンとは〔神の〕皮相な人格化である。内実がまだ自身のうちで展開された主体性でない場合には、〔神が〕人格化されていても、それはたんに形式にすぎない。インド人においてさえ、神々はもろもろの主体や人格として表象された。けれども、それらの人格がそれらの実体と本質実在においてどのように特定化されるかは、もっぱらその内実による。もしも実体が展開された主体性にまで具体化されていなければ、人格性としてあらわれる主体性はたんに表面的なあり方にすぎない。この表面的なあり方がここペルシアの宗教にもあらわれているのだ。

光には生きとし生けるあらゆるもの、あらゆる本質、あらゆる精神性、これらすべてが属する。全世界はあらゆる段階と種類のオルムズドなのだ。しかもこの光の国においては、あらゆるものが善だ。主体性には区別が属する。この区別がどのようにして統一（一体性）へともたらされるのか。区別はばらばらになるのか、それとも真に理念的に想定されるのか。ここにすべてがかかっている。光もみずからを区別する。そして太陽、星々、惑星も人格化される。太陽は生命《いのち》の力であり、生命《いのち》の循環はそれに依存し、それと結びついている。太陽と惑星は最初の主要な霊的なものとして表象される。それらは神々であり、交替で光の世界の首長をつとめる。天上の民は純粋にして偉大であり、各人が世界を守護し、恵みをもたらし、祝福する。また、有限な諸事物の行為と成長、精力的《エネルギッシュ》なあらゆるもの、精神的なあらゆるもの、これらすべてが光でありオルムズドである。光はたんに普遍的な感覚的な生命ではなく、力であり、精神や愛であり、さらに愛における至福である。これらすべてがオルムズドの国に属する。オルムズドが実体である。そして個々の事物はこうした実体的なものを含んでいるがゆえに、善であり、光の国に属している。善い行為もそうである。個々の事物はその特殊的なあり方からすれば、普遍的なものから区別されてもいる。生きとし生けるすべてのものが崇拝される。太陽も星も樹も善なるものとして崇拝される。けれども、それらにおける善、ないしは、そのなかの光だけが崇拝されるのであって、それの特殊的な形態やうつろいゆく有限なあり方が崇拝されるのではない。［＊］

＊　実体的なものとうつろいゆくものとの間には分離がある。けれどもそれは軽い区別である。絶対的な区別は善と悪との区別である。L‖W（1827?）

国家も同じようにイメージされる。パーシー教徒の王は最上の光〔太陽〕の代理者とみなされるのであって、純粋なオルムズド自身の代理者とみなされるのではない。彼の官吏たちは惑星や星ぼしの代理者とみなされ、オルムズドの大臣と補佐とみなされる。[†1] 彼ら官吏たちのなかの一人が、すでにヘロドトスが知っていたミトラス、すなわち *μεσίτης* 媒介者である。[†2] すでにヘロドトスがミトラスのことを特記していたのは奇妙だ。というのも、パーシー教においては、媒介とか和解の規定はまだ重要ではなかったからだ。のちに人間精神のなかに和解への欲求が強まり、より自覚的に、より生き生きと、よりはっきりしたものになるにしたがって、初めてミトラス崇拝は広く普及するようになった。その点に関してブレスラウのローデ氏が、ミトラスを非常に持ち上げたクロイツァーに異議を唱えた。ローデは『ゼント』ではミトラスはまだ完成されていないということを強調した。それはまったく正しい。[†3]ミトラス崇拝はキリスト教時代にローマ人のあいだで特殊な完成を見た。（中世においてもまだミトラス秘儀は続いていて、外見上は神殿騎士団と結びついていた。）ミトラス儀礼に属する本質的な像の一つは、ミトラスが雄牛の首に小刀を突き刺している像であるこれはヨーロッパでしばしば発見された。（上図参照）。

†1　光の国の組織とペルシア国家の組織とが類似していることについては、『ゼンド・アヴェスタ』（クロイカーの独訳）の序文で強調されている。J・G・ローデ『古代イラン人の聖典と宗教制度』（フランクフルト、一八二〇年）はこの点ではきわめて控えめであった。ヘーレンは『古代世界の重要な諸民族の政治と通商について』（ゲッティンゲン、一八〇四―〇五年）のなかで「政府はオルムズドの国をモデルにして組織された」と断言していた。しかしその少し先で彼は両者の差異にも言及して、ゾロアスター教徒がわれわれが知っているペルシア帝国の同時代人ではなかっ

た可能性があると結論している。

†2　ヘロドトスの『歴史』第一巻一三一（松平千秋訳、岩波文庫、二〇〇七年、上巻一二一頁）を参照しているが、ヘロドトスは、「ミトラ（Mitra）」は愛の女神アフロディテにペルシア人が与えた名だと述べていて、媒介者ミスラ Mithra とは無関係である。ミスラを *μεσίτης*（媒介者）と特徴づけたのはヘロドトスではなく、プルタルコスの『イシスとオシリス』四六（『エジプト神イシスとオシリスの伝説について』柳沼重剛訳、岩波文庫、一九九六年、八八頁）であった。クロイツァーは、プルタルコスが言及したのはミスラで、ヘロドトスが言及したのはミトラであるという違いに気づいていたが、ミスラとミトラとを結合して一つの両性具有神に仕立てている（『象徴学と神話学』第一巻、七二八―七三八頁、ライプチッヒ、一八一九年）。

†3　ローデ『東洋のいくつかの古文書の年代と価値について』ブレスラウ、一八一七年、『古文書についての論稿――とくに東洋に注目して』ベルリン、一八一九年、『古代イラン人の聖典と宗教制度』（前注†1）などで、この批判が展開されている。ローデが批判したのはクロイツァーの『象徴学と神話学』の初版であった。クロイツァーは第二版のなかでこの批判に激しく応戦したが、実際に批判の中身には立ち入らなかった。ローデの批判は、クロイツァーが『ゼンド・アヴェスタ』のなかのミトラに後世のヘレニズム的観念を混入させていることに向けられているだけでなく、東方の神話を古代ギリシャの視点から解釈し次にこのギリシャ的に解釈された表象を東方のなかに再び見いだすことでギリシャ神話の東方的起源を示そうとするクロイツァーの傾向全般に向けられている。

*↓この宗教におけるある種の守護霊は、いわゆるフラワシである。ここには、一本の樹から↑*不死の水がわき出るというイメージがある。〔創世記の〕認識の樹とおどろくほど一致している。

＊　人間のなかにも区別が設定されて、或るより高いものは直接的な身体性・自然性・時間性から区別され、人間の外面的な存在と現存が重要性をもたないことから区別される。より高いものとはフラワシという守護霊である。樹々のなかでも一本きわだった樹がある。ホムという樹から不死の水がわき出る。それは認識の樹とくらべられる。そこには注目すべき一致があるけれども、さほど重要視すべきことでもない。Va↓W^1 ‖ W^2

パーシー教徒が崇拝するもののなかで、光は最高のものである。パーシー教徒の祭祀はこの宗教の使命から直接でてくる。パーシー教徒の全生活は祭祀でなければならない。彼らは言動と思いにおいて善を行わなければならない。〔いたるところで、人々のあいだであらゆる善を促進し。Va↓W〕井戸*〔＊運河Va↓W〕を掘り、樹々を植え、生活を実り豊かにし、生き生きと明るいものにして、あらゆる善を促進して、善と光がいたるところに栄えるようにしなければならない〔『ゼンド・アヴェスタ』〕。

次の段階への移行

多様で自然的なものが具体的な一体性（統一）へと回収される移行の最初の形式、それが光の宗教であった。第二の形式〔エジプトの宗教〕は具体的な主体性を自分のうちに含んでいて、先の単一な主体性が分散した状態であり、主体の発展したものである。けれども主体の発展はまだ粗野なものであって、自身のうちで実際に自由になった精神の安定にまだ達していない。インドではこうした発展がばらばらに現れ、生成と消滅が交互に生じて、自己自身へ立ち還ることがなかった。同じようにここ〔エジプト〕でも規定はゆるんでいるけれども、精神的なものであれ自然的なものであれ、それらのもろもろの元素的な威力は主体と結びついている。したがって、これらの契機を貫いて、区別そのものを自身のうちに閉じ込めて抑えつけているのは、ひとつの主体なのだ。

この形式はまだ一面的であるが、その一面性は、善という純粋な一体性（統一）が欠けているため、自己へと還帰して自己のもとに安住することができないという点にある。言い換えれば、自由は生じていても、ただ前にしゃしゃり出ているだけで、いわばまだ完成されていない。それはまだ、〔自由の〕結末や帰結が姿をあらわすような始まりでもない。それゆえ主観性は実在しても、まだ真に現実的な自由のうちにはない。主観性はこの実在性のなかで、そしてこの実在性のなかから発酵し始めている。

初めにあった光と闇との二元論がここで合一し始める。この暗く否定的なものは高じれば悪にもなる。これが主観性そのもののなかに入りこんでいく。主観性は、互いに対立するいくつかの原理を自身のうちに合一し、こうした自己矛盾を耐えしのんで矛盾を解消する威力である。オルムズドはいつもアーリマンに対立していた。アーリマンが最後には拘束されて、オルムズドがひとり支配するようになる、という表象もたしかに存続する。しかしこれは現在のことではなく、たんに将来のこととして語られているにすぎない。神、本質実在、

精神は現前し、現在のものでなければならず、表象のなかに移されて過去や未来のことにされてはならない。［＊］

＊　手近な要求である善は実際にも実在的な威力として、自身のなかに設定されなければならない。そして普遍的な威力と同じように、実在的な主観性としてとらえられなければならない。Va？↓W^2

この地点が一体性（統一）であり、次のようなさまざまな契機を経ていく主観性のドラマである。つまりそれは、否定そのものをくぐり抜けて否定を自分と和解させ、自己への還帰と和解をもって終わる肯定なのだ。けれども、その主観性の行為は、現実に申し分なく達成され成就された主観性というよりも、むしろまだ主観性の発酵にすぎないようなものだ。これらがこの段階の契機である。

主観はこのような区別であり、それ自身において具体的なものであり、一つの発展である。主観性は展開したもろもろの威力のなかへと入り込み、それらの威力を合一する。［これらの威力が解放されてVa↓W］主観性は一つの歴史（物語）をもつ。その歴史は生と精神の歴史であり、主観自身のうちにおける運動であって、そこで主観はこれらの威力の区別へと分散し、しかるのちに自身に対抗する異種なものへと逆転する。〔ペルシアの宗教では〕光はけっして没しない。しかしここでは、主体は自分を自分から疎外して、自己否定のなかに拘束されながらも、この疎外のなかで、そしてこの疎外から自分自身を立てなおす。その結果は自由な精神についての表象である。だがさしあたっては、そのような結果を生み出そうとする衝動があるにすぎない。[*]

* われわれはここで主体性一般としての神を見いだす。主体性における主要な契機は、否定が外部にあるのではなく主体自身のなかに含まれているということ、主体が本質的に自分自身に立ち還って自分のもとにとどまるものであること、これである。自分のもとにとどまることは、自分自身とは異なる他者を設定して区別するという否定を含むが、同様にまた、自身へと還帰しこの還帰のなかで自身のもとにとどまり自身と同一であるという肯定をも含む。L⫶W (1827?)

[7/9] さらに述べなければならないのは、この否定という契機である。否定の契機は、自然的なものとして想定され自然性の規定のなかにあるかぎりは、死である。それゆえここで登場してくる規定は神の死である。否定的なものというこの抽象的な表現はじつに多様な規定をもっていて、変化全般をさす。変化はまた部分的な死をも含む。自然的なものにおいて、否定は死としてあらわれる。否定自身はまだ自然性のうちにあり、まだ純粋に精神ないし精神的な主体そのものにおいて現れているのではない。精神的なレヴェルでは、否定は人間において、精神そのものにおいて、次のような特質をもってあらわれる。すなわち人間の自然的な意志は自分とは別の意志であり、精神という自分の本質からみれば、人間は自

分の自然的な意志からは区別される。自然的な意志はここでは否定〔されるべきもの〕であるから、人間が自分に立ち還り自由な精神となるのは、この自然性を乗り超え、自分の心情という自然的な個別性、非合理的な異種のものを理性的なものと和解させ、そのようにして自分自身のもとにくつろぐことによってである。このように自分自身のもとにくつろぎ和解するということは、このように歩む運動をつうじてのみ現存する。自然的な意志は悪としてあらわれる。自然的な意志という否定は、すでに眼前に見いだされたものとしてあらわれる。人間は、自己の真実へと高まることによって、この自然的な規定を理性に反するものとして眼前に見いだす。

否定については、あとで〔第三部四七八―四九八頁で、キリスト教的な〕もっと高い精神的な形式で話題になるであろう。というのは、ここことは別の見方では、否定は精神によってもたらされたものであるからだ。つまり神は、みずからの子をみずからの他者として生み出し、しかもその他者において自己自身のもとにとどま〔り、みずからを直観し、永遠の愛であ Va→W² 〕ることによって、精神である。そこでも否定はやはり消え行くものであり、〔＊〕神のうちにあるこの否定も特定された本質的な契機なのだ。

欄外　＊　その否定は、神が子自身のなかに自身を直観することによって、ただちに再び消滅する。Anの

〔後のキリスト教における否定はそのような特徴をもつが、〕ここではやっと主観性一般の表象に達しただけである。主体はこうしたさまざまな状態を主体自身の状態としてくぐり抜けていく。そのようにして否定が主体自身に内在する。この否定が自然的な規定としてあらわれる場合は、死という規定が登場する。主観性の規定をそなえた神はここでは、永遠の歴史として現象する。それは、みずから死して〔――否定の契機――Va↓W〕自分から疎外され、自分を喪失しながら、しかしこの自己喪失を通じて自分を再発見し、自分に立ち還る。このような絶対的に肯定的なものなのだ。〔この宗教においてもVa↓W〕これらの規定をくぐり抜けていくのは同一の主体である。先にアーリマンとして悪の形式において見た否定的なものは、オルムズドの存在にはけっして属さなかったが、ここでは神の〈自己〉（核心）に属している。

〔＊〕インドの神話には多くの化身が見られた。例えばヴィシュヌは世界の歴史であって、いまでは第十一ないしは十二番目の化身である。[†1] 同じように、ダライ・ラマもブッダも、また自然神であるインドラさえも死ぬ。その他の神々も死んで、そして再来する。けれどもこの死ぬということは、ここで話題にしている否定性とは異なる。というのは、ここでの否定性は主体に属するからだ。否定性をこのように区別することは、ひとえに論理的な規定にかかっている。あらゆる宗教のなかに類似の現象が見られる。例えば受肉や化体といった現象である。ヴォルネは、クリシュナ（Krischna）とキリスト（Christus）の名前が似ているという理由で、ふたつをつなげて考えた。[†2] けれどもそのような合成は、たとえ両者が或る共通な、或る同じ規定をもっているにせよ、きわめて皮相である。大事な本質的な点はそれ以上の規定であるが、こちらの方は見のがされている。インドラが千回も死んだとか、クリシュナが再生したとかいうことは、主体における死とは別種のものだ。つまり前者においては実体は同一のままである。ラマが死んでも否定は実体には属さない。実体はひとりのラマのからだを去っただけで、すぐに別のからだを選びとった。実体はこの死と否定とは無関係である。否定はここでは〈自己〉（核心）のなかに、主体そのもののなかに想定されているのではない。否定は実体に固有の内的な契機、内在する特質規定ではない。実体は死の苦痛を味わうことがない。〔インドではそうであったが〕ゆえに、いま初めてわれわれは〈神が死するということ（das Sterben Gottes）〉を、神自身のうちにあるものとしてとらえるに至った。つまり、否定が神の本質に内在するという特質をつかまえた。そしてこのことによって、この神は本質的にまさしく主体として特徴づけられる。主体とは、自分のなかで自分にこうした〈他であること〉を与え、自分を否定することによって自分へと立ち還り、自分を生み出す。それゆえこの苦痛と死とにかんする第三の規定は、死からよみがえって再建されるということである。

＊　われわれは否定をすでに死の形式においても見いだした。L⁝W（1827?）

†1　ここでの情報源は特定できない。「第十一ないし十二番目の化身」についての言及はラッソン版と

マールハイネケ版およびバウアー版にのみ見られ、筆記録には見られない。それら三つの版がともに依拠した筆記録が間違って情報を伝えた可能性がある。

†2　ヴォルネ（C.F. Volney, 1757-1820）『廃墟または帝政の革命についての省察』パリ、一七八二年。

b　エジプトの宗教

↓このような仕方で規定された宗教はエジプトの宗教として存在する。いま述べたことはその精髄であり、主要な規定である。それゆえエジプトの宗教はほかの多様な形態†のなかでも、主要な形態としてきわだっている。↑

*　この宗教の具体的なあり方、すなわちエジプト人の宗教では、無限に多様な形態が現れている。けれども全体の霊魂こそが主役としてきわだつ主要な規定である。Va↓W^2

†　フェニキアあるいはシリアの宗教を念頭に置いている。一八三一年の講義では、これが「苦痛の宗教」という独立したタイトルのもとで講述される（六四七頁以下参照）。

この宗教の立場をもっと詳しく見ると、オシリスと呼ばれる主神は敵意をいだくものであり、外的なものとしての否定、テュポンという他者を自分に対置するというイメージになる。† けれども、この場合の否定はオシリスに対して、オルムズドのようにひたすら戦いに明け暮れるというほど、外面的なものにとどまるのではない。むしろ否定は主体自身のなかへと反転してくる。主体は殺され、オシリスは死ぬ。けれどもオシリスはたえずよみがえる。したがってオシリスは再度うまれたものとして、表象として想定されたのだから、自然的なものではなく、むしろ自然的・感覚的なものから決別したものとして特徴づけられる。オシリスは表象の国に属するもの、すなわち有限的なものを超えて持続する精神的なものの基盤に属するものとして想定され、自然そのものに属するものと想定されてはいない。オシリスをその内的な特質から見れば、表象の神、想い浮かべられた神である。オシリスは死んでもまた復活する。この神がたんなる自然的な存在に対抗する表象の国に属しているということが、これによってはっきりと語られている。オシリスはしかし、たんにそのように想い浮かべられているだけでなく、そのようなものとして知られてもいる。オシリスが想い浮かべられたものとしてただ在るということと、想い浮かべられたものとして知られてもいるということとは、別のことである。

† プルタルコス『イシスとオシリス』一三（前掲訳、三三―三四頁）、ディオドロス『神代地誌』第一巻二一（前掲訳、三四頁）。

オシリスは、アメンテスという死者の国における支配者である。† オシリスは生者の主であ

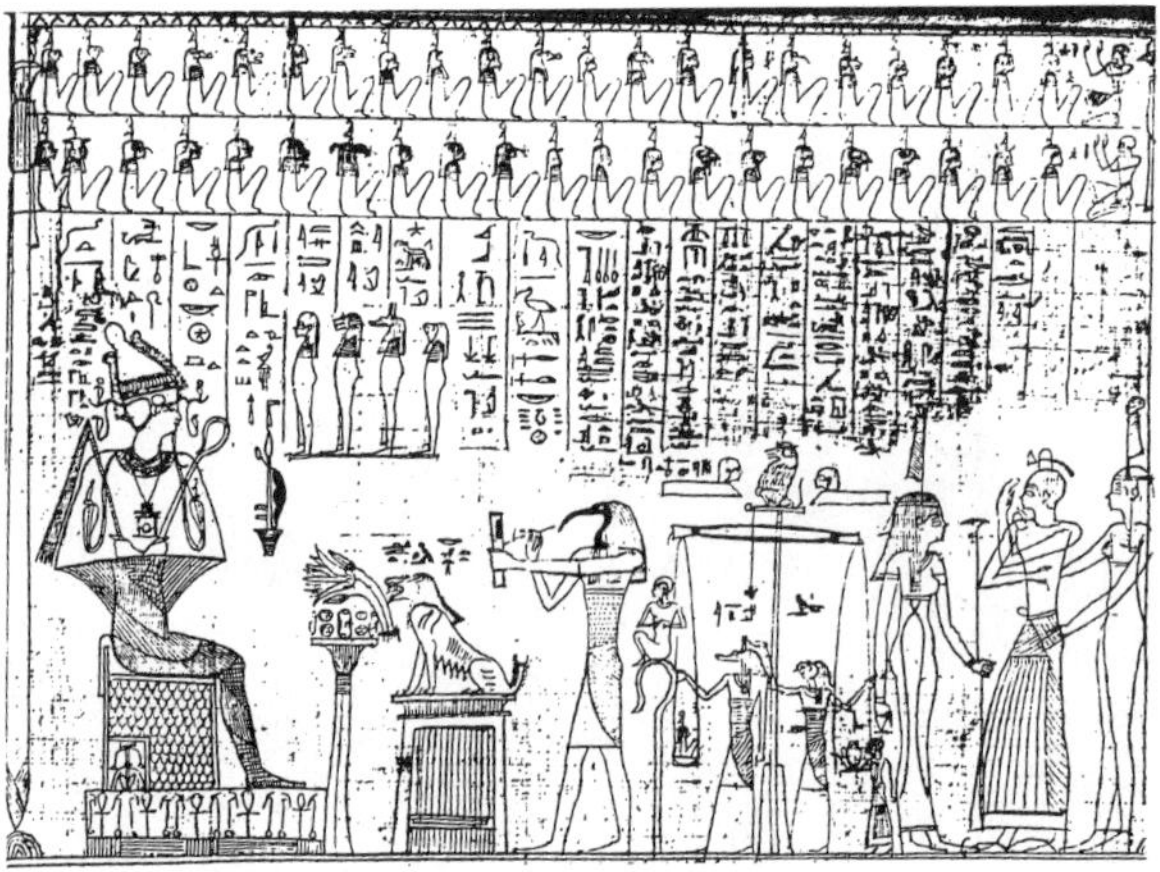

死者を裁くオシリス（「死者の書」より）

るとともに、もはや感覚次元に存続しないもの〔死者〕の主、すなわち、感覚的ではかない身体から離れて存続する魂の主である。テュポンという悪は征服され、苦痛もまた克服された。したがってオシリスは法と正義にしたがって裁く裁判官である。悪が征服され判決が言い渡されることによって、初めて裁きがあらわれる。いまや裁きが決定するものであり、善がみずからを貫徹［し、悪という虚しいものを否定Va↓W］する力をもつにいたる。

† 『イシスとオシリス』による。「死後人間の魂が行くと彼らが信じている地下の国は、アメンテスと呼ばれます」（二九、前掲訳、六〇頁）。イシスとオシリスの「力は至るところに及んでおりますが、わけて

も勢力を誇っているのは地上、それから地下の世界です」（二七、前掲訳五五頁）。ヘロドトスの『歴史』にも次のような記述がある。「エジプト人のいうところでは、地下の世界を支配するのはデメテールとディオニュソスの二神である」（第二巻一二三、前掲訳、上巻二七六頁）。「オシリスはギリシャ名でいえばディオニュソスである」（同一四四、上巻二九三頁）。

　オシリスは死者の支配者であると言うとき、その場合の死者も感覚世界の自然的なもののなかに置かれたものではなく、感覚次元の自然を超えてそれだけで独立して存続するものである。このことと結びついて、個別的な主体が持続的なものとして知られ、はかないものから引き離されて、それ自身だけで確固として独立し、感覚的なものから区別される。ヘロドトスは不死について「人間の魂が不滅であることをエジプト人が初めて語った」と書いているる†が、これはいま述べた意味できわめて重要な言葉である。中国とインドでは、魂のあのような永生や転生を見てきたが、インド人が考える不死は、個体の永続と同じように、低次の非本質的なものである。そこで最高のものとされたのは、肯定とか持続ではなく、ニルヴァーナ（涅槃）という、肯定的なものを滅却した状態である。それは、ブラフマンと似ているという点で、肯定的に見える。けれども、ブラフマンと同一だということは、同時に、〈見かけはたしかに肯定的だが自分自身のなかにまったく規定を欠く区別なき統一〉へと溶け込むことでもある。ここエジプトの宗教でも終始一貫、意識にとって最高のものは主観性そのものである。この主観性は総体性であり、自分のなかで自立的であることができる。これが真の自立性の表象である。自立的であるのは対立のうちにないものである。それは対立を克服してしまって、有限なものをもはや自分に対置するのではなく、自分自身のなかにいろいろな対立をもちながらも、同時にしかし、それらの対立を乗り超えてしまっている。主観性のこのような特質は客観的であり、神という客観的なものの特質であるが、それはまた不死という在り方で、主観的な自己意識の特質でもある。主観的な自己意識はみずからを主体として知り、総体的で真に自立的なものとして、したがって不死なるものとして知る。

† 「人間の霊魂は不滅で、肉体が亡びると次々に生まれてくる他の動物の体内に入って宿る、という説を唱えたのもエジプト人である」（ヘロドトス『歴史』第二巻一二三、前掲訳、上巻二七六―二七七頁）。ヘーゲルはこの報告についてベルリン時代のある断片のなかでも言及している。そこでは、エジプト人の不死の思想に対してもっと控えめに評価している。不死に対する信仰は精神自身のうちにおける無限性の感情にもとづくが、この感情がエジプトの宗教にはまだなかった、と（*Berliner Schriften*. Hrsg. v. Hoffmeister. 706f.）。

これが〈普遍的なるもの〉である。この〈普遍的なるもの〉のまわりを神々についての無数の表象がとりかこむ。オシリスはそのなかの一つにすぎず、ヘロドトスの書においても、のちの時代の神々の一つにすぎない。だがオシリスはとりわけ死者の支配者として、セラピス（またはサラピス）として、すべての神々を凌駕して、人々の最高の関心事に高められた。† ここでもミトラの場合と同じで、オシリスのなかにある規定は最も関心のある規定として強調された。パーシー教がミトラ崇拝となったように、エジプトの宗教はオシリス崇拝となった。だがオシリスはじかに眼にする世界の中心点になったのではなく、精神的な知性界の中心点になったのである。

† ヘロドトス『歴史』第二巻一四四―一四五、前掲訳、上巻二九三―二九四頁。ただし、ヘーゲルの引用は文字通りの引用ではなく、ヘロドトスの言葉からの推量をある程度ふくんだ要約である。オシリスとセラピスの関係についての叙述は不正確である。セラピス（サラピスともいう）はオシリスの特殊化された化身ではなく、ヘレニズム時代になされた習合で、プトレマイオス一世（在位BC. 323-285）によってマケドニア王朝の国家神として創設されたものである（もちろんかつてのオシリスの特徴を多く引き継いではいた）。ヘーゲルはおそらくプルタルコス『イシスとオシリス』のなかの「オシリスはその性格を変えたあとで、セラピスの名前を受けいれた」（二七、前掲訳、五六―五七頁）という言葉を念頭に置いている。セラピス崇拝についてのヘーゲルの知識はギニョー『セラピスとその起源――タキトゥスの『歴史』第四章八三―八四節についての注解』（パリ）から得たと思われる。この書の刊行は一八二八年であるが、ヘーゲルはおそらくクロイツァーを介してこの抜き刷りをもっていたと推測される。

いま述べたことのなかに、主観性がここで初めて表象の形式のなかに現れたということが含まれている。われわれは人間的な仕方で想い浮かべられた一人の主体、一個の精神的なものを扱っている。とはいえ、エジプト人が崇拝しているのは、じかに眼にする一人の人間ではない。その個別的な存在は、じかに眼にする個別的存在の圏内に直接的に想定されているのではなく、表象の国のうちに想定されている。それは、みずから運動しながら主観性であるような内容である。その内容はもろもろの契機と運動を自分のうちに含んでいて、その運動を通じて主体的である。しかしまた精神であるという形式と基盤をもち、自然的なものを凌駕している。かくして理念はこうした表象の基盤の上に想定されている。ここでの欠陥は、それがたんに主観性の表象にすぎず、主観性がみずからの基礎においてたんに抽象的にそこにあり、まだみずからの抽象的な基礎のなかにあるということなのだ。そこではまだ対立が普遍的になっているという深みはなく、主観性はまだその絶対的な普遍性、絶対的な精神性のうちにない。主観性がまだ普遍性の深みにおいて知られておらず、ただ表象のなかだけで知られているにすぎないため、それは偶然的で表面的で外面的な普遍性なのである。

表象のうちにある内容はけっして時間と結びついてはいない。その内容はむしろ*↓普遍性である↑*。［*普遍性の基盤の上に設定されているVa↓W^2］。或るものがこの時間・この空間のなかにあるという感覚的で個別的なあり方が取り除かれている。あらゆるものは表象とされることで、すでに一つの普遍性を獲得している。表象のなかでは精神的な基盤の上にあるからだ。（例えば一軒の家という表象の場合のように）たとえ感覚的なものがごくわずかしか取り除かれていないにしても、表象は普遍性をもつ。したがってこの普遍性（Allgemeinheit）は単なる外面的な普遍性であり、共通性（Gemeinschaftlichkeit）にすぎない。それ*［*外面的な普遍性がここではまだ支配的であるということVa↓W^2］は、基礎となる主観性の表象がまだ自分のなかで絶対的に深まっていないということと結びついている。つまり、まだ自分のなかで充実した基盤となっていないために、世界がその基盤のなかに観念的に想定されて自然的な事物がそのなかに飲み込まれるまでに至ってないのだ。

主観性が本質をなすため、主観性が普遍的な基礎である。したがってその歴史は主体そのものであるが、その歴史が同時に、直接的に眼にする世界のあらゆる事物の運動・生命・歴史として知られる。この普遍的な主観性が自然的なものの基礎でもあり、内なる普遍的なもの、自然的なものの実体をなす。かくしてわれわれはここで、自然的なものとその内的な実体という区別、二つの区別された規定をえる。それとともに象徴的なものという規定がえられる。自然的な存在には、〔じかに眼にする物とは〕別の基礎が割り当てられる。直接的に感覚できるものは、それとは別の実体を含んでいる。直接的に感覚できるものはもはや、そのまま感覚できるものそのものではなく、それとは別の何かを表している。つまりそれの実体や意義であるようなものを表している。これが象徴である。オシリスの歴史は、「このような抽象的な連関のなかにあっては、Va↓W²」エジプトの自然の内的な本質的な歴史でもある。この歴史には、太陽や太陽の運行、ナイル河といった、豊かな実りをもたらし変化をもたらすものが含まれる。

それゆえオシリスの歴史は太陽の歴史である。太陽は子午点までのぼって、やがて沈む。太陽の光線と力は十二月二十一日までは衰えていく。だがこの衰弱のあと、再び高まり始める。太陽は新しい力を得て再生する。オシリスはこのように太陽を意味し、太陽はオシリスを意味する。［＊］太陽、年、ナイルは、自己のなかに還帰するこうした円環としてとらえられる。

＊　太陽はこのような円環としてとらえられる。年は一つの主体として見なされるが、この主体はみずからこうしたさまざまな状態を経ていく。オシリスにおいて、自然的なものはオシリスのシンボルとしてとらえられる。かくしてオシリスはナイルである。それは成長し、あらゆるものを実らせ、氾濫し、熱によって（ここに悪の原理が入り込んでくるが）小さく無力なものになるが、しかしまた再び強くもなる。L‡W（1827?）

この円環にとって、個々の特殊な側面はそのつど自立的なものとして、個々の特殊的な神々として表象され、そのおのおのがこの円環の個別的な一側面や一契機を表している。「ナイルは内的なものであり、太陽とナイルはオシリスの意味であり、他の神々は暦の上の神である」と言ってもよい。† 一方は内的なものであり、他方は〔それを〕表示するもの、記号であり、内的なものを外に告知し意味するものである。ここでの関係は交互的である。あるときは一方が他方の内的なものを表示する記号だとすれば、別のときにはこの関係が入れ代わる。植物や種子やナイルの自然の運行はこのようにして生じる。その生命《いのち》は同一の普遍的な歴史である。人々は一方を内的なものとして、他方を内的なものを表示し把握する形式として、相互関係において受けとめる。けれども実際に内的であるものはオシリスという主体性そのもの、自己のうちへと還帰する円環である。

† クロイツァーは『象徴学と神話学』第一巻のなかで、オシリス神話は全体としても詳細においても、太陽年と太陰年を寓意的に人格化して描写したものだと論じた。オシリスとナイルとの同一視については、プルタルコス『イシスとオシリス』にこうある。「エジプト人はナイル河だけでなく、およそ水にかかわるものを、オシリスが流れ出たものと呼び、この神の栄誉を称えて、祭礼のときにはいつも水瓶が先頭を行く」（三六、前掲訳、七〇頁、ただし訳文は多少異なる）。プルタルコスもクロイツァーもこの文脈のなかで、記号に対立する内的なものについては語っていない。さらにデュピュイ（Charles-François Dupuis, 1742-1809）『あらゆる祭祀の起源、あるいは普遍的な宗教』（パリ、一七九五年）のとくに第一巻も参照されている可能性がある。

このようにして象徴は支配的なものであり、それ独自で存在する（für sich）内的なものであって、その内的なものが具体的な存在として外面的に現れる。内的なものと、具体的な存在の外面的な現れとは、互いに区別される。内的なものである主体はここでは自由で自立的になった。したがって内的なものは外面的なものの実体であって、外面的なものと矛盾しているわけでも、それと二元論的な関係に陥っているわけでもない。むしろ、現存する感覚的なあり方に対して、独自で存在する（für sich）意義とか表象である。この領域の最終局面は、感覚的な側面に対応する意義が中心点をなすことによって、表象を眼に見える形で直観させようとする衝動がそこに生じるということである。［7／10］表象そのものがみずからを言い表さなければならない。しかも、こうした意義を自分のなかから直観として産出しなければならないのは、人間なのである。じかに眼に見える直接的なものはすでに消滅している。それゆえ、もしも直接的なものが直観という直接性の様式でとらえられるべきだとするならば、——そして、表象はこのようにしてみずからを完成しようとする欲求をもつから——表象が〔直観へと〕みずからを統合するならば、この〔第二の〕直接性は〔最初のじかに眼に見える直接的なものとは違って〕人間の媒介行為による産物でなければならない。われわれは前に、直観可能な直接性を、自然的な無媒介的なあり方をした自然的なものとして見た。例えばインド人の間では、ブラフマンは人間が自己内へ没入する思考のなかで個別的に存在し、直接的なあり方をしていた。あるいはペルシア人においては、光は直接的なあり方をした直接性の形式であった。けれどもここでは表象から出発するために、表象が直観と直接性へともたらされなければならない。それゆえ、直接性とは言っても、人間によって媒介されたものとして想定されている。直接性へともたらさなければならないのは、あの内的なものである。ナイルや季節のめぐりは直接的に現存するものであるけれども、それらは内的なもののシンボルである。それら自然の歴史は表象のなかで主体として綜括される。このように綜括された存在、一個の主体としてのこうした経過、そして主体そのものは、それ自身においては、このような還帰する運動である。こうした円環が主体であり、綜括されたものである。それは表象であり、しかも主体として直観されるものでなければならない。

表象を直観化しようとするこうした衝動を一般に、エジプト人の祭祀とみることができよう。その衝動は、初めはまだ内面的で表象のうちに含まれそれゆえまだ明らかになっていないものを、労働をつうじて外へと形成する無限の衝動である。エジプト人は何千年ものあいだ、こうした労働を続けてきた。彼らもまず初めは自分たちの土地を耕した。だが何といっても、宗教的な意味をもつ労働はこれまで天上天下に作られたもののなかでも最も驚嘆すべきもの〔ピラミッド〕だ。それはかつてあった姿にくらべれば、いまではみすぼらしい廃墟のなかにしかない芸術作品であるけれども、その美しさとそれを完成させるための労苦のゆえに、万人を驚嘆させた芸術作品である。これらの作品をたえず産み出すことこそが、この国民の仕事であり事業であった。全国民はそのために働くことに際限なく駆り立てられた。この創作はとどまることがなかった。労働する精神は自分の表象をみずから直観し、自分の内面にあるものを意識の明るみにもたらそうとして、休むことがなかった。これらの作品は、この宗教の神がもっている特質のなかに直接もとづいている。

一国民の全体があのようにとてつもない労働に精を出したが、それはまだ端的に純粋な美的な芸術ではなく、美的な芸術へ向かおうとする衝動であった。美的な芸術は自由な主体性という特質を条件とする。精神が欲望とか自然性一般から解き放され、内的な自然と外的な自然による抑圧状況から解放されていなければならない。精神はそれ自身のうちで自由になって、自分は自由だと知った上で、自分を自分の意識の対象とするという欲求をもつようになる。精神がみずから自由に思考する段階にまだ達していないうちは、精神はみずからを自由に直観し、〔思考ではなく〕直観のなかで自分を自由な精神として見据えなければならない。このように精神が直観の産物という直接的なあり方で直観の対象となる。ここではこうした精神の具体的なありようとその直接的なあり方がまったく精神によって規定されていて、〈ここに自由な精神が住む〉という性格を一貫してもち続けている。ところでこれはまさしく、われわれが〈美〉と呼ぶものである。美においては、あらゆる外面性が一貫して性格として取りまとめられ、何かを意味するものとされ、自由なものである内面的なものによって規定されている。そこに自然的な素材はあっても、その相貌は自身のうちで自由な精神〔の存在〕を証するものにすぎない。こうした自然的な契機は一般的にはのり超えられて、精神の外化や開示（啓示）にのみ奉仕しなければならない。エジプト的な特質をもった内容はこのような主体性であるから、ここには美的な芸術〔そのものではないが、それ〕への衝迫がある。その衝迫はとりわけ建築の制作にむかい、同時に形態美へ移行しようと試みていた。しかし、それがたんに衝迫にすぎなかったかぎりにおいて、美そのものがここではまだ美として現れ出なかった。

　この衝迫のなかには、〔内的な〕意義とそれを外面的な形態一般へとあらわす素材との闘争が含まれている。その闘争は、外的な形態に内的な精神を刻印しようとする試みと努力にほかならない。［＊1］エジプトの宗教にはこのような衝迫があるだけである。というのは意義と表現、表象と具体的な存在とがまだ分離していて、一般に、両者が互いに区別されているからだ。さらに、こうした区別が成り立っているのは、主体性が初めは[*2↓]ただ一般的で抽象的な主体性であって、まだ充実した具体的な主体性ではないからである。形態はまだ自由な美的な形態にまで高められていない。まだ明晰なものにまで精神化されてはいない。感覚によってとらえられる自然的なものがまだ精神的なものにまで完全に変容しきっていない。それゆえ感覚によってとらえられる自然的なものはたんに精神の表現にすぎない。このような有機体とその相貌は記号にすぎず、精神的なものを意味するものにすぎない。↑2*

＊1　ピラミッドはそれだけで独立した結晶であって、そのなかに死者が保存される。けれども美に迫ろうとする芸術作品では、外面的な形態に、内的な魂である内なる美が刻印される。L≒W (1827?)

＊2　精神的なものと形式とがまだ自由な統一に達していない。An

エジプトの原理では、形態化された自然的で外面的なものが明瞭さと透明さを欠く。残された課題はただ自分自身に明瞭になるということだけである。*↓エジプトの原理の段階は一般に謎の段階としてとらえることができる。意義は内的なものであって、それはみずからを外面化しようと駆り立てられながらも、しかしまだ外へと完全に表れるには至っていない。〔古代エジプトの〕サイスにあった女神ネイトの神殿の碑文にははっきりとこう記されている。「われはかつて在り現に在りこれからも在るものである。これまで死すべきものの誰もわがヴェールをはいだことはなかった。↑*わが身体《からだ》の実はヘリオス等々である†」と。このようにまだ隠された本質は、明るさという太陽、みずから明るくなるという精神的な太陽を、自身から生まれる息子として言い表している。

＊　そして精神的な意識は内的なものとしてやっと自然性から脱しようとしている。この苦闘をみごとに髣髴とさせる主要な姿をサイスの女神像のなかに見いだすことができる。この女神はヴェールをつけて現れた。この像のなかに象徴され、女神の神殿の碑文（「われはかつて在り現に在りこれからも在るものである。これまで死すべきものの誰もわがヴェールをはいだことはなかった」）のなかにはっきりと言い表されていることは、自然がそれ自身のうちで区別されたものであること、言い換えればみずからの姿を顕わすその直接的な現象に対する他者、つまり謎であるということ、自然が内なる隠されたものだということ、これである。

しかし、とこの碑文はさらに続く、Co↓W^2

† この引用の最後の文はプルタルコス『イシスとオシリス』九（前掲訳、二五頁）からであるが、その前まではプロクロス『プラトンのティマイオス』第一巻三〇からである。ヘーゲルは「ヴェール」を、女神の処女性を暗示するものとする当時流布していた解釈に反対して、ネイトの彫像の覆いと解し、そこに精神の自己開示（啓示）という思想を託している。『歴史哲学講義』上巻三五九―三六〇頁にも同様の言及が見られる。

この明瞭性は、これから考察しなければならない宗教形態すなわちギリシャの美の宗教とユダヤの崇高の宗教のなかで「――前者では芸術と美しい人間的な形態において、後者では客観的な思想において――Va↓W^2」達成されるものである。そこにおいて謎が解かれる。あるきわめて重要で驚嘆すべき神話によれば、スフィンクスはひとりのギリシャ人〔オイディプス〕によって殺され、〔朝は四本足で歩き、昼は二本足で歩き、夜には三本足で歩くものは何かという〕謎がこう解かれた。「その中身は人間であり、自身を知る自由な精神である」と。自然宗教という宗教の最初の形態については以上で終わる。自然宗教はわれわれからはかけ離れているために、しかもその自然は〔もろもろの宗教が〕独自に自立化するところまで分散する定めをもつために、われわれはこんなにも長く自然宗教に時間を割いてしまった。

これをもって、われわれは次に考察すべき民族宗教（die ethnische Religion）の第二段階に達する。

B　自然的なものを超える精神的なものの高まり
――ギリシャの宗教とユダヤ教

ここでは、民族宗教の第二段階、具体的にはギリシャの宗教とユダヤの宗教を考察する。精神的なものと自然的なものとの混淆が終わり、精神は自由な主観性となって自然を超え出る。ギリシャの宗教では、自然は自由な主体性をもった神々として現れる。それは精神と自然とが和した美の宗教である。ユダヤの宗教では、自由な主体性が思考の純粋性へと高められ、感覚的な自然はこれに支配される。これは崇高の宗教と呼ばれる。

これは精神的なものが自然的なものを超えて自由へと高まる段階である。その高まりは、あるときは自然性を超えて、またあるときは自然性のなかで生じる。かくして精神的なものと自然的なものとの混淆が終わる。これがもろもろの民族宗教の第二段階である。

第一段階は自然宗教であった。これは多くの〔形態〕をそのなかに含んでいた。自然宗教は一面では、われわれの観念から最もかけ離れていて、最も粗野で不完全なものだから、理解するのが最も難しい。他面では、自然的なものは非常に多くの形態を自分のうちに含んでいる。というのは、普遍的で絶対的な内容がこうした自然性・直接性の形式においては分散しているからだ。より高次の段階ほどより深いものであって、ここでさまざまな契機が主観的な統一という観念性のなかに取りまとめられ、直接的なものが分散した状態は廃棄されて、主観的な統一のなかに連れ戻される。自然性という規定のなかにあるものが、あのように多数の形態を示し、それらが互いに無関心で関わりをもたず、それぞれが固有の自立性をもってあらわれたのは、こうした理由による。

この段階の一般的な特徴は、自由な主観性がみずからの衝迫と衝動とを満たしたということにある。自由な主観性は有限なものの全般を支配するにいたった。意識の対象である自然的で有限なものに対して、あるいは、自然的なものであれ精神的なものであれ、有限なものに対して支配を確立した。かくしていまや主体は精神であり、精神は精神的な主体として知られる。その精神的な主体が自然的で有限なものにかかわる仕方は、自然的なものを一方的に〔精神的な主体に〕奉仕させて［＊］精神を称讃し顕示し開示するという使命だけをもたせるというやり方である。このような自由と威力をえた精神、自然的で有限なもののなかで自分自身と和した精神は、それ自身で独立していて（für sich）自由であり、これら有限な自然的なものと精神的なものを超え出て、それらから区別されている。また、経験的で変わりやすい意識の所在と〔その対象となる〕外界の所在からも区別されている。これがこの段階の特徴だ。精神が自由になって、有限なものが精神的なものにおいてたんに観念的な契機をなすにすぎないために、精神は自分自身のなかで具体的なものになっている。しかも、われわれも精神をそれ自身のなかで具体的なものと見なし、精神的なものの自由を精神自身におけるも具体的なものと見なすから、その精神は理性的な精神である。内容が精神の理性的なものをなしている。つまり自然的で有限なものはたんに精神の徴《しるし》［証人Va↓W²］にすぎず、精神の顕現に奉仕するにすぎないということだ。それゆえ、ここにわれわれは理性的な精神を内容とする宗教をもつ。

＊　またあるときは、精神の衣であり、精神を髣髴とさせるものとして、精神のなかに具体的に現前して　Va↓W

この自由な主体性はすぐに二重の特質規定をもつ。次の二つの形態を区別しなければならない。まず第一に、自然的で有限なものは精神のなかで、精神の自由のなかで神々《こうごう》しいものへと変容している。その変容は、自然的で有限なものが精神的なものの〔神々〕の徴《しるし》であるという点に成り立つ。〔神々の〕徴《しるし》という関係においては、自然的なものそのものが有限なものとして、あの実体的なもの〔神々〕を指し示すもう一面をなす。言い換えれば、物理的ないし精神的な自然〔自然世界と人間〕がこのように変容するなかで、自然的なものがあの本質的で実体的なもの、すなわち神と向きあっている。神は自由な主体性である。その主体性の上で、有限なものが精神である神をあらわす徴《しるし》として立てられているにすぎない。これがここに現前する個性、すなわち美のあり方である。これがギリシャの宗教である。もう一方の〔第二の〕形態は崇高の宗教〔ユダヤの宗教〕である。この宗教では、感覚的で有限なもの、すなわち精神的な自然および物理的な自然〔個々の人間と自然〕が、自由な主体性のなかに取り込まれて神々《こうごう》しく変容するということがない。つまりこういうことである。〔ギリシャの宗教のように〕有限なものが自由な主体性のなかで神々へと変容をとげている場合には、有限なものは同時に自然的で外面的なあり方をしている。自然的なものは精神の徴《しるし》にまで高められているけれども、それでも外面性・感覚性から純化されることがない。これに対して、もう一方の崇高の宗教には、自由な主体性が思考の純粋性という別の極へと高められるという特質がある。崇高の宗教では、思考の純粋性への高まりの方が感覚的なものよりもいっそう内容にふさわしい形式だからである。そこでは、感覚的なもの一般がこのような自由な主体性によって支配されている。その主体性はそれ自身ひとつの威力であり、その威力のなかで他者は或る観念的なものにすぎず、自由な主体性に対抗しては真に存立するには至らないからだ。

第一の形態〔ギリシャの宗教〕では、いわば精神的なものと自然的なものとの和解が生じていて、自然的なものは単に精神的なものの徴《しるし》であり契機にすぎない。けれども精神的なものはこのような外面性にまだつきまとわれている。第二の形態〔ユダヤの宗教〕において初めて、有限なものは精神によって支配される。精神は自然性・有限性を超えて高まり、もはや外面的なものに囚われたり、曇らされたりしてはいない（美という形式ではまだそうであったけれども）。この第一の形態が美の宗教であり、第二の形態が崇高の宗教である。

一　美の宗教またはギリシャの宗教

ギリシャのａ　**神観念の内容**は次の三つの特徴をもつ。

（１）ギリシャの宗教は、ポリスという倫理的な共同体を基盤にして、理性的な自由の精神が花開いたものである。自然の諸威力を形象化した多彩な神々の競演が繰りひろげられるが、このなかに自然的なものに対する精神的な原理の優勢がはっきりと見てとれる。

（２）ばらばらに分散して現れる神々の上に、より高次の威力としてゼウスが支配する。この威力が運命であり、理解しがたい必然性《さだめ》である。ギリシャ人は運命を甘受する心構えをもち、補償も慰めも必要としない抽象的な自由のなかに生きる。

（３）運命のもとに、さまざまな個性をもった神々が展開する。これは、普遍的なものに対する外面的な個別性の関係である。自然のもろもろの元素や現象が人間の姿をした神々として想い描かれる。それらはギリシャ人の美的な想像力の産物である。

ｂ　**祭祀**のなかでギリシャ人は、人間と神々との肯定的な関係を楽しんだ。例えば、女神アテナはアテナイ国民自身であるから、アテナの祝祭のなかでは、国民自身が生ける神として崇められ称えられている。彼らは自由であるがゆえに、自分たちが神々と肯定的な関係を保ち神々と一体なのだという意識をもちえた。ここにギリシャ人の祭祀の明るさの基盤がある。

これをわれわれはすぐにギリシャ人の宗教と名づけてもよい。ギリシャ人の宗教は汲めども尽きぬ題材である。とりわけわれわれの心をとらえる内容は、この宗教が人間性にもとづく宗教であるということだ。人間はみずからの正当な権利を得て、みずからを肯定するにいたり、そのなかで人間の具体的な姿が神々として描かれる。ギリシャの神々のなかには、本質的に人間に知られていないような内容はなにもない。ここではまず第一に神の客観的な内容を考察し、第二に祭祀を考察する。

［7／12］ a　神観念の内容

この内容のなかで次の三つの側面が区別される。

（1）内実そのもの、すなわち神的なものの本質性。
（2）この神的なものより上に立ついっそう高次なもの、すなわち運命。
（3）この神的なものより下位にある低次なもの、すなわち外的な個別性。

（1）　まず初めに内実そのもの、すなわち純粋な内容について言えば、先の連関のなかで示されているように、全般的に理性にかなっているということが実体的な基礎をなしている。つまり精神の自由、本質的な自由が基礎をなしている。この自由はけっして勝手な思いではない。自由は勝手な思いから区別しなければならない。自由は具体的に規定されている本質的な自由であって、みずからを規定する自由である。みずからを規定する自由が関係の基礎をなすのだから、この関係は理性的であり、もっと具体的に言えば倫理的共同性（Sittlichkeit）である。この連関について次のような定理を想定できる。自由はみずからを規定する形式的なものである。自由は初めは形式的なものとしてあらわれる。この形式的なものが、われわれが倫理的共同体（Sittlichkeit）と名づけるものへと転換する。こうわれわれは前提する。理性にかなった具体的な状態は本質的には、われわれが倫理的な諸原理と呼ぶものである。自由はそれ自身だけを、つまり自由だけを欲し、それ以外のなにものも欲しないということ、このことが倫理的共同態である。そこからさまざまな共同倫理的な規定が生じてくるが、ここではこれ以上に詳しく述べられない。

ここでは倫理的共同体〔ポリス〕が本質的な基礎をなすが、これはいわばわれわれが見いだす最初の倫理的共同体であって、直接的な状態にある共同体である。それは理性的である。しかもこの理性的にして倫理的であることがまったく普遍的であって、それゆえ実体的な形式のうちにある。この理性状態はまだ一つの主体としてあるのではない。理性的であることが〔そのまま〕倫理的であるような堅固な統一体のなかにあって、そこから出て主体の統一へと高まってはいない。あるいは自己自身のうちへと内省的に沈潜してもいない。それゆえ、もろもろの精神的な本質的に共同体的な規定がばらばらになって現れている。豊かな内実があるけれども、互いにばらばらなのである。

倫理的共同性（Sittlichkeit）一般と道徳性（Moralität）とは区別されなければならない。道徳性は倫理的共同体の主観的な側面である。この主観性は自分自身のなかでみずからを釈明する術を知っている。それは企図と意図、そして倫理的共同という目的をもち、倫理的共同体という実体的な存在について知ってもいる。倫理的共同体は実体的な存在であり、共同倫理的なものの真実の存在であるけれども、まだこの共同倫理的なものについての知ではない。共同倫理的なものは客観的な内実であって、〔それについて〕自分のなかで内省するという主観性はまだ生じていない。

共同倫理的な内容はこのような特質をもっているために、互いに分散している。その内容の基礎をなすものは、*πάθη*（情念）である〔アレクサンドリアのクレメンス『異教徒への勧告』第二章第二六節四〕。それは本質的に精神的な威力であり、共同倫理的生活の普遍的なもろもろの威力（公的権力）であり、とりわけ政治的な生活、国家における生活である。〔この基礎の上に〕さらに正義、勇気、家族、誓約、農耕、学問等々がある。共同倫理的なものはこのようにもろもろの特殊的な規定に分散しているが、このことと結びついて、*↓被造物の領域↑*［＊自然世界Va↓W］もこれら精神的な威力に対立してあらわれてくる。こうした分散を帰結する直接性という特質は、もろもろの自然的な威力が、天と地、山と河、昼と夜という形で、向かい合ってあらわれるという特質を含んでいる。これが〔この宗教の〕一般的な基礎である。

しかしながら、このような分散が生じて、さまざまな自然的威力がそれだけで自立してあらわれてくると、精神的なものと自然的なものとの統一も同じようにますます際立ってくる。この点が本質的に重要な点である。この統一はしかし両者の中和化ではない。むしろこの統一のなかで精神的なものが優勢となるばかりか、支配的で規定的なものとなる。これに対して、自然的なものは観念的で従属したものとなる。

この関係は一面では、クロノス（その抽象的なあり方は時間である）、ウラノス〔天空〕、オケアノス〔水、河〕、ヒュペリオン〔ウラノスとガイア（大地）の息子、ヘリオスやセレーネの父〕、ヘリオス〔太陽〕、セレーネ〔月〕といった自然の神々がいるという形で、あらわれる。宇宙創成記は同時に神統記でもあるが、このなかにはいろいろな普遍的な自然的な威力、自然の形成物や造形があらわれてくる。われわれはそれらをティタン族のなかに〔十二柱の神々として〕一緒に数える〔ヘシオドス『神統記』133f. 168ff. 371〕。それらは人格化されてもいる。けれども、それらにおいては人格化は表面的にすぎず、たんなる擬人化にすぎない。というのも、内容が――例えばヘリオスという内容が――自然的なものであって、精神的なものではなく、精神的な威力ではまったくないからだ。ヘリオスが人間的なあり方で想い浮かべられ、人間的な仕方で活動するということは、人格化の空虚な形式である。ヘリオスは太陽の神ではない。ギリシャ人はそのように表現はしない。*ὁ θεὸς τοῦ ἡλίου*

（太陽へリオスの神）という表現はどこにも見あたらない。自然的な太陽はない。したがって太陽の神としてのへリオスがあるのではなく、太陽であるへリオスが神なのだ。*↓同様にオケアノスも神そのものである。↑* これらが自然のさまざまな威力である。

＊　オケアノスは海の神ではない。それは、神〔オケアノス〕と神が支配するもの〔海〕とが区別される形で海の神なのではないということだ。Va ↓ W2

第二に、これら自然的な威力は精神的なものに従属している。たんにわれわれがギリシャの神々についてそう思い描いているだけではない。ギリシャ人がみずからそう表現し、彼ら自身がそのことを意識していた。この面からして、ギリシャ人自身が彼らの神々についてなんと言ったかだけを述べさえすればよい。そこに本質的なものである概念が含まれているのだから。ギリシャ神話の主要な契機は次のようなものだ。神々、とくにその頂点に立つゼウスは、戦争や暴力によって自分たちの支配を確立した。精神的な原理が巨人族、ティタン〔ギリシャ神話のなかで最も古い神々〕を王座から突き落とした。たんなる自然的な威力が精神的なものによって打ち負かされたのだ。精神的なものが自然的な威力を凌駕して、いまや世界を支配している。ティタン族とのこの戦争はたんなるメルヘンではない。それはギリシャの宗教の本質である。この神々の戦争のなかにギリシャの神々の全概念が含まれている。〔＊〕精神的な原理が優勢になり、それが自然の原理を打ち負かしたということ、これが神々の本来の行為であり、神々の本来の歴史なのだ。ギリシャの神々はそれ以外には何もしなかった。ティタンは大地のへりに追いやられた。それゆえ、彼らはまだそこにいる。けれども、彼らは精神的なものに従属していると想定されているので、彼らは精神的なものに対してただ外面的であるというのではなく、精神的な神々の〔内在的な〕特質をなしている。彼らに対する勝利は、彼らに権利も名誉も残す形でなされた。彼らは自然の諸威力ではあるけれども、それより高い共同倫理的な真実の威力でも、精神的に本質的な威力でもない。けれども精神的な威力のなかにも自然的な契機は含まれている。ただそれが自然の元素のなごりにすぎず、それゆえ自然の諸威力の一面にすぎないというだけなのだ。

＊　神々がトロイヤ〔戦争〕のような個別的な出来事を心にかけるにしても、その出来事は神々相互のあいだの行為ではない。それはもはや神々の事蹟（歴史）ではないし、神々の本性の歴史的な展開でもない。Va↓L＋W²

古い神々においても二つの面が区別されなければならない。というのは、古い神々にはたんに力にすぎない自然的な諸威力が含まれるだけでなく、ディケー〔正義の神〕やエリーニュス〔復讐の神〕、エウメニデス〔復讐の神エリーニュスの怒りが鎮められ、好意的となった神〕、誓いの神、ステュクス〔冥界を流れる河の女神〕、ネメシス νέμεσις〔義憤、報復の神〕、プトノス φθόνος〔嫉妬の神〕なども含まれるからだ。これらの神々は精神的な種類のものではあるが、たんに内面的にのみ存在する威力としての精神の側面であるという点で、新しい神々から区別される。それらはたんに自身のうちに存在する威力であり、精神的でもある。自身のうちにのみ存在する精神性だけでは、抽象的で粗野な精神性であり、まだ真実の精神性ではないから、それらは古い神々に数えられる。それらは恐るべき普遍的なものである。エリーニュスは内面的な審判者であるにすぎない。誓いの神は私の内面における確信である。私がこの神に外面的に宣誓するにしても、誓いの真実は私のうちにある。われわれはこの宣誓を良心と比較対照することができる。これに対して、ゼウスは政治の神であり、法律の神、支配の神である。ただし周知の法律の神である。ここで通用しているものは良心の掟ではなく、公開の法律で定められた法（正しさ、権利）である。国家のなかで正当性をもつのは良心ではなく、もろもろの法律（die Gesetze）（das Gesetzte 制定されたもの） である。良心が正当な種類のものであるためには、良心が正当と知るものが客観的なものでもなければならない。［＊1］ディケーと並んでネメシスも古い神である。ネメシスはプトノス（嫉妬）および愛と一緒にされる。それは高慢なプライドを引き下げる形式的なものである。高慢が不当であるのはお高くとまっている点にのみあるのであって、けっして高慢そのものが倫理的に不当なわけではない。プトノスは表面的な正義であって、たんに同等化と平均化のなかにのみ成り立ち、卓越したものを他のものと同等レヴェルにまで引き下ろす嫉妬である。ディケーのなかには厳格で抽象的な正しさだけが含まれている。オレステスはエウメニデスすなわち厳密な法の神々によって責めたてられ、それからアテナ女神という共同倫理的な正義（法）、目に見える共同体的国家権力によって無罪放免された〔アイスキュロス『エウメニデス』とくに734-741〕。［＊2］

＊1　真実のものは隠されているのではなく、顕わになっている。人間が自分自身の良心にもとづくならば、或る者はこの良心をもち、他の者は別の良心をもつことになろう。彼の良心が正しい種類であるためには、彼が正当と考えるものが客観的な正当性と適合していなければならず、たんに内に住みついているだけのものであってはならない。国家が共同倫理的な体制になっている場合、もし良心が正しいならば、その良心は国家によって承認されたものである。L∴W（1827?）

＊2　共同倫理的な正義（法）は、ただ厳格なだけの正義（法）とは違う。新しい神々は共同倫理的な正義（法）の神々である。L∴W（1827?）

自然的なものと精神的なものとがどのように混じり合っているかを示す例をすこしあげてみたい。ゼウスは天空全般であり、大気の変化（「冷たき天のもとに sub Jove frigido」〔ホラティウス『カルミナ』I. I. 25〕）であり、雷鳴のごとく轟くものである。しかしこのような自然原理のほかにも、ゼウスは神々と人間の父であるばかりか、政治の神、国家の神でもある。つまり国家の正義と共同倫理であり、地上の最高権力であり、＊1→親切にもてなす力さえもつ。←＊1フォイボス（輝けるもの）〔＝アポロン〕はあるときは知の神である。けれども、実体的論理的な規定からしてすでに、知は光に対応している。アポロンは太陽の威力のなごりであり、あらゆるものを照らす太陽、ヘリオスである。光と知とは、すでに潜在的にも顕在的にも、対応する。論理的な規定は、まさしく自然的なものおよび精神的なものにおけるこうした顕現である。それゆえにフォイボスはただたんに知るもの、啓示、神託ではない。それはリュケイオス・アポロンと呼ばれ、〔添え名〕リュケイオス（*λύκειος*）が光と直接むすびついている。それは小アジア〔のリュキア〕に由来する。明け方近くに自然的な光はひときわくっきりと姿をあらわす。ミュラーはドーリア人についての作品のなかでフォイボスと太陽との類比を否定した。† しかし、すでに『イーリアス』の冒頭でフォイボスは、トロイをまじかに見据えたギリシャ陣営一帯にペストを送った〔ホメロス『イリアス』I, 9-10、松平千秋訳、岩波文庫、一九九二年、上巻一一頁〕。疫病は同時に太陽〔の熱〕と関係している。暑い夏の働き、灼熱の太陽の働きなど、他のおびただしい数の表現のなかに、フォイボスと太陽とがあい響きあうものが見いだされる。［＊2］

＊1　古い習俗との関係において、そうであった。古い習俗のなかでは、さまざまな国家相互の関係がまだはっきりしておらず、親切にもてなすことが種々の国家の成員たる市民の倫理的な関係の本質的な要件であったからだ。L‖W（1827?）〔Wは第一文に代えて〕さらに、神は一つの多面的な共同体的な威力であり、古い習俗との関係においては、親切にもてなす神（歓待の神）である。W

＊2　フォイボスの像も太陽と関連した性質と象徴をもっている。L‖W（1827?）

† カール・オットフリート・ミュラー『古代ギリシャの諸民族と諸都市の歴史』ブレスラウ、一八二四年、第二巻。ミュラーの結論は、アポロンと太陽との同一視は、古い神々がヌースの述語に転換したり、あるいはさまざまな物質的な威力や対象として解釈されるようになったあとに発達したというものである。それゆえミュラー自身がアポロンの定型句リュケイオスと形容詞レウコス（明るい）との結びつきを主張した。ただし、それをアポロンと太陽との結びつきを支持する論とはみなさなかった。ヘーゲルはミュラーに反対する立場をとることで、暗黙のうちにヨハン・ハインリッヒ・フォスにも反対し、クロイツァーを支持している。クロイツァーはヘロドトスに立ち返って、エジプトの二つの太陽神が二重のギリシャ的なアポロン神を形成するのに貢献したと解釈した（『象徴学と神話学』第二巻）。今日ではリュケイオス（λύκειος）は、レウコス（λευκός 明るい）や（小アジアの）リュキア（Lykien）よりも、リュコス（λύκος 狼）に結びつけられている。

［＊］ピンダロス、そしてアイスキュロスも（『エリーニュス』のなかで）古い神々から新しい神フォイボスまで連綿と続く神託について語っている。[†] アイスキュロスの『エウメニデス』では第一場は〔デルフィの〕アポロン神殿の前で行われる。そこでピュティア（巫女《みこ》）が言う。まず崇拝すべきはガイア〔大地の神〕、テミス〔掟の神〕であり、その次に他の新しい神々である、と〔『エウメニデス』1-8〕。それゆえ、自然の神々はもっとも低次の神々であり、精神的な神々はより高次の神々であるという結論がえられる。このことは歴史的に起こった〔神々の政権交代〕としてではなく、たんに精神的な〔優劣〕として解することが

できる。

＊　以上のべたことは、個々の神々についてそれぞれ言及するまでもない一般論である。L (1827?)

†　フォイボスまで続く神託の連続はピンダロス自身の作品には見られず、デルフィのアポロンの女司祭ピュティアの讃歌についての一般的な注釈のなかに見られる。

このように神託を与える最初の仕方は、〔ゼウスの神託所があった〕ドドナにおけるように、〔樫の神木の〕葉のそよぐ音や〔神木に〕つるされた銅鑼が鳴る音である。それはたんなる自然の音であった。のちの時代になって初めて、人間の声で神託を告げる巫女があらわれる。とはいえ神託を告げる声はけっして明瞭なものではなかった〔エティンヌ・クラヴィエ『古代人の神託についての研究』パリ、一八一八年〕。同じように、〔学芸の女神として知られる〕ムーサも最初は妖精《ニンフ》である。すなわち泉であり、小川のさざ波やせせらぎであり、つぶやきである。どこでも初めは自然のあり方、自然力から始まり、それから精神的な内容をもった神へと変化した。

プロメテウスは人間に火を与えて、犠牲を捧げることを教えた。そのことは、動物たちがそれまでは人間のものではなく、ある精神的な威力〔ゼウス〕のものであったこと、つまり人間は以前は肉を食べなかったことを意味している。プロメテウスはゼウスから捧げ物のすべてを奪った。彼は〔牡牛から〕二つの姿を作った。一つは骨と内臓を皮で包んだもの、もう一つは全体が肉でできていた。ところがゼウスは前者の方を選び取ってしまった〔ヘシオドス『神統記』510-615、『仕事と日』48-58〕。それゆえ、犠牲を捧げるとは、客を招いて饗宴を催すことを意味し、そして内臓と骨を手に入れるのは神々の方である。人間は脂肪で包んだ骨をゼウスに捧げ自分は肉を食べることによって、ゼウスをあざむいた。プロメテウスは人間に動物を捕まえて食料とすることを教えた。［＊］それゆえプロメテウスは人間に肉を食べることを教え、さらにほかにもいろいろな技術を教えた。彼は人間の生活を便利にしてくれたということで、感謝の念をもって語られる。けれども、そこに人間の分別の力があらわれているとはいえ、プロメテウスは〔古い自然的な神々〕ティタン族に属している。これらの技術は人間の欲求のためだけにあり、共同体の権力でも法律でもないからである。プラトンはプロメテウスについて次のようなイメージで語っている。プロメテウスはたしかに火をアクロポリスから持ってきた。けれども彼はポリテイアという国家共同体を人間のもとにもたらすことはできなかった。ポリテイアはゼウスの城のなかに保存され、ゼウスが国家を留保していた〔『プロタゴラス』321c-d〕。アイスキュロス〔『縛られたプロメテウス』755-768〕のなかで、プロメテウスはゼウスに反抗心を抱きながらこう言う。ゼウスをやがて玉座から突き落とすような息子がゼウスに生まれるだろうということに慰めと償いを求めている、と。ヘラクレスは、初め人間でのちに神々のなかに移された唯一の神である。ヘラクレスの登場によって語られていることは、ヘラクレスがゼウスのもっていた支配権を獲得するに至り予言が的中したと見なすことができるということだ。

＊　これに対して、インド人やエジプト人のあいだでは、動物を屠殺することは禁じられていた。アルテミスは動物を狩りする人間的な力である。ここには、動物に対する人間の関係の変化にまつわる神話が含まれている。　L‖W（1827?）

［7／13］（2）　＊↓われわれはこれまでギリシャの神々の具体的な特性を考察してきた。今度は抽象的な特性をあげてみよう。↑＊神々はばらばらになった。その神々をゼウスは家父長的に支配した。絶対的な統一という、より高次の権力が、神々の純粋な威力として、神々の上に立った。この威力は、運命や宿命、あるいは単純な必然性《さだめ》と呼ばれるものである。この権力は内容を欠く空虚な必然性《さだめ》であり、概念を欠く理解しがたい空虚な威力である。この威力はけっして賢明ではない。賢明な知恵は神々の圏域に属していて、もろもろの具体的な特性を含んでいる。それらの特性は個々の神々という特殊なものに属している。〔これに対して〕運命は目的を欠き、知恵を欠いている。それは、あらゆるものの上に立ち神々の上にすら立つ盲目の必然性《さだめ》であって、理解しがたいもの、情け容赦のないものだ。この抽象的なものはおよそ概念では理解しがたいものである。概念で理解するということは、あるものをその真実のあり方において知ることを意味する。悪しき抽象的なものはとらえ難い。これに対

して、理性的なものは理解することができる。理性的なものはそれ自身において具体的であるからだ。

＊　……多数の神々がある。その形態はたしかに端的に、真実で精神的で共同倫理的な形態であるけれども、まだばらばらで、多くの特殊的なものに分かれている。L〔これと似た文に続けて〕それら特殊的なものを一つの統一がとりまとめる。Va↓W^1 多数の特殊的な神々を結びつけている統一は、初めはまだ表面的な統一である。1831? Va?↓W^2

〔次に、盲目の必然性《さだめ》に対する〕有限な自己意識の心構えの状態について述べる。神も人間も含めて、あらゆるものがこの必然性《さだめ》に服している。それは一面では鉄の威力であり、他面では自由なき盲目の服従である。それでも、少なくとも自由の形式はまだ現存している。しかも心構えの面において現存している。ギリシャ人は運命の定めを受けいれ、自分にこう言い聞かせることで心の平静を保っていた。「見てのとおりさ。どうしようもない。我慢して受けいれるしかないのさ」と。そこには「私は受けいれる（気に入っている es gefällt mir）」ということがある。したがって、この事態が私のものであるということのなかに、自由がある。この心構えは、人間がこの単純な必然性《さだめ》に直面しているということを含んでいる。人間がこの立場に立って「見てのとおりさ」と言うとき、彼は自分だけにかかわる特殊的な事柄をすべてわきに押しのけ、断念し、あらゆる特殊的な目的と関心を放棄している。

不満が生じるのは、人間がある目的に固執し、願望と現実との間の不和・不一致に悩まされるときである。ギリシャ人の立場に立てば、あらゆる不満と不機嫌が遠ざけられる。人間はあのような純粋な安らぎに引きこもり、ただ「ある（Ist）」というあるがままの状態に引きこもるからである。一方では、あのような抽象的な自由においては、実際に人間にとっていかなる慰めもない。［＊1］人間は失ったものに対して穴埋め（補償）を求めるときにかぎって、慰めを必要とする。＊2↓ここではしかし、人間は失ったものの内的な根を放棄したのだから、補償を必要としていない。彼はすでに放棄したものを完全に放棄したのだ。↑＊2 これは自由の側面ではあるが、しかし抽象的な自由であって、具体的な自由ではない。それは具体的なものの上にただ超然として立つ自由にすぎず、具体的に特定化されたものと本質的に調和しているわけではない。それは、純粋に思考して存在し、自分のなかにあって特殊的なものを放棄するという自由の側面である。［＊3］

＊1　だが慰めは必要であるわけでもない。Va↓W^2

＊2　人間は必然《さだめ》性を見据える力をもっているがゆえに、心を引き裂く不満の根を断ち、失ったものを完全に放棄したのだ。Va↓W^2

＊3　これに対して、いっそう高次の宗教〔キリスト教〕においては、絶対的な究極目的が不幸のさなかにおいてさえ達成されるという慰めがある。それは否定が肯定に転換するという慰めである。「現在の苦しみは至福への道である」†。Co？1831？↓W^2

† 「現在の苦しみは、将来わたしたちに現されるはずの栄光に比べると、取るに足りないとわたしは思います」（ローマ書八・一八）。

（3）　*1↓かの普遍性に向きあうもう一つの極は外面的な個別性である。こちらの極もまだ媒語に取り入れられていない。これも思考という自分自身のうちに引きこもったあの抽象的なものと同様、それだけ単独で登場してきている↑*1。両極は同一の根拠から、同一の普遍的な規定から出てくる。理性的な状態、理性的な内容、共同倫理的な内容はまだ直接的にそこにあり、まだ直接性の形式のうちにある。これは論理的な規定であり、そこからさらに、さまざまな規定が生じてくる。個別性は主観性であるが、ただし外面的であるにすぎない。一個の無限の主観性はまだ想定されていない。無限の主観性のなかでは外面的な個別性は放棄される。しかるにここでは個別性はまだ無限な主観性ではないのだから、外面的な個別性である。神々においていろいろと現れる多様な内容はこの外面性の側に属する。*2↓それゆえこの宗教の領域では内容の偶然性が現れる↑*2。*3↓例えば、オリュムポスの十二主神が、あたかも概念に従って比喩的に序列づけられ配列されているかのように考えることはできない。それらは単なるアレゴリー（比喩、寓意）ではなく、具体的な精神である（ただし無限な精神性ではない）。それらはいろいろな個性的な形態でもあり、多様な性質を具体的な本質実在〔神々〕として〔形象化して〕もいる。それらは具体的なものとしてのみ想い浮かべられていて、内

的なものは一つの性質にすぎない。しかしそれらはまだ普遍的なものではない。↑*3

＊1　必然性《さだめ》は一つの極である。Co？Va？↓W^1　思考して自分自身のなかに立ち還るというこうした抽象的なものとしての抽象的な必然性は一つの極である。もう一つの極は神々の特殊的な威力の個別性である。W^2

＊2　けれども特殊性はまだ理念によって緩和されておらず、必然性は智恵の内容にあふれた規準でないので、特殊的な神々の領域に限りなく偶然的な内容が登場してくる。Co？Va？↓W^2

＊3　オリュムポスの十二主神は概念に従って序列づけられているのではなく、体系を形成しているわけでもない。さらにそれらは具体的な精神性ではあるが、まだしかし絶対的な主観性ではない。したがって個性的な形態ではない。

　十二主神は具体的な精神性としては、抽象的な内容をもたない。それらのなかには一つの性質だけがあるのではなく、多くの具体的な性質がある。もしもただ一つの性質しかないとするならば、十二柱の神々はたんに具体的にイメージされたものとしてアレゴリーとなるであろう。その結果は、内的なものである意義だけがただ一つの性質となる。ここには主観的な精神性はあるけれども、しかしまだ無限の主観性はない。Va↓W^1〔これときわめて類似した叙述が一八三一年にも講述され、W^2（『宗教哲学』中巻三六四頁一〇―一七行）に編入されている。〕

　神々の具体的な特性のなかには自然の要素もあらわれる。そしてこの自然の要素が対象のもう一面を形づくる。例えば、陽は昇り陽は沈む。〔それに対応して〕年月という現象が生

じる。それゆえ人々はギリシャの神々を暦の神々とした。†

† C・F・デュピュイ『すべての祭祀の起源、あるいは普遍宗教』第一巻（パリ、一七九五年）では、とりわけヘラクレスがそのような暦の神と考えられている。

ここに、哲学的な意味と言われるもう一つの契機を確認しなければならない。それはもともと秘儀のなかに位置づけられていたものである。ギリシャ人の啓示宗教に対する秘儀の関係は、ちょうど精神的な内容に対する自然の諸元素の関係にあたる。秘儀は最古の祭祀であり、素朴で自然的な祭祀である。とりわけ古い神々が自然の諸元素〔の形象〕にすぎなかったように、秘儀の内容は精神がまだ浸透していない素朴な内容である。これは潜在的にも顕在的にも必然的な内容であり、同時にまた歴史的な関係でもある。しかし*1↓宗教の特殊的な深みがインド人になじみ深いものだったと考えられていた†のと同じく↑*1、ギリシャ人も宗教の深みを知っていた。［＊2］これらすべてのもののうち、若干のものも、それらを超越した精神的な神々という具体的な表象へと入っていく。生成と没落の表象が精神的な圏域へと高められるから、自然的なものへの名残りがここにもまだ見られる。それゆえゼウスに数えきれない情事がつきまとっているとすれば、自然の諸関係と自然の諸力にかかわる神話がそうした情事のきっかけを与えた。［＊3］

＊1　インド人と中国人は偉大な古い智恵をもっていたと考えられているのと同じく、An
＊2　インド人のあいだでは、生成と消滅が内容としてとらえられ、とりわけ一つの普遍的な威力として知られている。密儀には、自然の諸力を一般的な仕方でとらえて眺めようとする試みの予感が含まれている。L・W[1]（1827?）
＊3　さらに神の意識が始まった場所が考察に値する。ギリシャ人の明るさ、生産的な契機が数多くの優美な歴史物語を創作することができた。このようなさまざまな側面を探究すること、そのような個々の事柄の起源を探ることは、博識のなせる術である。L・W[1]（1827?）。

†　シュレーゲル『インド人の言語と知恵について』（ハイデルベルク、一八〇八年）をとくに念頭に置いている。

内容のもう一つの面は現象面、形態面である。いまやこの段階で全般的に美が支配的となる。神が現象する。これら神々の威力、その絶対的で共同体的な精神的特質が経験的な自己意識に知られるようになる。かくしてそれらは他者に対してあるようになる。それらが主観的な自己意識という他者に対してあるあり方を、これから詳しく考察しなくてはならない。

神々が主観的な自己意識に現れる仕方の一つは、こうした内容が内なるもののなかに開示され精神のなかに際立ってくるという仕方である。ただしこの共同倫理的な真実の内容は一つの精神のなかでのみ開示されうる。その精神自身はそれ自身においてあり、こうした精神的な自由へと高まっている。これらの普遍的な規定が精神に意識されるところとなり、みずからの内面を顕わにし開示（啓示）する。これに対して、もう一つの仕方は、この段階がまだ最初の自由と理性的な状態の段階であるにすぎないために、精神における一つの威力であるものが外面的に現象する仕方である。これはこの立場にまだつきまとっている自然的な側面だ。［＊1］このまったく外的な側面がドドナ〔ギリシャ最古のゼウスの神託所〕の樹々のざわめきであったり、パン〔牧人の神〕が住む森の静寂《しじま》であったり、落下する石や雷鳴や稲妻であったりする。要するに、もろもろの外面的な現象であって、それらが一つのより高次なものと受けとめられる。このような現れ方はいわば、これらの特質を自覚した意識にとって、最初の現れにすぎない。［＊2］

＊1　あるいは内面的なものに到来を知らせる威力や掟が精神的で共同倫理的なものである場合には、それらの威力や掟はまずは、あるからあるのであって、それらがどこから由来するかをひとは知らない〔ソフォクレス『アンティゴネー』453-457〕。Va→W²

＊2　これらの威力や掟は〔ただたんに〕ある。共同倫理的なものは〔ただたんに〕あるのであって、それらがどこから由来するかをひとは知らない。それらは永遠であったり、あるいは雷鳴と稲妻といった或る外面的なものであったりする。L≒W²（1827?）

内面的なものであれ外面的なものであれ、あの直接的な存在に対応するもう一つのことは、初めに抽象的であったものを把握することである。これは自己意識の仕事だ。ただし自己意識がこのように存在する実体的で本質的なものをとらえる際の器官は想像力である。想像力は、内面的であれ外面的であれ、さしあたりは抽象的である存在に形を与え、初めて神として通用するものを産み出す。神とみなされるものを想い起こさせ神的なものを意識に想い浮かべさせること、これが説明である。このような想像力の特性をわれわれはすでに考察した。この内容は、直接的な合理性であるという有限性をまだひきずっている。したがって自分を特殊的なものとしてあらわし、まだ無限な主観性のうちにない内容としてあらわす。そのため、その内容は有限性をともない、自然的な側面につきまとわれている。内面的に抽象的なものであれ、外面的なもの——例えば雷鳴や潮騒など初めは直接的に存在するもの——であれ、いずれにも形を与え、それを具体的なもの（うち一つは精神的なもの、もう一つは自然的なもの）に表現する働きが想像力である。この想像力の働きによって、外面的な存在はもはや自立的ではなく、内在する精神のたんなる徴《しるし》、内在的な精神そのものを現象させるものに貶められる。

それゆえギリシャ人の神々は人間の想像力による産物であり、あるいは人間の手によって具体的に形づくられた彫塑的な神性である。神々は有限な仕方で成立し、詩人やムーサイ〔学芸の神〕によって産出された。神々がこのような有限性をもつのは、神々が彼らの内容からして、同時に有限性をそれ自身のうちに含んでいるからだ。つまり神々は特殊性をもち、ばらばらに分散した精神的な威力と自然的な側面をもっているからだ。内容がこのような有限なものであることが、神々が有限な仕方で人間の産物として成立することを可能にしている。［＊1］神的なものはここでは純粋な思考によってとらえられていないし、純粋な精神のなかにとらえられてもいない。＊2↓神はまだ精神（霊）と真理のなかで崇拝されて〔ヨハネ四・24〕はいない。↑＊2神はまだ絶対的な真理としてとらえられてはいない。また外面的な分別によっても、その分別が散文をつくるだけの抽象的なカテゴリーによってもとらえられていない。それゆえこれらの神々は人間によって作られている。神々はそれらの理性的な内容に即してではないけれども、神々としてつくられている。どの祭司もそのようないわば「神々の作り手」であった。ヘロドトスは言う。「ホメロスとヘシオドスがギリシャ人に彼らの神々を作ってやった」と。†［＊3］ある外的なものについてのこうした＊4↓解釈は、その外的なものを形態化してそれに神の行為という形態を与えることを意味する。この説明は分別のために作り出されたのではなく、↑＊4想像力のために想像力によって作り出された。

＊1　神々の形態は、有限な精神という主観の側によって想定されたものである。しかも神々の形態を産み出したのは人間の精神なのだということを、ギリシャ人たちは意識していた。L (1827?)

＊2　純粋な思考だけが精神的なものを顕現させるものであるということが、理性的な真理である。Va↓L≒W^{1}

＊3　ギリシャ人がアキレスの葬送の際に海鳴りの音を聞いたとき、ネストルが登場して、こう言った。この音は葬儀に参列しているテティス〔海の女神、アキレスの母〕である、と〔ホメロス

『オデュセイア』24. 47-57〕。同じように、カルカスは、ペストが流行した際に、アポロンがギリシャ人のことを怒ってペストを送ったのだと言った〔ホメロス『イリアス』1.92-96、前掲訳、上巻一五頁〕。L‖W（1827?）

＊4　内面的な〔心理〕に対しても同じように一つの形態が与えられる。〔例えば〕アキレスが自身の怒りを抑える。この内面の思慮深さ・怒りの抑制を詩人はパラスの行為として、「パラスがアキレスを制した」と言い表す。われわれならば、物理学と心理学とではまったく別の説明の仕方をする。ギリシャでは、説明するとは事態を髣髴と意識させることなのだ。それは事態に対して一つのイメージとして形態が与えられることによって生じる。L‖W（1827?）

†『歴史』第二巻五三（前掲訳、上巻二二六—二二七頁）。ただしヘロドトスの実際の言い方は、「ヘシオドスやホメロスはギリシャ人のために神の系譜を立て、神々の称号を定め、その職権を配分し、神々の姿を描いてみせた」というものである。

精神が感覚的で自然的なあり方をしている場合、精神が直観されうる唯一の様式は人間の形態である。しかしそのことは、精神が一個の感覚的で物質的なものであることを意味しない。むしろ精神が他者にとって存在し直観されているという精神のあるがままに実在する様式が、人間の姿のなかにある。それゆえにこそギリシャ人たちは神々を人間として想い描いた。ギリシャ人のこの習慣は、他の民族のそれと同様に、悪くとられた。［＊1］人間が神々を人間的に想い描くのは、それが自分たちの姿であるので、そうすることであたかも事柄を汲み尽くしているかのように彼らが考えたからだ、と言ってはならない。むしろ人間の姿で想い浮かべることが精神が現存する唯一の形態であるからこそ、彼らは正当にもそうしたのだ。［＊2］例えば＊3↓ライオンの姿で精神的なものが登場することはたしかにできない。↑＊3†［＊4］けれども＊5↓人間という有機体は精神的なものの〔現象面の〕姿にすぎない。こうした連関の必然性〔の解明〕は生理学、自然哲学の領域に属することであるが、実際はまだほとんど論及されていない難しい点である。↑＊5 以上が神をその特性において知る際の主要な契機である。

＊1　クセノパネスは言った。もしもライオンが神々をもっていたなら、彼らは神々をライオンとしてイメージしただろう、と。だがライオンはそこまで到達しなかった。† L（1827?）

＊2　それは偶然的なことではなく、精神の形態との生理学的なつながりなのだ。L　それは偶然的なことではない。それはむしろ必然的なつながりなのだ。Va↓W^1

＊3　精神は動物の形態で自身を具体的に現存させはしない。Va↓W^1

＊4　アリストテレスがすでに注目したことであるが、魂の輪廻において人々は、人間の魂と人間の身体組織とを互いに偶然的なものと見なす。L（1827?）人間の有機組織だけが精神的なものの形態であることを、すでにアリストテレスが語っていた〔『霊魂論』A3. 407b13-26〕。その際、彼は魂の輪廻についての表象がもつ欠陥として、その表象にしたがうと人間の身体組織がたんなる偶然的なものにすぎなくなってしまうということをあげている。Va↓W^2

＊5　人間の有機組織や人間の形態を精神に唯一真実に適合したものとして認識することは、本来は生理学の仕事である。生理学はしかし、この点ではまだほとんどなにもしていない。 Va↓W2

†　ギリシャ人の神話的イメージに対するクセノパネスの批判（『ソクラテス以前の哲学者断片集』第一分冊、岩波書店、一九九六年、二七三―二七四頁）を念頭に置いている。ブランディス（Christian August Brandis, 1790-1867）編集のクセノフォンの断片集にもとづく。『哲学史講義』のなかでもブランディスからの抄訳をこう紹介している。「もしも牡牛やライオンが人間と同じように、芸術作品を創りあげるための手をもっていたならば、彼らも神々を描き、神々に自分たちと同じような姿をした身体《からだ》を与えるであろう」（上巻二二三頁）。

b　祭　祀

今度は祭祀について語ろう。ギリシャ宗教の祭祀は非常に広範なものであるので、ここで言及できるのは主要な点にかぎられる。［7／16］祭祀の使命は、経験的な意識がみずから高揚することにある。祭祀のなかで経験的な意識は、神的なものが自分のなかに住みついて神的なものと自分が一体なのだという意識と感情を獲得する。ギリシャの祭祀の一般的な性格は、主観が自分の神に対して本質的に肯定的な関係をもつという点にある。ギリシャの祭祀には、*1↓偶然性を取り去った本質的な内実をなすもろもろの絶対的な威力↑*1を承認し崇敬するということが含まれている。これらの威力は同時に、人間固有の共同倫理的なものであり、自由の理性的なものであり、人間のもろもろの共同倫理的な規定、現に妥当している人間のもろもろの正義〔権利〕、人間自身の精神であって、けっして外面的な実体性や本質性ではない。ここには内容からして、人間が神々に対して肯定的な関係にあるということが含まれている。つまり神として崇拝されるこの実体的なものは、同時に人間本来の本質である。［＊2］例えば、パラス・アテナは都市の女神ではない。パラス・アテナのなかには、国民の生きた現実的な精神の本質が表象されている。エリーニュスたちは人間自身の〈罪ある〉行為の表現であり、人間がしかじかの行為を人間のなかにある悪として認知したときに人間を責めたて苛む意識である。エリーニュスたちは公正なのであり、まさにそれゆえに「慈愛深い女たち」というエウメニデスなのだ。［＊3］エロースは〈あらゆるものを結びつける宇宙の〉力であるが、しかしまた人間の主観的な情感でもある。この客観的な〈力〉を承認することで、人間は同時に自分自身のもとにあり、それによって祭祀のなかで自由である。ここでは、インド人の場合のようにただ否定的な関係だけがある、というのではない。インド人の場合、主体の関係は、それが最高のものに達したとき、主体自身の意識の放棄と否定となるだけだった。

＊1　自然的な宇宙および精神的な宇宙の本質的な内容をなすさまざまな実体的な威力――これらからは、これら本質的に妥当する精神的な諸威力が経験的な意識のなかでとらえられる場合に見られる偶然性が取りのぞかれている――Va↓W[1]

＊2　アキレスの怒りの暴発を抑えたパラスは人間自身の思慮であった。L⫶W（1827?）

＊3　これは婉曲な言い方ではない。むしろ、正義を欲する者はエウメニデスである。正義を侵害する者は彼自身のなかにエウメニデスをもつ。L⫶W（1827?）

＊1↓自由がギリシャ人の祭祀を明朗なものにしている。↑＊1 祭祀のなかで称えられるのは神の名誉であるけれども、神への崇拝は人間自身の自己崇拝となり、人間は自分が神々と肯定的な関係を保ち神々と一体だという意識をもつようになる。人間が奉《たてまつ》っているのは自分たちの名誉＊［＊主観性Va↓W^{1}］なのだ。だが、神がまだ外面的で自然的な側面をもっているかぎり、この合一はさまざまに変様する。バッコスとデメテールはワインとパンであり、それらは人間の外部にある。それらと同一化するやり方は、それらを飲み食いして同化することである。〔ワインやパンといった〕神々から贈られたこの個別的なものは、同時にしかし自然の威力の外にあり続ける。このようなもろもろの自然の威力と生産性は、さらに精神的な本質実在〔神々〕でもある。バ

デメテール

ッコスとデメテールは神秘的な神性〔神々〕である。［＊2］

＊1　この宗教は一般に絶対的な明るさという性格をもっている。自己意識は自身の本質実在的なもの〔神〕との関係において自由である。これら本質実在的なものが彼自身のものであるからだ。しかも同時に自己意識はこの本質実在的なものに拘束されていない。それら本質実在的なものの上に絶対的な必然性《さだめ》が浮かんでいて、それらはこのさだめのなかへと立ち戻るからだ。それは、それぞれの特殊的な目的と要求をともなった意識が絶対的な必然性へと沈み込むのと同様である。L W[2] (1827?　1831?)

＊2　デメテール、ケレスは農業・所有・婚姻の創設者である。一般に両者は密儀の統括者である。L≒W (1827?)

神々を崇拝する祝祭のなかで姿を現すのは人間自身である。祝祭の快活な明朗さのなかで、あるいは〔舞踏や競技のなかで〕身体の巧みな［美しいVa↓W[1]］動きを示すことで、人間は自分自身において神的なものが見えるようにする。芸術の創造は祝祭の一環でもあり、＊↓祝祭のなかで〔神を称えるとともに〕同時に人間の栄誉も称えられた〔例えば〔オリンピアの〕競技などがそうだ〕↑＊。パラス〔アテナ〕の祭には大きなパレードが催された。パラス〔アテナ〕は国民自身である。国民は生ける神そのものであり、みずからを楽しんでいるアテナである。

＊ 人間はこれらの祝祭を神的な内容をもつものと見なすとともに、同時に自身の熟練と巧みさと見なす。Va？ 1831? ↓ W^1

神々のこうした内容のほかに、前に述べた二つの関係、つまり必然性《さだめ》と偶然性を思い起こさなければならない。必然性《さだめ》を受けいれる心構えは、静寂のなかに自己を保つ平静さであり、自由のなかに自己を保つ平静さである。ただしその自由はまだ抽象的な自由である。そのかぎりにおいて、それは逃避である。けれども人間が外的な運命に打ち負かされず、それに屈しないかぎり、それは同時に自由である。この独立の意識をもつ者はたとえ死んだとしても、外面的には敗れても、しかし征服され打ち負かされたわけではない

神的なものを意識し人間に対する神的なものの関係について意識することのなかには、このような理屈ぬきの必然性《さだめ》に対する関係がある。このほかに、これとは反対のもう一面にも簡単に触れないわけにはいかない。それは、神々も有限なものの分け前（運命）すなわち有限なものの抽象的な必然性《さだめ》に関与しているということが知られているという面である。有限なものの抽象的な必然性《さだめ》として、有限なものの自然的な否定を意味する死がいつかはやって来る。けれども有限性が神的なもの〔神々〕にあらわれる仕方は、有限なものが共同体の権力そのものに従属しているということである。共同体の権力は特殊的な権力であるため、それらは、一面的であるというはかなさ、一面性からくる運命を経験するというはかなさをと

もなっている。これは、古代人がとりわけ悲劇のなかで想い浮かべ直観するに至った自覚である。つまり彼らは必然性《さだめ》を、自己を実現する必然性《さだめ》として、内実をともなった必然性《さだめ》として想い浮かべた。〔舞台の背景に立つ〕合唱隊は自然の運命を免れており、共同体的秩序の安定したなりゆきのなかにとどまり、けっして敵対的な威力を呼び起こさない。これに対して、英雄たちは、共同体の平穏で安定し分裂を孕まないなりゆき〔を歌う〕合唱隊の上に立って〔舞台の前面で演じる〕。本来、独自に意欲し行為するのは彼ら英雄たちである。彼らが秩序をもたらす。しかも彼らが行為することによって、一般に変化ももたらされ、さらなる展開のなかで或る分裂が生じてくる。それは、精神にとって本来の関心事であるいっそう高次の分裂であって、分裂してぶつかり合うものは共同体の諸威力そのものである。このぶつかり合いは共同体の諸威力が一面的であるために生じたのであるから、この衝突の解消はおのおのの威力が自分だけの言い分を貫こうとする一面性を脱却することによってなされる。一面性のこうした脱却は、ある個別的な共同体の威力の実現に身を捧げた個人が没落するという仕方であらわれる。例えば、〔私にとって悲劇の絶対的な模範である1831? Va?↓L.‖W〕『アンティゴネー』では、家族愛という神聖で内的なもの――それは肉親の情であるがゆえに下位の神々の掟とも呼ばれる――が国家の法（権利）と衝突する。クレオーンは僭主ではなく、同じように一つの共同体の威力であるものを代表している。クレオーンは不当ではない。彼は、国法と統治（政府）の権威は守られなければならず、それを侵害すれば罰せられるということを主張しているのだ〔ソフォクレス『アンティゴネー』480-485, 659-

675〕。〔家族と国家という〕二つの側面のおのおのはただ一面だけを実現し、それぞれの一面だけを内容としている。これは一面的である。しかも両者とも一面的であるがゆえに不当であるが、同時にしかしそのことによって両者とも正当であるということ。これが永遠の正義の意味である。共同体がうまく行っているときは、両者とも承認されている。その場合、両者の主張とも通用しているが、それでいて両者の間には均衡がとれている。かくして悲劇の結末は和解であるが、それは盲目の必然性《さだめ》なのではなく、理性的な必然性であって、必然性はここでみずからを実現し始める。

ギリシャ文化の絶頂期には、明晰な洞察と明快な芸術表現が達成された。ここにはしかし、より高次のものが無限な精神的な威力として現れていないがために、未解決のものも残っている。例えば、一個人が没したときに、その悼《いた》みが癒されないままに残っている。もしもいっそう高次の和解が達成されたならば、主体のうちで一面的な心構えは改められ、自分が不正であるとの自覚が芽生えるであろう。そして主体は心情のなかでみずからの不正を取り去るであろう。だが、このように自分の咎と一面性を認めた上でそれを取りのぞくことは、この宗教の領域には無縁だ。もっと高次の和解が生じれば、外面的な処罰や自然的な死は余計なものになる。

もちろん、このような和解の端緒と徴候はここにも登場してきている。けれども、このような内面的な改心はやはり外面的な浄化〔カタルシス〕以上のものだ。［＊］『エウメニデス』のなか〔734-741〕で、オレステスはアレオパゴス〔アテナイ西部にあるアレースの丘〕の法廷で無罪放免された。〔この裁判のなかに〕葛藤もあった。オレステスは母を殺《あや》めた。これは一方では、母への孝順に対するこれ以上ない背反である。他方で、彼は父のために制裁を加えてやったのだ。父は家族の長であり国家の元首でもあったのだから〔父を殺害した母を彼は許せなかった〕。〔母の殺害という〕同一の行為のなかで、オレステスは罪を犯すとともに、完全に本質的な必然性《さだめ》をも遂行した。彼が裁判で無罪放免されたということは、これら二つの一面性が合一されたことを意味する。〔ソフォクレスの悲劇〕『コローノスのオイディプス』〔1623-1628, 1658-1665〕は和解を暗示している。もっと限定して言えば、キリスト教的な和解の観念を暗示している。オイディプスは神々のもとで名誉を回復され、神々のもとへ招き寄せられた。われわれの和解の観念はこれよりももっと高いものであるので、われわれはいまではこれ以上のものを要求する。つまり起こったことが起こらなかったことにされるような転換（改心）が内面に生じうるという意識を要求する。改心し自分の一面性を放棄した人間は、自分のなかで、すなわちいつでも行為の座であり場所であり続ける自分の意志のなかで、この一面性を根絶した。つまり彼は行為を根絶やしにしたのだ。だがこの種の和解が古代人の間で一般的であるわけではない。悲劇が和解の大団円を迎えるというのは、むしろ今日のわれわれの感情にいっそうふさわしいものなのだ。

＊　ミノスの息子がアテナイで殺害された。そこで浄《きよ》めが執り行われ、その殺害行為が起こらなかったことと宣言された。† 起こったことを起こらなかったことにしようとするのは、精神である。L

‡W（1827?）

† ディオドロス『神代地誌』第四巻六〇―六一（前掲訳、三五三―三五五頁）。

以上が必然性〔運命〕をめぐる事情である。

もうひとつは、個別性というもう一方の極をめぐる事情である。個別性は神々においても働いているのが見られるし、人間においても存在し問題となる。この個別的なものは偶然的な側面である。しかも人間はこの宗教の段階ではまだ自由ではなく、まだ普遍的な自己意識ではない。人間はたしかに共同体の自己意識ではあるけれども、まだ実体一般の自己意識である。しかも共同体という実体は、それ自身において普遍な主体性ではまだない。

人間が偶然的な事柄に関してしなければならないことは、いまでは共同体的な義務の外にある。神が絶対的な主観性であるという特性をまだ獲得していないため、この偶然的なものは摂理の手のなかにまだ置かれておらず、運命の手に握られている。したがって人間は自分が自由であることを知らない。人間は決断する主観性ではない。人間は外から決定を与えられるということが、これと関係している。神託と呼ばれる宗教的な側面がこれだ。神託は或る自然的なものから始まる。*明確な意味をもった答えが与えられるわけではなかった。†神託のあらわれは何かの外面的な変化である。金属の形や樹々のざわめき、風の鳴る音、夢まぼろし、犠牲獣の形状の検討などを根拠にした偶然的なものだ。そのようなものを人間は決断するために必要としたのだ。ギリシャ人は、われわれが自由であるのと同じ意味で、彼らの自己意識のなかで自由なのではなかった。彼らは外から自分が決定されることを許したのだから[↑*]。

＊〔W¹ではこの部分に本文の内容に類似した別の表現が入る。本文にまったくない末尾の文のみを訳出する。〕ソクラテスは自分の意志決定の重要性を認めた初めての人であった。彼のダイモニオン（*δαιμόνιον*）とは、この意志決定にほかならない。ダイモニオンはソクラテスに何が善なのかだけを囁く。しかも、まったく外面的で偶然的な状況に際して[†2]。それは彼に真理を啓示するのではなく、個々の行為にかんする決定だけを彼に与えた。ここでは運命は決断という主観的な意志なのだ。Va↓W¹

†1　一八二一年草稿への後からの書き込み（二四年）はこれを「非常に素朴な神託」と規定し、ゲーテ『形態学』第二巻（一八二三年）の表題の裏ページに掲げられたモットー *Aἶ τῶν δαιμόνων φωναὶ ἄναρθροι εἰσίν*（ダイモンの声は判然としない）を引いている（V.4. 93『自筆講義録I』二四〇頁）。

†2　『哲学史講義』上巻四一〇頁以下にも神託についての記述がある。そこでヘーゲルはクセノフォン『アナバシス』、ヘロドトス『歴史』第九巻三三以下（前掲訳、下巻三〇一―三〇二）、クセノフォン『メモラビリア』第一巻一１－９（『ソークラテースの思い出』岩波文庫、二一―二三頁）、プラトン『ソクラテスの弁明』24b-c, 26b-e. などを典拠に挙げている。

以上が、ギリシャの美の宗教の主要な要素である。精神と理性がその内容をなすが、理性はその内容からして、まだ実体としてあるがゆえに、もろもろの特殊的なものに分散している。形の上では、精神的な人間的な形態は自然的なものをそれ自身にそなえてはいるが、それを観念的なものとしてもっている。したがって自然的なものは精神的なものの表現にすぎず、もはや独立したものではない。以上で、この宗教の有限性はすべての面にわたって述べられた。

二　崇高の宗教またはユダヤ教

ギリシャの神々は美の現れであり、感覚的な素材や表象を基盤にしていた。これがいっそう純粋な精神性すなわち思想にまで高まったのが、ユダヤの崇高の宗教である。ここに初めて「神」の名に値するものが登場する。

a　神は一つであり、絶対的な威力である。このことが思想のうちに現れる。神はもはや感覚でとらえられるような外面的な姿を欠き、思想にとってのみ存在する。この神は賢明で聖なるもの、智恵と聖性と特徴づけられる。

この智恵のなかに**b　神の自己規定**の働きがあり、この働きによって創造された世界に対する神の関係のなかに、**神の特性**がある。①神は創造主にして絶対的な主体である。これに対して、世界は創造されたものにすぎず、自立性をもたない。②この関係のなかに、慈愛と義という神の特性がある。慈愛は、世界が神のお陰で存在し、神が絶対的に一つであることから個物が解き放されているということを意味する。これに対して神の義は、有限な個物がそれ自体では存立の根拠をもたないむなしいものだということを意味する。③神のこのような顕現の仕方が「崇高」と呼ばれる。そこには世界との肯定的な関係はない。世界は諸事物の集まりとして散文的になり、世界から神がいなくなってしまった。④神は世界に対して、自身の威力だけでなく、智恵をも認めさせる。全世界は神の栄誉を称えなければならない。このように神の絶対的な威力と智恵を認識することが理論的な目的となる。これに対して、実践的な目的は、律法にかなない神の眼に恥じない行いをすることである。この義《ただ》しい行いには、義しい行いをした者が幸福な境遇にも恵まれるべきだという要求が含まれている。徳と福とが合致する必然性、両者の統一を神が保証する。こうした神への絶対的な信頼は、神の威力と智恵とが調和しているという意識である。この神の智恵はしかしまだ抽象的なもので、自己展開的なものになっていない。さらに、ユダヤの神は民族神であり定められた掟が永遠不変なものとして固定されてしまうという制約が、この宗教にはある。

c　**祭祀**の掟も智恵による抽象的な指令にすぎず、祭祀における高まりはまだ感情面にまで浸透していない。

この段階〔B〕の二つの宗教〔ギリシャの宗教とユダヤ教〕に共通する点は、自然的なものの観念性という点である。つまり自然的なものが精神的なものに従属し、神や精神が精神として知られるということだ。まず初めに〔ギリシャの宗教において〕神は精神として知られた。その精神の特質は理性的で共同体的であった。けれどもこの神はまだ或る特殊的な内容をもっていた。言い換えれば、この神はまだたんに共同倫理的な威力にすぎなかった。ギリシャの神の顕現は美の顕現である。けれどもその現れは自然的な物質であって、感性的で外的な素材、ないしは感覚的な表象を地盤とする。ギリシャではまだ純粋な思想が地盤とはなっていなかった。この点に〔ギリシャの〕美の宗教から〔ユダヤの〕崇高の宗教へと高まる必然性がある。すなわち、もろもろの特殊的で精神的な共同体的威力〔ギリシャの神々〕が、一つの精神的な統一〔ユダヤの唯一神〕へと統合される必要がある。† 特殊的なものの真実は普遍的な統一（単一）性にある。この統一（単一）性は、それ自身のうちに特殊的なものを含んでいるかぎり、主観的であり、それ自身において具体的であるが、その場合でも本質的には主観性としてある。主観性としてあるこのような理性は、内容からして普遍的な主観性としてあり、形式のうえでは自由である。このような純粋な主観性の地盤は純粋な思想である。純粋な主観性は自然的なものから脱している。したがって感覚的なものからも脱している。それが外部にある感覚的なものであれ、〔意識内の〕感覚的な表象であれ、いずれにしても感覚的なものを脱している。純粋な主観性は精神的で主観的な単一性であり、したがって、これがわれわれにとっては初めて神の名に値するものである。

† バウアーはこの一節を自身の版に編入する際に改竄《かいざん》を加えなければならなかった。訳者まえがき二〇頁以下参照。

a　神は一つ

主観的な単一性は主観的なのだから、実体ではない。むしろそれは絶対的な威力だ。自然的なものはその威力によって設定されたものにすぎず、観念的なものであって、自立的なものではない。絶対的な威力は自然的な素材のうちに現象し啓示するのではなく、本質的に思想のうちに現れる。思想は絶対的な威力が現象し現存する様式である。われわれはこれまでもすでに絶対的な威力をしばしば見てきたが、このユダヤ教で重要な点は、絶対的な威力が具体的で、それ自身のうちで明確に規定されているということだ。そのような場合に、絶対的な威力は絶対的な知恵である。

さらに、自由についてのもろもろの理性的な特質、つまり共同倫理的な特質は、この主観性という一つの目的と使命のうちに合一されると、聖性となる。神性はこのようにみずからを聖なるものと規定する。神の主観性のより高次の真理は、〔ギリシャの神々のような〕たんなる美的な主観性ではない。美的な主観性では、神の形態や絶対的な内容がまだもろもろの特殊的なものに分散していたからだ。また、神の主観性の真理は人間に対する動物の関係のようなものでもない。つまり特殊的な性格をもつ動物たちが、普遍性という性格をもつ人間に対するような関係ではない。自由の共同倫理的な理性と、この理性が単独で存在する一体性は、〔ユダヤの神のように〕自分を自分のなかで規定する真実の主観性である。［7／17］これが智恵と聖性である。ギリシャの神々の内容はたしかにさまざまな共同体的な威力である。けれどもそれらはまだ特殊的で制約されたものであるため、けっして聖なるものではない。

絶対的なものである神は、ユダヤ教では一者（der Eine）として、主観性として、普遍的で純粋な主観性としてある。あるいは反対の言い方をすれば、それ自身において普遍的なこの主観性は、神が一つであること（die eine Einheit）、しかもそれ自身において規定する単一（統一）性にほかならない。この単一性が潜在的には示されていること、神が一つということが潜在的に根底にあるということ、このことが重要なのではない。インドの宗教と中国の宗教では、神は一つということが潜在的であって、顕在化していなかった。けれども神が一つということが潜在的なものにすぎない場合には、神は無限の主観性としては想定されないし、神が一つということも知られることなく、神が〔人間の〕意識にとっての主観性としてあるのでもない。

神が一つであるということのなかには、神の一つの威力、それゆえ絶対的な威力が含まれている。この威力のなかでは、外面性や感覚的な形態化、感覚的な形像のすべてが廃棄されている。したがって神はここでは形態を欠いている。神は感覚的表象の対象ではなく、思想にとってのみ存在する。それ自身において無限の純粋な主観性は、本質的に、思考する主観性である。思考する主観性は思考にとってのみある。それゆえ主観性の判断のなかにある。思考こそが〔神という〕この対象にとっての本質的な基盤なのだ。いまやここで神を特殊化する規定、神の根源分割（判断）という規定が示されなければならない。

b　神の自己規定と特性

神は知恵である。このことのなかに神の自己を規定する作用、神の根源的な分割（判断）が含まれている。もっとはっきり言えば、神の創造の働きと呼ばれているものが含まれている。知恵はそのなかに目的をもっていて、規定し特殊化する。けれどもこの知恵はまださしあたって抽象的で、まだ最初の主観性としてあり、最初の知恵としてある。それゆえに神の根源的な分割（判断）はまだ神自身のなかにあるものとして想定されていない。むしろ神が〔世界を〕据え、そして神によって据えられ特殊化されたものは、さしあたって神との媒介をもたない他者という形で存在する。もしも知恵が具体的であったならば、神は自分で自分を規定し特殊化する働きであろう。神みずからが自分自身のなかで〔世界〕を創造し、しかもこの創造されたものを自身のうちに含んでいるであろう。その創造されたものは神自身のうちにいつまでも含まれたものとして、すなわち神の息子として知られる。もしもそのように規定されたならば、神は真に具体的な精神として知られるであろう。だが、ここでは知恵が抽象的であるため、〔神の〕根源的な分割も、それによって設けられた被造物も、ひとつの存在するものではあっても、しかしまた形式としてしか存在しないものである。つまり「それは存在する世界だ」という形式でしか存在しないものなのだ。

このような形で神は世界の創造主である。世界は一つの直接的にあるものではあるが、この直接的なものは一つの媒介されたものにすぎない。世界は一つの創られたものにすぎないのだから。［＊］神の創造の働き（Schaffen）は、世界が神から生じてくる（Hervorgehen）というのとはまったく異なる。例えば、インド人の間では、ブラフマーからもろもろの世界が生じてくる（hervorgehen）と信じられていた。ギリシャ人の宇宙創世記では、最高の精神的な神々は最後に生じてきた。最高の神々は最後の神々なのだ。生じてきたものは現存するもの、現実的なものである。それを生じさせた根拠の方はむしろ廃棄された非本質的なものとして想定され、生じてきたものの方が自立的なものと見なされている。これに対して、ユダヤ教では一者の主観性こそ絶対的に第一の最初のものであって、その制約性は取り払われている。神によって設定された被造物である世界は、神の規定作用すなわち否定作用によって生じた特殊化された存在の総体、直接的な存在の総体であるが、これに対して、神は前もって設定されたもの、前提されたものであり、絶対的な主体、絶対的に第一のものであり続ける。ここに自己関係的な主体性という神の根本規定がある。この主体性こそ、自己のうちに存在し続ける主体性として、第一の主体性である。これに対して、ギリシャの神々にとって、そのなかでも最高の精神的な神々にとっては、それらが〔ほかのものから〕生じてきたということ（Hervorgegangensein）も、それらの神々の有限性のなかに含まれてもいる。それらの神々は制約されているがゆえに、それらの自然を前提している。それはちょうど、有限な精神〔人間〕の場合に自然が前提されているのと同様である。

＊　創られたものは、自分自身において自立的ではないものである。それはたしかに在るし、存在している。けれどもそれは自立性をもたない。この区別は本質的に重要である。L（1827?）

それゆえ、主体としての一者という規定と対比すれば、〔神による〕創造のなかで生じてくる特殊的なものは、自然という外面的で非自立的なもののなかにある。一般的な言い方をすれば、設定され創られたもののなかにある。これに対して、自己のうちに存在し続ける神の主体性のみが自己関係であり、したがって第一のものである。

ユダヤ教の神の主体性は絶対的に始める第一のものであるが、しかし、それはまたたんに始めるものにすぎず、この主体性は帰結としてもとらえられるものではない〔し、具体的な精神としてとらえられてもいない。Va→W〕。神は第一のものである。神による創造は永遠の創造である。けれども、神は創造の帰結なのではなく、創造を始めるものである。もしも神の主体性が帰結として、自己自身を創造するものとして規定されるならば、神の主体性は具体的な精神としてとらえられることになろう。〔＊1〕もしも絶対的な主体によって創られたものが絶対的な主体そのものであるならば、創るものと創られたものとの区別のなかで、この区別それ自体もまた撤廃され、最後に結果する主体は、じつは自分から結果した主体ということになろう。だがこのような規定はユダヤ教のなかにはまだない。ここにあるのは、絶対的な主体が端的に始めるもの、第一のものであるという規定だけだ。[＊2]

＊1　なぜなら神が精神として規定されるような高次の段階では、神は自身から発出するものではない。したがって神はその場合には結果でもあり、自分自身を創造するものでもある。L(1827?)

＊2　神はここではまだ精神としてとらえられていない。すなわち〈みずからを特定化することによってやっと自身へと還帰するもの〉としてとらえられてはいない。けれども神は端的に第一のものであるから、神の創造行為を人間による生産のようなあり方で考えてはならない。L(1827?)

第二に考察すべきは、創造されたものに対する神の関係である。被造物としての世界に対する関係から見た神のもろもろの特質、神の性質と言われるもの、それらが神のもろもろの特性である。すなわち、われわれはすでに神の特殊化である神の自己規定の働きを考察して、これを世界の創造と見、こうして規定されたもののほうを存在する世界として見たが、この場合、神のもろもろの性質とは世界に対する神の関係であった。あるいは、神のもろもろの性質は規定されたものそのものであるが、しかしそれは神の概念のなかですでに知られていたものであった。一方〔創造された世界〕は規定されたものであり、存在するものとして知られてはいるが、神のなかへ還帰し神に属するものとしては知られていない。他方〔神の属性〕は神の特性として規定された存在である。〔創造された世界と神の属性という〕こうした関係が、世界に対する神の関係と言われるものだ。われわれ人間が知るのはこの関係についてだけで、神については何も知らないと考えるとすれば、それは適切な表現ではない。むしろ世界に対する神の関係こそが神自身の特性であり、したがって神自身の性質なのだ。

［＊1］人間が他のものにかかわる仕方、それが人間的なものであって、それこそが人間自身の本性である［＊2］。ある対象の関係を認識するとき、対象の本性そのものを認識することになる。対象がもつ関係と対象の本性そのものとを区別するとすれば、それは粗悪な区別だ。区別された両者は固定的な知の産物としてただちに崩れさる。固定的な知は自分がいったい何をしているのか分かっていない。固定的な知は区別された両者のことも知らなければ、このように区別することで自分が何を扱っているのかも分かっていない。

＊1　感覚的な表象によってすでに、或るものが存在し、或るものがそれだけで存在する。そこからそれのもろもろの性質、他のものに対するそれの関わりが区別される。けれども他のものに対するそれの関わりこそが、それの本来の本性を形づくっている。L（1827?）

＊2　酸は塩基に対する関係の仕方以外の何ものでもない。これが酸自身の本性なのだ。L・W（1827?）

外的で直接的なものとしての規定、神自身の特性としてのこうした規定は、神の絶対的な威力である。この威力はしかし、すでに見たように知恵である。

知恵のより詳しい契機は慈愛と義である。慈愛とは、世界が〔神のお陰で〕存在するということである。この存在は世界には属さない。真に現実的な存在は神のうちにのみある。神の外に互いにばらばらに存在するものには、いかなる権利もない。それは神自身が自分を外化することにほかならない。つまり神は自身を自身から解き放し、自身の内容である絶対的な主体性という特性を、自身が絶対的に一つであるということからも解放する。これが神の慈愛である。ここにおいてのみ神は無限の主体性として、真実の意味で創造主であることができるのだ。そのようにすることで神は自由であり、自分自身を規定するという神の特性もそのようにして自由に解き放たれる。自由な者のみが自分の特質を自由なものとして自分に対置し、その特質を自由に解き放すことができる。このようにばらばらになるまでに解き放すことによって、そこに有限性の総体である世界が存在する。このように存在するということが〔神の〕慈愛〔によること〕なのだ。これとは対照的に、〔神の〕義は、有限なものがむなしく観念的であることを顕わにし、有限な存在は真に自立的ではないということを顕わにする。このように〔神が〕威力として顕現することが有限な諸事物に権利を授ける。

このような慈愛と義をたんに実体の契機とみなしてはならない。むしろそれは一つの主体の契機とみるべきだ。実体においては、こうした特定化は存在するものとしてあるとともにに、ただちに存在しないものとして、生成するものとしてある。ユダヤ教ではしかし、〈一《いっ》なるもの〉(das Eine)は実体としてではなく、一者(der Eine)として、主体としてある。この主体のなかでは、事物の存在は目的として立てられていて、それは目的の特定化であり、概念自身の規定された姿である。世界は存在すべきであるとともに、転変し消滅すべきである。ここに〔神の〕目的を特定化した義がある。それは、神が自身を特定化して成ったこの神の世界から神自身がみずからを区別する、そのような主体としての義なのだ。〔第一に、創造主としての神について、第二に、創られたものに対する神の関係としての慈愛と義について述べたが〕第三は、世界の形式について、もろもろの事物が一般にもっている特質、それらの実在性についてである。言い換えると、世界はいまや散文的であって、本質的に諸事物の集まりとして、われわれに立ちむかってくる。世界から神がいなくなった(entgöttert)。ここ〔ユダヤ〕では自然から神がいなくなった。東方では、そしてとくにギリシャの神をめぐって、人々は親しみと明るさを楽しんだ。しかも自然と神的なものに対する関係を、人間が自然にかかわることで神的なものにかかわるという形で、楽しんだ。[＊]神的なものと自然的なものとのこのような一体性、これを人々は観念的なものと実在的なものとの同一性と名づける。これは抽象的でまったく形式的な規定であって、簡単に手に入れやすい同一性だ。つまりそれは至るところにある。大事な点はむしろ、この同一性についての真実の規定である。真の同一性は無限の主観性のうちにある同一性である。それは両者の角を互いに削ぎ落とす中立化としてではなく、まさしく無限の主観性としてとらえられる。無限の主観性は自分自身をそのように特定化し、その特定化されたものを世界として解き放す。かくしてこれらの特定化されたものは事物であって、その本当のありさまは自立的ではない。それらは神々ではなく、自然のもろもろの対象物である。共同体の個々の威力がギリシャ人にあっては最上の神々であったが、これらの威力は形の上で自立性をもつにすぎず、内容の方は特殊的な内容であって、非自立的ではなく、有限であるからだ。それは一つの誤った形式である。直接的に存在する自立的でない事物について言えば、それらの存在は形式的なもの、自立的でないものとしてのみ知られている。自立的でないもろもろの事物もともかく存在するとはいっても、その存在は絶対的で神的な存在ではなく、抽象的で一面的な存在なのだ。それらが絶対的に存在する場合には、それらは存在というカテゴリー（集合）のなかに含まれる。それらが有限である場合には、固定的な知のカテゴリーのなかに含まれている。

＊　人間の寛大な心が自然的なものを精神化し、これを神々として、魂を吹き込んだ。L≒W (1827?)

それゆえここ〔ユダヤ教〕には散文的な事物がある。それはちょうど、固定的な知に囚われた人間であるわれわれにとっても世界が散文的な事物を含んでいるのと同様である。散文的な事物とはすなわち固定的な知が考える多様な連関のなかにある外的な事物であり、原因と結果、質と量といった固定的知のすべてのカテゴリーでとらえられた事物である。いまやここにあるのは、われわれが自然の必然的な連関と名づけるものである。それゆえここで初めて、事物の自然的な連関に反する「奇蹟」という規定が現れうる。例えばインドの宗教には奇蹟というものはない。そこではあらゆるものが最初から乱れているからだ。秩序とか自然の法則性、たとえこの法則が認識されてなく、ただ自然の連関についての〔漠とした〕意識だけが生じている場合も含めた自然法則、こういったものに対立して、初めて奇蹟という規定が登場する。奇蹟は、神が〔自然の法則に反して〕個別的な出来事のなかで散発的に顕現するようなものと考えられているからだ。だが本当の奇蹟は、精神が自然のなかに現象することである。そして精神の本当の現れは、その根本的なあり方において人間の精神であり、世界についての人間の意識である。［＊］

＊　なぜなら世界についてわれわれが知る中身は、世界がこのような分散状態と偶然的な多様性のなかにあっても、いたるところに合法則性と理性とを含んでいるということであるからだ。これはいわば一つの奇蹟である。L：W（1827?）

それゆえユダヤ教においては、世界はもろもろの有限な事物として現れる。それら事物は自然的な仕方で相互に作用しあい、固定的な知がとらえるような連関をなしている。そこにある関係は、神、世界、世界の創造、世界のもろもろの事物の基本的なカテゴリーといったものである。奇蹟は神の偶然的な顕現としてとらえられる。これに対して、世界における神の真の顕現は絶対的な永遠の顕現である。そしてこの顕現の仕方や形式は、われわれが「崇高（Erhabenheit）」と名づけるものとして現れる。それゆえこの宗教は崇高の宗教と言われる。それ自身のうちで無限である主体を崇高（erhaben）とは呼べない。それは端的に絶対的な主体であり、神聖（heilig）であるからだ。崇高とは、この無限の主体が世界に現れ関係することである。世界はこのような主体の顕現としてとらえられる。だがそれは肯定的でないような顕現としてである。あるいは肯定的であっても、自然的・世俗的なものがこの主体にふさわしくないものとして否定されることを主要な性格とするような顕現である。それゆえ［＊］神の現象は、実在における現象を超える崇高としてとらえられる。

＊　崇高は世界における神のこのような現象と顕現であって、Va↓W^2

美の宗教においては、意味と〔それを表す〕素材とが和解し、〔内的な〕意味と〔それが外に現れた〕感覚的な様式すなわち他者にとっての存在とが和解していた。精神的なものはこのようなまったく外面的な様式のなかに自己を啓示（開示）していた。この外面的な様式は内的なものの徴《しるし》である。しかもこの内的なものはそれの外面的な形態のなかで完全に認識された。これに対して崇高さは、崇高なものが現象する際の素材や材料を根絶している。材料は〔崇高なものには〕ふさわしくないということがただちにはっきりと知られる。その不適合は無自覚的なものではない。なぜなら実体的なものの方がそれの〔眼に見えた〕姿形よりも端的により高次のものだということだけでは、崇高さには十分ではないからだ。〔神像のような眼に見える〕姿形のなかには同時に〔神に〕ふさわしくないものが設けられているという〔自覚〕があって、初めて崇高ということが成り立つ。〔これとは対照的に〕インド人〔の宗教〕には野蛮やグロテスクだけがあって、〔野蛮やグロテスクが実体に不適合だということがないので〕崇高という観念もない。

神をそれだけとして見れば一者であり、それ自身のうちに特定化されると一つの威力である。神は賢明なものである。それというのも、神は自然のなかに顕現するけれども、その際、崇高な仕方で顕現するからだ。自然の世界は〔神によって〕据えられた制約されたものにすぎない。世界は一者が顕われたものであるが、神は同時にこの顕われたものを超えており、同時にこの顕われのなかで自身をこの顕われから区別する。〔ギリシャの〕美の宗教の場合には、神々はこのような外面性のなかにそれ自身単独で存在し、本質的に現存していたが、〔ユダヤの〕神の場合には、そのようなことはない。自然は神に服従し、ただ神のみを顕わす。ただし神は同時にこの顕われを脱してもいる。

第四†は神の目的である。目的という規定がこの宗教の本質的な規定として考えられる。つまりまずなによりも、神は賢明であり、自然全般を通じて賢明である。自然は神の被造物である。そのなかに神は自身の威力を認めさせるが、たんに自身の威力だけではなく自身の智恵をも認めさせる。神の智恵はその所産のうちに、目的にかなった智恵の計らいによって表れる。〔7／19〕その目的はまだ明確ではなく、表面的なものであり、むしろ*↓外面的である。↑* 真実の目的とその実現は自然そのものに属するのではなく、本質的に意識に属する。真実の目的は自然のうちに顕現するが、しかしこの目的の本質的な現象は、〔神の〕目的を映し出している意識のうちに現れることである。目的は自己意識のうちに反照していて、意識によって知られるということが神の目的であり、この目的を承認することが意識の目的なのだ。神を承認し称讃することが、ここに登場してくる使命である。全世界は神の栄誉を、しかも普遍的な栄誉を称えなければならない。たんにユダヤ民族だけというのではなく、地上のすべてが、すべての民族すべての異教徒が、主を称えなければならない〔詩編一一七・1〕。意識によって知られるというこの目的をさしあたって理論的な目的と呼ぶことができる。もっと限定された目的は実践的な目的であって、世界そのもの〔世俗〕の精神のなかに実現される。

＊　外面的に目的に適っているというにすぎない。「汝〔主〕は獣に食べ物をお与えになる」〔詩編一四七・9〕L∥W（1827?）

†　テクストでは「第三」となっているが、四〇二頁にもあるように、第一から第三をうけた第四と解釈して、英語版に従って修正した。英語版編者は、フーベの筆記録および筆記者不明の筆記録では「第三」となっているが、もしヘーゲルが教室でそう述べたとしたら、それは、ヘーゲルがグリースハイムが筆記

した一八二四年の講義録をもとに講述したためであると推測している。グリースハイムの筆記録には「第三点」となっていたからである。

それゆえこの本質的な目的はまず初めに、共同倫理的で正当であるということ、すなわち人間自身が自分の行いのなかで律法にかなった義《ただ》しいことを見据えているということである。そしてこの律法にかなった義しいことはそのまま神的なものである。これが有限な意識のなかにある世俗的なものである場合には、神によって定められた掟である。神は普遍的なものである。［この普遍的なものに即してVa→W²］自分の意志を自分で決める人間は自由な意志であり、それゆえ普遍的な意志である。したがってここ〔ユダヤ教〕での根本使命は人間の特殊的な共同倫理性や合法的な行為なのではなく、神の前で〔恥じない〕行い、利己的な諸目的からの自由、神の前で通用する義しさである。人間は神との関係のなかで、神の栄誉のために義しいことを行う。この義しさはまずもって意志という内的なもののなかに座を占めている。

神との関係において、意欲という内面的なものに対立するものは、行為者として現存する人間がもつ自然性である。神がそれだけで独立して存在し、自然の方は存在するもの（ein Seiendes）、支配されるものであるという分裂状態が人間のなかに想定されている。人間精神のなかには、義しい行いそのものと、それを行った人間の自然的な境遇という区別がある。自然全般が絶対的な精神によって据えられたものであるように、人間の自然的な境遇も意志の精神的な関係によって規定されている。人間の自然的な境遇、その外面的で世俗的なあり方は内面的な〔意志〕との関わりのなかにある。人間の意志が本質的な意志にかない、その行いが義しい行為であるならば、人間の外面的な境遇もこのような内面的な義しさにふさわしいものでなければならない。その人の生活は順調なものでなければならないが、それはその人の行状に応じたものでなければならない。一般的に言って、〔ギリシャの英雄のように〕人間はひたすら共同倫理的にふるまい祖国の法律を守って祖国のために献身すべきであって、その結果どんな境遇になってもかまわない、というのではない。むしろ義しいことを行った者は幸福な境遇にも恵まれるべきだという明確な要求があらわれてきている。実際の生活や外面的な境遇が内面的な義しさに従ったふさわしいものであり、それによって規定されているという関係がここ〔ユダヤ教〕にはある。ここでは、〔行いと境遇との〕こうした関係が、自然的で有限な世界を神が支配しているという基本的な関係の結果として、それに基づいて生じる。ここには一つの目的があり、この目的は完遂されなければならない。〔行いと境遇という〕区別はあっても、同時に行いと境遇とは調和していなければならず、自然的な境遇の現れ方は〔神という〕本質的で精神的なものによって支配されていなければならない。同じように、人間の自然の境遇も真に内面的なもの、義しさ〔義しい行い Va→W^2〕によって規定され、支配されていなければならない。このようにして人間の幸福な境遇は肯定的に神によって正当化されている。だがこの境遇が正当化されるのは、その境遇が神の〔意志〕に合致し共同倫理的な神の掟にかなっている場合にかぎられる。

これは必然性の絆であるが、もはやギリシャ宗教に見られたような盲目的なものではない。ギリシャには、概念を欠き明確に規定されていない空虚な必然性《さだめ》〔運命〕だけがあって、具体的なものはその外にあった。［＊1］これに対して、ここでは必然性は具体的である。法則を定め正義と掟を欲するのは、絶対的に存在するものである。そしてこの存在がその人にふさわしい肯定的な境遇、幸福と繁栄の暮らしを結果としてもたらす。このように〔義しく生きる者が幸福にも恵まれるという〕一致と調和をこの宗教の段階で人間は知る。ある人が幸せに暮らすことが許されているとか、いや幸せに暮らして当然だ、といったことが前提条件となっている。〔徳と福とが合致した〕全体としての人間が神の目的である。けれども人間は全体として見たら、それ自身おのおの異なっている。つまり人間にはそれぞれ意志があり、外的な境遇がある。神がこうした必然性《さだめ》の絆であり、その人の内的な意志に応じて繁栄をもたらし、その人の境遇を義しい行為にふさわしいものにする統一なのだ、と人は知る。こうしたつながりが神の普遍的な意志である（、そして神的なものは〔このつながりをつくる〕威力である）。さらにしかし、このつながりが有限な精神自身のうちで規定された意志でもあることを人は知る。このようにつながっているという意識が、〔神への〕あのような信仰、あのような信頼になる。これがユダヤ民族の基本的な側面、しかも驚嘆すべき側面をなしていた。旧約聖書はこのような信頼に満ちている。［とくに『詩編』はそうである。Va↓W］『ヨブ記』のなかに表現されているのもこうした経緯である。ただし『ヨブ記』はユダヤ的なものとの関連が正確には知られていない†。ヨブは無垢であったがゆえに自分の不運を不当なものと感じて不満であった。つまり彼のなかには対立があった。正義こそ絶対的であると意識しながら、自分の運命がこの正義にかなっていないと感じていたからだ。彼は必然性《さだめ》を〔ギリシャ人のように〕盲目の運命とは見なさないがゆえに不満なのだ。神は善人に幸せな境遇を許すということが神の目的として知られていたからだ。こうした不満、こうしたいらだちが絶対的で純粋な信頼に服さなければならない転機が訪れる。絶対的な信頼に服すことで彼の葛藤は終わる。一方には義人は良い境遇に報われるべきだという要求が成り立つ。[*2]↓他方には服従と断念、そして神の威力の承認がある。まさにこの承認の結果として、神による幸運の回復がこれに続く。↑[*2]神に対するこうした信頼、神の威力と神の真理および正義とのこうした統一、この調和の意識、すなわち神はそれ自身のうちで目的として規定され目的をもっているという意識。これが第一のものである。神の祝福の恵みはその結果なのだ。一般的に言って、神へのこの信頼こそ、神の威力と智恵とが調和していると意識することにほかならない。

＊1　ギリシャ人にあっては、共同体的な威力をあらわす神々は彼らの外にあって必然性《さだめ》のもとにある。このさだめはその特質規定のなかに共同倫理的で正当なものをもたない。L‖W（1827?）

＊2　他面で、この不満さえも消え去る。ヨブがこのように断念し神の威力を承認することによって、再び彼に財産が与えられ、以前の幸せな境遇に戻される。こうした承認に続いてヨブの幸福が回復される。にもかかわらずこの幸福は、有限な者によって神の威力に対立する一つの権利として

請求されてしかるべきというものではない。W（1827＋1831?）

† 『ヨブ記』の起源と執筆時期をめぐっては当時はげしい論争となっていた。ミヒャエリス（Johann David Michaelis 1717-1791）による旧約聖書のドイツ語訳（一七六九年）は『ヨブ記』を聖書のなかでも最古のもので、おそらくすでにモーゼによって、エジプトに囚われたイスラエル人を慰めるために書かれたとみなした。この見解はとりわけ一八二一、二四年のヘーゲルの講義における『ヨブ記』の詳述のなかに反映している。これに対して、ヘルダーは『ヘブライ人の詩の精神について——その詩と人間精神の最古の物語の愛好家のためのひとつの手引き』（一七八七年）のなかで、『ヨブ記』の筆者はイスラエル人では断じてないという見解を表明した。ウムブライト（Friedrich Wilhelm Carl Umbreit 1795-1860）は『ヨブ記の独訳および注解』（一八二四年）のなかで、いくつかの対立点に言及した上で、『ヨブ記』は純粋にヘブライ起源ではあるが、その成立はモーゼ以後であるとの結論を導いた。

ここでさらに注目しなければならないことは、〔ヨブの〕精神がこのように内面化し自分自身の内へと向かうということだ。人間は義《ただ》しく行為しなければならない。これは絶対的な掟・命令である。そしてこの義しい行いは彼の意志のなかに座を占める。人間はそれによって自身の内面に眼を向けることを指示され、心の内面が義しくあるか自分の意志が善であるかを見つめなければならない。このような内面の吟味、内面が義しくないときの憂い、神に対する魂の叫び、精神の深みへの沈潜、神の意志にかなった義しさへの精神の憧れ、これらが詩編と預言書を支配している特徴なのだ。

この目的は同時に限定された目的として現れる。その目的とは、人間が神を知り承認すること、あるいは人間が行うことを神の栄誉のために行うべきであること、人間が欲することが神の意にかなっていて人間の意志が真実の意志でなければならないということ、これである。この目的は同時に或る制約をもっている。それゆえこの制約がどの程度まで神の特質のなかに含まれているか、神概念と神観念がどの程度まで制約を含んでいるかが示されなければならない。神観念が制約されているならば、人間の意識のなかで神の概念が理解されていくことも制約されている。［＊］

＊　一者のなかに制約を認識すること。この制約はなお理念の制約であって、理念がまだ絶対的な理念ではないということ。これはいつでも本質的なことであるが、しかしもっとも困難なことでもある。L.‖W（1827?）

神は〈みずからの自由のなかで、みずからの自由に従って自身を規定し特定化するもの〉であり、精神的な自由な存在である。これが智恵である。けれどもこの智恵、この目的は最初の目的にすぎず、一般的な智恵であるにすぎない。神の智恵というこの自己規定・自己特定化には、まだ神の展開が含まれていない。神の理念における展開は宗教のなかで初めて生じ、そこに神の本性が顕わに啓示される。〔これに対して〕ここでの神の理念には、神はたしかに一者ではあるが、しかしそれ自身のうちでも単に一つであるという特質規定にのみこだわって、自分自身のうちでたえずみずからを展開するものとはなっていないという欠陥がある。それはまだ展開されていない規定である。そのかぎりで、われわれが智恵と呼ぶものも抽象的なものであり、抽象的な普遍性である。

それとともに、宗教を神についての意識と見た場合、ユダヤ教には或る制約がある。それは、ユダヤの神がユダヤ民族に限定された民族神にすぎないという制約として一部で解されている。これはたしかに事実ではあるが、このことは他の宗教にも見られることだ。キリスト教徒の神もそうである。たしかに、われわれは一つのキリスト教なるもの（eine Christenheit）について知ってはいるが、これをしかし一家族としてもあらわし、一民族、一国民としてまとめあげる。したがってわれわれの神についての意識も一つの民族神についての意識としてある。われわれが自分たちを家族としてイメージするとき、神はこの家族に限定されている。このような神を知っている家族の意識のなかにあるのは、神は世界の普遍的な創造主にして主であるということだけではない。神は遍《あま》ねく崇拝されてしかるべきで、あらゆる民族が神について認識しなければならず、しかも神についての知を自分たちだけの特殊なものとして保持してはならない、と要求されてもいる。神が一つであるという本性からすれば、真実の神についての認識はすべての民族がもつべきものであり全地上に伝播すべきであるということが、目的として語られている。〔キリスト教には〕こういう面での制約があるだけで、宗教〔そのもの〕が制約されているわけではない。

ところがユダヤ教にはもっと別の制約もある。つまり目的がまだ抽象的であるため、結果として、宗教固有のものとして妥当している掟、および祭祀にかんする掟がたんに神によって与えられたものとして現れ、指示された不変なもの、永遠に固定されたものとしてのみ現れる。目的がまだ抽象的である。目的のなかで抽象的なものというのは現存するもののなかの直接的なものであり、たんにこのような仕方で存在する不変のものである。

c　祭　祀

祭祀は儀式奉仕と呼ばれる一つの行為である。それはかく命じられ、かく指示されているがゆえに、抽象的な行為であり、賢明にして普遍的な行為である。そうであるからこそ、そのようになされた行為は特殊的なものであって、それらの行為が理解され、それらの智恵が知られるという要求を含んでいる。さらにそれらの行為は、それらが理性的であって情感という人間の特殊性（しかも人間の正当化された特殊性）にかかわるという洞察を必要とする。ここではしかし、まだ智恵は発達した智恵ではない。ここには特殊性が残っている。この特殊性のなかに智恵は認識されていない。智恵は発達しておらず、感情のなかにまで浸透していない。そのかぎりで神の掟はたんに智恵の抽象的な指令にすぎない。それゆえ指令は理解されていない。それは何か外面的なものとしてなされる。神は絶対的な威力であるがゆえに、行為はそれ自体において規定されておらず、そのため外面的で、まったく恣意的に規定されている。

同じ事情が祭祀だけではなく、さらに他のもろもろの掟のなかにも見られる。政治的な体制とそれ以外の制度に関するものも、神によってたんに抽象的にのみ指示されたものとして、ひたすら遵守すべき永遠不変のものとして与えられる。政治的なもの、法律的な諸制度はその本性上、一般に世俗的なものとして変化する。ここではしかし、それらは不変のものとして受けとられている。これと結びついて、この民族が所有する土地も不変の所有とみなされている。

〔ユダヤ人は〕単一の家族をなしている。その状況は全体として家父長的であって、政治体制は不完全である。単一の土地を民族が占有している。〔その上で〕個々の家族が彼らの特定の分け前として家族財産をもつ。それはゆるぎない占有（Besitz）であり、永遠に家族に属し、個人は自由に処分することができない。その土地が売られたり担保にされたりした場合にも、ヨベルの年にはその家族に返還される〔レビ記二五〕。これは世俗的な生活や所有に対する超然たる無関心なのではない。そもそも法的な意味での所有（Eigentum）がまだ存在しないのだ。以上のようなことが理念上の制約であり、理念が自己意識のなかで具体化する上での制約をなしている。

C　目的に合わせた宗教
——ローマ人の宗教

ギリシャの美の宗教とユダヤの崇高の宗教を合一したものがローマの宗教である。ただし両者の統一ではなく、外面的な接合にすぎない。かえって、二つの原理が互いに反対側に取り入れられたことによって、それぞれの原理はだめになってしまった。つまりギリシャの神々がもっていた具体的な個性と共同倫理的な内容は失われ、神々は世俗的な御利益《ごりやく》のための手段に貶められる。ユダヤの唯一神はその超俗的な性格を失い、たんに人間界の外面的な諸目的を何から何まで包み込んだ一般性に堕してしまう。

a　「目的にかなう」という概念は、たんに俗世のこまごました御利益を実現してくれるということにすぎない。ユダヤの宗教では家族が目的の核心をなしていた。ローマの宗教でこれが国家にまで拡張されるけれども、これはまだ抽象的な国家にすぎず、理性的な有機組織ではない。「目的にかなう」ということが外面的なものにとどまっているからだ。

b　**神々の形象**は一見ギリシャの神々に似て多様であるが、たんに表面的に似ているにすぎない。ローマの神々は外から持ち込まれた生気のない模倣であり、自由な個性をもたない。一方に抽象的な一般性の支配があるが、他方に私的で散文的な個別性があり、こうした実用的な効用に役立つ最高に散文的な神々がある。それらの神々の多くは、諸外国から船いっぱいに積まれてパンテオンのなかに押し込められたものだ。ありとあらゆる宗教が混在する混沌。これがローマの宗教の根本的特徴である。

c　**祭祀**の内容も人間的な御利益的な目的から始まる。ローマ人は生活のなかから神々を必要とした。豊作を祈願したり、直接的な欲求を満たすさまざまな技能（パン焼きや竈や貨幣の鋳造）のために祝祭が催された。他方で、普遍的なもののなかに個人が没する祭祀もある。ぞっとする流血と殺人を伴う宗教的見せ物《スペクタクル》である。このなかで個人の空しさが直観され、空虚で盲目の運命が直観された。それは諸個人を超越する皇帝の理由なき権力の支配を表している。個人は一方では人格であり権利の主体であるが、この権利は所有権に限定され、たんに抽象的な人格にすぎない。

〔7／20〕自然宗教が第一の形態であったが、第二の形態は精神的な自覚的なものであり、そこには美の宗教と崇高の宗教が含まれる。規定された諸宗教の第三の形態は、目的に合わせた宗教（Die Religion der Zweckmäßigkeit）である。それは規定された宗教の総体〔を綜括したもの〕であり、さしあたって美の宗教と崇高の宗教との合一である。

a 「目的にかなう」という概念

［＊］抽象的な必然性《さだめ》がそれ自身のなかの目的という特殊性によって満たされることが、思想の次の段階の要求である。それをわれわれはすでに崇高の宗教のなかに見た。けれどもそこでは目的は抽象的な知恵であったり、その実際は、ある自然的な土地に制約された個別的な家族としての個別的な目的にすぎなかった。これより高次の段階は、この目的が特殊性一般の範囲にまで拡張されることである。このように具体的に展開された多様な特殊性は美の宗教のなかに見られた。そのような多様な特殊性は統一性のなかに置かれているけれども、この事実をもってしても、崇高の宗教に見られるようなあの真の精神的な統一、思想の純粋な精神をもたらすことはできなかった。

＊　美の宗教には空虚な必然性《さだめ》があり、崇高の宗教には主観的なものとしての統一がある。前者には必然性のほかに、共同体的な実体性や正当なもの、経験的な自己意識のなかに現前する現実的なものが属する。われわれはそこにもろもろの共同体的な威力を見いだし、それらはもろもろの個体として、精神的で具体的な主体として、特殊的な国民精神、生きた精神として表象される。今度は、こうした特殊性が一《いつ》へと還元されることで、次の規定が現れる。L⁝W（1827?）

まず、*1↓〔目的に合わせた宗教はこれまでの諸宗教の〕総体を含んでいるが、それは相対的な総体性である。↑*1 そのなかで、ギリシャとユダヤの二つの宗教はたしかにその一面性を失いはするけれども、二つの原理のおのおのは同時にその反対側へ取り入れられることによってだめになる。まさにこの単調さこそが、これらの宗教にわれわれの関心を向かわせるものなのだ。美の宗教は神々の具体的な個性を失い、それとともにその共同体的な自立的な内容をも失う。神々はさまざまな手段にまで貶められる。崇高の宗教は永遠で超俗的な一《いっ》なるものへの志向を失う。*2↓二つの宗教はまず初めは経験的で一般的な目的、詳細で外面的な一般的な目的に結びつけられる。目的に合わせた御利益宗教では、目的というのは何から何まで包み込んでいるけれども、人間界に属する外面的な目的である。↑*2 ［＊3］ *4↓こうした目的の実現が期待され、そして神がこの目的を実現する威力なのだ。↑*4

＊1　以前のさまざまな規定はむしろ相対的な総体性のなかにとりもどされる。Va↓W[2]

＊2　けれども二つの宗教が合一することで、個別的で特殊的な諸目的が単一の普遍的な目的へと拡張されるという歩みが実現される。Va↓W[2]

＊3　それゆえ目的に合わせた宗教は［外面的な目的に固執する］固定的な知の宗教である。Va?↓W[1]

＊4　そこに神と人間との肯定的な統一があり、神はこの目的を実現する威力である。Va↓W[1]

これが、目的にかなっているという関係である。これは、目的が人間によって立てられた外面的で経験的な目的だという欠陥をもっている。けれどもこの欠陥は或るより高次の欠陥のなかにその原因をもっている。それは神がこうした目的をもっていて、この目的が実現されることが求められているという点にある。内容からして、この目的は外面的な目的である。その実現も外面的な実現であり、俗世のこまごました事柄のなかでの実現である。この目的が真に実現されるとすれば、それは、概念である目的が実現されて、しかもこの実現を通じて、神ないし神的主体という概念と、それが実現される場となる客体性とが統一されることであろう。これが神の本性そのものであり、内的に目的にかなったあり方である。そこでは、実在性の側面そのものが概念において概念と同一となる。それは、概念自身がみずからを客体化し、この客体を自分と同一化するプロセスであり、概念が絶対的な究極目的であるような運動である。しかしながらこのローマの宗教では、＊↓絶対的な理念がこのような円環、このような自己関係としてあるわけではまだない。だから実現が求められている概念↑＊は外面的な概念であり、実現されるべき内容も世俗世界と人間の意識のなかでその実現が求められている。

＊　客観化が求められている実体的なもの　Va↓W^1

ローマの宗教のなかで目的が成り立つ事情をもう少し詳しく述べよう。崇高の宗教における目的は制約された目的であったため――同時に本質的な目的ではあるとはいえ――やはりまだ発達した目的ではない。それゆえその目的の内的な核心は家族であり、自然的な共同体そのものである。ローマでは、この目的が拡張されて膨れ上がり、国家全般が包括的で本質的な目的となった。国家は外面的で世俗的な目的であり、したがってその内容はまだ本来的に神自身に含まれてはいない。内容はたしかに神のうちに含まれているのだが、しかしそれは神自身の本性ではない。国家もまだやっと抽象的な国家であって、人々は拘束されて合一しているにすぎない。それゆえその合一もまだそれ自身において理性的な有機組織ではないし、国家もまだそれ自身において理性的な有機組織ではない。なぜかと言えば、神がそれ自身のなかで理性的な有機組織をなしておらず、具体的な精神でないからだ。目的への適合が外面的なのである。もしこれを目的への内面的な適合としてとらえれば、目的適合性は神自身の本性ということになろう。ところが神はまだこうした具体的な理念ではなく自分自身による真の自己充足ではないのだから、国家というこの目的はまだ理性的な有機組織、自身のうちでの理性的な総体性ではない。ゆえにそれは国家の名に値しない。むしろそれは、諸個人や諸民族を一つの絆のなかに合一し、単一の威力のもとに支配することなのだ。ここでわれわれが目的と実現とを区別する際、目的はさしあたってたんに主観的なものとしてあるにすぎず、実現されたものとしてあるのではない。そして実現は征服であり、支配権の獲得であり、ある目的の実現である。その目的は初めからア・プリオリにあり、初めは諸民族の頭上にあって、それからやっと実現される。このことが目的という規定のなかにある。目的とその実現というこの区別は本質的に重要である。

すでに述べたことだが、アテナ女神は国民の精神である。ギリシャの宗教では、都市アテナイの繁栄と幸運がアテナ女神の目的なのではない。そこには実現されなければならない目的という関係はない。むしろ女神アテナは国民の実体的な統一、国民の精神である。〔都市国家〕アテナイはこの精神の外面的に顕在化した存在であり、この精神と直接的に同一である。パラス〔・アテナ〕はアテナイ〔という都市国家〕を目的とするようなアテナ女神ではない。〔これに対して〕ローマの宗教で重要なポイントは、目的に外的にかなっているというカテゴリーである。

b　神々の形象

第二の課題は、この宗教の外面的な現象を述べることだ。すなわちこの宗教が存在した基盤、神ないし神々の形象についての叙述である。この宗教が外面的にあらわれた姿はローマの宗教である。この外面的なあらわれを引き合いに出すのは、一つには、この宗教が〔目的に合わせた宗教だという〕概念の規定に対応していることを示すためである。さらに、この概念のなかに含まれているもっと詳しいさまざまな規定を具体的に展開する機会にするためである。ローマの宗教は皮相なやり方でギリシャの宗教といっしょくたにされる。けれども両者のそれぞれには、本質的にまったく別の精神がある。両者は互いに共通する形象をもってはいるけれども、ローマにおける形象はギリシャにおけるそれとはまったく異なる配置になっている。したがってローマの宗教全体とその宗教的な心情はギリシャのものとは本質的に異なったものなのだ。このことは外面的に一瞥しただけでもすでに明らかであろう。国家や国制や一国民の政治的な運命が彼らの宗教に依存していること、宗教が政治の基盤にして実体でありその基礎であるということは、一般に認められている。*↓ところで、ギリシャとローマのそれぞれの精神や教養形成や歴史は本質的に異なっている。それゆえ両者の宗教も区別されなければならない↑*。

＊　そしてこのことがすでに宗教的な実体の違いに通じる。　Va↓W[2]

次に抽象的な心構えや精神的な志向について言えば、まず第一にローマ人のきまじめさがあげられる。一つの目的、すなわち実現されるべき一つの本質的に固定的な目的があるところには、固定的な知があらわれ、それとともに、きまじめさがあらわれる。このきまじめさは、心情や外的な状況がさまざまに違っても、この固定的な目的に固執する。

ギリシャ宗教の明朗さ、その心構えにかんする根本的な特徴の根拠は、崇敬される聖なるものという一つの目的がそこにあったという点にある。しかし同時に、ギリシャの神々が多数あるということのなかに、ただちにこの一つの目的からの自由がある。ギリシャの神々はそれぞれ、多かれ少なかれ実体的な性質と共同体的な本質実在性をもっている。けれども、多くの特殊性があるという理由から、意識や精神は同時にこの多くの多様なものを超えてもいて、その特殊性を脱してもいる。意識は、本質実在的なものと規定されているもの、しかも目的としても扱われうるものを見捨てる。したがって意識はそれ自身が事柄を皮肉《イロニー》にあつかう。これに対して、最上の原理、最上の目的があるところには、このような明朗さは生じない。さらにギリシャの神は具体的な個体性である。これら多くの特殊な個体のそれぞれが、それ自身において再び多くのさまざまな特質をもっている。一個の豊かな個性はそれ自身において必然的に矛盾をかかえていて、対立がまだ絶対的に和解されていないために、その矛盾を現さないわけにはいかない。神々はそれ自身において、外面的な特質に関してそのような豊かさをもっているがゆえに、こうした特殊性はどうでもよいという面がある。その結果、「軽み」の精神で神々と戯れることができる。神々の物語のなかでこれら神々に見られる偶然的な要素はこのような面に含まれる。

［＊1］特定された目的はまさしく支配という目的であり、神はこの目的を実現する威力であり、最上の普遍的な威力、世界に対するこうした支配である。それゆえわれわれはこの神を、↑＊2例えばフォルトゥナ・プブリカ（公共の運命）という形態のなかに見た。＊2↓このFortuna publica はローマの目的そのものを保持する本来の必然性であり、まさしくローマそのものであった。ローマは支配するものであり、一つの聖なる神的な実在とまったく同じくらい高くに位置づけられている。この支配的なローマが一つの支配的な神の形であらわれると、それがカピトリヌスのユピテル（Jupiter capitolinus）［＊3］である。ユピテルは

守護神を伴ったフォルトナ（クロイツァー『象徴学と神話学』1841年より）

七つの丘の上に腰をおろすローマ．女神の下にいるのはロムルスとレムスを連れた雌狼（同上）

ローマを支配的なものにまでした主神である。ユピテルは支配という意味をもち、世界のなかに一つの目的をもっている。ユピテルはこの目的をローマ国民をとおして、ローマ国民のために実現する。

＊1　或る特定の目的を抱いたこうした固定的な知の真剣さが、ローマ人の心構えの性格なのだ。このような　Va↓W[1]

＊2　それは他の者に対しては冷厳な必然性であるような必然性であり、Va↓W

＊3　という或る特殊的なユピテルである。というのも多くのユピテル、おそらく三百ものユピテルがいるからだ[†]。Va？↓W

† これはテルトゥリアヌス『護教論』第一四章九にある記述〔『キリスト教教父著作集14』鈴木一郎訳、教文館、一九八七年、四二頁〕の誤った記憶にもとづいている。テルトゥリアヌスはローマの宗教を軽蔑するために、ウァロ（Varro, BC. 116-27）の失われた諷刺詩から、三百ものユピテルたちの姿を引用している。

第二に、実際に支配するこの神は真に精神的に唯一の神なのではない。まさにそれゆえに、特殊的なものがこの統一的な支配の外にこぼれ落ちている。威力はたんに抽象的にすぎず、ただ威力にすぎない。それはそれ自身のなかで理性的な体制、理性的な総体ではない。まさにそれゆえに、特殊的なものは支配者たる一者の外にこぼれ落ちたものとしてあらわれる。そこにわれわれは神々の現象を見る。それはすでに述べたように、実際にもギリシャの神々であったり、あるいはまた、或る民族が他の民族の神々に対してよくするように、それと等置された神々である。このようにしてギリシャ人は自分たちの神々をペルシア、シリア、バビロニアのなかに発見した。けれどもそれは同時に、彼ら固有の神々が直観され特徴づけられる独特の仕方とは異なるものだ。*↓それらはたんに表面的な一般性という点でのみ類似していると見なすことができる。それらはギリシャ宗教に見られるような自由な個性をもたない。それらの神々↑*はいわば灰色に見える。それらは、外から持ち込まれたということ以外に、どこから来たかわからない。ローマの神々はまともな意味をもっていない。詩人たちの間では、それらはギリシャの神々の生気のない模倣にすぎないと見られている。それらの神々のなかには人間性・主観性についての意識と感情がない。そうした意識と感情は、人間における場合のように神々においても、また神々における場合のように人間においても、実体的なものなのだが、それらは派生的なものとしてあらわれる。それらは感覚を欠いた機械としてあらわれる。† （フランスでも〔近年〕そのような機械的な神々が導入された〈理性の祭典〉）。それらはまったくもって固定的な知が考えるような神々としてあらわれ、美しい構想力によるものではない。

＊　ローマの特殊的な神々は全般的に、ないしはその多くがギリシャの神々と同一である。にもかかわらず、それらはこのような美しい自由な個性ではなく、Va↓W^2

†　ローマのウェルギリウスの作品はギリシャのホメロスの模倣や追随にすぎないという類似の批判は、『差異論文』（GW. 4. 12『イェーナ期批判論稿』二〇頁）や『美学』竹内敏雄訳、岩波書店、一九六五年、第二巻の上、九七九頁、『歴史哲学講義』下巻一二〇頁にも見られる。

ギリシャの神々と共通のものとしてあらわれるこれら個々の神々のほかに、ローマ人は多くの独特の神々と神事をもっていた。支配することがローマ市民の目的ではあるが、個人をこの支配のもとに束ねきることはできない。個人はある特殊的な目的ももっていて、自分固有の目的はあの抽象的な目的の外にある。［＊1］けれどもこれら特殊的な目的は完全に散文的に個別化している。ここに登場してくるのは、人間の欲求や自然とのつながりの多様な側面に応じて、人間の通俗的な私的な個別性である。神はこのような具体的な個性ではない。［＊2］私的な個別性はあの〔抽象的な〕普遍性から見捨てられて、それだけで孤立してしまうと、まさに人間のまったく卑俗で散文的な個別性となる。そうは言っても、この個別性は人間にとっての目的である。人間はあれこれのものを必要とする。人間にとって目的であるものは、ローマの宗教では、いまや神的なものという規定をもつ。このようにして人間的な目的が神的な目的として妥当し、したがって神的な威力として妥当する。人間の目的と神の目的とは一つである。それはしかし理念の外にある目的である。したがって目的は第一に普遍的な目的である。世界の支配はその一面にすぎない。これは個人にとって抑圧的な負担となるものであり、個人を食いつくし犠牲にする絶対的な威力である。第二に、目的は私的なものである。この面では、もろもろの私的な目的・欲求・威力が神々としてもあらわれる。なぜなら人間的な事柄〔の成就〕が神の実現なのだから。

＊1　支配という普遍的なものに対して、或る特殊的なものが——例えば人間的なさまざまな目的や関心、私的な目的、人間の生活と利害関心といったものが——存在する。われわれは一方に支配というこうした普遍的な力を見る。この威力の前に個人は犠牲に供され、けっして個人として通用しない。他方の特定されたものは、神というあの統一が抽象的なものであるだけに、この統一の外にある。それゆえ人間的なものが本質的に目的となる。神を或る内容で充実させるのは人間的なこ

とである。L‖W（1827?）

＊2　ユピテルはただ支配することにすぎず、特殊的な神々は死んだものであり、生気と精神を欠いたもの、言い換えれば、借り物である。Va↓W

　これがローマの宗教の根本特徴である。ここで神々の内容を与えるものはさまざまな卑俗な欲求〔生活上の必要〕である。［7／23］そこには多くのきわめて散文的な神々がある。これら神々の内容は実用的な功利性である。神々は実用的な効用に役立つ。家の神ラレース、ペナーテスはたしかに私的な市民のものであるが、それらは孝順という自然的な共同倫理にかかわり、家族の共同体的一体性に関係している。たいていのものはしかし、たんなる利己的な功利に属するような内容をもっている。

　人間のこうした生活と行動は、少なくとも悪という否定的なものを欠く形式も含んでいるので、これらの欲求の充足は素朴で平穏で未開の自然状態である。こうした状態にふさわしい欲求充足〔の願い〕が一群の神々としてあらわれる。この無垢の状態をローマ人はサートゥルヌスの時代にあったものとイメージした。†1 彼らは多くの祝祭を催すが、それらは土地の豊作という利得と自然の賜物を活用する人間の技能とにかかわっている。さらにそれらの神々は、もっぱら直接的な欲求とその満足にかかわるさまざまな技能や活動の種類なのだ。例えばユピテル・ピストルはパンを焼く職人であり技術である。［＊1］穀物を乾燥させる＊2↓竈とパンを焼くための竈《かまど》、フォルナクスは、竈の女神である。↑＊2 ウェスタは〔初め〕パンを焼くときの火であったが、のちに〔ヘスティアとしてVa↓W〕家族の孝順にかかわるより高い意味をもつようになった。パレースの祭は家畜用飼料の女神の祭である。〔神々のなかの女王〕ユーノー・モネータ。[†2] さらに人間のあらゆる状態に対して、〔平和の女神〕パークス、〔平穏の神〕トランクィリタース、〔休息の女神〕ウァクーナ、〔熱病からの守り神〕フェブリス、〔ペストの神〕ペスティス、〔黒穂病の神〕ロービーゴー、悩み事の女神アエルムナなどがある。これらすべてはまったく散文的なさまざまな欲求に関係している。これら一群の神々ほど想像力を欠くものはない。

＊1　パンを焼く技術は神的なものと見なされ、そしてこの技術の力は一つの本質実在的なものと見なされる。Va↓W

＊2　竈は一つの固有の女神である。Va↓W

†1　サートゥルヌスはギリシャのクロノスと同一視される農耕の神。以下、このパラグラフの終わりまで、モリッツの『アントゥサまたはローマの古典古代』（ベルリン、一七九一年。『アントゥサ』と略記）に依拠している。

†2　彼女の神殿で貨幣が鋳造され、モネータ（moneta）が貨幣（money）を意味するようになった。

[＊1↓]たしかにこれら多くの神々は非常に広範な神々の圏域をつくりあげている。しかしすぐに、支配的なユーピテルというローマの運命の一般的な規定が生じる。この基本的な規定の

なかに、これら個々の神々のすべてがまるごと一つに集められるということが含まれている。↑＊1ローマ人の世俗的な支配の拡張は、多くの個人や民族が一つの威力と支配のもとにもたらされるということのなかに成り立っていた。また、彼らのもろもろの共同体の威力と神々の姿をしたさまざまな民族精神は＊2↓一つのパンテオンのなかへと押しこめられて、↑＊2一つの運命のもとに集められ、ユピテル・カピトーリヌスという一神に服する。エジプト、ギリシャ、ペルシア（ミトラ＊3↓祭祀）などから、神々が船いっぱいに積まれてローマへと曳《ひ》いてこられた。ローマはありとあらゆる種類の宗教が混在するところであり、↑＊3全体の状況は［あらゆる種類の祭祀がいりまじったVa↓W］混乱状況を呈していた。c

＊1　他面で、一つの普遍的な宗教的な欲求が生じ、同時にローマの運命という抑圧的な力が存在し、それが個々の神々を一つの統一へとまとめあげた。Va↓W[2]

＊2　一つの威力の支配下に押しつぶされ　Va↓W[1]

＊3　ギリシャ宗教、ペルシア宗教、エジプト宗教、キリスト教、ミトラ崇拝といったありとあらゆる宗教の集積となった。Va↓W

c　祭祀

第三に祭祀の性格について述べる。祭祀の特質はすでに述べたことのなかに含まれている。神はある目的のために崇拝される。この目的は人間的な目的である。内容は言わば神から始まるのではない。それは神の本性からくる内容ではない。むしろ人間から、人間的な目的から始まる。ローマ人は*1↓あらゆることを宗教で行う↑*1もっとも敬虔な国民だ、とキケローは言った〔『神の本性について』二・八〕。実際その通りと言えよう。〔この敬虔のなかに〕まさしくローマの原理の抽象的な内面性と、目的の普遍性がある。この普遍性が運命であって、この運命のなかで個々の個人とその倫理性と人間性は押しつぶされ、具体的に現存することも自己を発展させることもできない。あらゆるものが〔運命という〕普遍的なものに関係づけられる基礎がこの普遍性なのだ。そして一切がこの内面性に結びつけられることによって、ありとあらゆるもののなかに宗教がある。［＊2］同時にしかし、この内面性、この高次な普遍的なものは形式にすぎない。この威力の内容と目的は人間的な内容であって、人間によって掲げられる。この目的を神々が威力として実現するとされている。もっと詳しく見ると、ローマ人は神々を必要とするがゆえに神々を崇拝する。しかもとりわけ*↓特別に危機的な時代↑*［＊戦争の危急時Va↓W］において神々を必要とする場合に、神々を崇拝する。

［＊3］ローマ人はそのような窮迫から、彼らの神々が成立してきた一般的な神統記を必要とした。神託や託宣集は、*4↓国民に何をすべき↑*4かを告げる高級なものである。しかしこれらは国家や高級官吏の手に握られていた。個人は一方で、公共の運命（Fortuna publica）という普遍的な支配のなかに没落する。他方でしかし、人間的な目的も通用し、人間的な主体が自立的で本質的な妥当性をもつ。この両極とそれらどうしの矛盾のなかでローマ人の生活

が営まれていた。

＊1　いたるところで神を思い、あらゆることを宗教で行い、一切を神々に感謝する　Va↓W

＊2　それゆえキケローはまた完全にローマ的な精神の意味で宗教（Religion）という語の意味を religare（結びつける）から導いた。実際、ローマ人にとって、宗教はあらゆる関係において、拘束し統制するものであったからだ。1831? Co？↓W^2

＊3　新しい神々が導入されるのは危機的で不安な時代であり、あるいは誓願のためである。Va↓W

＊4　利得を得るには何をすべきで、何が生じるべきか。Va↓W

ローマ的な徳 virtus は、国家と支配の大義に個人が全身全霊を捧げるというあの冷厳な愛国心である。普遍的なものへの個人の埋没、こうした否定性をローマ人は直観できるようにした。彼らの宗教的な競技の本質的な特徴をなしているものこそこの否定性である。ローマ人の宗教的な見せ物はすさまじい流血のなかに成り立つ。そこには共同倫理的な利害関心もなければ、悲劇的な反転と転回もない。悲劇的な反転は〔ギリシャであれば〕共同倫理的な関心と、共同倫理的使命に結びついている不運を内容とするが、ローマではむしろ、死というそっけない冷たい転換が演出される。幾百幾千の人々が互いに殺し合わなければならなかった。このぞっとする殺人を彼らは眼の保養に役立て、そのなかに人間の個体性の虚しさを直観した。さらに、この虚しさにはいかなる倫理性も含まれていなかったがゆえに、個人の無価値が直観された。空っぽな空虚な運命が偶然として盲目的な気まぐれとして人間にかかわるさまが直観された。

ここに、これまで語られた内容を綜括するさらなる規定が結びつく。それは宗教に属していないにもかかわらず、宗教のなかに持ち込まれることがある。*↓理性を欠いた冷たい運命、たんなる支配が実際に支配的なものとなると、ローマ帝国のなかに行き渡ったイメージのなかに、諸個人を超えて共通に現前する威力、すなわち皇帝という恣意による威力があらわれる。それは法も倫理もすべて無視して荒れ狂うやりたいほうだいの権力である。皇帝というこの最上の権力が神として崇められることは、実際まったく当然の帰結であった。皇帝は、諸個人とその状態を超越したいわれなき（無根拠の）威力であるからだ。

これまで述べたことは、諸個人が没落するという一つの面であって、もう一つの極がこれに対立している。↑*つまり〔皇帝の〕権力の目的も同時に現存している。権力は一面では盲目的であり、精神はまだ和解しておらず、調和していない。それゆえ〔個人と権力という〕両者は互いに一面的に対立し合っている。この権力が目的であり、この目的は人間的で有限な目的である。それは世界を支配することであり、その支配が実現した状態は人間による支配、ローマ人による支配である。実際のところ、この普遍的な目的はその根拠と座を自己意識のなかにもっている。そのことによってこの具体的な自己意識の自立性が樹立される。一方に具体的な生活に対する無関心があり、他方にあのつれない内面性がある。それは神および個人の内面性でもあるけれども、しかし個人はまったく抽象的な内面性である。そこにローマ人の根本的な特徴をなすものがある。すなわち抽象的な人格そのものがこのような威信を獲得したという特徴がある。抽象的な人格とは法的な人格のことである。それゆえ権利（Recht）［すなわち所有規定Va↓W］を入念に仕上げることがローマ人の重要な特徴をなす。けれどもこの権利は法律上の権利、所有権に限定される。これ以上に高いもろもろの正当な権利（Rechte）がある。〔例えば〕人間の良心はその正当な権利をもつ。さらに、もっとずっと高い正当性をもつものは、倫理や道徳の正当性（Recht）である。だがローマでは、正当性（や権利）がもはや具体的で本来的な意味においてあるのではない。ここで支配しているのは、所有という規定のなかにのみ成り立つ人格の抽象的な権利である。この高い地位を占めるのはたしかに人格ではあるが、しかしそれはたんに抽象的な人格であり、抽象的な意味での主観性にすぎない。

＊　個人がそのなかに没する空虚な運命は、恣意的で倫理性をまったく欠く荒れ狂う皇帝権力のなかに、ついにその人格的な表現を見いだした。この運命という極に対して、もう一つの極は主観性の純粋な個別性が通用することである。Co？1831?↓W²

以上が目的に合わせた宗教の基本的な特徴である。そこにはさまざまな契機が含まれていたが、それらの契機を合一したものが次にくる宗教の最後の段階の特質をなす。これらの諸契機は目的に合わせた宗教においてはばらばらではあるけれども、互いに関係しあい、それゆえ矛盾しあっている。この宗教のなかでこのように精神を欠いた仕方で現存している諸契機は、それらの精神に即して合一すると、精神の規定と精神の宗教の規定を形づくる。

第三部　完成された宗教

はじめに、一　この宗教の意味を、二　実定性と精神性の両面から考察する。

一　第一部では宗教の普遍的な概念を考察し、第二部では特定の形態をとった諸宗教を考察してきたが、第三部では宗教の概念が自覚的となった宗教を考察する。宗教の普遍的な概念とは、神という絶対的な実在についての意識である。そこには神（客観）とそれを崇拝する意識（主観）という区別があった。この区別が完成された宗教〔キリスト教〕の段階で超えられる。完成された宗教は神を対象とするのではなく、神についての意識すなわち人間精神を対象とするからだ。この宗教は、神みずからが人間に対して自身の何たるかを知らしめた宗教という意味で、啓示宗教（die offenbare Religion）と呼ばれるが、それは結局、人間精神が人間精神自身に顕わに開示された（geoffenbart）宗教という意味でもある。

二　啓示宗教は、神が現れて啓示したという歴史的な出来事と奇蹟、それについての他人の証言に基づき、そのことが権威によって教育されていく。この点で、啓示宗教には実定性がつきまとう。けれどもこれらの実定的な要素は、その宗教が真理であることの立証の始まりにすぎない。宗教の真理性は精神が精神自身について証言するということのなかに成り立つ。この証言を確証する最高の様式は哲学的思考である。宗教の基盤を感情や心情に求めようとすることが流行っているが、人間だけが宗教をもつということを考慮すれば、それは思考する感情や心情なのであって、聖書解釈や教義学など宗教についての言説はいつでも思考である。思考形式の吟味はひとり哲学の仕事なのだから、神学が哲学に歯向かうとき、神学は自分でも思考形式を用いていながら、自分が何をしているのか自分でも分かっていない。現代の神学は哲学を敵視することで、三位一体説などキリスト教の根本教義の多くを消し去ろうとしている。キリスト教の根本真理はこれからは哲学のなかで保持されていく。その意味で、いま哲学こそがもっとも正統的なのだ。

三　**これまでの展開の回顧を通じて、**最後の段階の宗教の意義を考えてみる。宗教は、有限な精神（人間）が無限な精神（神）についていだく意識と言える。しかし無限な神が有限なものに対立しているだけでは、神自身が有限なものに制約されていることになろう。有限なものが神自身のなかに想定され、有限／無限という抽象的な対立が廃棄されなければならない。これは区別を消し去ることではなく、精神の一面である意識の区別作用を通過した上で、真の無限に達するということなのだ。

呪術という最も原始的な宗教に始まり東洋の諸宗教をへてギリシャ、ユダヤの宗教へいたる歩みは、精神が自然への埋没から脱して、精神自身の自覚を獲得する道ゆきであった。それは精神の潜在態が顕在化して、精神が自己自身の概念に達することである。この歩みの最後にローマの目的の宗教に達したが、この目的は御利益的な外面的な目的にすぎなかった。完成された宗教において初めて、精神が精神を産み出すという絶対的な主観性が精神の目的となるところまで純化される。われわれがこれまで考察してきたすべては、精神そのものが生成する歩みにほかならなかった。このようなプロセスの総体をもって初めて、生き生きとした神の活動をとらえることができる。

四　考察の手順では次のような章立てが示される。

A　第一の場――思想という普遍性の場にある神

B　第二の場――感覚的な直観と表象という特殊性の場に現れた神

C　第三の場――情感という個別性の場に現れた神

これは、神に対する主体のかかわり方の三つの様式であるが、じつはこの区別は理念自身の運動である。絶対的な永遠の理念はまず第一に、世界の創造以前の永遠の神（父）であり、第二に、世界と人間を創造し他者とのかかわりのなかにある神（子）であり、第三に、他者との和解のプロセスを経て自身から分離したものと再び和合した神、教団に住まう神（聖霊）である。この過程の総体が、展開されたものを自身のうちへと連れ戻す絶対的精神の永遠《たえざる》の生命《いのち》なのだ。

はじめに

一　この宗教の意味

この講義の第一部では宗教の普遍的な概念を、第二部では特定の形態をとったもろもろの宗教を考察してきた。特定の形態をとった宗教の最後の段階は、目的に合わせた宗教であった。これから考察する第三部は完成された宗教である。これは自分自身を自覚した宗教、みずからに対して客観的となった宗教である。

まず初めに概念があり、次に概念が具体的に規定されて現実味を帯びた客観性をもち、最後に最初の概念がみずからの対象となって、自分自身にとってあり、自分自身に対象的となって、自分自身にかかわる。これはいつでもあらゆる学の進みかたである。それが哲学の歩みである。まず、概念によって物事をとらえる学という構想があり、われわれはこの構想をもって始める。最後にしかし学そのものが自分で自分の概念をとらえ、この概念が自覚的なものになる。

かくしてわれわれがいまから踏み込む領域は、宗教の概念が自覚的となった宗教、すなわち啓示され開示された宗教である。宗教の概念が自覚的となったとき、初めて宗教は顕わなものとして現れる。言い換えれば、宗教と宗教の概念が宗教自身にとって客観的に〔対象と〕なった。それはたんに部分的に限定された形で客観的になったのではなく、宗教の概念からしてみずからに客観的となったのだ。

もっと詳しく言うと、こういうことだ。宗教の普遍的な概念とは神についての意識であり、一般的に言って、絶対的な本質実在（das absolute Wesen）についての意識である。ところで意識は自分のなかで主観と客観との区別を立てる。それゆえわれわれはすでに意識と絶対的な本質実在という二つの構成要素をもっている。この二つは、初めは限定された関連と関係のなかに外的にあらわれていて（Entäusserung）、経験的な意識と、抽象的な意味での本質実在とが関係しあうという形をとる。それらは互いに有限な関係のなかに立ち、そのかぎりで両者は有限である。そこでわれわれはいつも、それぞれが有限で互いに外面的にかかわり合っている二つのものを意識のなかにもつことになる。それゆえ意識は絶対的な本質実在をもたんに有限なもののように知るのであって、けっして真実のものとして知るのではない。

他方、神自身も意識であり、それ自身のなかで自己を区別する。神がこのようにそれ自身のなかで自己を区別するものとしての意識である場合、われわれがふつう意識の側面と呼ぶもの〔人間の意識〕に対して、神自身が意識として対象になる。

そこでいま宗教が自己自身を理解する際、宗教の内容と対象は次のような全体である。すなわち自分が崇拝する本質実在〔神〕にかかわる意識であり、みずからを本質実在として知り本質実在を自身として知ることである。これが精神的な宗教である。すなわち精神が宗教における対象であり、〈自己を知る本質実在〉という宗教の対象が精神であるということ。ここで初めて精神がそのようなものとして対象となり、宗教の内容をなす。かくして精神は精神に対してのみあることになる。精神が宗教の内容となり対象となることによって、精神は精神としては、みずからを知りみずからを区別するこの個別的なものである。精神自身がみずからに、有限なものとして現象する主観的な意識というもう一つの面をも与える。これが自己自身によって満たされた宗教である。

二　この宗教の実定性と精神性

以上が抽象的にとらえられた宗教の理念であり、宗教が実際に理念にまで高まった領域である。というのも、哲学的な意味での理念とは、具体的に現存する或る対象をもった概念であり、現実味と客観性をもった概念だからである。それはたんに内面的、主観的なものではもはやなく、客観化しながらも同時にその客観性を自分のうちに取り戻している（『論理学』主観的論理学――概念論』GW.12. 173ff.）。［＊］

＊　あるいは、われわれが概念を目的と名づける場合には、客観的でもあるような充実した実現された目的である。ＬＷ（1827?）

完成された宗教は理念であって、その宗教のあり方、すなわち本質実在〔神〕についての意識をみずからの対象としている。完成された宗教はそのようにして客観化されている。この絶対的な宗教は顕わになった宗教（die offenbare Religion）であり、自分自身をみずからの充実した内容としている宗教だ。この宗教は啓示された宗教（die geoffenbarte Religion）と呼ばれる宗教でもある。ふつう啓示宗教というと、神によって啓示された宗教、神がみずから人間に対して御自身の何たるかを知らしめた宗教と解されている。他方それは、人間に外からもたらされたという意味で、実定的な啓示宗教とも見られている。実定的なものに関して一般に想い浮かべられているものの特徴をつかむために、何が実定的なものであるか見ておくのは興味深いことだ。

絶対的な宗教といえども、意識されるすべてのものが意識にとって対象であるという意味では、まず初めは実定宗教である。すべては外からわれわれにやってくる。感覚的なものは実定的なものである。そもそも、直接的に直観されるもの以外に、さしあたって実定的なものはない。あらゆる精神的なもの、歴史のなかに現れる中途半端に精神的なものをも含む精神的なものの全般は、このように外から感覚にもたらされる。精神にとって外面的なあり方をし、みずからも外面化する精神、これもまた実定的である。それよりも高次の、より純粋で精神的なものは、共同倫理的なものであり、自由の法則であって、それはその本性からして、そのように外面的・偶然的なものではなく、理性的な精神そのものの本性である。けれどもこの共同倫理的なものも、初めは教育や授業や教えのなかで外からわれわれにもたらされ、その妥当性が示される。法律は私法も公法も実定的なものである。それらも外からわれわれにやってきて、われわれに対して存在し妥当する。われわれは感覚的な対象に対しては、その傍らをそっと通りすぎることができるが、実定法はそれとは違って、われわれにとってたんなる外面的なものではない。実定法は外面的でありながらも、われわれの主観にとっても本質的なもの、主観に対して拘束力あるものとされる。われわれが法律を理解し認識して、犯罪が罰せられるのは理にかなっているとみなすとき、それはその法律が実定的であるからではなく、その法律がわれわれにとって本質的であるからだ。法律は、それがそうなっているからという理由で、たんに外面的にわれわれに対して妥当するのではない。法律はそれ自身も内面的で理性的であるがゆえに、内面的にもわれわれに妥当し、われわれの理性に対して本質的なものとして妥当する。法律が実定的であっても、そのことは法律が理性的でわれわれ自身のものでもあるという性格を少しも減じはしない。自由のための諸法律はいつでもその現象形態では、実定的な側面、実在する外面的・偶然的な側面をもっている。法律は具体的に定められなければならない。刑罰の規定や質にすでに外面性が入り込んで来るが、刑罰の量すなわち量刑ではなおのことそうである。刑罰においては、実定的なものが顔を出さないわけにはいかず、必ずあらわれる。直接的なものの最後の決め手となる「この直接的なもの」は、それが実際にそう定められているという実定的な点にあり、それ自体で理性的なものは何もない。例えば刑罰においては、端数のないきれいにそろった数であることが決定的に重要である。その際に、何が端的に正当であるかが理性によって決定されることはない。その本性からして実定的なものは理性を欠くものである。それは、自分のなかに何ら理性的なものをもたない仕方で規定されざるをえない。

　啓示宗教においてもこのような面が必ずある。啓示宗教のなかに歴史的なものが外面的に現象してくるときには、そこに、このようでもあのようでもありうるような実定的で偶然的なものが付きまとう。歴史的な事柄は外面的であり、〔本質に対する〕現象であるがゆえに、啓示宗教にはいつも実定的なものが付きまとっている。けれども、このように抽象的にとらえられた実定的なものと、*↓理性的〔な法律の形をとった実定的〕なものとは、↑*区別されなければならない。自由のための法律は、それが在るから妥当するというのではなく、それがわれわれの理知的な本性を定めたものだからこそ妥当するのだ。それが知られたときには、たんなる実定的なものでも外面的に妥当するものでもない。宗教も、その教義の全内容にかんしては、実定的なものとして現れる。けれども宗教はいつまでも実定的なものにとどまっていてはならない。宗教はたんなる表象や記憶の事柄であってはならないのだ。

＊　自由の形式における、自由の法則としての実定的なもの。Va↓W^2

次は、宗教が真理であることを証明する際に生じる実定的な要素をとりあげる。眼に見える外面的なものが、或る宗教が真理であることを証明し、そのことの根拠とみなされる。こうした認証は一度は奇蹟とか証言といった実定的な形をとる。そしてこの奇蹟や証言が、〔啓示する個人の神性を証明し、そのVa↓W^2〕個人がこれこれのことを行いこれこれの教えを説いた証拠とされる。奇蹟は実定的なものであって、感覚的な出来事や、感覚によって知覚される変化である。この知覚は感覚的に変化するものであるがゆえに、それ自身が感覚的である。この実定的なものに関しては、すでにずっと前に〔第一部、一四五頁〕、感覚的な人間にとってはこうした実定的なものが確証をもたらすことができる、と述べた。けれどもそれは真理の立証の始まりにすぎず、精神的なものを真理と認めることができない感覚的な立証の仕方であって、精神的な立証の仕方ではない。精神的なものは、精神的でない感覚的なものによって直ちに真理と立証されるわけにはいかない。このようにして奇蹟が事実上わきに置かれるということが、奇蹟の実定的な面についてのポイントである。固定的な知は〔超自然的な〕奇蹟を自然的に説明しようとし、奇蹟に反対するもっともらしいことをいっぱい持ち出してくることがある。固定的な知は自分でも外面的な出来事そのものを頼りにして、外面的な出来事に反駁しようとしている。これに対して、奇蹟に対する理性の立場の基本は、精神的なものはけっして外面的に立証されはしないという点にある。というのは、精神的なものは外面的なものよりも高いものであって、自分自身によって自分自身のうちでのみ立証され、自分自身によって内面的に、かつそれ自体においてのみ確証されうるからだ。これこそが精神的なものの証言と呼ぶことのできるものである。

宗教のさまざまな歴史物語のなかに、精神の証言そのものが語られている。例えばモーゼはファラオの前で奇蹟を行ったが、エジプトの魔術師たちはこれをまねて同じことをした〔ため、ファラオの心はかたくなになった。出エジプト記七・9―12、20―22、八・1―3〕。このことは、奇蹟に大きな価値を置いてはならないということを言い表している。けれどもこれ以上に大事なことはキリストの言ったことだ。キリストは「あなた方は徴《しるし》や奇蹟を求める」〔ヨハネ四・48〕と言い、キリストにそのような形での確証を求めるファリサイ派を軽蔑している。また、こうも言う。「私の死後に私の名によって奇蹟を行う多くの者が現れるだろうが、私は彼らを知らない」と〔マタイ七・22―23〕。ここでは、奇蹟を真理のための真の試金石と見ることをキリスト自身がしりぞけている。これはしっかりおさえておかなければならない大事な点だ。宗教が真理であることを奇蹟によって証明しようというのは、奇蹟を攻撃するのと同様にレヴェルの低いことなのであって、われわれの考えとは無縁である。

精神の証言こそは真実の証言である。この証言はさまざまな形をとりうる。何が精神に約束するのか、何が精神の奥深くにある琴線に触れ内面により深い反響を呼び起こすのかは特定されていない。それは比較的、一般的に考えられている。気高く崇高な神的なものが歴史物語のなかでわれわれの内面に呼びかけ、この神的なものについてわれわれの精神が証言する。ところでこの証言は〔最初に〕このような内面的な同調や共感といった一般的な共鳴にとどまることがある。〔第二に〕さらに進んで、洞察や思考と結びつくこともある。洞察は感覚的なものではないので、ただちに思考に属する。思考はさまざまな理由づけや区別づけなどを行う。それは思考の規定とカテゴリーを用い、それらに従った活動である。この思考は多かれ少なかれ練り上げられたものである。それはその人の心と精神全般の前提をつくり、人生を導く普遍的な諸原則と彼が見なすもの、すなわち彼自身の行動原則の前提をなす。それは必ずしも意識的な行動原理である必要はない。それは人間の性格が形成される仕方であり、彼の精神のなかにしっかりと根づいた一般〔原則〕だ。これが彼の精神のなかで確固たる基盤となり、以後、彼を律していく。このような確固たる基盤や前提に立って、倫理的な規範について自分の理屈や決定を始めることができる。この点で、人々の教養形成の段階や人生行路は実にさまざまであり、人々の欲求もさまざまだ。けれども人間精神の最高の要求は、精神の証言があの最初の共感のたんなる響き合いにだけあるとは考えない。また第二のように、考察する際の確固たる基礎［と原則Va→W］や、推理によって結論を導き出す際の確固たる前提が精神のなかにあるとも考えない。精神の証言のその最高のあり方は哲学の様式である。哲学の様式は、概念が純粋にそのものとしてそれ自身から前提なしに真理を展開しつつ認識する。概念は展開しながら、この展開を通じて真理の必然性を洞察する。これが精神の証言の最高のあり方である。

しばしば信仰を思考に対置してこう言われることがある。人間は神や宗教の真理について思考という様式以外のもので確信することはできない、と。［＊］しかしながら精神の証言は多種多様でありうるので、すべての人間に対して真理が哲学的な方法でもたらされることを求める必要はない。人間のさまざまな欲求はその人の教養の程度や精神の自由な発達の度合いによって異なるので、権威に基づく信仰の立場もこの発達の度合いに対応する。その度合いに応じて奇蹟も入り込む余地がある。〔精神の発達に応じて〕奇蹟が最小限に切り縮められ聖書が物語る奇蹟に限定されるのは興味深いことだ。

＊　このようにして人々は、神の存在証明こそが真理を知り確信する唯一の方法だと唱えてきた。

Va↓LW

［＊1］＊2↓初めに〔四五一頁〕述べたあの共感は、精神と心情が「ああ、これこそが真理だ」と発するものだ。この共感は、ある人には確固たる直接的な確信である。それは、別の人々にとって思考が確固たる確信であるのと同じだ。この確信は直接的なものであって、それゆえ設定され与えられた実定的なものである。この直接性は実定的なものの形式であって、概念によってもたらされたものではない。↑＊2　とはいえ、人間だけが宗教をもつということを顧慮しなければならない。宗教はその座と基盤を思考のなかにもつ。宗教の真理を直接感得する心情と感情は動物の心情と感情なのではなく、思考する人間のそれであって、思考する心情、思考する感情なのだ。宗教に関して人間の心情と感情のうちにあるものは、心情と感情

の思考である。［＊3］〔心情と感情のと言っても〕しかし、推理し理屈をこね理由をあげて思考の決まりにしたがって議論を始めるかぎり、その営みはもちろんいつでも思考である。

＊1　ところで一般に、精神の証言のこのようなさまざまな形態のなかには、なおも実定的なものが存在する。L≒W² (1827?)

＊2　共感というこの直接的な確信は、その直接性のゆえに、それ自身が実定的なものである。それゆえ、或る設定され与えられたものから出発する理屈はまさにそのような基礎をもつ。Va↓W²

＊3　二番目に注意したように、理屈は或る固定的な基礎や前提をもっているが、その場合の基礎も或る設定され与えられた実定的なものである。理屈は一つの基礎をもつが、その基礎は自身〔の根拠〕を探究することはなく、概念によってもたらされたものでもない。L (1827?)

キリスト教の教義が聖書のなかにある以上、それは実定的な仕方で与えられている。この実定的な教義が主体的なものになり、精神がそれらの教義に証言を与えるとき、その教義によって人間のもっとも内なる精神・思考・理性がとらえられ、それを真実と認めるということがまったく直接的に生じうる。したがってキリスト者にとって聖書こそが、彼にこのような作用を引き起こす基礎であり、彼のなかに根づいて彼の確信を堅固なものにする主要な基礎なのだ。さらに人間は思考するものであるから、このような直接的な承認や証言にいつまでもとどまってないで、それについて考え熟慮し考察を深めることに専念する。このような思考と考察が宗教を彫琢していく。その最高に仕上げられた形が神学という学問的な宗教であり、その内容は精神の証言として学問的な仕方で知られる。

ここにこれとは反対のものとして、「聖書にのみ基づくべし」という神学者の言い分が現れてくる。この主張は一面ではまったく正しい原則だ。というのも、非常に信心深く、ひたすら聖書にのみ従い、聖書を読んでその箴言を唱える以外のことをせず、そのようにして敬虔な信仰心を保っている人々が、実際に多くいるからである。だが彼らは神学者ではない。彼らの営みは学問でも神学でもない。［＊］けれども、宗教がただたんに箴言を読み上げたり復唱したりすることにとどまらず、聖書の言葉が意味するところを推論したり注釈を加えたりして、いわゆる説明を始めるやいなや、人間は議論と内省と思考へと移って行く。そこで大事なことは、この思考をどのように遂行するか、その思考が正しいか正しくないかということである。「これらの考えは聖書に基づいている」と言ったところで何の役にも立たない。それらの考えがもはや聖書の言葉そのものでなくなるやいなや、この内容には一つの形式が与えられる。もっとはっきり言えば、論理的な形式が与えられる。あるいは、これらの考えにはいくつかの前提があり、これらの前提から説明がなされる。これらの前提は説明のなかでも不変のままである。人々は説明を導くこのような表象や原則をたずさえて、議論を進めるのだ。

＊　ルター派の狂信家ゲッツェは聖書の有名なコレクションをもっていた。†悪魔ですら聖書を引用

するけれども、そのようにしたところで、神学者であるわけではまだない。Co↓W[2]

† ハンブルクの聖カテリーナ教会の主席牧師ゲッツェ (Johann Melchior Goeze, 1717-86) は、ライマールスの断片を刊行したレッシングの主要な論敵であった。両者の論争はゲッツェが『一四七〇年から一六二一年までにニーダーザクセンで印刷された聖書の歴史的考察の試み』(一七七五年) を公刊したことで口火を切った。この書をヘーゲルが知っていたとは思われないが、レッシングは一連の「反ゲッツェ論」のなかで、しばしばゲッツェの聖書コレクションに言及していた。ゲッツェとレッシングとの論争については、安酸敏眞『レッシングとドイツ啓蒙』創文社、一九九八年、第三章、およびレッシング『理性とキリスト教』谷口郁夫訳、新地書房、一九八七年、解題参照。

聖書についての説明は聖書の内容をそれぞれの時代の形式で示す。*↓千年前の説明。↑*［*初代教会における最初の説明L」は今とはまったく違っていた。今日ひとが聖書のなかに持ち込む前提には、例えば「人間は生まれつき善である」という人間の本性についての表象〔ルソー『人間不平等起源論』、カント『宗教論』〕や、「人間は神を認識できない」という神についての表象〔カント『純粋理性批判』B269, 571, 611ff.『実践理性批判』「純粋実践理性の要請としての神の現存在」など〕がある。［*］そこに再び実定的なものが別の仕方で登場してくる。「人間はこれこれの感情をもち、かくかくの性質をもつ」というような命題が持ち込まれる。そこでは、このような内容やイメージや命題が真実であるかどうかが問題なのではない。精神が内面的にとらえるものはもはや聖書ではなく、言葉である。精神が聖書のなかで言われていることを別な風に語ったとすれば、それはすでに精神が内容に与えた一つの形式、すなわち思考の形式である。人々が宗教的内容に与えたこの形式を調べてみなければならない。ここに再び実定的なものが入り込んでくる。例えば推理の形式論理学といった有限なものの思考関係が前提されているということがありうる。推理のふつうの関係では、固定的な知がとらえるような有限な事柄だけがとらえられ認識され、神的なものはとらえられない。神にかかわる内容は固定的な知では不十分だ。それによってその内容がそこなわれるからである。それゆえ神学が聖書を復唱するのではなく、聖書の言葉を超え出て、どんな感情が内面にあるかを重視するやいなや、神学はもろもろの思考形式を用い、思考へと入っていく。神学がこれらの思考形式を、たまたまもっている先入見や前提に基づいて用いる場合には、それは偶然的で恣意的なものになる。ここで問題にするのは、そのような偶然的なことではなくて、必然性にしたがって論理的に展開された真実の形式だけであろ。とはいえこの思考形式の吟味はひとり哲学のみの仕事なのだ。だから、神学が哲学に歯向かっているとき、神学は自分がやろうとしていることが何なのかが自分でも分かっていない。神学は、自分でも思考形式を用いみずから思考し思考にしたがって論を進めることを重視しているということを自覚しないままに、行動しているのだ。あるいは、思いのままの偶然的な思考を留保したいと思いつつ、精神の真の本性の認識がこのような恣意的な認識に打撃を与えることを心得ているというポーズをとる。そのいずれかである。思い思いの偶然的な思考とは、神学のなかに入り込んでくる実定的なもののことである。この実定的なものから自分を自力で徹底して解放できるのは概念だけである。なぜなら哲学においても宗教においても、こうした最高の自由は思考そのものであるからだ。

＊　そのような偏見をいだいている者は、聖書をいかに曲解せざるをえないことか！　キリスト教はまさしく神を認識することであり、この宗教においてこそ神はみずからを啓示〔開示〕し自身の何たるかを語ったにもかかわらず、人々はこうした偏見を聖書に持ち込むのだ。L.‖W（1827?）

宗教の内容をなす教義そのものも、すでに述べたように実定的な形式をもっている。内容は流布し固定され、存在するものとなり、現実社会で妥当している。あらゆる理性的なもの、世の掟のすべてがこうした形式をもつ。けれどもそれは実定的な形式にすぎない。内実は精神でなければならない。聖書はこうした実定的な形式であるが、その一節にはこういう言葉もある。［7／26］「文字は殺し、精神は生かす」〔第Ⅱコリント三・6〕。聖書にどのような精神を盛り込み、どのような精神が実定的なものに息を吹き込むかが問題だ。人間は思考し内省し感じとる精神をたずさえていることを、われわれは知らなければならず、内容をとらえるこうした活動的な精神を意識しなければならない。物事をとらえることは受動的に受けいれることではなく、精神が事をとらえるときには、同時にそこに精神の働きがある。一方の側だけが受動的に受けいれる態度をとるのは、機械的な関係のみである。それゆえ、精神は実定的なものに赴くけれども、精神は自身の表象と概念をたずさえた論理的な存在であり、思考活動である。自身のこうした活動を精神は知らなければならない。

　思考は有限性に関するあれこれのカテゴリーにかかわることができる。そのように実定的なものから始めながら、しかしそこに本質的にみずから居合わせているのが精神である。神的なものを知りその内容を神々しいものととらえるのは、真実で正当な精神すなわち聖なる精神（聖霊）でなければならない。これが精神の証言であって、この証言は前に〔四四九―四五一頁〕述べたように、その展開の程度はさまざまでありうる。それゆえ実定的なものに関して大事なことは、精神がみずから思考として働きカテゴリーと思考規定のなかで活動しながら、まったく活動的に感じたり理屈をこねたりしているということである。このように実定的なものを受けいれる際にも能動的であるということに、たいていの人は無自覚だ。自分が散文を語ったことをまったく知らなかったイギリス人†と同じことが、神学者にも起こっている。神学者は聖書を解釈する際、受動的に受けいれているだけだと思っていて、その場合に能動的に内省していることにまったく気がついていない。もしも思考が偶然的な思考であるならば、思考は有限な内容と有限な思考のカテゴリーに自分をゆだねてしまい、神々しいものを内容ゆたかにとらえることはできないだろう。そのようなカテゴリーのなかに活動しているものは神的な精神的ではなく、有限な精神である。絶対的で神々しいものをそのように有限な思考によって把握することによって、すなわち絶対的な内容を有限的に思考することによって、キリスト教の根本教義の大部分が教義学から消滅する。哲学だけが、とまでは言わないが、とりわけ哲学が、いま本質的に正統的なのだ。これまでキリスト教のなかで妥当してきた諸命題、その根本的真理は、これからは哲学によって獲得され保存される。

† モリエール『町人貴族』のなかのジョーダン氏と哲学先生との対話。鈴木力衛訳、岩波文庫、一九五五年、三五―三六頁。

われわれは宗教を考察する際、外面的なものから出発する精神のやり方で史実にもとづいて事を進めるのではなく、概念から出発する。外面的なものから始めるそのような作業が受容的に見えるのは一面にすぎず、他面では自立的でもある。宗教を考察するここでは、われわれは、思考が思考自身を意識し思考の規定作用の歩みを意識した活動として、振る舞っている。つまり思考はみずからを吟味し、みずからを認識し、思考がどのようにして思考するかを知っている。有限な思考の規定が何であり、真実の思考規定が何であるかを知っている。他方、われわれは主体の個人的な発達や信仰への教育といった実定的なものから始めたけれども、学問的に取り扱う場合には、このやり方は脇によけておかなければならない。

三　これまでの展開の回顧

ここからわれわれはこれまでの歩みを振り返って、この歩みと宗教の最後の段階〔完成された宗教〕との関係について述べなければならない。ここで初めてこれまでの歩みとその意味をとらえることができる。すでに述べたこと〔一〇二頁以下および四四三頁〕に立ち返ってみよう。宗教は精神の本質実在を意識した精神である。一方には区別する精神という一つの精神〔人間〕がある。他方には本質実在という精神〔神〕、有限ではない真実の精神というもう一つの精神がある。精神の概念のうちにある分離・分割・区別は、われわれが「有限なものから無限なものへの精神の高まり」と呼んできたものだ。この高まりを形而上学的に表現したものが、神の存在証明である。有限な精神は無限な精神を自分の対象とし、無限な精神をみずからの本質と知る。このように表現すると、「無限なもの」というのが定まった特質をもたないのと同じく、「有限なもの」というのも定まった特質をもたない抽象的な言葉である。したがって精神を無限なものと規定しても、何も規定しないのと同じである。ただ規定されていないというだけではなく、一面的でもある。

有限なものと無限なものとの論理的な規定について明らかにしなければならない。けれども、この規定に取り組むとき、われわれは有限な思考を営んでいる。「無限な精神」と言うとき、「無限な」というこの言葉そのものは一面的な規定に囚われている。それが有限なものに対立しているからだ〔『論理学』客観的論理学――存在論』一二六―一三八頁「C無限性」〕。無限な精神が一面的でないためには、精神は有限性を自身のうちに包摂しなければならない。一般に、有限性とは自己を区別すること以上のものではない。意識はまさに精神の有限的なあり方である。そこには区別があるからだ。一方に一つのもの〔主観〕があり、他方にもう一つのもの〔客観〕がある。一方は他方において自分の限界と終わりをもち、そのようにして両者は限界づけられている。有限性とはこのように区別することにほかならない。精神のなかでこのように区別することが意識なのだ。精神は意識という区別の作用をもつ。そうでなければ、精神は精神ではない。これが精神における有限性の契機だ。精神は有限性の規定をそれ自身においてもっている。〔神としての精神を〕そのようにとらえることは、冒瀆的に見えることもあろう。けれども精神が有限性の規定をそれ自身にそなえていなければ、精神は有限性を自分の反対側にもつことになり、その結果、精神の無限性は悪しき無限性となる。もしも有限性の規定を神に矛盾するようなものと見るならば、有限なものを固定的で自立的なものと見なすことになる。つまり有限なものを一過的なものとは見ず、本質的に自立的であるものとして、端的に制約であり続けるような制約と見なすことになる。けしたがって有限なものと無限なものの本性をまだ十分には認識していないことになろう。けれども有限なものは絶対的なものではない。有限な事物は絶対的ではないし、絶対的なものは有限性についての論理的・思想的な規定でもない。有限性についての規定はむしろ、それ自身において真実でないということである。神が有限なものに対立しているならば、神自身が有限で制約されている。有限なものは神自身のうちに想定されなければならない。ただし絶対的で自立的で克服しがたいものとしてではなく、さしあたって精神や意識で見たような区別の作用一般として想定されなければならない。この区別の作用は過ぎ去り行く契機であり、有限性は真理ではないから、区別の作用はみずからを絶えず廃棄することにほかならい。「有限なものが無限なものへ高まる」と言うとき、無限な精神はこのように一面的で抽象的な仕方で立てられている。ここでは有限なものは無限性と同じように、無規定のままに受け取られている。これは欠陥である。無限なものという抽象は廃棄されなければならない。われわれが初めに知覚したような有限なものという抽象も、同様に廃棄されなければならない。今後の展開とさらなる規定は有限性の考察である。

われわれは宗教の概念から始めた。宗教は、自分自身にかかわる精神である。しかも、みずからの本質である真実の精神とかかわり、この精神と和解し、この精神のなかに自身を見いだす精神である。宗教のこの概念はまだ概念にすぎないために有限である。この概念はまだ理念すなわち概念が実在化し実現したものではない。概念は潜在的には真なるものであるが、しかしまだ自覚的に実現されてはいない。だが精神は本質的には、自身の潜在的なもの、自身の概念であるものを顕在化する。それゆえ有限性というものを、この潜在態がまだ概念の状態にある精神や宗教にすぎないと規定するとき、この潜在態から顕在態への進展は、概念を廃棄すること、概念がたんに抽象的であるという一面性や欠陥を廃棄することとして現れる。その抽象性が有限性としてとらえられるにせよ、かの抽象的な無限性としてとらえられるにせよ、事態は同じである。われわれの考察の進展は、そのような抽象を廃棄するという意味と特質をもつ。第二にしかし、さしあたって概念としてあるもの、たんに概念であるもの、たんに内容そのものにすぎない主観的なものは、最初の直接的なものでもある。人間がまだ子供である場合のように、概念上のたんに潜在的なものは、具体的なあり方としては、まだやっと直接的なものである。それゆえこの直接的なものが最初に考察すべき有限性である。

われわれはこのような歩みをたどってきた。初めにわれわれは精神ないしは宗教の概念を考察した。けれどもこの潜在的なもの（Ansich）、ないしはたんなる概念そのものは、概念の直接的なあり方、直接的な存在にほかならない。そのような直接的な存在は自然的なものに見いだされる〔第二部「規定された宗教」の「A　直接的な宗教――自然宗教」〕。自然的なものは直接的な存在である。有限性は直接的な存在である。直接的なあり方における精神は経験的な意識であり、みずからを本質的実在と見なしみずからを自然の威力として知る直接的な自己意識である。この直接的な精神はたしかに充実していて、それ自身において規定されていて、具体的である。しかしその精神はたんに経験的なレヴェルで具体的であるにすぎない。というのも、その精神を満たしている〔具体的な〕内容は、心の傾きや欲望、衝動、情念の内容であって、この最初の充実は精神のたんなる自然的な面での充実であるからだ。このことが精神の有限性をなし、自然的で経験的な自己意識を形づくっている。精神は内容に満たされているけれども、経験的であって、まだその概念によって満たされてはいない。精神の潜在態が顕在化し、みずからの概念に達することが課題である。この進展は論理的である。それは、みずからをかく規定し続けていくという〔論理学的な〕規定の本性そのもののうちにある。これが論理学的な必然性である。

こうした有限性のさらなる展開形態についても考察した。直接的なあり方をしている有限性は、直接的で有限な精神が自身と合一している状態である。あるいは、自然的な欲望を自身から区別するという分離にまでまだ達していない精神である。その精神はまだ自分自身のうちにはなく、まだ自由という定め（使命）に達していない、と規定できる〔第二部A一〕。精神が自由であるためには、精神は直接的で自然的で経験的なものを遠ざけて、これを捨て去らなければならない。かくして次にくるのは区別である。精神が自然に埋没している状態から自分自身へと立ち還ることである。そのさまざまな形態についても〔第二部A二―四で〕見た。とりわけそのきわだった形態は、インドの宗教に見られたブラフマンという自己内存在、純粋な自己意識である。それは、あらゆる具体的なもの、あらゆる自然的なものと手を切り、あらゆる快楽や表象と手を切って、純粋な自己意識の自己内存在だけを想定する訣別である。けれどもこの分離は同時に抽象的である。思考は一方ではまだ空虚である。他方では直接的な自己意識であり、自分を自分からまだ区別しておらず、客体をもたず、主観的で抽象的な知にほかならない。こうした認識から得られる最初の統一、最初の和解は、内面性が外面性によって満たされるということである〔おそらくペルシアの光の宗教とエジプトの宗教のこと。とりわけ、善という純粋な内面性と光という純粋な外面性との連関〕。それは、内面性がもはや抽象的なものとしてではなく、具体的なものとしてあらわれるということ、内面性が外面性を自分のうちに取り込んで、さしあたって自分を威力として示すということである。これはまだ粗野な関係であって、内面的なものは外面的なものという意義しかもたず、外面的なものもまだまったく自然的なあり方にとどまっている。

第二段階〔第二部B〕は精神的な宗教の始まりである。自己のなかに立ち還った宗教、精神の自由の宗教であり、そこでは、先行する宗教の内容を満たしていた自然的なものが、直接的な仕方で内容を満たすような自立的なものとしてではなく、ある内的なものの現象にすぎなくなっている。その内的なものとは共同倫理的なもの〔ポリス〕であり、理性的な内面性という特質をもつ。この内面性はそれ自身において具体的であって、その具体的なものが内面性に属し、その固有の特質・本性となっている。そしてこの具体的なものが共同倫理的なものそのものである。たしかにこの共同倫理的なものは、それが現れた現象として自然的なものをもってはいる。けれども共同倫理的なものというこの具体的な内的なものは、まだ主観性として自分のなかに設定されてはいない。そこには次のような限界が現れている。すなわち共同的なものが個々の共同体的な権力に区別されて、これらもろもろの権力の集まりにすぎないものになっている。内容はまだ特殊的な内容である。その内容はたしかに包括的な総体ではあるが、たんなる完全性にすぎず、けっして主観性ではない。〔共同倫理的なものが〕まだ感覚的な仕方で現象し現存している。［＊］これが〔ギリシャの〕宗教の限界である。

＊　特殊性は絶対的な調和・統一のなかに受けいれられていないために、笑い物にされることがある。L（1827?）

外面的なものがまだ感覚的なあり方をしているということが、もう一つの限界である。自己のなかに立ち還っているこの第二の領域では、いま述べた〔ギリシャの〕美の宗教に対して〔ユダヤの〕崇高の宗教が対立しているのを見た〔第二部B一、二〕。崇高の宗教では、精神性が自身のなかで満たされていて、もろもろの特殊的なものや共同体的な権力が一つの目的のなかに統括されている。唯一者である精神〔ヤハウェ〕は、自身のうちに存在する賢賢明なものと定義される。精神は自身の自由のなかにあり、自己自身において具体的であり、同時に自己自身において特定されている。それは精神が賢明なものとしてあるということにほかならない。こうした精神が初めてわれわれにとって神の名に値する。それ以前の精神はまだその名に値しない。精神はもはや実体ではなく、主体である。それゆえ、精神は一つの目的を自身のうちにもっている。精神は自身のうちで特定されている。けれども精神の主体性の内容、その無限の特質、精神のうちにあって目的と呼ばれる内容、これはまだ抽象的である。

第三に〔第二部C　ローマ人の宗教で〕、目的は包括的で一般的な内容を得るようになるが、さしあたっては（ローマ人の場合のように）この世のなかで外面的な仕方で得る。智恵は一つの目的であるが、まだ抽象的な形式の目的である。この目的が展開すると、それは外面的なあり方をする。世界のうちには一つの目的、一つの統一が存するが、しかしまだ抽象的な統一である。それは現実においてもただ抽象的にすぎず、支配一般として現れる。目的は現実をまるごと抱え込んだ主観性〔の維持〕である。主観は包括的なものであるけれども、有限性を包括するにすぎない。

〔完成された宗教への〕移行は自分のなかへと立ち還った精神であり、ただ自分だけを目的とした概念である。それは、精神自身・神自身にほかならない一つの目的をもって自己内に存在するというあり方をしている。理念は自分だけを目的としている。概念はいまでは一つの目的をもつところまで純化されている。その目的は包括的であるが、しかし主観性のうちに立ち還った目的でもある。精神は自身の概念、自身の具体的な本質そのものを自分の究極目的とし、この目的を永遠に実現し客観化する。しかもその目的は精神自身の本性であるから、その客観化されたもののなかで、精神は自分自身のもとにあって自由である。かくして有限性が廃棄される。こうした進展はさらに、精神が自分自身のなかで自己を特定しこの特定された状態を含んでいるという特質をもつ。その進展は、精神が〔完成された宗教という〕この領域で、自己のうちに立てられたものとして現れるということを含んでいる。自分自身を無限に規定づけるものとして在るというのがまさしく精神であるからだ。われわれがこれまでたどってきた一連の宗教形態はたしかに、次々と現れてくる諸段階の系列であった。けれどもこれらの形態は絶対的な主観性という無限の絶対的な形式のなかに綜括される。そのように絶対的な主観性という特質がとらえられたときに初めて、精神は精神なのである。

有限性と有限な諸形態のこのように特定されたあり方が取り去られるのをわれわれはすでに見た。他方でしかし、精神ないしは概念はそれ自身が、自分を具体的に規定して特定するものであり、概念は精神であろうとするためには、これらの諸形態を今からたどって行かなければならない。〔概念の〕内容がこれら特定された形態を経めぐることによって初めて、その内容は精神となる。精神は本質実在であるが、自分自身から出て自分自身へと立ち還るかぎりでのみ精神である。したがって精神はそのように自分へ立ち還って自分のもとにあるものとしてのみ精神であり、このように自分の外へ出ながら自分のもとにあるようにみずからを設定するものとしてのみ精神である。このような設定が精神のこうした活動のさまざまな特質規定を生む。そしてこのさまざまな特質規定が、精神が通過しなければならない諸形態なのだ。

「精神は直接的である」とわれわれは言った。これは有限性の一つのあり方である。これと同じく、みずからの特質を規定するのも精神であり概念である。精神がみずからの特質を規定する際の最初の形は、みずからのうちで自分を分割し有限性の形式に従って直接的であろうとすることである。概念はみずからを特定し、みずからを直接的なものとして設定する。概念に対応して精神はみずからをそのように規定する。概念がみずからを直接的なものとして設定するのは、われわれ自身〔の精神〕がまだ直接的なものであるからだ。これに対して、最後〔第三部　完成された宗教〕の段階では、精神を対象としているこのような概念や主観性が、精神にとって外面的ではなく、それ自身が絶対的で無限な主観性であり、無限な形式である。無限な形式とは、このような特定化する働きが円環をなしていることだ。概念は、この円環を通じてみずからを特定しこの円環を通過した場合にのみ、精神である。そのようにして初めて精神は具体的なものとなる。［7／27］このことは一面では、有限なあり方を脱するという意味をもつ。他面では、みずからを分割し、この分割から自分自身へと立ち還ることである。そのようにしてのみ概念は精神は精神として設定される。精神は初めはたんに前提されているにすぎない。精神が精神としてあり精神としてとらえられるということは、けっして直接的なことではないし、直接的な仕方で生じることはない。精神は、このようにみずからを分割し、この分割から自分自身へと立ち還るものとしてのみ精神であり、この循環を経たのちに初めて精神なのだ。このような考察のなかでわれわれがたどってきたものは、精神そのものの生成であり、発生である。そのように絶えず〔永遠に〕みずからを産み出すものとなって、初めて精神は精神なのだ。それゆえこうした歩みは、精神が〔精神自身を〕把握し概念によって理解することである。概念はみずからを特定し、かくして特定化されたものを概念自身のなかへと連れ戻す。そのようにして概念は無限の主観性である。［＊］その結果生じるのは、みずからを設定しみずからを自分の内容とする概念、したがって絶対的な理念である。理念は概念と実在とが一つになったものであり、概念と対象的な客観性との統一である。真理とは、客観が概念にふさわしいということである。けれども概念にふさわしいのは、自分自身をみずからの客体的な対象とした概念そのものだけである。内容は理念として〔初めて〕真理である。

＊　かくして概念がみずからを規定〔特定化〕しながらも、みずからを自身の概念で満たし、自己

自身で満たすということ、これがまさしく精神の絶対的な客観化なのだ。これらの形式の循環は、概念が設定されながら概念自身を設定することである。これらの形式がその統一のなかに取りまとめられると、それらの形式は概念である。L（1827?）

理念における自由とは次のような面をもつ。概念は、概念のなかで自身のもとにとどまるときに、自由である。理念だけが真理であり、また自由でもある。理念は真なるものであり、真なるものは絶対的な精神である。これが精神の真実の定義である。自分自身を特定し自分をみずからの対象とした概念は、そのことによってみずからを限定する。けれども、みずからの有限性を自分自身によって満たし、みずからの有限なあり方を撤廃もした。これが精神というものだ。

［＊］われわれは神について次のように言うのをならわしとしている。「神は世界を創造した主である。神は完全な正義であり、あらゆることを知り、まったく賢明である」。けれども、これは真理の本質や神の本質についての真の認識ではない。それは神を想い浮かべる仕方であり、固定的な知によるとらえ方である。概念をさまざまな述語によっても特定することは、必要なことである。けれどもそれは内省によって区別を固定する不完全な思考であって、概念による〔動的な〕思考ではなく、神の概念や理念が展開する思考ではない。述語というのは個々の特質を規定することである。さまざまな性質はそのような個々の特質規定であって、それらは互いに異なっている。これらの性質の差異を明確に考えてみると、それら

は互いに矛盾しあう。この矛盾はけっして解消されない。あるいは、せいぜい抽象的で皮相な仕方でしか解消できない。これらのさまざまな性質を互いに調整したり、その特殊性を捨象したりしても、矛盾は抽象的にしか解消できない[†1]。さらに、神をこのように述語によって特定するやり方では、神は生き生きとしたものとしてはとらえられない。このことはいま述べたこと、つまり矛盾は解消されないかあるいは抽象的にしか解消されないということと本来同じことだ。神ないしは精神が生き生きとしたものであるということは、神ないしは精神がみずからを特定し（その特定は〔神の性質をあらわす〕述語として現れることもある）、みずからを有限性と区別と矛盾のなかに置きながら、しかし同時にこの矛盾を絶えず廃棄するということにほかならない。それが神の生命であり、神の行為であり活動である。神は絶対的な活動であり、創発的な力である。その活動とは、みずからを矛盾のなかに置きながら、この矛盾をたえず解消し和解させることである。神自身がこうした諸矛盾を解消するものである。この面からして、神の性質をさまざまな述語によって規定しようとする試みは不完全なものである。そうした性質の規定はたんに個々の規定にすぎず、それら規定どうしの矛盾は解消されないからである。そこでは、この矛盾を解消するのは神自身ではないかのように想い浮かべられている。むしろ、神の具体的に規定されたさまざまな側面をとらえるのはたんにわれわれ人間の特殊性にすぎず、このように神の性質を規定するのはわれわれ自身の営みにすぎないかのように見える。だがこのような特定化はたんにわれわれ自身の思索に属するのではなく、精神としての神の本性であり、神の概念そのものである。また神はさまざまな性質どうしの矛盾を解消する。それは抽象的にではなく、具体的な仕方で解消する。それが生きた神というものだ。

＊　哲学にとって重要なことは、神という絶対的な真理が何であるかを認識することである。神の存在証明以外の通常のありふれたあつかい方は、あれこれと神について言明し神を述語によって規定すること[†2]である。神のもろもろの性質は、神が何であるかを語っている。それが神の特質なのだ。L（1827?）

†1　伝統的な自然神学の枠組のなかで、さまざまな理由――諸性質が両立可能であるとか、見かけの上であい対立する性質を互いに調整するといった理由――をあげて、このような矛盾を否定しようとする試みがなされたことを批判している。ヴォルフ（Wolff）『自然神学（Theologia naturalis）』（一七三九年）§ 1067, 1070、バウムガルテン（Baumgarten）『形而上学（Metaphysica）』（第二版一七八三年）§ 807　メンデルスゾーン（Mendelssohn）『朝の授業、あるいは神の存在についての講義（Morgenstunden）』（一七八六年）などを念頭に置いている。

†2　神の存在証明のあとに神の諸性質の導出をつなげようとする自然神学（theologia naturalis）の手続きを批判している。例えば、ヴォルフの『自然神学』第一部第一―四章、バウムガルテン『形而上学』第一―二章。

四　区　分

第一部、第二部で見てきたことが神の理念そのものに対してどのような位置を占めるかを、これまで述べてきた。つまり、概念そのものが区別をなし、この区別のなかに自分自身を獲得し、そこで初めて概念が理念となる経過を見てきた。次にわれわれはこの理念の展開を詳しく考察してみよう。まずは、そのための手順である。この理念がわれわれにとって対象である、と外面的には言うことができる。そこでわれわれは、神が絶対的な理念であるということに関して、次のような区別を立てる。

第一に、思想や思考一般にとってある神〔A　第一の場〕。思考という基盤の上で思想の対象となる内容は、表象の様式でも理解できるし、その様式でも表さなければならない。永遠の理念はすべての人間が考えることができるが、この万人の考えることは、思考形式そのもののなかに身を移した哲学的な思考の外にある。そのため、この万人の考えることは表象の形でも表さなければならないのだが、まず初めは思考に対して、それ自体としてある神の理念を考察しなければならない。それは神自身にとっての神の永遠の理念であり、神が神自身にとってあるあり方、すなわち思考一般という基盤の上での永遠の理念である。

第二に、神という理念は思考するわれわれ〔哲学の探究者だけ〕のものではなく、永遠の理念は、物事を経験的に外から知ろうとする有限な精神のものでもあって、感覚的な直観と表象の対象でもある〔B　第二の場〕。神はまず自然という姿でみずからを表象に想い浮かべさせる。それゆえに、神が想い浮かべられる一つの仕方は、有限で経験的な精神が自然のなかから神を認識する仕方である。もう一つの仕方は、有限な精神としての有限な精神〔人間精神〕に対して神があるということだ。このようにして、有限で具体的な精神は、有限な精神に対して神が顕わになって存在しているという状態に、必然的に巻き込まれている。神そのものは本来、有限な精神の対象とはなりえない。だから、神が有限な精神にとってあるということのなかには、有限な精神がこの有限性に固執せず、これを固定的に存在するものとは見なさず、まさに神と和解する、ということがすでに含まれている。精神は有限な精神となったときには、神から離れ落ちて神の外にある。有限な精神はこのようなものとして神の外にありながら、なおも神にかかわることによって、神にそむき神から分離しているという矛盾がある。それゆえ、具体的な精神、有限な精神は、自分が対象とするこの内容と矛盾している。そこでまず初めに、有限な精神そのもののなかに現れてくるこうした矛盾と分離を解消したいという欲求が生じる。つまり和解への欲求が生じる。この欲求が始まりとなる。それに続く第二のものは、神が有限な精神に対して現れ、有限な精神が神的な内容を知って、それを確信するに至り、神的な内容が有限な精神に想い浮かべられることである。同時にその精神は想い浮かべる精神であり、有限で経験的なあり方をした精神である。たしかに精神が有限な精神に現れるのだが、それはしかし外面的な仕方で現れるのであって、有限な精神は神の何たるかを外面的な仕方で意識している。
第三に、精神は情感に対して現れると言うことができる〔C　第三の場〕。つまり精神は主観性に対して、精神の主観性のなかで、主観的な精神の最内奥に現れる。先の分裂が実際に和解させられ、解消する。神は教団のなかの精神としてある。教団は先の対立から自由となって、神のなかに自分たちが自由であることを意識し確信する。
以上が神に対する主体の三様のかかわり方であり、主観的な精神に対する神の三様のあり方である。このような区別、このような三つの区分を立てるとき、われわれはこの区別をより経験的に立て、自分の立場から出発して受けいれた。われわれは自身の精神について、まず第一に、われわれは思考していて自分のうちに対立や分裂をもたないということを知る。第二に、われわれは有限な精神であり分離・分裂している精神であるということを知る。第三に、われわれは情感という主観性のなかにある精神であり自分自身へと立ち還っていることを知る。それは、和解という最も内的な感情である。これら三つの形態のうち、第一のものは普遍性の基盤であり、第二のものは特殊性の基盤であり、第三のものは個別性の基盤である。これら三つの異なる基盤は、われわれが自分たちの特質規定として受けいれた前提である。けれどもそれらの基盤を神の外にあるさまざまな基盤と見なしてはならない。言い換えれば、神に対して外にある三様のかかわり方と見なしてはならない。むしろ、このような区別を行うのは理念そのものである。ただし絶対的な永遠の理念は、
第一に、絶対的（an und für sich）であり、世界の創造以前の永遠なる神であり、世界

の外にある神である。

第二に、神は世界を創造し、分離を持ち込む。神は自然を創造し、〔人間という〕有限な精神を創造する。［＊］このようにして造られたものは、さしあたって、神の外に置かれた他者である。だが本質的には、神は、神から分離して置かれたこの疎遠な特殊的なものを、神自身と和解させる。神は、理念が自身から分離して落ちたこの疎遠なるものを、自由と真理へと連れ戻さなければならない。これが和解のプロセスとしての道である。

＊　この創造〔創造されたものW〕、このように神が他のものであること、それはそれ自身において次の二つの側面に分かれる。すなわち物理的な自然と有限の精神という二面である。L (1827?) ≒W

第三に、精神はこのような和解のプロセスを経て、精神が自分を分割し自分を根源的に分割するなかで自分から区別したものを、自分自身と和解させる。かくして精神は教団に住まう精神、聖霊である。――以上の区別はしかし、われわれが自分のあり方だけにしたがって神の外から行った区別ではない。それは絶対的な精神そのものの行為であり、絶対精神の生き生きとした展開なのだ。それは、みずからを展開しつつ展開されたものを自分のなかに連れ戻す絶対的な精神の永遠なる生命そのものである。このような展開のなかで概念が生き生きと実現するさまを次に考察しなければならない。

A　第一の場
――神の理念そのもの

　第一の場では、永遠の理念のなかにある神を考察する。この面から見られた神もじつは三位一体的に展開する神であるけれども、それはまだ抽象的に思考された神である。普遍的な理念が根源的に分割して、他者を自身から区別するが、この区別はただちに廃棄されて、区別されたもの自体が同一だとされる。その意味で、まだ世界へと発出しない永遠の理念なのだ。この事情を「神は愛である」と表現することができる。愛は、他者のなかで私が満たされ私が自分自身と和すという関係であり、区別しつつ区別を撤廃するからだ。

　神の理念をとらえる際、神にさまざまな述語を付加することで神を特徴づけようとする試みがなされる。そこに述語どうしの矛盾が生じたりもする。これを、神の概念に外から加えられる行為と考えるのではなく、区別を立てながらそれを絶対的に撤廃する理念の運動としてとらえるべきだ。これが神の思弁的理念である。これを感覚や固定的な知の立場から見れば、不可解で不条理な神秘とうつる。けれども、神の本性が神秘に思えるのは、神を有限なものとの固定的な対立のなかでとらえるからだ。思弁的な立場で理解すれば、神は秘されているのではなく、むしろ顕わになっている。神が顕わになって秘密をもたないという理性的なことが、感覚や固定的な知にとっては理解しがたい神秘なのだ。このような三一的な思弁的な理念はキリスト教以前にも、例えばインドの宗教やピタゴラス派、プラトン、さらにはグノーシス派やベーメ、カントなどにも見られた。

第一の場では、神を永遠の理念のなかで端的にあるがままに考察する。いわば世界が創造される以前の神、世界の創造の外にある神〔『論理学』客観的論理学――存在論』二九―三〇頁〕を考察する。神がそのようにそれ自身のうちにあるかぎりで、神はまだ現実に身を置いていない永遠の理念であり、それ自身はまだ抽象的な理念にすぎない。神は世界を創造した主である。創造主であるということは神の存在と本質に属する。神が創造主でないというなら、神のとらえ方に欠陥がある。神が創造主であるということは、かつて起こった一回かぎりの行為ではない。神の理念のなかにあるのは永遠の契機であり、理念がたえずみずからを特定化する働きなのである。

永遠の理念のうちにある神はまだ思考一般という抽象的な場のなかにある。それは思考の抽象的な理念であって、〔区別し展開する〕概念の理念ではない。この純粋な理念をわれわれはすでに知っているので、ごく簡単に触れるだけでよい。

この永遠なる理念は聖なる三位一体と呼ばれるものとして言い表された。それは永遠に三位一体的な神そのものである。精神はこのようなプロセス・運動・生命である。この生命は自分を区別し自分を特定化するが、最初の区別づけは、精神がこのような普遍的な理念そのものとして〔まだ区別をもたずに〕あるということである。普遍的なものは全体的な理念を含んでいる。ただし理念を含んでいるだけであり、潜在的な理念それ自体にすぎない。これが根源的に分割（判断）するなかで、他のものが普遍的なものに対立する特殊なものとして現れ、神は普遍的なものから区別されたものとして在る。ただしこの区別されたものも端的に普遍的なものの全体的な理念である。普遍的なものと特殊なものというこの二つ規定は互いに同じものでもあり、同一のもの、〈唯一なるもの〉でもある。この区別はそれ自体として（潜在的に）廃棄されているというだけではない。つまり普遍的なものと特殊的なものという区別が実は同一のものだとわれわれが知っているというだけではない。むしろこの二つの区別されたものが同一のものであるということが実際にも確立されている。このように区別することは、じつは区別を区別としては立てずに一方が他方のなかにありながら自分自身のもとにあるということでもある。そうであるかぎり、この区別はなくなっている。

このようなありかたが聖霊そのものであり、あるいは、これを情感として表現すれば、永遠の愛である。聖霊は永遠の愛である。

「神は愛である」と言うとき、きわめて偉大な真実が語られている。けれども、これを単純な規定のままにただ単純にとらえて、愛が何であるかを分析しないとすれば、意味がないであろう。なぜなら愛は二つを区別することでありながら、この二つは互いにけっして区別されはしないからだ。この二つが同一であるという意識と感情、私が私の外に、しかも他者のなかにいるということ、これが愛である。私は私の自己意識を私のなかにではなく、他者のなかにもつ。けれども私はこの他者のなかでのみ満たされ、私自身と和す。かくして私は私と和することによってのみ、私は存在する。私が自分と和していないときは、私は矛盾していて、ばらばらとなる。他者のほうも自分の外にいるときは、自己意識を私のなかにのみもつ。両者はただ互いに自分の外にありながら同一であるという意識にすぎない。その意識は両者の統一を直観し感得し知ることである。これが愛であり、単一な永遠の理念である。愛は区別をしつつ区別を撤廃する。これを知らずして愛を語ることは、むなしいお喋りになる。

［7／30］神について神が何であるかが語られるとき、まずは「神はこれこれである」という言い方でもろもろの性質があげられる。神は述語によって規定される。これが表象と固定的な知のやり方だ。正義とか慈愛とか全能などといった述語が神を規定し特定する。東洋人はこれが神の本性を語る本当の方法ではないと感じて、「神は多くの名をもっているので(*πολυώνυμος*)、神の本性は、いろいろな述語をあげることによっては汲み尽くすことができない」†と言う。というのも、名前はこの意味で述語と同じだからだ。述語によって規定するというこのやりかたのもともとの欠陥は、まさにあのように無限に多くの述語が生じるという点にある。つまり、これらの述語がたんに特殊的な規定にすぎず、そのような規定がたく

さんあって、それらの担い手がすべて［自分自身のなかに区別を欠く$Va \downarrow W^2$］主語・主体であるという点にある。もろもろの特殊的な規定があって、それぞれの規定に従ってこれらの特殊性が考察され思考され展開されることによって、それらは互いに対立し矛盾し合う。なぜなら、それらはただたんに異なっているというだけではなく、対立していて、これらの矛盾はけっして解消されないからである。

† アレクサンドリアのフィロン（Philon Alexandreia, c.20 B.C.-c. 45 A.D.）の考えを念頭に置いていると思われる。ネアンダー『グノーシス派の体系』（二二〇頁†）S. 12がそう表現していた。

このことは、神を表す述語が世界に対する神の関係を表現する際にも現れる。† 世界は神とは別のものである。特殊性を表す述語は神の名にふさわしくない。そこには、例えば「神は世界に遍在し全知である」というかたちで、神についての述語を世界に対する神の関係と見なすもうひとつのとらえ方が生じるきっかけがある。この場合、述語は神の自己関係の真実を含むのではなく、世界という他者に対する神の関係を含む。それゆえそれらの述語は制約されており、互いに矛盾しあう。

† おそらく、シュライアーマッハーが『信仰論』第一部第六四節において、神の属性を神への「絶対的依存の感情」から導こうとしたことを示唆している。

それら多くの特殊性が並列的に数えあげられると、神はそれほど生き生きとしたものとは表象されていないという意識をわれわれはもつ。これを別な風に表現すれば、以前に述べたことと同じことになる。つまり異なる述語どうしの矛盾はけっして解消されていない。この矛盾の解消は、神が自分を自分から区別されたものへと特定化しながら、しかし同時にこの区別をたえず撤廃するという理念のなかに含まれている。区別がそのままに放置されると、矛盾が生じるのだ。［＊］

＊　もしも区別が固定的に存続すると、有限性が成立するであろう。〔区別された〕両者は互いに自立的で関係しあってもいて、そのようにして解消しがたい矛盾が生じる。理念は区別を放置するものではなく、区別を廃棄するものでもある。神はこうした区別のなかに身を置きながら、区別を廃棄することもする。L⁼W（1827?）

われわれは神について述語をいくつかあげてみて、それらが特殊的な述語である場合には、まずそれらの矛盾を解消するよう努める。それは〔神の概念の〕外から加えられる行為であって、われわれの側の省察である。しかも、それが〔神の〕外にありわれわれ〔人間の思考〕に属し神的な理念の内容ではないということのなかには、さまざまな矛盾が実際には解消されえないということが含まれている。ところが理念というものは、みずからによって引き起こされた諸矛盾を自分で解消する。それが理念自身の内容であり、区別を立てながらそれを絶対的に撤廃するという理念の特質である。これが理念自身が生きているということなのだ。

　われわれがいま立っている地点には、概念から存在に移行するという関心がある。神の形而上学的証明の特質も思い起こすべきである。というのも、この証明は概念から存在へいたる歩み［＊］であるからだ。この理念は純粋な概念であり、いっさい制約をもたない概念である。この理念は、概念がみずからを特定化し、そのようにして自分を自分から区別されたものとして設定するということを含む。これが神の理念自身の契機である。思考し省察する精神はこうした内容を眼前にもっているため、そこには概念から存在へ移行し進展するという欲求がある。

＊　すなわち概念がたんに概念にすぎないというのではなく、存在もし実在性をもつということ

$Va \rightarrow W^2 \fallingdotseq W^1$

　この移行の論理については以前に考察した〔第一部、一七六―一八四頁〕。その論理は、思考の場で概念自身において概念から出発して概念を通じて存在という客観性へと移行すると主張するあのいわゆる〔存在論的な〕証明のなかに、含まれている。主観的な欲求や要求として現れるものがこの証明の内容であり、神的理念そのものの一契機である。われわれは

「神が世界を創造した」という言い方をするけれども、それもまた概念から実在への移行である。ただしそこでは、世界は神にとって本質的に他のものとして、神の否定としてみなされ、神の外に神なしに神を欠いて存在するものと規定されている。世界が〔神の〕他者として規定されるかぎり、われわれはこの区別を概念そのものにおける区別、概念のなかに含まれた区別として見据えてはいない。けれども今や、存在というのは概念における客観性であり、これが概念の活動とその帰結として、概念の規定作用として示されなければならない。そのことによって、ここ理念の内部のなかにあるものが、神の存在証明のなかにあるものと同じ内容であり、同じ要求であることが示される。絶対的な理念において、すなわち思考の場において、神は端的に具体的な普遍者である。神はみずからを他者として設定しながら、この他者はすぐに神自身であると規定される。〔神と世界との〕区別はたんに観念的にすぎず、ただちに廃棄されて、けっして外面性の形態をとらない。これが、区別されたものが概念に即し概念のなかで示されることにほかならない。これが〔概念から存在への移行という〕ことのなかに含まれている〕論理である。この論理のなかで次のことが明らかになった。特定されたどの概念も自分自身を廃棄する概念であり、自己矛盾的なものであり、自分を自分から区別して設定するようなものだということ。それゆえ概念そのものはまだこのような一面性と限界に囚われているということ。概念は主観的なものであり主観的に想定されているということ。概念のさまざまな規定はたんに観念的に設定されていて、区別もたんに観念的なものとして立てられ、実際に区別として立てられているわけではないということ。これが

みずからを客体化する概念というものである。［＊］

＊　以上が前提されている論理的なことである。L（1827?）

われわれが「神」と言うとき、われわれはたんに抽象的な神のことを言ったにすぎない。あるいは、われわれが「父なる神」と言うとき、われわれは普遍的なものである神を〔父という〕その有限性の面からたんに抽象的に言ったにすぎない。神の無限性とはまさしく、神がこのような抽象的な普遍性や直接性という形式を撤廃することにほかならない。これら抽象的な普遍性や直接性の形式によって区別が立てられたのであるが、神というのはこの区別を撤廃することでもある。それによって初めて神は真実の現実、真実の真理、真実の無限性である。

これが思弁的な理念である。すなわち思考されたかぎりでの理性的なものであり、理性的なものを思考することである。思弁的でない固定的な思考は、例えば有限と無限との対立といった区別にあくまでとどまる思考である。有限と無限のいずれもが〔他との関係を隔絶して〕絶対的に立てられるが、両者は互いに関係しあってもいて、その限りで両項は統一してもいる。それゆえに矛盾が生じるのだ。

思弁的な理念はたんに感覚的なものに対立しているだけではなく、固定的な知にも対立している。それゆえ思弁的な理念は、感覚的な知と固定的な知の両者にとって、神秘的な秘密である。思弁的な理念は、感覚的な考察方法および固定的な知にとって *μυστήριον*（秘儀）である。*Μυστήριον*（秘儀）とは、すなわち理性的なもののことである。新プラトン主義者にとってこの表現はすでに思弁哲学のことにほかならなかった。[†] 神の本性は通常の意味での神秘的な秘密のことではない。とりわけキリスト教ではそうではない。キリスト教では、神はみずからが何であるかを認識させる。というのも神は顕わであるから。けれども、外面的なものを感覚的に知覚したり想い浮かべたりする働き、感覚的な考察方法や固定的な知にとっては、神は神秘的な秘密である。

† 神秘なものと思弁的なものとのつながりをヘーゲルはとりわけプロクロスの哲学（『プラトン神学』）のなかに見ている。『哲学史講義』中巻三九二頁以下参照。

感覚的なもの全般は外面性と相互外在性をその根本的な特質としている。その外面性とは空間と時間であり、そのなかでもろもろの対象が互いに外面的に併存したり、つぎつぎと現れる。感覚的な考察方法は、あい異なるものを、互いに外面的に存在するものとして眼前に見据えるのがつねである。感覚的な考察にとっては、もろもろの区別が単独で存在し互いに外面的でありつづけるということが基本になっている。理性のなかでは、そういうことはない。それゆえ理念のなかにあるものは、感覚的考察にとっては一つの神秘なる秘密である。というのも理念のなかにあるものは、感覚とはまったく異なるあり方・関係・カテゴリーである。理念は区別するにしても、その区別はなんら区別ではなく、その区別に固執することもないからだ。神は自分とは区別されたもののなかにみずからを直観し、自分とは区別された他者のなかにいながら、ただ自分とのみ結びつき、自分自身のもとにのみとどまり、自分自身とのみ合体し、他者のなかに自分を直観している。これは感覚的な立場から見れば、不条理きわまることだ。感覚的なものにおいては、或るものはここにあり、他のものはあそこにある。おのおのが自立的なものとして見なされる。或るものが他のもののなかで自分をもつことによって存在するなどということはありえないと見なされている。感覚的なものにおいては、二つのものが同一の場所を占めることはできない。それらは互いに他を排除し合う。だが理念においては、区別された項は互いに排他的とは考えられず、それらは一方が他方と連結することのなかにのみ存在する。それこそが真に感覚を超えるものであって、＊↕固定的な知が考えるような↑＊［＊ふつう考えられているようなVa↓W］彼方にある超感性的なものではない。というのも、固定的な知が考える超感覚的なものといっても、それは感覚的なものであって、互いに外在的で、自分のうちにこもって互いに無関心であるからだ。［＊］

＊　神が精神として規定されているかぎりで、外面性は廃棄されている。それゆえ、それは感覚にとって一つの神秘なるものである。Va↓W

固定的な知にとっても、この理念は一つの神秘であって、自分を超えるものである。というのも、固定的な知は思考のもろもろの規定を、端的に自立的で互いに区別され互いに外在的なままに固定されたものとみなし続け、それに固執するからである。例えば「肯定的なものは否定的なものではない」とか「原因は結果でない」等々というぐあいに。しかしながら概念の立場では、これらの区別が廃棄されるということもまた真実なのだ。それらは区別であるがゆえに、有限なままである。そしてこの有限なものに固執するというあり方が、固定的な知なのである。実際、固定的な知は無限なものをとらえる場合でも、一方に無限なものをもち他方に有限なものをもつ。しかし本当のところは、有限なものも、それに対立する無限なものも、なんら真実ではなく、それ自身が過ぎ去りゆくものにすぎない。そのかぎりで、この理論は感覚的な表象と固定的な知にとっては一つの秘密であって、両者とも理念のもつ理性的なものに逆らっているのだ。［＊］

＊　三位一体論に反対する者たちは感覚的な人間、固定的な知にとらわれた人間にすぎない。Va↓W

［＊1］生きたものは存在し、しかも衝動と欲求をもつ。したがって、それはそれ自身のうちに区別をもち、それ自身のうちに区別が生じる。それゆえ生きたものはそれ自身が矛盾である。固定的な知が生きもののうちに生じる区別をとらえようとする時、この矛盾が解消することはないと考える。それらの区別が関係づけられる時、そこにはまさに解消しがたい

矛盾しかないと考える。［＊2］生きたものは欲求をもっている。それゆえ生きものは矛盾である。だが欲求の満足はこの矛盾を廃棄することだ。衝動と欲求において私は自分を私自身から区別する。だが生きること（生）はこの矛盾を解消すること、欲求を満たして平安へと導くことである。けれども矛盾はまたも再び生じる。区別し矛盾が生じ、この矛盾を廃棄すること、こうしたことの交替これが生きること（生）である。［＊3］ところが、衝動や満足をそれぞれ単独で考察してしまうから、固定的な知は、自己感情という肯定的なものそのもののなかに同時に、制約や欠陥といった自己感情を否定するものがあるとは考えず、私は自己感情として同時にこの欠陥を超えてひろがるという風にはとらえない。これが（神秘なるもの）についてのはっきりした表象である。神秘なるものは理解しがたいものと呼ばれる。けれども理解しがたいと見えるものはまさに概念自身であり、思弁的なものにほかならない。言い換えれば、理性的なものが考えられているのである。区別がはっきりと現れるのは、思考によってなのだ。［＊4］ところが固定的な知が思弁的なものにまで達すると、「これは矛盾だ」と言って、そこにとどまる。すなわち、生それ自身が矛盾を廃棄するものだという経験に反して、矛盾にとどまるのだ。衝動を分析すると矛盾が現れる。そこで固定的な知は「これは理解しがたいものだ」と言うことがある。

＊1　ちなみに固定的な知は、それ以外の何か他のものをとらえることもできない。そもそも何か或るものの真理をとらえることもできない。例えば、動物的な生命体は理念として、概念の統一と

して、霊魂と肉体の統一として現存する。ところが、固定的な知にとっては、霊魂と肉体のそれぞれが単独で存在する。両者はもちろん区別されるけれども、両者は区別を廃棄するものでもある。生きているということは、ひとえにこのような永続的な過程なのだ。L.W（1827?）

＊2　そうであるからこそ、もしも区別されたものが永続的に区別されたものとして固定されると、この矛盾は終わらない。そのような固定によってこの区別が固持されるからだ。L.W（1827?）

＊3　両者は時間のうえで区別されている。そこには継起が存在する。それゆえ全過程が有限なのだ。L.W（1827?）

＊4　衝動についての思考は、衝動が何であるかについての分析にすぎない。私が衝動について考えるやいなや、私は肯定をもち、そしてそのなかに否定をもち、満足と衝動という自己感情をもつ。衝動を考えるということは、そのなかにある区別されたものを認識するということだ。L.W（1827?）

それゆえに神の本性も理解しがたいものである。けれどもこの理解しがたいものは、すでに述べたように、区別することを自分のうちに含んでいる概念にほかならない。しかるに固定的な知はこの区別に立ちどまっている。それで「これはとらえがたい」と言う。というのは、固定的な知の原理は抽象的な自己同一性であって、ひとつのもののなかにさまざまな区別があるような具体的な同一性ではないからだ。抽象的な同一性の原理に従えば、一方と他方はそれぞれ自立的であり、しかも互いに関係し合ってもいる。［それゆえ、そこに矛盾がある。Va↓W」これが理解しがたいものと呼ばれるのである。矛盾の解消は概念である。固定的な知は矛盾の解消には達しない。それは、固定的な知が、区別されたものは互いに端的に自立的なものであり、いつまでもそうであり続けるという前提から出発するからである。「神的な理念は理解しがたい」という言い方がされる理由には、宗教が万人にとっての真理となっているときには、その宗教の理念の内容が感覚的な形式ないし固定的な知の形式で現れているという事情もある。例えば、われわれは〔神的理念を〕「父」と「子」という表現であらわすが、父と子という関係は感覚的に生きているものに由来する関係であり、生きもののなかに生じるかかわりに由来する関係である。宗教においては内容的には真理が啓示されている。他方でしかし、〔本来〕この内容は概念や思考の形式で、思弁的な概念の形式で現存している。

理解がさらに進んだ形は次のようになる。「永遠の普遍性のうちにある神は、みずからを区別し規定し、みずからの他者を立てながら、この区別を廃棄もする。そのようにして自分自身のもとにとどまる。このようにして産みだされることを通じて、神は精神である」。このようにわれわれが言うとき、そこへ固定的な知がやって来て、一、二、三と数える。「三」というのは最初はまったく抽象的である。けれども三つの一が位格〔三位一体〕として規定されると、それらはいっそう深められた形で表現される。位格（人格性）は自由に基づいたものであり、最初の最も深い最も内面的なあり方であるが、しかしまた自由が主観のうちに現れる最も抽象的なあり方でもある。「私は人格であり、私は自力で存在している」

と主観が知ることは、まったく頑な立場である。区別されたおのおのが「一」であり、あるいは位格（人格）であると規定されると、[＊1↓]位格（人格性）の規定からして[↑＊1]、理念が要求するものがまだ達成されていないように見える。つまりこれらの区別を、けっして区別されたものではなく端的にひとつであるものと見て、この区別を廃棄するということがまだ達成されていないように見える。二は一ではありえない。二つのものはそれぞれが、それだけで単独に存在するものであり、硬直した頑な自立的な存在である。「一」というカテゴリーについて論理学は、それは悪しきカテゴリーでありまったく抽象的な一であると教えている〔『論理学』客観的論理学――存在論』一五〇―一五八頁〕。神について「一」を私が語るならば、私は他のどの位格についても「一」を語る。けれども人格性について言えば、人格とか主体というのは、孤立し隔離した面を廃棄する性格をもつ。共同倫理や愛は、主観の特殊性や特殊的な人格性を廃棄して、それを普遍性へと拡げることにほかならない。友情についても同様である。［＊2］友情や愛のなかで、私は私の抽象的な人格性を廃棄して具体的な人格性を獲得する。人格性の真実とは、他者へと深くかかわることを通じて人格性を獲得することにほかならない。

＊1　おのおのの契機が主体としてあるという無限の形式からして　Va↓W^2

＊2　私が他の者に対して正しく行為する場合には、私は他の者を私と同一とみなす。Va↓L　家族と友情、他の者と一つであるというこうした同一が現存する。Va↓W

［7／31］表象が自分の流儀で内容をとらえるにしても、内容はそれでもなお思考に属する。われわれは理念をその普遍的なあり方でとらえる。すなわち理念が純粋な思考のなかで純粋な思考によって規定されるがままにとらえる。この理念は一つの真理であるとともに全真理でもある。まさにそれゆえに、真実なものとしてとらえられた特殊的なもののすべては、この理念の形式に従って把握することができるし、把握しなければならない。自然と有限な精神は神の所産である。それゆえ、それらのなかにも理性的なものがある。何かが神によって造られるということは、その造られたものがそれ自身のうちに真理をもっているということ、それも神的な真理一般、すなわちこの理念の規定一般をもっているということである。この理念の形式は精神としての神のうちにのみある。もしも神的な理念が有限性の諸形式でとらえられるならば、神的な理念は絶対的にあるがままに設定されてはいない。そのように設定されるのは、精神のうちにおいてのみである。神的な理念が有限な仕方で現存するにしても、すでに述べたように、世界は神によって生みだされたものであるから、神的な理念がいつも世界全般の基礎をなす。なにかの真理を認識するということは、そのものの真実をこの理念一般の形式で認識し規定することを言う。

以前の諸宗教のなかにも「三つで一つ」というあの真実の規定を思わせるものが見られた。とくにインドの宗教がそうであった。たしかにインドの宗教でも、〈唯一なるもの〉は「一」のままにとどまることはできず、「一」としては真にあるべき姿ではないということ、むしろ、みずからを区別し、その区別されたものどうしが結びついているということ、このような三位一体的なあり方が意識されていた。けれどもインドの宗教のトリムールティ［はこの規定のもっとも荒々しい様式であるが、そこVa↓W］における第三のものはけっして精神ではなく、真実の和解でもなくて、生成と没落という変化のカテゴリーであった。それはたしかに区別の統一ではあるが、かなり下位の合一であって、まだ抽象的な和解にすぎない。キリスト教においても、聖なる三位一体は直接的な現象のなかに現れるのではない。むしろ精神〔聖霊〕がキリスト教団のなかに入りこんで、信仰する直接的な精神が思考へと高まることによって、初めて理念は完全なものになる。［＊］

＊　ひとつの理念がこのように発酵してくるのを考察し、現れてくる驚くべき諸現象のなかにそれらの根拠を認識することを学ぶのは興味のつきないことだ。L⁝W（1827?）

ピタゴラス学派とプラトンにおいても三位一体が重要な役割を果たしていたことが知られている〔プロクロス『プラトン神学』第三巻第九―一四節〕。けれども、そこでのもろもろの規定はまったく抽象的なものにとどまっていた。ある時は、ひとつひとつが一、二、三と抽象的に立てられる。またある時（とくにプラトンの場合）には、いくぶん具体的になって、〈唯一なるもの〉の本性が立てられ、次に、自己のなかで区別された別の他のもの *θάτερον* の本性が、そしてその両者の統一である第三のものが立てられる〔『ティマイオス』34c-35b〕。

これはインド人のような空想ではなく、たんたる抽象である。それは数や数のカテゴリーよりもましな思考規定ではあるけれども、まだまったく抽象的な思考規定である。もっとも驚くべきことは、そのような三位一体的な考え方がピタゴラスとプラトンの哲学の研究に専心したフィロンやアレクサンドリアのユダヤ人たちやシリアにおいて見られるということだ。真理の意識、三位一体的な理念は、とりわけ異端者、なかでもグノーシス派のひとたちの間でおこった〔ネアンダー『グノーシス派の体系』〕。ただ、彼らはこの内容をぼやけた空想的な表象にもたらしただけだった。［＊］

＊　けれども少なくともそこには真理を求める精神の苦闘が見られる。そしてそのことは称讃に値する。Va↓W

三位一体的な内容はさまざまな宗教のなかにさまざまな仕方で現れていて、いまあげたもの以外にも、じつに数えきれないほどの形態がある。本来これは教会史に属することなので、主な点だけ触れるにとどめる。まず第一に、父、一者、ὄν（存在）は抽象的なものである。それは深淵として、すなわちまさしくまだ空虚なものとして言い表される。それは、あらゆる概念を超えた語りえないもの、とらえがたいものとして言い表される〔ネアンダー前掲書〕。それというのも、規定をもたない空虚なものは摑みどころのないものであり、概念を否定するものであるからだ。むしろ、このように概念を否定するものであるということが、それの概念規定である。その否定的なものは一面的な抽象にすぎず、概念の一契機をなすにすぎないからだ。［＊］第二の、他であること、規定すること、一般的に言って、自分を規定する活動を、もっとも一般的に特徴づけるとすると、それは λόγος（ロゴス）であり、理性的に規定する活動であり、言葉でもある。言葉は単純に自分の声を聞き取らせる〔意見を述べる〕ことである。それは確固とした区別を立てることなく、固定した区別になることもなく、むしろ直接的に聞き取られる〔ネアンダー前掲書〕。言葉はそのように直接的であるとともに、内面にもとり入れられ、その源に立ち還っている。したがって第二の契機は σοφία、智恵とも規定され、まったく純粋な原初の人間として、あの最初の普遍性とは別の現存するもの、特定の規定をもったものとして示される。それゆえこの第二のものは人間の原型、アダム・カドモンというひとり子として規定される〔二二〇頁†〕。これは偶然的なものではなく、永遠の活動であり、たんに一時的なものではない。神のなかにはただ一回の誕生しかなく、永遠の活動としての行為しかない。それが普遍的なものに本質的に属する特質である。本質的なことは、この σοφία（智恵）というひとり子も神の胎内にとどまっていて、区別がなんら区別でないということである〔『哲学史講義』中巻三五六頁参照〕。

＊　一者それだけではまだ概念ではなく、真なるものでもない。ＬＷ（1827?）

こうした真理、こうした理念がそのようなもろもろの形態のなかで発酵した。大事なことは、こうした真理と理念の現れがたとえどんなに粗野であっても、それらを理性的なものとして知るということである。それらの現れがその根拠を理性のなかにもつことを知ること、どんな理性がそのなかにあるかを知ることである。けれども同時に、現存してはいるが内容にまだ適っていない理性の形式を区別するすべも心得ていなくてはならない。この理念は本来、人間や世界や思想や理性の彼岸に立てられてきた。しかもこの規定は、たとえこれのみが全体的な真理であるとしても、神にのみ固有なもの、彼岸に立つものと見なされてきた。その神にのみ固有なものは、世界・自然・人間として現れる他のもののなかに反映することがない。そのかぎりで、この根本理念は普遍的な理念と見なされはしなかった。

　ヤーコプ・ベーメは三位一体を別の仕方で普遍的なものと認めた最初の人である。彼が三位一体を想い浮かべる際の考え方は、より空想的で粗野である。彼は思考の純粋な諸形式にまでは高まらなかった。けれども彼の思想的な発酵と論戦の主要な基礎は、三位一体をあらゆるもののなかで至るところに認識しようとすることにあった。例えば彼は「三位一体は人間の心のなかに生まれなければならない」と言った†。三位一体は真理の面から考察されるあらゆるものの普遍的な基礎である。それはたしかに有限なものではあっても、その有限な状態のなかでも、有限のなかにある真理として存在する。ヤーコプ・ベーメはそのように自然と人間の心と精神とを、彼らしいやり方ではあるが、しかし三位一体的な規定にしたがって想い描こうとした。

†「あなたにとって神はかくも近いので、聖なる三重性の誕生もまたあなたの心胸のうちに生じる。父、子、聖霊の三つの位格のすべてがあなたの心のなかに生まれる」（ベーメ『アウローラ』第一〇章五八、一七一五年、薗田坦訳、創文社、二〇〇〇年、一三一頁。ただし訳文は異なる）。

近年ではとくにカント哲学によって、この三項構成がいわば類型として、図式として再び関心を集めるようになった〔『純粋理性批判』B110注2〕。それは議論の展開を欠くけれども、すでに非常にはっきりとした思想の形式をもっている。理念が神の本質的で唯一の本性として知られることによって、理念は以前のように彼岸のかなたにあるものとして見なされるのではなく、個々の事柄のなかにも真理を知るということが認識の目標となる。そして真理がこのように認識されるとき、個々のもののなかにある真実のすべてはこのような理念の形式をもつ。「認識する」ということは、あるものをその特質を規定することによって知るということである。そのものの本性は特質がもつ本性である。特質がもつ本性は理念のなかで展開された本性である。*↓こうした理念が一般に真実であるということ、あらゆる思想の規定はこうした規定する運動であるということ、これは論理学的な展開である↑*〔『論理学』主観的論理学――概念論』GW.12. 236-237〕。

＊　三位一体が真なるものであることの証明は論理学の仕事である。Hu

B　第二の場
――表象、現象

第二の場では、普遍的な理念から抜け出て有限なものとの関係のなかに入り込んだ神、意識と表象の形式でとらえられた神を、次のような手順で考察する。

一　神が分裂することで対立が生じ、とりわけ善と悪との対立が頂点に達するところに、和解への抑えがたい欲求も生じる。

二　キリストの生と死に現れた神の事蹟（歴史）のなかに、神と世界・人間との和解が達成される。

一　**分裂と対立**　神が永遠普遍の理念のなかから抜け出ることとは、神自身がみずからを根源的に分割し、他のものを自由で自立的なものとして解き放すことである。これが**a　神の根源的分割による世界の成立**である。しかし、世界の自立性は世界の真理ではない。世界には、神から分離した状態を廃棄して神との和解に達したいという要求が生じる。このことを、**b　人間の自然本性**は善か悪かをめぐる議論と、聖書の**c　堕罪の物語**のなかで考察する。そして**d　善と悪との対立の深みから和解への欲求が高まるさ**

まを古代ローマ世界のなかに見る。

b　人間の本性をめぐっては、「人間はその本性からして善なのか、それとも悪なのか」という議論が昔からあった。近年、「人間はそれ自体としては善である」という見方（ルソー、カント）が優勢となった。たしかにこれは正しい。けれども「それ自体として（潜在的に an sich）」という言葉を正しく理解することが大事だ。「潜在的には善だ」ということは善がまだ実現していないことを意味する。その意味で、人間はいつまでも潜在的な自然性にとどまっていてはならない。ただし無垢の自然を脱することで初めて悪が生じる（ないしは罪を背負う）というのではない。自然のあり方そのもののなかに、すでに自然を超え出なければならない必然性が含まれている。自然が無垢だというのは意志をもたない動物のことで、意志をもつ人間には当てはまらない。人間が意志をもちながら動物と同じ自然のままでいることは、それ自体としては（あるいは潜在的には an sich）悪である。それゆえ「人間は本性的に（自然のままでは）悪である」という命題もまた成り立つ。結局、「人間は本性的に善である」のでも、「本性的に悪である」のでもない。このような二者択一そのものが誤った問題設定であり、両命題は対立しあいながら関係しあっている。

c　この立場から「創世記」の堕罪の物語を解釈すると、そこでは「善悪を認識できる樹」というメタファーが鍵となる。認識の樹は、自然を脱することが善悪の認識に高まることだという事態をイメージしている。聖書によれば、禁断の実を食べた罪は「最初の人間」が犯し、その後の人類すべてに遺伝した。だが「最初の人間」というのは、たまたまそこに居合わせた人間〔アダムとイヴ〕なのではなく、絶対的に最初の人間、つまり概念から見た人間と解すべきだ。それは、意識をもった人間一般が認識へと向かうことで必然的に分裂へと歩み出ていくことをイメージしている。そう解釈すれば、「ただ一人の最初の人間」という観念も、その修正としての「遺伝による伝達」という観念も不要になる。さらに、禁断の実を食べたことへの罰として与えられた労働は、精神労働をも視野に入れれば、認識という労苦と結びつく。神は、知恵をつけてしまった人間が今度は楽園にある「生命《いのち》の樹」を食べて不死となることを恐れて、人間を楽園から追放した、と聖書にある。「生命の樹」は永遠に生き続けたいという人間の願望を表している。「生命の樹」から遠ざけられた以上、人間は認識によってのみ不死となる。というのも、認識によって関係の総体を把握することは普遍的な全体性へ高まることであり、個体の有限性を超えて不滅性へと通じるからだ。

d　自然状態は善悪の対立以前であった。自然を脱することで人間は善悪の対立に巻き込まれる。この対立は、一つには神への背きであり、もう一つは世界との不和である。こうした分裂はたまたま生じたのではなく、人間本性そのものの概念のなかにその必然性があった。対立をこの深みからとらえ直したとき、無限の苦痛が生まれ、分裂を超え和解に達しようとする欲求も高まる。世界において自分が満たされていないという全般的な不幸はユダヤ民族のなかに見られた。また、人間が不幸から自分自身のなかへと追いやられたもう一つの状態が、古代ローマの状況だった。そこに和解への抑えがたい欲求が生じ、「時が満ちて、神は御子を遣わされた」のである。

二　**和解**ではまずa　**和解の理念が一個人の姿をとって現れる**必然性を論じる。神性と人性とがもともと一体であるということが無限の苦痛のなかで意識されるが、神の理念の現象をあつかうこの第二の場では、神人一体の理念が感覚的に確信される必要がある。神と人との統一が或るひとりの人間のなかに現れなければならない必然性と欲求が、ここにある。かくして、b　**キリストが歴史のなかに登場する**にいたる。これはキリストの人間的な側面であり、当時の状況によって制約されている一面である。例えばキリストは新しい宗教を新しい意識として打ち立てようとして、既成の倫理や習慣に対して論争的に振る舞い、現存するものを否定する姿勢を鮮明にした。それは現存する国家にまっこうから矛盾する革命的な振る舞いでもあった。また弟子たちをまったく新しい宗教へと導くために、みずからの人格を神の権威によって正統化しなければならなかった。これらはいずれも、歴史的な状況のなかにキリストという人間が登場する際の、時代に制約された仕方であった。

c　**キリストの死**とともに、このような人間的な感覚的な側面が廃棄され、**精神的な現前へと移行**する。神は自然的な人間を死して、精神の栄光へとよみがえる。聖霊の降臨によって教団が形成され、そのなかに神は住まう。このような神の事蹟をとおして、人間的なものが取りのぞかれ、感覚的な確信から精神的な意識へと移行する。

一　分裂と対立

a　神の根源的分割による世界の成立

さて今からは永遠の理念を第二の場で、つまり意識し表象するという形式で考察してみたい。言い換えれば、この理念が普遍的で無限なあり方から抜け出て有限な規定に入り込んだ状態を考察する。

この第二の場の最初の様式は、その内容からして再び理念の普遍的な様式と形式である。ただしそれは、「神は至るところにある。神はあらゆるところに現前する。神の現前こそあらゆるもののなかにある真理だ」という意味である。ここでは次のことに注意を促しておきたい。［＊］学問においては普遍的なもの、すなわち抽象的なものが先行しなければならず、学問的にはそれから始めなければならないが、それが現存するに至るのは、じつは後になってからである。普遍的で抽象的なものは、まだ意識されていない「それ自体（Das Ansich）」であって、後になって知のなかにあらわれ、そのあとで意識と知に達する。理念の形式が現象するのは結果としてであるが、しかしそれは本質的には「それ自体」であり始まりである。最後のものが最初のものであり最初のものが最後のものである、というのが理念の内容である。これと同じように、結果としてあらわれるものが前提であり、「それ自体」であり、基礎である。このような理念をこれから現象という第二の場で考察しなければならない。

＊ 理念は初め思考という場にあった。思考が基礎である。したがってわれわれは思考から始めた。L.‖W（1827?）

この理念の進展を二つの面からとらえることができる。

第一に、この理念は思考する主観にとってであるという面である。〔宗教的な〕表象の諸形式といえども、思考するという人間の根本形式から何ものも奪うことはできない。一般に主観は思考をめぐらし、この理念を思考する。主観はしかし具体的な自己意識でもある。したがってこの理念を対象とするものは、具体的な自己意識としての、現実的な主観としての主観でなければならない。

あるいは次のように言うこともできる。かの理念は絶対的な真理であり、この真理が思考の対象である。しかしながら主観にとって理念が真理であるというだけではなく、主観がこの理念を確信していなければならない。この理念の確信が有限な主観そのものに属し、経験的に具体的な感覚的な主観のものとならなければならない。理念が主観に確信されるのは、理念が知覚された理念であり主観にとっての理念となる場合だけである。「それはかくある」と私が言えるものについて、私は確信をもっている。それは直接的な知であり確信である。存在するものが必然的でもあること、私が確信するものが真実であること、これを証明するには、さらに先の媒介を要する。そのような証明はもはや直接的に受けとられたものではなく、普遍的なものへの移行である。［＊］

＊　われわれは真理の形式から始めたが、真理が確信の形式をも含むこと、真理が私にとって在ることへと移行しなければならない。L‥W（1827?）

理念の進展のもう一方の面は理念の側からの進展である。永遠に絶対的に存在するものは自己を開いてみずからを規定し、みずからを根源的に分割（urteilen 判断）し、みずからを自分とは区別された異なるものとして設定する。しかしながら、区別はまた永遠に（たえず）廃棄され、絶対的に存在するものはそのなかで永遠に自分のなかに還っていく。そのかぎりで絶対的に存在するものは精神なのだ。区別されたものは、この区別が直ちに消え行くものであり、これがたんに神と理念の自己関係にすぎないという定めをもつ。このように区別することは一つの運動にすぎない。それは愛が自己と戯れている姿であり、他であり分離分割しているという深刻さに到達することはない。その場合、他者は「子」として規定され、絶対的に存在するものの方は情感の面からは愛として規定されるが、より高次の規定では、自己自身のもとにある自由な精神として規定される。このように規定された理念では区別という規定はまだ完全ではない。それはただ一般的な抽象的な区別である。われわれはまだこの理念の独特な区別に達してはいない。区別は一つの規定にすぎない。区別されたものたちが同じものと想定されていて、それらがそれぞれに異なる規定をもつということに達していない。

この面から理念の根源的分割（判断）を次のようにとらえることができる。われわれは〔抽象的な理念とは別の〕他のものを「子」とも呼んできたが、これは「他者そのもの」という規定をもっている。この他者はそれ自身で独立して（für sich selbst）存在する自由なものである。それは現実的なものとして現象し、神の外で神なしで存在するものである。絶対的に存在するものへと永遠に立ち還るという「子」の観念性は、〔父としての〕抽象的な理念がもっていたあの最初の観念性とただちに同一視される。区別があ〔り、それが正当と認められ Va↓W²〕るためには、他であるということが必要である。区別されたものが、存在するものとして他者であるということが必要である。自分自身を規定し、そのように規定することにおいて自分のうちで絶対的に自由なものとして自己を確信しているのは、絶対的な理念だけである。このように絶対的理念は、自己を規定することにおいて、この規定されたものを自由なものとして解き放すので、規定されたものは自立的なものであり、自立的な客体である。自由なものは自由なものに対してのみ存在する。自由な人間に対するときだけ、他方の〔絶対的な〕ものも自由である。理念がおのれを規定し根源的に分割（判断）するなかで、他のものを自由で自立的な者として解き放すということ。これが理念の絶対的な自由である。自由で自立的な者として解き放たれた他者。これが世界一般である。

世界の真理とは世界が観念的であることにほかならず、世界が真の現実性をもつということではない。「ある」ということが世界の真理であるが、しかし、その「ある」はたんに観念的なものにすぎず、けっしてそれ自身において永遠なものではなく、造られたものであって、その存在はたんに設定されたものにすぎない。世界があるということは、いわば一瞬だけ存在をもつということである。けれども、このように世界が神から分離し分裂した状態を廃棄するということは、世界の根源に立ち還ること、すなわち精神の関係、愛の関係に入りこんで、そのような関係そのものであるということにほかならない。その成就は第三の場で生じる。ここ第二の場は、世界が神から離反した状態から和解へと移行するために世界がみずからたどる過程である。

これが第二の場、すなわち世界の現象である。理念のなかの第一の場は子に対する父の関係であり、永遠の和解のなかにあるにすぎなかった。あるいは、まだ離反が生じていないのだから、和解に達していない状態と言い換えてもいい。けれども〔神の〕他者は「他である」という規定、存在するものという規定をもっている。子は区別をあらわす規定であるが、この特定化がさらなる区別へと進展し、区別が権利をえて、差異が正当化される。

子の契機におけるこうした移行をヤーコブ・ベーメは、すでに〔四九七頁で〕述べたように、次のように表現した。「最初のひとり子、ルツィファーは光の担い手、明るさ、明白さであったが、自分のなかで空想を膨らませて自分が自立して（für sich）在るかのように思い、独自の存在にまで進んで、神から離反した。けれどもただちに彼に代わって永遠なる独《ひと》り子《ご》〔キリスト〕があらわれた」と〔『アウローラ』第一四章三六、前掲訳二〇四頁〕。この立場では、かの他者は子ではなく、外的な世界であり、真理の外にある有限な世界である。そこでは、他者は形式の上では「存在する」が、本性上はたんに異なるもの（ἕτερον）〔プラトン『ソフィステス』254e-259d〕、規定されたもの、区別され制約された否定的なものにすぎない。有限な世界は、世界の統一面に対する区別の面である。それは自然世界と有限な精神〔人間〕世界とに分かれる。自然は人間との関係のうちにのみ現れるが、けっして自覚的（für sich）に神との関係に入るのではない。自然は知ではないからだ。神は精神であるが、自然は精神については何も知らない。自然は神によって造られたが、自然は自分自身から抜け出て神との関係に入ることはない。それは、自然が知るという営みをしないという意味である。自然はもっぱら人間との関係のなかにある。この関係のなかで自然は、人間の依存性の面をあらわしている。しかしながら自然は神によって造られたのだから、この自然のなかに知性や理性があるということが思考によって認識される場合には、自然は思考する人間によって知られている。その場合に、自然の真理が認識されることによって、自然は神との関係のなかに置かれる。［＊］

＊　自然についてのより高次の考察、自然と神とのより深い関係はむしろ、自然そのものが精神的

なものとして、すなわち人間の自然性としてとらえられる点に成り立つ。主観がもはや自然的なものの直接的なあり方に向けられず、主観のもともとのあり方として、つまり運動として想定され、そして自分自身へと達したときに、初めて有限性が有限性として設定される。しかも、絶対的な理念への欲求が有限性に生じ絶対的な理念が有限性に現象するような関係の過程のなかに、有限性は置かれている。Co↓W²

b　人間の自然本性をめぐって

［8／2］*↓ここでは、真理を第二の場すなわち有限な場に置かれたものとして考察する。↑*いまから考察しなければならないのは、第一に真理への欲求であり、第二にその欲求のあらわれ方である。

＊　絶対的な理念は、意識にとって、そして意識のなかで現れてこなければならない。つまり主体にとっての真理、主体のなかの真理とならなければならない。L≒W（1827?）

まず初めに真理の欲求に関して、主観的な精神のなかには絶対的な真理を知りたいという要求が存することが前提される。そのような要求は、主観がまだ真理のなかにいないということを直ちにそれ自身のうちに含んでいる。しかしながら同時に、主観は精神としては、自分がまだ真理のなかに入っていない状態を潜在的に（an sich）超えてもいる。それゆえ、真理でない状態そのものは、主観にとっては克服しなければならないものである。この非真理状態は、詳しく言えば、主観が自分自身に対して分裂状態に陥っているということだ。したがって真理への欲求は次のようなあらわれ方をする。すなわち主観のうちにあるこの分裂が廃棄され、まさにそうすることによって、真理からの分裂も廃棄され、主観がそれによって宥《なだ》められ、自己のうちでの和解が真理との和解にほかならないというあらわれ方である。これがこの欲求の詳しい形式である。そもそも分裂が主観のうちにあるということ。主観が悪であるということ。主観は自己分裂してはいるが、けっしてばらばらなものではなく、分裂しながらも同時に自己をとりまとめている矛盾的なものであるということ。このような特質を主観がもつことによって初めて、主観は分裂した自己矛盾的なものなのだ。

ここから、人間の本性と使命そのものに注目して、これを特徴づけるという要求が生じる。つまり人間の本性と使命をどう見るべきか、人間は自分をどう見るべきか、人間は自分について何を知るべきか、といった問いである。ここでわれわれはすぐに、あい対立する規定にぶつかる。一方の見解はこうである。「人間は本性的には善である。人間の普遍的・実体的な本質は善である。人間はけっして自己分裂しているのではなく、本性的に自己と調和し自己のうちで平和であるというのが人間の本質的な概念である」。これに対して第二の規定は、「人間の自然的・実体的なものは本性的には悪である」というものだ。これらの対立はさしあたって、われわれが外面的に考察する際にあらわれる。あるときは後者が、またあるときは前者がもてはやされた。さらに言えば、われわれはただたんに考察するだけではなく、自分自身について、人間がどのような性質のものであり、どんな使命をもつかを知ってもいる。

人間は本性的には善である。この見方は多かれ少なかれ今の時代に優勢である〔例えばルソー『人間不平等起原論』本田喜代治・平岡昇訳、岩波文庫、一九七二年、一四七頁、カント『たんなる理性の限界内の宗教』第一篇Ⅰ、北岡武司訳、岩波書店〕。けれども、人間は本性的には善であり分裂していないという一方の命題だけが妥当するならば、人間は和解への欲求をもたないということになろう。そして、もしも人間が和解を必要としないならば、ここで考察しているすべての道程は余計なものとなる。

本質的にはこう言うべきだ。つまり、人間は善である。人間は潜在的（an sich）には精神であり理性である。人間は神の姿に似せて造られた〔創世記一・26―27〕。その神は善である。したがって人間は精神としては神の鏡である。だから人間は潜在的には善である、と。これは正しい命題である。人間の和解の可能性は唯一この命題にもとづく。とはいえ、この命題の難しさと曖昧さは「潜在的にそれ自体として（an sich）」という規定にある。「人間は潜在的には善である」。ひとはこの命題ですべてを語り尽くしたと思い込んでいるが、「潜在的」というのは一面にすぎず、それですべてが語り尽くされているわけではない。「人間が潜在的に善である」というのは、人間が内面的な仕方でのみ、概念の上でのみ善であることを意味しているにすぎず、それゆえ実際に善であることを意味してはいない。

人間は精神であるかぎりで、人間の真実の姿を実際にも実現（für sich）しなければならない。物理的な自然は潜在的なものにとどまり、まだ潜在的に概念であるにすぎない。「人間が潜在的に善である」というとき、まさにこの「潜在的」ということがこうした欠陥を含んでいる。自然の潜在的なものとは自然の法則である。自然はその法則に忠実なままで、その法則をはみ出さない。これが自然の実体的な面で、そのことによって自然は必然性のうちにある。しかしながら、人間は潜在的（an sich）にもっているものを顕在化し実現（für sich）しなければならないというもう一面がある。「本性からして善」というのは「直接的に善」という意味であるが、精神は自然的・直接的なものではなく、人間はむしろ精神としては、自然から抜け出て、自分の概念と自分の直接的なあり方とが分裂した状態へと移行する。これに対して、自然のなかでは概念はその自覚的な実現形態（Fürsichsein）にはけっして到達しない。自然のなかでは個体は自身の法則と実体的な本質から分離しない。自然のなかの個体は自由ではないからだ。これに対して人間は自分の潜在的なあり方と自分の普遍的な自然本性に対立して、分裂へと踏み込むのである。

人間は直接的なあり方にいつまでも留まるわけではなく、自分のこのあり方を超え出て行かなければならない。これがいま述べたことからすぐに導かれるもう一つの規定である。これが精神の概念である。「人間は本性上（生まれつき）善である」というのは正しいが、これは一面を述べたにすぎない。人間が自然的なあり方、潜在的なあり方を超え出て行くことは、さしあたって人間のなかに分裂をもちこむことである。この分裂は自然的で直接的なあり方を超え出て行くことである。けれども、超え出ることで初めて悪が生じるかのように受けとめてはならない。むしろ自然的なあり方そのもののなかにすでに、超え出ることそのものが含まれている。そのものとしてのあり方（Ansich）は直接的なものである。しかしながら人間は潜在的には精神であるから、人間はその直接的なあり方においてすでに、その直接的なあり方を踏み超え、そのものとしてのあり方から離脱するものである。ここに第二の、「人間は本性上、悪である。人間の潜在的な自然的な状態は悪である」という命題の根拠がある。人間の自然的なあり方のなかには同時に欠陥がある。人間は精神であるから、人間は自分そのものとしてのあり方から区別され、分裂する。［＊］人間は自然にのみ従うときには悪である。人間がそのものとしての〔未展開の〕概念に従った状態を、抽象的には、「自然本性に従った人間」と呼んでいい。しかし、その具体的な意味は、情念と衝動に従い欲望に囚われた人間、自分の自然的な直接性を法則とする自然的な人間のことである。人間はその自然的なあり方で同時に意欲する者であるが、この意欲の内容がたんに衝動や欲望の傾きである場合には、人間は悪である。人間は意志・意欲であるという形式からすれば、人間はもはや動物ではないが、その意欲の内容ともろもろの目的はまだ自然的なものである。人間は本性上、悪である。それは、人間が自然的なものであるからこそ悪なのだ。これがこの第二の立場、しかも最高の立場である。

＊　自然的な状態では一面性がそのまま現存している。L‼W（1827?）

人間の最初の状態は無垢の状態であったと漠然と考えられているが、これは自然の状態であり、動物が置かれた立場である。人間は無垢でもなければ、動物的でもない。人間が善であるかぎりで、人間は自然の事物が善であるようなわけにはいかず、むしろ人間の罪責と意志がなければならない。つまり人間は責任を帰せられるものでなければならない。罪とはそもそも責任を負わされるということである。善き人間とは彼自身の意志によって、彼自身の意志を通じて善いのであって、そのかぎりで彼自身の罪責につきまとわれている。無垢とは意志を欠くことを意味する。たしかに無垢は悪ではないが、同時に善でもない。自然の事物や動物たちはみな善である。しかし、このように善であるということは人間にはあてはまらない。［＊］

＊　人間が善であるかぎり、人間はみずからの意志をもって善であるのでなければならない。L・W（1827?）

人間が自然的な意志や自然的な存在にとどまってはならないというのは絶対的な欲求である。たしかに人間は初めから意識をもった存在であるが、しかし人間である以上やはり自然的な存在であり、そのかぎりで自然的なものが彼の意欲の目的と内容を規定している。この規定をさらに詳しく見ておかなければならない。人間は主体として人間である。しかも自然的な主体としては、人間はこれこれの個別的な主体である。彼の意志はこれこれの個別的な意志であり、個別的な内容で満たされている。つまり自然的な人間は利己的である。これに対して、「善い」と言われる人には、少なくとも彼が普遍的な使命と掟に従って行動することを求める。意志の自然性とは、詳しくは、意志の利己性のことだ。彼の意志は自然的な意志としては個別利害に囚われ、意志の普遍性から区別されて、普遍性にまで形成された理性的な意志に対立している。

人間の未展開な（an sich）あり方を考察すると、そこには未展開なあり方の欠陥がすぐに見えてくる。しかしながら人間は自然的な意志であるかぎり悪だということをもって、人間は潜在的には善であるというもう一方の面までが否定されてはならない。人間は、その概念からすれば、いつでも善である。けれども、人間は内省し意識をもつものであるから、区別も生じ、具体的な個別的な主体が人間の概念から区別される。そして、この主体が概念からただ区別されているだけで、まだ主体性と概念とが同じ一つのものになっておらず、理性へと立ち還っていないときには、彼の現実は自然的な現実であって、利己心である。このように悪であるということは、概念に対する現実の関係を前提している。それとともに、未展開なあり方の矛盾、すなわち概念と個別性との矛盾、善と悪との矛盾が生じる。この善と悪との矛盾が、われわれが初めに問うた対立であった。「人間はその本性からしてもっぱら善なのか、それとも、もっぱら悪なのか」と問うことは間違っている。それは誤った問題設定である。同じように、「人間は善でも悪でもある」と言うことも皮相である。人間はそれ自体としては、つまり概念の上では善であるが、この「自体」は一面的であって、現実的なものとしての、このものとしての主体はたんに自然的な意志であるという規定をもつ。したがって、一方では善とされ他方では悪とされるが、両者は本質的に矛盾していて、一方が他方を前提し、一方だけがあるというのではなく、両面が対立しあいながら関係しあっているのだ。

以上が第一の根本的な規定であり、本質的な概念的な規定である。

c　堕罪の物語

それゆえ以上の規定はこの概念規定が表象のなかで一つの物語としてあらわれる仕方である。言い換えれば、一つの出来事として意識に直観的・感覚的に想い浮かべられる仕方である。「創世記」のなかの周知の物語がそれである。そこには、「神は御自身の姿に似せて人を造りたもうた」〔創世記一・26―27〕とある。これが人間の概念である。［＊］「人間は楽園に暮らしていた」。この楽園を「動物たちの楽園（Tiergarten）」と呼ぶことができる。ここでの生活は無垢の状態と言える。さらに「創世記」は続ける。「この楽園には、その実を食べると善悪を認識できるようになる樹があった。人間は神の命令に背いてその実を食べてしまった」〔同第三章〕。それを食べる行為は神の命令に背くことだ、と形式的には立論できる。けれどもここで確認しておくべき内容は、人間が善悪を認識できる樹の実を食べたということ、その際「人間が善悪を認識したら神と等しくなる」と蛇にそそのかされ、そこに罪が生じたという本質的な点である。

＊　この概念はいまでも存在するものとして考えられている。L（1827?）

それゆえ、人間はこの樹の実を食べたと言われるが、内容にかんして言えば、「実《み》」というのは外面的に想い浮かべられた感覚的な表現にすぎない。実際は、人間が善と悪との認識へと高まったのであり、しかもこの認識、この区別こそが悪の源泉であり、悪そのものなのだ。認識という行為あるいは意識のなかに悪が設定されている。悪が認識のなかにあるということはすでに前に述べた。認識こそ悪の源泉である。というのも、認識すること、意識することは、そもそも判断（根源的に分割）することであり、自分自身のなかで自分を区別することであるからだ。（これに対して、動物たちは意識をもたず、自分自身のなかで自分を区別することをしない。彼らは客観性を向こうにまわした自由な自覚的存在ではない。）とはいえ、分裂は悪であり、矛盾である。分裂は善と悪との両面を含んでいる。この分裂のなかにのみ悪が含まれている。まさにそれゆえに分裂それ自身が悪なのだ。したがって「善と悪は意識のなかで初めて生じる」というのはまったく正しい。

最初の人間がそういうことをしたと想い浮かべられているが、「最初の人間」というところに、またも感覚的な表現の仕方があらわれている。思想の立場から見れば、「最初の人間」という表現は「人間そのもの」、「人間としての人間」と同じことを意味する。それはけっして特定の個人、たまたまそこに居合わせた人、多くの人々のなかの或る一人ではなく、絶対的に最初の人間、つまり概念から見た人間である。人間そのものは意識である。まさに意識とともに人間はこうした分裂へと、さらには認識へ通じる意識のなかへと踏み込む。けれども普遍的な人間が最初の人間として想い浮かべられるかぎりで、その普遍的な人間は他の人々からは区別されたものとして想い浮かべられる。そこで次のような問いが生じる。それを行ったのがたったの一人ならば、どうしてそれが他の人々にも生じるのかという問いである。そこに、すべての人々に伝わる罪の遺伝という観念が現れる。この観念によって、人間そのものが表象のなかではただ一人の最初の人間としてみなされるという欠陥が修正される。人間全般の概念のなかにある分裂が一個人の行為として想い浮かべられるという一面性が、遺伝による伝達という観念によって補われる。われわれの立場からは、「ただ一人の最初の人間」という観念も、その修正である「遺伝による伝達」という観念も必要ない。この分裂のなかに意識として踏み込むのは人間全般なのだ。

けれどもこの分裂のなかには悪があるとともに、この分裂は回心の中心点でもある。回心は分裂が廃棄されてもいるという意識を自分のうちに含んでいる。［＊1］蛇という見慣れぬものが「人間が善悪の区別を知ったら人間は神に等しくなる」とたぶらかしたと聖書が物語るとき、人間のその行為が悪の原理に由来していると考えられている。しかし神自身は、善悪の認識が人間の神的なものに属することを、口に出して確認している。神はみずから言われた。「見よ、アダムはわれわれの一人のようになった」と〔創世記三・22〕。それゆえ蛇の言葉はまやかしではなかった。ところが、それは神の皮肉であり神は風刺をきかせたのだという先入見を一度もってしまうと、それの大事な点がふつうは見逃されてしまう。† ［＊2］

＊1　最高の分裂、すなわち、善そのものと定義されたものが悪との対立のなかにのみあり反対に悪が善との対立のなかにのみあるという善悪の区別。これはたしかに認識することである。しかも人間は人間として、あるいは精神として、善悪を認識できるようになる樹の実を食べる。L (1827?)

＊2　だが、人間を人間として、精神として際立たせるものは、まさに認識すること、分裂することである。L (1827?)

†　この批判は、それを神の皮肉と解釈するヘルダーに向けられたものであろう。『人類の最古の記録』第二巻（一七七六年）に、そのような解釈が見られる。

この罪に対する罰として、〔男には〕労働が、女にはお産が言い渡された。それは一般的に見て必然的な結果である。動物は労働しない。あるいは、たんに強制されて働かされるだけであって、その本性から労働するわけではない。動物は「額に汗してパンを得る」のでもなく、パンをみずから生産するのでもなく、自分がもっているあらゆる欲求を満たすものを自然のなかにすぐに見いだす。これに対して、人間も欲求を満たす材料を自然のなかに見つけるが、その材料は人間にはあまりにも少なすぎると言える。人間の欲求を満たす無限の媒介は労働によって生じる。労働には「額に汗を流す」肉体労働と精神労働があって、精神労働は肉体労働以上につらいものであるが、いずれの労働も善悪の認識と直接に結びついている。人間が本来あるべきものになり「額に汗して」パンを生産し食べなければならないということは、人間の本質的な特徴に属することであり、善悪の認識と必然的に結びついている。

さらに、この楽園には「命の樹」という第二の樹が立っていた。神は、アダムがこの「命の樹」を食べて永遠に生き続ける者とならないよう、彼を楽園から追い出そうとした〔創世記三・22―23〕。これも素朴で幼稚な表象の語り方である。人間の願望には二つの方向性がある。一つは、乱されない幸福のなかで生きること、つまり自分自身と外的な自然との調和のなかに生きることである。こうした一体性にとどまるのは動物であって、人間はこれを超え出ていかなければならない。もう一つは、永遠に生きたいという願望にかかわる。「命の樹」という表象はこの願望に応える形で形成された。詳しく考察してみると、それが幼稚な表象にすぎないことがすぐに分かる。個々の生き物としての人間、その生命と自然は死滅しないわけにはいかない。［＊1］一方では、人間は楽園にあっては罪もなく、不死と考えられていた。人間は永遠に生き続けることができるかのようであった。［＊2］というのも、もしも外面的な死が罪の帰結にすぎなかったならば、楽園にくらす人間はもともと不死であろうからだ。しかし他方で、人間は命の樹から食べたときに初めて不死となるとも考えられている。ただしこちらは禁じられていたのだから、罪を犯すことなく命の樹の実を食べることはありえない。そこで事態はこうだ。人間は認識によってのみ不死となる。なぜなら人間は思考する場合にのみ、死すべき動物的な魂ではなく、純粋な自由な魂であるからだ。認識すること、思考すること、これは人間の生の根幹であり、人間それ自体の総体性を表す不滅性の根幹である。動物の魂が肉体のうちに没しているのに対して、精神はそれ自身のうちで総体性である。以上が第一の表象である。

＊1　ところがこの物語をもっと詳しく見てみると、このことはこの物語の奇異な点であり、自己矛盾する話である。L≒W（1827?）

＊2　（地上における不死と魂の不死とは、この物語のなかでは不可分である。）L≒W（1827?）

d　善と悪との対立の深みから和解への欲求が高まる

第二の点は、われわれが思想のなかで本質的な見方ととらえたものが人間一般のなかで現実的なものとならなければならないということ、すなわち人間は自身のうちで善と悪との無限な対立に達したということである。人間は自然的なものであるが、自然のままでは自分が悪であると知り、こうした対立を［ただ一般的に知るだけではなく、Va↓W2］自分のなかに意識するようになり、自分が悪しき者であると知るようになる。しかしまた、悪が同時に善にかかわり、善への要求、善でありたいという要求が現存するためには、人間がこの矛盾を意識し、この矛盾と分裂についての苦痛に達することが必要である。このような対立の形式をわれわれはあらゆる宗教のなかに見てきた。けれども自然の威力、倫理的な掟、倫理的な意志、倫理的共同体、あるいは運命といったものに対する対立はどれも、ただ特殊的なものしか含まない下位の対立である。そこで妥当するのは、「掟に背いた人は悪い。ただしこの特定の場合においてのみ」ということである。掟に背いた者はこの特定の掟に対してのみ対立している。例えばパーシー教〔ゾロアスター教〕のなかには善と悪、光と闇が互いに普遍的な対立のなかにあるのが見られたが、そこではしかし対立は人間の外にあり、人間自身は対立の外にあった。こうした抽象的な対立は人間自身の内部にはなかった。

それゆえ、*↓この抽象的な対立を自身のうちにとらえなければならない↑*という要求が生じる。人間があれこれの掟に背いたというのではなく、人間はそれ自体として悪である。人間は一般的に、その最内奥においてひとえに悪である。「人間は悪だ」というこうした決めつけこそが、悪という概念の特質である。このことを意識しなければならない。この深みが肝心なのだ。「深み」とは善悪の対立を抽象化して、純粋に普遍化することを意味し、〔善と悪という〕対立の両面が互いに対照的なまったく普遍的な規定を獲得することである。

＊　人間はこの抽象的な対立を自分自身のなかにもち、この対立を乗り超えていなければならない

Va→W2

この対立は一般に二つの形式をとる。一つは、悪そのものという対立、悪いのは対立そのものだということである。それは神に対して背くことである。もう一つは、世界（世間）に対する対立であり、世界（世間）との不和である。それは不幸であるが、他面から見れば分裂である。

まず初めに、一方の極にある神への背きという関係を考察する。普遍的な和解の要求には神との絶対的な和解が含まれるが、この要求が人間のなかに生じるためには、この対立が無限性を獲得し、普遍性が最内奥にまで達して、対立のほかには何もなく、それゆえ対立が特殊的なことでないということが必要である。これこそがもっとも深遠なる「深み」である。「人間とは最内奥においてこうした矛盾なのだ」という意識を自身のうちにもつ人は、その意識のなかに自分自身について無限の苦痛を味わっている。苦痛は「すべし」という肯定的なことに対する対立のなかにのみある。もはや自分のなかに肯定的なものをもたない者は、なんの矛盾もなんの苦痛ももたない。苦痛とは、肯定的なものがそれ自身において自己矛盾的で自己毀損的なものだという肯定的なものにおける否定性にほかならない。それゆえこの苦痛は悪の一契機である。悪はそれだけでは一つの抽象である。悪は善との対立のなかにのみあり、悪が主体と一体になっていることによって、主体は分裂する。しかもこの分裂は無限の苦痛である。主体自身の最内奥のうちに善の意識と善への無限の要求がないならば、そこに苦痛はない。というのも、悪そのものはたんに空虚な無にすぎず、悪は善との対立のなかにのみあるからだ。

　この悪と苦痛は、善である神が単一の神、純粋な精神的な神として知られる場合にのみ、無限であることができる。善がこうした純粋な統一であり、われわれが唯一神を信仰し、しかも唯一神との関係のなかにある場合にのみ、否定的なものは悪という規定にまで進みうるし、また進まざるをえず、否定はこうした普遍的な規定にまで進みうる。このようにして、この分裂の一面は、神が純粋に精神的に一《いっ》である〔という認識〕へと人間が高まることを通じて生じる。この苦痛と意識が人間が自己へと沈潜していく条件なのだ。それとともに、分裂や悪という否定的な契機に思いを深めていく条件でもある。それは客観的にも内面的にも悪について内省を深めていくことである。内面的な深まりは、肯定的に見れば、神が純粋に一《いっ》であるという認識を深めることである。

　この点で、私という人間が、自然的な人間としては、真実であるものにふさわしくないということ「そして、多くの自然的な特殊性にとらわれているということVa↓W^2」が生じ、単一の善という真理の方も私のなかで無限のかなたに固定される。真実にふさわしくないということはあってはならないものとされる。ここでの課題と要求は無限である。「私が自然の人間であるとき、私は一面では私についての意識をもつ」と言われる。けれども自然性とはむしろ、私に関する意識と意志をもたないことにある。私は自然に従って行為するものであり、そのかぎりで私はこの面から無垢であるとしばしば言われる。つまりそのかぎりで私は自分が行っていることを意識せず、自分の意志をもたず、心の傾きをもたない。むしろ私は衝動に身をゆだねている。しかしながらこの無垢な状態は先に見た対立のなかに消滅する。なぜなら、人間が意識と意志を欠いて自然のままでいるというのは、あってはならないことであるからだ。その状態は、私が絶対的な真理として知る純粋な統一（単一）性・完全な純粋性に直面して、悪と宣告された。意識と意志とを欠く者は本質的に悪とみなされるべきだということは、すでに述べたことのなかに含まれている。どう向きを変えてみたところで矛盾はいつまでもあり続ける。いわゆる無垢の状態が悪と規定されることによって、私が私の本質に適合しておらず、絶対的なものと不適合のままである。どちらの面から見ても、私はいつも自分をあってはならないものと知る。

以上が〔神という〕一つの極への関係である。この苦痛の帰結やその具体的なありかたは私の自己卑下であり、後悔に打ちひしがれた状態である。その状態は、私が自然的なもの一般としては、私自身が自分の本質と心得るものにふさわしくなく、自分はかくありたいと私が知り意欲するものにふさわしくないという苦痛なのである。

もう一つの極である世界との関係について言えば、ここでは分離は、人間が世界のなかで満たされていない不幸として現れる。［＊］人間は自然存在としては他の自然存在にかかわる。他の存在ももろもろの威力として彼にかかわる。そのかぎりで、彼も他の存在と同様に偶然的である。けれども人間のより高い諸要求、すなわち倫理の諸要求は自由に関するもろもろの要求と規定である。人間が善について知り善が人間のなかにあるというのは、潜在的に人間という概念のなかで正当化された要求である。この要求が外的な世界という具体的な存在のなかに満足を見いださない場合には、人間は不幸である。

＊　人間の自然の欲求は、それを満たすことに対してもはや何の権利も要求ももたない。L.‖W(1827?)

不幸こそ人間を自己のうちに追いやり押し込めるものである。世界が理性的であるべきだとする断固たる要求をもちながら、これが満たされていないのを知ると、人間は世俗世界を放棄して、幸福と満足を自己との一致のなかに求めるであろう。これが、世俗世界を捨てて幸福な満足に達すべきだという要求である。人間は自分の肯定的な建前と具体的な現実との一致を達成するために、外的な世界を放棄し、幸福を自分の内部に移して、自己満足にふけるであろう。

↓この要素↑、すなわち普遍性という上から来る苦痛をわれわれは前にユダヤ民族のなかに見た。そこでは、「絶対的に純粋であれ」という無限の要求が、自然の状態にある私、経験的に意欲し知る私にいつまでも突きつけられる。これに対して、人間が不幸から自分自身のうちへと追いやられたもう一つの状態は、ローマ世界が行き着いた状態であり、世界の全般的な不幸である。そこでは、世界のなかで満ち足りている形式的な内面性は、神の目的が支配した状態であった。その支配は世俗的な支配として想い浮かべられ、考えられ知られていた。

＊　分裂のこうした二つの形態をわれわれはすでに特殊的な諸宗教〔第二部〕のなかで見た。　L

こうした要求と不幸について、われわれは二つの形態を考察してきた。　Va↓W^2

いずれの側面も一面的である。第一の面は卑下の感情と言い表すことができる。第二の面は人間が自分のなかで抽象的に高まることであり、人間の自己集中である。それがストア主義と懐疑主義である。ストア派や懐疑派の賢人は、自分自身に向かっていて、自分自身のなかで満たされていた。彼らは、このように自分自身のもとに自立的にとどまろうとする頑さのなかに自己自身との一致という幸福をもつと説いた。このような抽象的な自己沈潜、自分に現前する自己意識的な内面性のなかに賢人は安らぎをもっていると主張した。

ここでは最も抽象的な最高の契機が問題となっている。対立は最高の対立であり、対立する両面は完全に普遍的な対立であり、最も内面的なところにある普遍的なものそのものにおける対立、最大の深みにおける対立である。しかしながら、すでに述べたように、この対立の二つの形式はともに一面的である。一方は、あの苦痛、あの抽象的な卑下を含んでいて、そこで最高のものとは主観が普遍的なものにふさわしくないということであり、補償も調停も不可能な分裂のほころびである。それは、無限なものと、固定化された有限なもの（抽象的な有限性）とを抽象的に対立させた立場である。かくしてここで私のものと言えるものはただ悪だけである。この抽象的な立場は、自己内向的な思考というもう一方の面に、自分を補完するものを見いだす。私が私自身のなかに満たされていて自己満足が可能だということが、私にふさわしいあり方なのだ。けれどもこの第二の形式も、それだけではやはり一面的だ。それはたんに肯定的なものにすぎず、しかも私の内部において私を一面的に肯定するにすぎないからだ。第一の側面である卑下はたんに否定的であるにすぎず、自身のうちでの肯定を欠いている。第二の側面は自身のうちでの純粋な肯定であり、自己内での満足だと言われるが、私のなかで私に満足することはたんに抽象的な満足にすぎない。その満足は世界と現実を逃れた無為によってしか生じない。その自己満足が現実からの逃避である場合、それは私の現実からの逃避でもある。しかも私の外的現実からの逃避ではなく、私の意欲という現実からの逃避なのだ。その主体としての私、満たされた意志としての私、私の意志のこの現実はいつまでも私のものであるわけではないが、私の自己意識の直接性は私のものでありつづける。自己意識の直接性はたしかに全く抽象的ではあるが、しかし内省の深みの最深部がそこに含まれている。私はそこに内省の深みを保持している。この自己意識は私のうちにある私の抽象的な現実を捨象したものではない。あるいは私の直接的な自己意識や私の自己意識の直接性を捨象したものではない。それゆえこの面では肯定が優勢である。世界を否定する立場が一面的なものであるのに、みずからの直接的なありかたの一面性は否定されていない。以上二つの契機のうちに次の段階へ移行しようとする欲求が含まれている。

先行する諸宗教の概念はこうした対立へと純化される。この対立〔の克服〕が現存する欲求として姿を現すとき、「時が満ちて、神は御子を遣わされた」と表現される〔ガラテア四・4〕。すなわち精神が現存するに至り、和解を示す精神の要求が現れたのである。

二　和　解

a　和解の理念と、その理念が一個人の姿をとって現れること

〔8／7〕精神のもっとも深い欲求は、対立が主体自身のなかで対立の普遍的な極にまで高められること、すなわちもっとも抽象的な極にまで高められることである。その極とはすでに見てきた分裂と苦痛のことだ。分裂した両面はけっしてばらばらではない。この矛盾は主体という一つのもののなかにある。そのことによって、主体は同時に統一の無限の力でもあることを実証する。主体はこの矛盾に持ちこたえることができる。これこそが主体がもっている統一のエネルギーなのだ。それは形式的で抽象的ではあるが、やはり無限のエネルギーである。この欲求を満たすもの、それは和解の意識であり、対立を取りのぞき消滅させたという意識である。したがって対立が真理なのではない。むしろ対立を否定することによって統一を達成することこそが真理なのだ。これこそが欲求によって求められる平和であり、和解である。和解こそ主体の欲求によって求められるものである。この欲求は、無限に一つ

の自己同一的なものとしての主体のなかにあるからだ。

対立の撤廃は二つの面をもつ。まず第一に、かの対立はそれ自体として（an sich）あるものではなく真理という内なるものは対立が撤廃された状態であるということを、主体は意識しなければならない。第二に、対立は本当のところは潜在的（an sich）には撤廃されたのだから、主体そのものは自覚的に（Fürsichsein）対立の廃棄を通じて平和と和解を達成・成就できる。

対立が潜在的（an sich）に撤廃されているということが、主体が対立を自分でも自覚的（für sich）に廃棄することを可能とする前提条件となる。そのかぎりでは、主体は自分から、すなわちこの主体としての自分から始めて、自分の活動と行為を通じて和解に達したのではない、と言える。主体としての行為によって和解が実現するのではないし、実現できるわけでもない。彼の行為はただ一方の面だけを設定する行いにすぎない。もう一方の面は和解の根底となる実体的な面であって、それがそもそも対立解消の可能性を含んでいる。すなわちあの対立は潜在的にはそもそもないのである。さらに言えば、対立はたえず成立しながら、たえず自己を廃棄する。そこにはたえざる和解がある。これが真実であることを、われわれは次のような永遠の神々しい理念のなかに見る。すなわち神は生き生きとした神として、自身を自身から区別して他のもの〔世界と人間〕を創設し、他のものにおいて自分自身と同一のままにとどまり、他のものにおいて自己同一性を保つという理念である。これこそが真理である。

この真理こそ、人間が意識しなければならないものの一面、それ自体として存在する実体的な面をなす。このことをさらに詳しく表現すると、こうなる。前節で見た対立はそもそもふさわしくないものである。悪というあの対立は、人間が自然的ないしは直接的にあり、自然的ないしは直接的に意欲することである。直接的であるとは、自然的なあり方にほかならない。直接的であると同時に有限的であるとされる。しかも有限的ないしは自然的であることは神の普遍性にはふさわしくない。つまり〈自己のうちで端的に自由であり自己自身のもとに在る無限で永遠な理念〉にはふさわしくない。この不適合こそ〔和解への〕欲求を生じさせる出発点である。とはいえ厳密に規定すれば、〔神的理念は普遍的であるのに人間は自然的で直接的であるという〕両面の不適合が意識から消えるわけではない。不適合は精神であることのなかにある。精神とは自己を区別する働きであり、区別を立てる働きであるからだ。区別項が区別されている場合、それらは、区別項であるという契機からすれば、同じものではない。それらはあい異なり、互いに適合していない。この不適合は消えることはない。消えるならば、精神の根源的分割（判断）という精神の生き生きした動きも消えてしまうであろう。そうなったら、精神は精神であることをやめてしまう。むしろ次のように規定すべきだ。すなわち両面はたんに不適合であるというだけではない。この不適合にもかかわらず両面は同一である。人間本性は本来のあり方とは別のものでありうる。つまり人間本性が有限で弱く壊れやすいということは、和解の実体をなすあの神的な統一をそこなわない。そのことはすでに〔第一の場で〕神的理念のなかに見た。〈子〉は〈父〉とは別の他者である。そして他者であることは差異である。そうでなければ、この他者は精神ではない。けれどもこの他者とは神であり、神の本性が自身のなかに完全に満ちている。この他者が神の子であり、したがって神であることは、他者という規定によっていささかもそこなわれない。[＊]このように他者であるということは、永遠に自己を立てながら永遠に自己を廃棄することなのだ。これが愛であり、精神である。

＊同様に、人間本性のうちにある神ということも、他者という規定によって少しもそこなわれない。Va↓W

悪という一面が抽象的に、有限で否定的な他なるものとしてのみ規定され、他方に神が善として、肯定的で真実なものとして立てられる。これは真実の表象ではない。他者という否定的なものは、それ自身のうちに肯定も含んでいる。したがって、他者のなかに肯定の原理が含まれていること、この原理のなかに他の面との同一性の原理があること、このことが意識されなければならない。それは、真なるものとしての神がたんに抽象的な自己同一性ではなく、むしろ、自身を他者として設定する否定作用が神自身の本質的な特質であり精神自身の特質であるというのと同じである。ここから、次のような欲求が意識できるようになった。すなわち神性と人性とがもともと一体であるという本来的なあり方が、無限の苦痛のなかでいやおうなく意識されるようになる。しかし実体性というそれ自体としてのあり方からだけ見れば、両者がこのように実体的に一つであるということは、有限性や弱さや〈他であること〉によってそこなわれはしない。言い換えれば、神性と人性とが一つであるという実体性が人間の意識に達するということは、意識にとって人間が［＊］神として現れ神が人間として現れるということである。それが、〔神と人とが〕そのように現れなければならない必然性（必要）と欲求である。

＊（必ずしもすべての人間ではないが）An

さらに言えば、われわれが哲学のなかで思考においてもつ絶対的理念の意識を、ここで哲学的な思弁ないしは思弁的な思考という立場〔『論理学』主観的論理学――概念論』「絶対的理念」〕のために持ち出すべきではない。むしろ確信の形式において持ち出すべきである。神性と人性とが一つであるという必然性は思考によって初めて洞察されるのではない。むしろそれは人々に確信されるのだ。神性と人性とが一つであるという内容が人々の確信に達し、直接的に感覚的な直観や外面的な現存の形式を得る。要するにこの内容が、地上において見られ経験されるものとして現れる。こうした思弁的でない意識の形式を眼前に見据えることが大事なのだ。この形式が本質的に私の眼前になければならない。それを人は確信しなければならない。というのも、直接的なあり方をするもの、内的ないし外的な直観のなかにあるものだけが確実であるからだ。人間に確信されるために、神は肉となって地上に現れなければならなかった〔ヨハネ一・14〕。神が肉となって地上に現れる必然性は、本質的な規定である。そのことが、前に述べたことから必然的に導き出され証明される。このようにしてのみ神の現れが人間に確信されることができ、このようにして真理は確実性の形式のうちにある。

＊同時にいまや、神性と人性との統一が或る一人の人間のうちに現れなければならないというもっとはっきりした規定が付け加わってくる。「人間」というものそれ自体は普遍的なものであり、人間についての思想である＊。けれどもここでの立場では、人間についての思想が問題なのではなく、感覚的な確信が問題なのだ。それゆえ神性と人性との統一を直観させる一人の人間は、個別的な人としての人間であり、個別性と特殊性という規定をそなえている。しかしさらに先へ進めば、個別性一般の規定にいつまでもとどまっているわけにはいかない。そもそも個別性はそれ自身が再び普遍的であるからだ。個別性はこの立場ではけっして普遍的なものではない。まだ抽象的な思考そのもののなかにあるからだ。ここではしかし、直観し感得する確信が大事である。神と人との実体的な統一は人間それ自体のあり方である。その「自体」は直接的な意識の彼方、通常の意識と知の彼方にある何ものかである。したがってその「自体」は、通常の意識として振る舞いそのようなものとして規定される主観的な意識の彼方にある、ということにならざるをえない。まさにここに、この統一が個別的で排他的な人間として他の人々に対して現れなければならないという必然性がある。すべての個別的な者としてではなく、彼らを排除した一人の人として現れなければならない。そ

れゆえこの人は彼らの向こう側に、人間性それ自体として、しかも確信の基盤となる一人の個人としてである。

＊ 神的本性と人間的本性との統一、すなわち普遍性における人間は、人間についての思想である。Va↓W　そして絶対的精神の端的に存在する理念である。Va↓W^{2}

以上が〔神が〕現象する二つの条件である。その一つは、意識が和解という内容に到達できるということ、神性と人性との実体的な統一が与えられ、それが意識されるということである。第二に、ほかでもない「この人」という排他的な個別性がはっきりした形で意識されることである。

教会のなかでキリストは神人と呼ばれてきた。神人というのはとてつもない結合であって、表象や固定的な知にただちに矛盾する。けれども、神性と人性との統一は神人において人間に意識され、確信された。この統一は〈他であること〉、あるいは人間本性の有限性や弱さや壊れやすさなど、これをどう表現するにせよ、これによってそこなわれることはない。それは、永遠の理念のなかで、神の〈他であること〉が神の統一性をそこなわないのと同様である。一人の人間が感覚的な現前のなかに現象する。感覚的な現前における神は、人間の姿とは別の姿をとれない。けれども感覚の世界では、人間だけが精神的なものである。それゆえ、精神的なものが感覚的な形態で現れるとき、精神的なものは人間の姿をとらなければならない。

b　キリストが歴史のなかに登場する

神人のこうした現れは二つの仕方で考察できる。まず第一に、キリストをその外的な状況から、ふつうの人間として現れているがままに、非宗教的に考察する方法である。第二の方法は、精神における考察、精神による考察である。精神は無限の分裂と苦痛を自分のうちに抱え込んでいるために、みずからの真実へと駆り立てられる。精神は真理を欲する。精神は真理への欲求と、真理を確信したいという欲求をもとうとするし、また、もたなければならない。この第二のものこそ宗教的な考察である。

キリストをソクラテスと同じように見るならば、キリストをふつうの人間のように見ることになる。それは丁度、イスラム教徒がキリストを神の使いの一人とみなす[†]のと同じように、あらゆる偉大な人間を、一般的な意味で神から遣わされた使者と見るようなものである。もしもわれわれが「キリストは人類の教師、真理の殉教者である」と言って、それ以上のことを言わないとすれば、宗教的な立場には立たないことになる。人々はキリストについて、いまではソクラテス以上のものを語らない。けれどもキリストにおける人間的な面、生きた人間としての現れはキリストの一面にすぎない。この点について、いくつかの契機を手短に述べてみよう。

† コーランは「マリアの子、イエス」をアッラーによって遣わされた者のひとり（二・八一、一三〇、二五四等）、聖霊による啓示を受けた者（二・八一、二五四等）、アッラーの僕（四・一七〇等）、アッラーのおそば近くにある者（三・四〇、四・一五六）と認知している。コーランは啓蒙の急進的な宗教批判とは違って、イエスの超自然的な懐妊を認める（三・四〇以下等）。けれどもイエスが神の子であることを認めず（五・一九等）、三位一体を三神論としてしりぞけている（四・一六九等）。『日亜対訳　クルアーン』中田考監修、黎明イスラーム学術・文化振興会責任編集、作品社、二〇一四年参照。

第一の契機は、キリストがありとあらゆる外面的な偶然性とあらゆる現世的な欲求と条件のなかに直接あらわれる人間だということである。彼は他の人間と同じように生まれ、人間として他の人間がもつ欲求をもっている。ただ彼は、他の人々が陥る堕落や情念や悪しき傾向とは無縁である。また、世俗の特殊的な利害関心にも巻き込まれなかった（世俗の利害関心からは、律儀さや教訓というものも生じるのだが）。むしろ、キリストは真理のために、真理を告知するためにのみ生きる。キリストの活動は、人間のより高次の意識を満たすことだけにある。

第二の契機はキリストの宣教である。キリストの教えはどのようにして作られ、またどのようなものでなければならないか？　これが問題である。キリストの当初の教えは後の教会の教義のようではなかった。当初の教義は独自の特徴をそなえていたにちがいない。その特徴の一部は教会のなかで別の規定を得たり、また一部はわきに押しやられたままである。教団が初めて設立され、神の国が〔教会という形で〕現存し現実化するにいたったとき、キリストの教えは初めの頃とはもっと別の規定をもつようになったり、あるいはわきに追いやられた。

　絶対的な和解の意識がテーマになるとき、ここに人間の新しい意識、新しい宗教が現れる。この新しい意識と宗教が、新しい世界と新しい現実、これまでとは違った世界状況が現れる条件となる。それというのも、外面的な生活や自然的な生存は、宗教をみずからの実体としているからだ。この新しい宗教は人間の意識のなかに外面性が存立しているのを否定する形で、これに論争を挑んだ。新しい宗教はまさに新しい意識として、人間と神との和解の意識として、みずからを語る。この和解を状態として語れば、神の国という*↓一つの現実↑*〔＊神が支配する現実Va↓W〕となる。〔そこに集う人々の〕精神と心情は神と和し、神が彼らの精神と心のなかを支配するようになった。

　神の国というこの新しい宗教は、それゆえ現存するものを否定するという使命を帯びている。これは、人間の意識と信仰が外面的に規定されていることに対する論争的な側面であり、それに対する革命的な振る舞いだ。〔＊〕和解を意識するようになる人々を現存する現実から引きずり出して、彼らに対して現存する現実を捨て去るよう要求することが課題となる。この新しい宗教はまだ自分の内へ集中していて、まだ教団として存立しているわけではない。この宗教は、神の国を実現しようとして奮闘しなければならなかった人々の唯一永遠の関心を支えていたエネルギーのなかに生きている。その関心には世俗意識とのつながりや世間の状況との一致がまだなかったからだ。

＊ 既存のものはいまや変わった。これまでの関係、宗教と世界のこれまでの状況はもはや以前のままであることはできない。 L.∥W （1827?）

それゆえキリスト教という新しい宗教の最初の登場は、同時に論争的な側面を含んでいる。すなわち＊↓〔この世の〕有限な事柄から身を↑＊遠ざけることが要求される。キリストとのつながり以外のあらゆる絆は普通ならば共同倫理的で正当なものであるにもかかわらず、それらをどうでもよいものとしてわきに追いやる無限のエネルギーへの高まりが要求される。キリストは言う。「私の母とは誰か？ 私の兄弟とは誰か？——神の意志を行う者こそが私の母であり、私の兄弟姉妹である」〔マタイ一二・48、50、マルコ三・33—35〕。また、「私に従いなさい。死者は死者に葬らせなさい。お前は行って神の国を伝え広めなさい」〔ルカ九・59—60、マタイ八・21—22〕。「私が来たのは地上に平和をもたらすためではない」〔マタイ一〇・34〕。むしろ子供たちは両親を見捨て、私につき従うであろう〔マタイ一〇・38の自由な言い換え〕。

＊ 世俗から An　世界から Hu　この世の世俗的な思考から Bo

ここには、これまで通用してきた倫理的な諸関係に対する論争的な構えが語られている。これらはすべて、新しい宗教が初めて登場する頃の教えであり、使命である。それは、新しい宗教を確立することが唯一の関心事であって人々がまだこの関心を失う危険があると考えざるをえなかった頃のことだ。これはしかし〔キリスト教の〕一面にすぎない。

人間にとって本質的なあらゆる関心と倫理的な絆をこのように断念し放棄し蔑視することは、真理が集中的に現れる際の本質的な規定である。けれども、その真理が確固として現存するようになると、その結果、初めの規定は重要性を失う。

第二の教えは神の国の告知である。人間は神の国*↓*［*神への愛の国としてのこの国Va↓W］へと移って、直接この真理のなかに身を投じなければならない。このことが極めて純粋に、途方もなくあからさまに語られる。例えば山上の説教の冒頭には「幸いなるかな、心の貧しき者たちよ。その者たちのために神の国はある。幸いなるかな、心の清き者たちよ。その者たちは神を見るであろう」〔マタイ五・3、8〕とある。

［8／8］神の国へ高まるための媒介、および人間のなかにこうした高揚が生じるための媒介については何も語られていない。むしろ神の国という真理のなかに直接あり、直接そこへ身を移すということが表明されている。人間は神の国という知性的で精神的な世界に帰属すべきだと主張されている。

さらに詳しく見れば、「［*］汝の隣人を汝のごとくに愛せよ」〔マタイ二二・39〕という愛の教えを中核とするもろもろの教えがある。けれども、これらはすでに旧約聖書〔レビ記一九・18〕にもあった。この旧約の教えのなかに師の人格という契機と規定が入りこんで来る。つまり「なによりもまず〔神の国〕を求めなさい」〔マタイ六・33〕、あなた方自身を真理へと投げ入れなさいという要求がかくも単刀直入に表明され、その要求がいわば主観的な主張としてなされるとき、そのかぎりで師の人格が考慮されることになる。キリストは主観的な洞察を自分から説く教師として、自分の活動で事を引き起こすという意識をもった教師として語るだけではない。キリストは預言者として語るのだ。キリストの要求がストレートであるように、キリストはこの要求を直接神の口から語るのであり、彼の口を通して神がこれを語るのだ。精神が真理のなかに生きるということが、仲介なしに現にそこに在る。この事態が、これを語っているのは神なのだという形で、預言者的に語られる。絶対的で神々しく端的に存在する真理こそが肝要なのであり、この真理を表明し欲することが重要なのだ。しかも、こうした表明を確証することが神の業として直観される。それは、キリストが神の意志と実際に一体となり合致しているという意識である。けれども、このような形の表明において、アクセントは、これを語る者が同時に本質的には人間であるということに置かれている。すなわち、これを語っているのは人の子である。絶対的に存在するものを表明し確証することは、キリストにおいては本質的に神の働きである。しかし、それは外的な啓示の形で現れる超人間的なものではない。一人の人間における働きとしてある。神の現前が〔イエスという〕この人間と本質的に同一である。このことが強調されている。

＊　何にもまして神を愛し、 Va↓W^1

さらに、この個人が担った運命を付け加えなければならない。人間的に表現すれば、この個人は真理の殉教者となった。その運命は彼の登場の仕方と密接に関連している。〔彼が唱えた〕神の国の創設は現存する国家にまっこうから矛盾する。国家は宗教の使命を別の仕方で定めていたからだ。

以上が、キリストという人間の登場を人間的に考察した際の主な契機である。けれどもこれは一面にすぎず、まだ宗教的な考察ではない。

c　キリストの死と、精神的な現前への移行

次の第二の考察が初めて宗教そのものへと導く。ここでは神的なものそのものが本質的な契機である。キリストから教えを受けた友人や知人たちは、新しい国、新しい天地、新しい世界を予感し、想い浮かべ、期待した。この希望、この確信が彼らの心を占める現実を切断して、そこへと浸透していった。だがキリストの受難と死は人間的な関係を廃棄した。まさにこの死において宗教的なものへの移行が生じた。［＊］それは一面においては、不正と憎しみと暴力によってもたらされた自然の死であった。

＊ そこで、この死の意味と把握の仕方が問題となる。Va↓W

けれども道徳的な教えが問題なのではない。一般的な言い方をすれば、主体自身のうちに自発的に生じる思いと意欲が問題なのではない。むしろ関心は、神への無限の関係、現前する神への関わり、神の国への確信にある。つまり道徳や共同倫理や良心のなかに見いだされる満足ではない。これ以上に高いものがない満足、すなわち神自身への関わりこそが肝要なのだ。このことがいまや人々の心情のなかで確固たる信念となる。それ以外の満足の仕方はどれもまだ下位の満足である。したがって神への関係ははるか彼方のもの、眼の前にはまったくないものへの関係なのだ。

神の国における根本規定は、神が現前することである。したがって神の国の成員にはただたんに人間愛が勧められるだけではなく、神が愛であるという意識をもつことが勧められる。そこで言われていることは、神が現前していること、すなわちこの現前が自分自身の感情として自己感情でなければならないということである。神の国という形での神の現前がこうした特質をもつ。神が現在することへの確信がそこには含まれる。神の国は一方では主体の欲求と感情のうちにあるが、他方では主体は神の国から自分を区別し、神の現在が自分から区別されなければならない。けれども神の現在は主体に確信されてもいる。しかもこの確信は感覚的な現象という仕方でのみ現存する。内容がこのようなものであるから、それは宗教的な側面である。そしてここに教団の形成が始まる。この内容が聖霊の降臨と呼ばれるものだ。このことを開示したのは精神（霊）である。純然たる人間〔イエス〕への関係は、精神によって根本的に変容され転換された関係へと転じる。そこに神の本性が開示され、この真理が現象面からも直接的に確信される。

初めは真理の教師・真理の友・真理の殉教者と見なされていたキリストが、ここにまったく別の位置をえる。［＊1］キリストの死は、一方ではまだ暴力によって殺された一人の人間の死、一人の友人の死である。しかし精神的にとらえれば、この死はそれ自身が救済となり、和解の中心点になるものだ。精神の本性を直観し精神の要求が満たされるのを眼前に感覚的に直観する可能性が、キリストの死後はじめて彼の友人たちに開かれた。この本来的な開示を彼らに与えたのは精神（霊）である。これについてキリストは「霊が彼らをあらゆる真理へと導くであろう」と言った〔ヨハネ一六・13〕。その意味は、霊が彼らを導いて行ったところ、そこに初めて真理があるということだ。それとともに、この面からみて、キリストの死が栄光と称讃への移行となる死と規定される。ただしこの栄光はもともとあった栄光の再興にすぎない。死という否定的なものが媒介となって、本来の高みが達成される。それとともに、キリストが復活し神の右側へと昇天するという事蹟物語が始まり、この物語が精神的に解釈される。［＊2］かくして小さな教団が「神が人間として現れた」という確信を獲得するにいたつた。

＊1　これまではたんに端緒が設定されたにすぎない。この端緒がいまや精神を通じて、終結・結

果へと、すなわち真理へと導かれる。L⫶W（1827?）
＊2　これが、死を前にしたキリストの事蹟を精神的にとらえた宗教的な歴史である。〔そのような事蹟（歴史）を伝える〕福音書もたしかに霊の降臨のあとに書かれた。L（1827?）〔キリストの事蹟〕について感覚的な仕方で精査することを、教会は受けいれることはできない。An　欄外

神のなかのこうした人間性、しかも人間性の抽象的あり方、その最高の依存性、究極的な弱さ、壊れやすさの最も深い段階、これが自然の死である。「神みずからが死んだ」とルター派の或る讃美歌に歌われている。†これによって表現されているのは、人間的で有限で壊れやすいもの・弱いもの・否定的なものは神の契機そのものであるという意識である。すなわち否定的なものは神自身のうちにあるという意識。有限性、否定的なもの、〈他であること〉は神の外にあるのではなく、他でありながら神との統一を妨げないという意識である。〈他であること〉、否定的なものは神の本性そのものの契機として知られる。このなかに＊↓精神の最高の理念↑＊〔＊精神の理念の本性についての最高の認識Va↓W^{2}〕が含まれている。外面的で否定的なものはこのようにして内的なものへと転回する。神の死は一方では、この死によって人間的なものが取りのぞかれ神の栄光が再び現れるという意味をもっている。つまり死は、人間的なもの・否定的なものを取りのぞくことである。けれども死そのものは同時にまた否定的なものであり、自然的存在としての人間が危機にさらされる極点でもある。これとともに、神そのものがその危機〔にさらされている〕。

† ヨハン・リスト（1607-67）による讃美歌「おお！　なんという悲しみ、おお！　なんという心の痛みよ」の第二節。
「おお！　なんという苦しみ／神ご自身が死して横たわりたもう／神は十字架上にて死せり／これによって天国は愛をもってわれわれを抱くなり」。

こうした神の事蹟（歴史）を介して人間が達する真理、この事蹟（歴史）全体を通じて人間に意識されるようになったもの、それは神の理念が人間にとって確実なものになったということであり、人間が神と一つであるという確信に達したということである。つまり人間的なものは直接現前する神である。しかも、精神がとらえるこの事蹟（歴史）のなかに、人間と精神の本質をなす過程が提示される。このなかに、潜在的に神でありながら、かつ死する、という人間と精神の本質が提示される。この歴史的な過程を媒介にして、人間的なものが取りのぞかれるとともに、他方で、この潜在的なあり方が自己へと立ち還って、初めて精神となる。

教団は純然たる人間〔イエス〕を意識することから神人〔キリスト〕を意識することへと移行する。神性と人性とが合一して一つであるということを直観し意識し確信することへと、教団の意識は移行する。こうした意識とともに教団が始まる。かくしてこの意識が教団の基礎となる真理を形づくる。これが和解の説明である。その和解とは、神が世界と和しているということである。あるいはむしろ神が世界と和解したものとしてみずからを示したということである。人間的なものさえも神にとって疎遠なものではなく、〈他であること〉、自身を区別すること、有限性などと表現されるものが、神自身における契機、ただし消え行く契機であるということなのだ。［＊］

＊　けれども神はこのような契機のなかで教団にみずからを示したのだ。L⁑W（1827?）

これは教団にとっては神が現象する歴史である。この歴史（事蹟）は神の歴史（事蹟）であり、それによって教団は真理の確信に達する。そこから、神が三位一体的であることが知られているという意識が形成される。キリストにおける贖罪（和解）が信じられているけれども、それは、神が三位一体的なものとして知られなければ意味がない。神は存在するが、しかしまた他のものとしても、自身を区別するものとしてもある。したがってこの他のものは神自身であり、それ自身において潜在的に神の本性をもっている。この区別と〈他であること〉の撤廃は愛への還帰である。愛への還帰こそ精神である。このことが知られなければ、キリストにおける贖罪（和解）は意味をもたない。［＊］

＊　こうした意識のなかでは、信仰は何か従属的なものに対する関係ではなく、神そのものに対する関係である。L⁑W（1827?）

こうした永遠の歴史〔事蹟〕と永遠の運動は神自身であるが、これが人間に意識されるようになったということ。これがここでの要点である。例えば他の殉教の形態は、ここで語られたことにおのずから還元される。「犠牲になる」とは〔肉体という〕自然的なものを捨てて、〈他であること〉を廃棄することである。「キリストは万人のために死んだ」と言われるけれども、それは個別的なことではなく、永遠なる神の歴史である。このことが神の本性そのもののなかで一つの契機となっている。その契機は神自身のなかで起こったからである。〔＊〕

＊　同じように、キリストにおいて万人が死んだと言われる〔第Ⅱコリント五・14以下〕。キリストにおいて万人のためのこうした贖罪がイメージされた。ちょうど使徒〔パウロ〕が、十字架にかけられた男への信仰を、〔モーゼが旗竿の先に掲げた〕青銅の蛇を仰ぎ見ること〔民数記二一・4―9〕になぞらえたように。† L‖W（1827?）

†　ここでは第Ⅰコリント一〇・9とヨハネ三・14の話が合成されている。

以上が現象における理念という第二の理念の叙述である。すなわち永遠の理念が人間の直接的な確信にどのように生じるに至ったか、どのように現象するようになったか、ということとの叙述である。永遠の理念が人間の確信となるためには、感覚的確信が必要だ。同時にしかし感覚的確信は精神的な意識へと移行し、そしてまた、直接的に感覚的なものへと立ち還る。このなかに人々は神の運動と歴史を見て、神そのものである生命を見る。

C　第三の場
――教団、精神

　第三の場は教団である。教団のなかで、神は人間の精神の最内奥において、精神としてとらえられる。この経緯が一　教団の成立、二　教団の存立、三　教団の精神の実現という三つの歴史的な相で展開される。

　一　感覚でとらえられる一人の人間〔神の子〕が死んで精神的なもの〔霊〕に転換することで、教団が成立する。そこには、すでにキリストの贖罪によって和解が絶対的に成就しているという前提がある。

　二　教団はいったん成立すると、自己自身を保持し続けなければならない。教団はすでに獲得されている真理を教育する施設となる。子供は、悪が絶対的に乗り超えられすでに和解が達成された教団のなかに産み落とされる。洗礼は、その意味で子供が自由に向かうように生まれついていることを、自覚的に表現する。聖餐は神が主体のうちに直接現前するという自己感情を与える。パンを食しブドウ酒を飲むという同化の行為は、神の現前をわがものとする享受であり、ここに教団の存立が完成する。

三　教団のなかに実現した精神は世俗世界のなかにも浸透し、具体的に実現されなければならない。教会と世俗（国家）との関係は、次のような経過をたどった。

①　教会が世俗を断念し、世俗と対立し否定的に関わる〔原始キリスト教団〕

②　宗教が世俗と外面的に関わり合い、世俗を教会の支配下に置こうとする。それによって、教会は逆に世俗に取り込まれる。教会の堕落と精神世界における絶対的な矛盾が露呈する〔中世カトリック教会と世俗権力との争い〕

③　自由の原理が世俗そのものへと浸透することによって、この矛盾が倫理的共同体において解消される（宗教改革から近代プロテスタント国家の成立）

第二段階の教会の支配に対するかかわり方に、三つの立場がある。第一は、教会の支配に反抗するあまり、教会教義のなかの重要な要素までも捨て去ろうとする啓蒙主義の立場である。これは三位一体的な神の理念に反対し、「神は認識できない」として、神を抽象的なものに貶めている。第二は敬虔主義の立場である。これは啓蒙の冷たい知性に反発するあまり、敬虔な感情生活に自己限定し、教義のなかにある客観的な真理と哲学に歯向かう。ここには主観性の虚栄があるのみで、神はここでも無内容なものにされている。これらに対立する第三極が哲学の立場である。啓蒙主義と敬虔主義によっていま捨て去られようとしている宗教の真実の内容は概念へと逃避し、哲学的思考によって保持されなければならない。真の和解は哲学によってのみもたらされる。

第三の場は教団という場である。その第一段階は教団の直接的な成立そのものである。それはすでに見てきた聖霊の降臨のことだ〔使徒言行録第二章〕。精神が現象面で起こっているこの出来事（歴史）を精神的にとらえ、そのなかに神の理念と神の生命と運動を認識する。教団とは神の精神のうちにいる個々の経験的な主体たちのことである。同時にしかし、教団の信仰内容をなす出来事（歴史）と真理は主体たちから区別され、彼らと向きあっている。和解（贖罪）という出来事（歴史）への信仰は、一面では直接的に知ること、信じることである。他面ではしかし、精神の本性はそれ自身において、普遍的な理念〔父なる神〕のなかで、そして理念の現象〔神の子〕のなかで考察された過程である。この過程を主体自身が経めぐることによって、主体は精神となり、同時に神の国の市民となる。[*1↓]前に〔五三四―五三五頁で〕述べたことだが、〔イエスという〕人間的な主体において、精神を通じて人間に対する和解の確信となるものが啓示されたが、この主体は他から区別された排他的な個別的な者として特徴づけられた[↑*1]。それゆえ他の主体たちに対して神の歴史が叙述されるとき、それは彼らにとっては対象的な歴史であるから、彼らはこの歴史と過程を自分で通過しなければならない。しかし、そのためにまず必要なのは、和解が可能だということを彼らが前提することである。詳しくいえば、この和解が端的に生じているということ。この和解は絶対的な真理であるということ。この和解は確かであるということ。これが前提となる。［＊2］これは、それ自体として見れば、神の普遍的な理念である。けれどもこの理念は人間にとって確信されている。この真理は思弁的な思考によって人間に与えられるのではない。このことがもう一つの前提である。すなわち和解が成就されているということ。和解が地上の出来事として、現象のなかで成就された出来事として想い浮かべられなければならないということである。［＊3］以上がわれわれがまず信じなければならない前提である。

＊1　主体たちに向き合う他者が、こうした神劇のなかで主体にとって対象となるが、それはちょうど合唱隊（コーラス）のなかに観客が自分自身を対象として見るような意味で対象となる。Co↓W^2

＊2　〔キリストの〕肉体の死、感覚的にとらえられる死によって、罪の死滅と直接性の否定が表される。L（1827?）

＊3　確信と呼ばれるもののあり方としては、これ以外のものはない。L≒W（1827?）

一　教団の成立

［＊1］信仰の成立には、まず第一にひとりの人間〔キリスト〕が必要である。つまり感覚でとらえられる人間として現れることが必要である。第二に〔これを〕精神的に把握し、精神的なものを意識することが必要である。それは精神的な規定であり、直接的なものが精神的な規定に転換することである。真理の確証は精神的なものであって、感覚的なもののう

ちにあるのではなく、直接的で感覚的な仕方でもたらされるのでもない。［＊２］直接的なものが精神的な内容へと転換することは、神の存在証明〔第一部一四八―一八四頁〕のなかで見た移行である。そこでは、感覚的な世界も存在するが、真理はけっして感覚的なものではなく、有限性の直接的世界でもなく、むしろ無限なものであった。

＊１　教団の成立は聖霊の降臨として起こる。Va？ 1831? ↓W

＊２　それゆえ感覚的な事実に対しては、いつでも何らかの異議を唱えることができる。L（1827?）

［＊］〔神人の〕経験的な現れ方について、また、キリストがその死後に〔弟子たちの前に〕現れた状況について、あれこれと詮索することを教会が許さないのは当然だ。というのも教会は、あたかも感覚的な現象や史実的なものを重視し、史実として想い浮かべられたものを歴史的な仕方で物語るなかに精神［とその真理 Va↓L］の確証があるかのように考える視点から出発するからだ。聖書は世俗的な作家の作品と同じように扱わなければならないと世人は言う。たんに歴史的で有限で外面的なことに関することなら、そうもできよう。だが精神による把握はこれとは別であって、あのような世俗的な事柄は精神の確証にはならない。

＊　すでに復活と昇天において始まる転換（回心）が、われわれが教団の成立と呼ぶものである。

L⫶W^{1}（1827?）

［8／9］かくして教団それ自身が現存する精神であり、教団として現存する神である。

第一の場は単一な普遍性それ自身のなかにとどまる理念である。まだ自己を開いて根源的に分割（判断）し他であることにまで進展していない理念であり、「父」であった。第二の場は特殊的なものであり、現象における理念、「子」であった。［＊］第二の場はしかし外面性における理念であり、したがって外面的な現象は第一のものに還り、神の理念として、神と人間との同一性として知られる。これに対して、第三の場は神を精神〔霊〕とする意識である。現存し自己を実現するこの精神が教団である。

＊　第一の場が具体的なものである場合は、すでに他であることがそのなかに含まれている。理念は永遠の生命であり、永遠に産出することとである。L⫶W^{1}（1827?）

教団は、真理がすでに知られ現存していることから始める。この真理は神が何であるかを示す。つまり神は三位一体的であり、それ自身のうちで自分を通過する過程であり、それ自身のうちで自己を規定する。真理の第二の面は、この神が現象し主体と関係し主体に対してあるということ、主体が本質的に神と関係し神の国の市民であるべきだということである。主体自身が神の子となるということは、和解が絶対的に神の理念のなかで実現しているということ、また第二に、それが現象もし、真理が人間に確信されもするということを含んでいる。確信されているのはまさしくこの和解の現象なのであり、現象するという仕方で意識にもたらされる理念なのである。第三の側面は、こうした真理に対する主体の関係である。主体は真理との関係を保つかぎりで、まさにこのような意識的な統一に達し、この知られた統一にみずからふさわしいものとなり、この統一を自己のうちに生み出し、これを神的な精神によって満たす。

神的な精神によって個々の主体が満たされることは、主体自身における媒介を通じて生じる。その媒介とは、神的な精神によって満たされていることへの信仰を主体がもつということである。というのもその信仰は、和解が絶対的に確実に成就されたという真理であり、前提であるからだ。和解が絶対的に確実に成就されているという信仰によってのみ、主体はこの統一のなかにみずからを置くことができる。こうした媒介が絶対的に必要なのだ。

このように真理をつかむことによって達成される至福のなかで、ある困難が廃棄される。それは、理念に対する教団の関係が個々の特殊的な主体たちの関係であることから直ちに生じる困難である。この困難が真理そのものへと持ち上げられる。困難は、主体が絶対的な精神とは異な［り、有限な状態として現れVa↓W^2］るという点にあった。これが真理へと高められる。この高まりは、神が人間の心を見ぬくことのなかに生じる。神は人間の実体的な意志を見ぬき、あらゆるものを抱え込んだもっとも内面的な主観、真実で真剣な内面的な意欲を見ぬく。人間にはこの内面的な意欲のほかに、内面的な実体的な現実とは区別された外面的なものがある。それは、人間は過ちを犯すという人間の欠陥であり、内面の実体的な本質や実体的で本質的な内面にふさわしくないあり方もするという欠陥である。この難点は、神が人間の心を見ぬいて人間の実体的な面に目をやることによって乗り超えられる。これによって、外面性は——あるいは〈他であること〉、一般的に言って、人間の有限性や不完全性、さらにそれがどう規定されようと——絶対的な統一の妨げにはならない。つまり、有限なものは非本質的なものに引き下げられ、非本質的なものだと知られるようになる。理念においては、「子」という〈他であるあり方〉は、消滅していく一過的な契機であって、本質的に持続する真実の絶対的な契機ではないからだ。

以上が教団一般の概念であり、理念である。その理念は主体のうちで主体自身に即した過程である。その主体は精神のうちに受けいれられ、精神的となっていて、神の精神が主体のなかに住みついている。主体のこの純粋な自己意識は同時に真理についての意識である。真理を知り欲する純粋な自己意識こそ、主体自身のなかの神的な精神なのだ。

二　教団の存立

教団は自己を実現しもする。われわれが一般に教会と呼ぶものが、実際に存在する教団である。それはもはや成立しつつある教団ではなく、自己を保持して存立する教団である。存立する教団において、教会は主体が真理に達するための施設である。そのなかで主体は真理をわがものとし、それによって聖霊が彼らのなかに実在し現実に現前し、彼らのうちに座を占める。真理は彼らのうちにあり、彼らは精神の真理を享受し確証する。彼らは主体としては精神を確証する者である。

教会に現存する第一のものは、その普遍性である。すなわち、ここではすでに真理が前提されていて、教団が成立するときのように、聖霊がいまから降臨し生まれるというのではない。真理はすでに現存する真理としてある。主体にとって当初の関係はすでに変化している。真理として前提されて現存するものは、教会の教義、教義学（Glaubenslehre 信仰論）であり、その内容をわれわれは承知している。それは［一言で言ってVa↓W］和解（贖罪）の教義である。〔キリストという〕人間が聖霊の降臨と告知によって絶対的な意義へと高められるというのではもはやない。この意義はすでに知られ承認されている。主体は自分自身においても客観的にも真理に関与し、真理に達し、真理の内にあり、真理の意識に到達する絶対的な資格を有する。教義についてのこうした意識が、ここ〔教会のなか〕に現存し前提されている。

教義が教団それ自身のなかで初めて彫琢されるということが、すでに終了したものと前提されている。降臨したばかりの聖霊（精神）はまだやっと端緒にすぎず、これから高まり行く始まりにすぎない。教団は初めてこの精神を意識し、精神が遭遇し発見したことを語り、キリストが精神にとってあるということを表明する。このように教義は本質的に教会のなかで生み出され、仕上げられて行く。それは初めは直観すること、信じること、感情としてあり、稲妻に打たれたようにして感知された精神の証言としてある。*↓けれども、教義は現存し前提されていると言われる。そこで、教義は感情の内面的な集中から始めて、直接現存する表象へと展開されなければならない。↑*それゆえ、教義学（信仰論）は本質的には教会のなかで初めて作られるが、やがて思考という教養形成された意識が信仰論のなかでも自らの権利を主張する。すなわち〔啓蒙主義的な〕思想形成や哲学という別の場で得たものを主張していく。この思想にとって、この思想のために、他のところで知られたこの真理のために、思考はまず初めは、他の不純な思想と混じり合った意識のみを形成する。それゆえ、不純なものと混じり合った他の具体的な内容から教義が形成される。教義は現存し保持されなければならない。それは教会のなかで行われる。教会では教義がなんであるかも教えられなければならない。教義は現存し、妥当し、承認され、直接的に前提されている。けれどもそれは、教義が感覚的にとらえられているときと同じように感覚的な仕方で現存しているのではない。例えば、世界はたしかに前提されてもいて、そこに前提されている感覚的なものに対して、われわれは外面的・感覚的に振る舞うが、教義の本質はそのように感覚的に現存しているのではない。むしろ精神的な真理は知られたものとしてのみ現存している。真理は現象もするが、それは真理が教えられるという仕方で現象するのである。教会は本質的に教育施設である。それは教義を講じることを託された教導職である。

＊　けれども、教義を「生み出す」という規定そのものは一面的な規定にすぎない。というのも真理は同時に現存し前提されているからだ。主体は内容のなかにすでに取り入れられている。Co↓W^2

　このような教義のなかに人間はすでに産み落とされている。人間は真理が妥当し現存している状態のなかで、この真理を意識して事を始める。端的に存在していると前提された真理に対する個々人の関係には、まだ第二の面がある。つまり、個人はこのように教会のなかに産み落とされるとともに、まだ無自覚的なままに、ただちにこの真理に関与するよう定められている。彼の使命はこの真理のためにある。教会はこのことを表明もする。それが洗礼のサクラメント（秘蹟）である。洗礼は、個人としてのその人が教会共同体のなかにあり、教会のなかでは悪が絶対的に克服されて、神〔の怒り〕が絶対的に宥《なだ》められていることを表している。この個人に対して教義は初めは外面的なものとしてかかわる。子供はまだやっと潜在的な精神であり、まだ実現された精神ではなく、精神として現実的となっていない。子供はただ精神である能力、精神として現実的となる可能性をもっているにすぎない。真理は子供にとっては外面的なものであり、初めは前提され承認され妥当するものとして主体に訪れる。要するに、真理は初めは必ず権威としてやってくる。

　あらゆる真理は、感覚的な真理も含めて——しかしこれは本来の真理ではないが——まず初めは権威あるものとして人間にやってくる。すなわち妥当しそれだけで存在するものが現にあって、これが、私から区別されたものとして私に現れてくる。われわれが感覚的に知覚するとき、世界は権威あるものとして迫ってくる。世界は存在する。われわれはそのように世界を見いだす。われわれは世界を存在するものとして受けいれ、存在するものに対するように世界にかかわる。存在するものはあるがままにあり、あるがままに妥当している。教養という精神的なものはけっしてそのような感覚的な権威としてあるのではない。それは教えられなければならず、妥当する真理として教えられる。習俗は妥当しているもの、存立している確信である。けれども、それは精神的なものであるから、われわれは「それがある」とは言わずに、「それが妥当している」と言う。とはいえ、それは存在するものとしてわれわれに近づいてくるので、「それがある」とも言う。しかも、それが妥当するものとしてわれわれに迫ってくるので、この仕方を権威と呼ぶのだ。

人間は感覚的な内容を権威に基づいて学ばなければならず、現にあるものに、現にあるからという理由で、満足しなければならない。あたかも太陽が現にあって、しかも現にあるから、太陽を気に入らなければならないように。教義や真理もそのようにして学ばなければならない。［＊］そのようにして学んだものを個人は自分のなかに受けいれ、同化し、わがものとしなければならない。すでに〔五五六―五五七頁で〕述べたように、内面的な精神が、そのような知が成り立つための絶対的な可能性である。その知の内容はそれ自身が精神であるので、内面的な精神はこの内容にふさわしいものである。人間の内面にあるもの、すなわち彼の理性的な精神のうちにあるものが、個人の意識の対象となる。彼のうちにあるものが展開されて、彼はそれを自分を包み込む真理として知る。それは教育、訓練、教養形成の課題である。真理をわがものとするこのような教育においては、善にして真なるものに慣れさせ習慣づけるということだけが肝要である。その際、悪を克服するということは課題にならない。悪はすでに絶対的に乗り超えられているからだ。子供は教会のなかに生まれるかぎり、自由のなかで生まれ、自由に向かうように生まれついている。その子供にとっては、絶対的に〈他であるもの〉はもはやない。この〈他であるもの〉は克服され征服されたものとされているからだ。このように善と真理へと教育する際、悪が頭《こうべ》をもたげないようにするということだけが肝心である。人間のなかには一般に悪への可能性がある。けれども、人間が悪を行えば悪が人間のうちに現れるが、その時には、悪は精神にとってコントロール可能な潜在的に無なるものとして現存する。そのようにして精神は悪を生じなかったことにするだけの威力をもっている。

＊　けれども、それは感覚的な知覚や感覚の活動によってわれわれのところへやって来るのではなく、存在する教義を通じて、あるいは権威を通じて、われわれに迫ってくる。L⫶W（1827?）

改悛と懺悔は、人間が真理を欲し真理へ高まることによって犯罪が抹消されるという意味をもつ。さらに、人間がみずからの悪に抗して真理を承認し善を欲することによって、悪が無とされる、すなわち改悛によって悪が無とされるという意味をもつ。そのようにして悪は、それだけでは何の力ももたない端的に克服されたものとして知られる。起こったことを起こらなかったことにするのは、感性的な仕方では生じない。けれども、精神的な仕方すなわち内面的には、起こったことを起こらなかったことにすることができる。［＊1］このように精神の躾けと教育がますます内面化し、このような真理が人間の〈自己〉と意志とにますます同一化し、この真理が人間の意欲、人間の対象となり、人間の精神となるようにすること。これこそが教会の任務である。悪との闘いはすでに終わっている。それはペルシアの宗教やカント哲学に見られるような闘いがもはやないという意識である。ペルシアの宗教やカント哲学では、いつも悪は克服されるべきであるというところにとどまり、善という最高のものに絶対的に対立している。そこには〔悪を克服するという〕無限の過程しかない〔『論理学』客観的論理学――存在論』一二三七――一二三九頁。第二部三二一――三二二頁にもあったカントとフィヒテへの批判〕。［＊2］

＊1　罪を犯した者がゆるされる。彼は人々のあいだでは、父〔なる神〕によって受け入れられた者と見なされている。L␣W（1827?）
＊2　これに対して、ここ〔キリスト教〕では、精神のなかで悪が端的に克服されたものとして知られている。そして、悪が端的に克服されているということを通じて、主体はみずからの意志をひたすら善いものとしなければならない。かくして悪や悪行が消滅する。L␣W（1827?）

教団の存立は神の現前をわがものとする享受のなかに完成される。そこでは、神が現に居合わせているという意識、unio mystica（神秘的合一）と呼ばれる神との一体性、神が主体のうちに直接現前するという神についての自己感情、これがテーマとなる。けれどもこの自己感情は存在するとともに、一つの運動でもある。この自己感情は区別されたものを廃棄するという運動を前提とする。かくして否定的な統一というものが生じてくる。この統一は聖なるパンとともに始まる。［8／10］聖なるパンについては三つのとらえ方がある。一つの見方〔カトリック〕によれば、聖なるパンは外面的で感覚的な事物であり、聖別を通じて、現前する神、経験的な事物のあり方で存在する神へと変化する。第二の見方はルター派の見方である。これによれば、運動はたしかに〔パンという〕外面的なもの、日常のありふれた物から始まるが、神の現前を味わう自己感情は、その外面的なものが食い尽くされるかぎりでのみ成立する。神の現前を味わうのはたんに身体的なものではなく、精神と信仰のうちにある。現前する神は精神と信仰のうちにのみある。そこには実体変化（化体《かたい》）はなく、あったにしても外面的なものが廃棄される実体変化である。神の現前は端的に精神的な現前であり、聖別は主体の信仰のうちにのみ生じる。第三の見方は〔カルヴァン派の見方であり〕、現前する神は表象と思い出のなかにのみ在り、それゆえ直接的な主体的な現前をもたないとする。

主体は教義と真理をわがものとしなければならない。かくして教団の自己保持の第三の相は神の現前を味わい楽しむことである。

三　教団の精神の実現

第三の相は、教団の精神が一般社会の現実のなかに実現していくことである。それは同時に教団の転換を含んでいる。宗教のなかで心情は和らげられている。和解はそれゆえ心情のなかにあり、精神的である。教団の精神自身のなかに神が現前することを楽しみ、神と自分が和していることを楽しみ味わうのは、純粋な心情である。けれどもこの和解はまだ抽象的であって、世間一般と対立している。この和解のなかで宗教的に満ち足りている〈自己〉は、純粋な心情、心情一般であり、一般的な精神性である。けれども〈自己〉ないしは主体は、同時に精神的なものが現前する局面である。この面からすれば、発展した世俗は主体のなかに現存し、神の国である教団は世俗的なものとかかわりをもつ。和解が実在するためには、この世俗の発展とその総体のなかにも和解が知られ、実現されなければならない。世俗のためのさまざまな原理は精神的なもののなかに現存している。世俗の原理や真理は精神的なものである。

世俗的なものの真理が精神的なものであるということをもっと詳しく述べてみよう。神と和し神の恩恵の対象となっている主体は、その規定からして、すでに無限の価値をもっていて、その規定は教団のなかで実現されている。この規定からして、主体は精神自身の自己確信として、精神の永遠性として知られる。このように自己のうちで無限な主体、その主体が無限性へと高まるべきだという規定、これが主体の自由である。主体は自由な人格であり、自由な人格として世俗的な現実にかかわる。その際、主体は、自己のもとにとどまり自己のうちに和し端的に確固とした無限の主体性として、かかわっている。それが主体の実体的な側面である。主体が世俗世界にかかわる際には、主体のこのような規定が根底に置かれるべきである。主体が理性的であるということは、主体が自由であるということなのだ。つまり、主体が主体として、このように解放された者であり、しかもこの解放が宗教によって達成されたがために、主体は彼の宗教上の規定からして本質的に自由である、ということを意味している。自己を実現するという衝動と使命をもったこうした自由は理性的である。奴隷制がキリスト教と矛盾するのは、奴隷制が理性に反するからだ。それゆえ、このような和解が世俗世界のなかにも実現されることがテーマとなる。

世俗との和解のこの最初の形は直接的なものである。それゆえ和解の真実の形式ではない。教団は初め、神との和解という精神的なものを、世俗を捨てることによって、自分のうちに保持しようとする。精神的なものが自ら世俗を断念し、世俗に対して否定的な態度をとり、したがって自己に対しても否定的な態度をとっている。なぜなら世俗的なものは、自然への衝動や幸せな生活への衝動として、さらに学問芸術への衝動として、主体のうちにあるからだ。情熱など〈自己〉の核心をなす具体的なものは、それが自然の衝動だからという理由で、宗教的なものに対抗して正当化されることはもちろんできない。けれども修道僧のように世間を捨てて隠遁したなら、心情は具体的に展開せず未発達なものにとどまる。あるいは、和しているという精神的な状態や、この和解のための生活が自己のうちに集中して、未発達なものにとどまる。だが精神はむしろ、みずからを展開して世俗にまで自己を分化していくものなのだ。

世俗と宗教とは互いに外面的なままではあるが、しかし両者は互いに関係しあうべきである。これが和解の第二の使命である。両者の関係それ自体は外面的なものでしかありえない。つまり一方が他方を支配する関係であって、和解がすぐそこにあるわけではない。宗教的なものが支配すべきで、和解を達成した教会が、まだ和解を達成していない世俗を支配すべきだとされる。その後に、まだ和解に達していない世俗と教会との合一が生じる。世俗はそれ自身のうちでは粗野であって、そのようなものとしては、ただ支配されるべきものだと主張される。けれども、支配する側〔の教会〕はそれによって世俗性をも自分のうちに取り込んでしまう。つまり、あらゆる情念を自分のうちに取り込んでしまう。教会のこうした支配をとおして、教会自身のなかに精神を欠いた世俗性が現れてくる。それは、世俗がそれ自身において和していないがためである。精神を欠くものを介して支配が打ち立てられる。そこでは〔免罪符などの〕外面的なものが原理となり、人間もそのような外面的な関係のなかに我を失う。それは一般に自由でない関係である。人間的と言われるあらゆる衝動や行動、すなわち家族関係や国家の公共生活における活動のなかに分裂が入り込んでくる。人間が自分自身のもとにいないということが原理となる。人間は家族や国家などのすべての形態のなかで全般的な隷従状態に陥る。しかも、これらすべての形態が無価値なもの、神聖でないものとみなされた。人間はそれらの世俗の形態のなかにいるときには、本質的に有限で分裂したものであり、妥当性をもたないものである。妥当するものは〔世俗を脱した〕他のものであった。世俗との和解《なれあい》、人間固有の心情との和解《なれあい》は、〔真の〕和解とは正反対の形でもたらされた。このように〔世俗的な心情に取り込まれるという形でもたらされた〕和解《なれあい》のなかに分裂状況が進展していくと、教会の堕落が現れる。これは精神的なものの絶対的な自己矛盾である。

　この矛盾が国家共同体のなかで解消し自由の原理が世俗それ自身のなかに浸透していく、というのが第三の使命である。世俗が理性の概念と永遠な真理にしたがって形成されるとき、世俗世界は自由が具現したものであり、理性的な意志となる。国家共同体の諸制度は神的な制度ではあるが、[*]〔カトリックの聖性の誓いのように〕独身を婚姻や家族愛に対置して神聖とするような意味で、神聖なのではない。あるいは、貧困に甘んじることを営利活動の合法性に対置して神聖とするような意味で、神聖なのではない。さらに〔カトリックでは〕、〔教会に対する〕盲目的な服従を神聖なものとするが、共同倫理は自由のなかでの服従であり、自由な理性的な意志、国家共同体に対する服従なのである。このようにして、国家共同体のなかに、宗教と世俗的現実との和解が現存し実現される。

＊　神聖なものが共同倫理的なものに対置されるような意味で神聖なのではない。例えば、Va↓W^2

それゆえ和解は実際には三つの段階をたどる。第一段階は直接的な〔心情的な〕段階であり、和解というよりはむしろ〔世俗を〕捨てることである。第二段階は教会の支配、しかも我を見失った単一の〔カトリック〕教会の支配である。第三段階は倫理的共同性〔の実現〕である。

第二段階では、宗教的な意識のなかに観念的な側面がそれだけ独立してきわだってくる。精神が自分自身と和した状態のなかでは、内面的なものが自分を自分のもとにとどまるものとして知る。自分のもとにとどまっていると知ることは、まさに思考することである。思考することは〈和解し自己自身のもとにとどまり自己と和睦していること〉である。しかし、まだ発展していないまったく抽象的な平和のなかにある。思考は普遍的なものであり、普遍的なものの活動であって、具体的なもの全般や外面的なものに対立している。宗教のなかで獲得され、いまや精神のうちで自身を独立した（für sich）ものとして知るもの、それが理性の自由である。この自由が、精神を欠いたまったくの外面性である隷属状態に立ち向かう。隷属状態は和解と解放の概念に反するものであるからだ。かくして思考が登場し、外面性がたとえどのような形であらわれようとも、これに反抗し、これを破壊する。思考はこのような否定的で形式的な営みである。その具体的な形態は啓蒙主義と呼ばれる。［＊］

＊　啓蒙主義というものは、思考が外面的なものに立ち向かい、精神の自由を主張する。〔しか

し〕精神の自由は〔本来〕和解のなかにある。L≒W（1827?）

この思考はまず初めに〔啓蒙主義の〕抽象的な普遍性一般として現れ、外面的なものに対してだけではなく、具体的なもの全般にも対立している。したがってその抽象的な思考は、神は三位一体的なものであるとする神の理念にも対立している。すなわち、神とはけっして死せる抽象物ではなく〈自己自身にかかわり自己自身のもとにあり自己自身へと立ち還る〉という神の理念にも対立している。さまざまな規定と区別は具体的なもののなかにある。一般に抽象的な思考が外面性に歯向かうとき、それは区別そのものにも反対する。区別のなかには互いに外面的なものが現存するからである。けれども具体的な真理である神の理念においては、こうした外面性も解消している。［＊］固定的な知という抽象的な思考にとって、規則となるのは抽象的な同一性である。真実の同一性はしかし具体的なものの真理である。それゆえ、神において具体的なものがすべて根絶されてしまうと、「人間は神を認識できない」という言い方がなされる。すなわち神についてはっきりしたことは何も知りえないと言われる。†「神を認識する」ということは、神をその特質に即して知るということであるのに、神はまったく〔特質を欠いた〕抽象物にとどまるからだ。このような形式的なとらえ方では、自由と内面性の原理という宗教そのものの原理は、さしあたってまだ抽象的にとらえられているだけである。

＊　それゆえ、こうした思考は、あらゆる具体的なもの、神のなかにおけるあらゆる特質を廃棄することへと向かう。L⁝W（1827?）

†　当時ひろく普及していた見方。それはカントの『純粋理性批判』の次のような論述にまでさかのぼる。――人間の認識は、経験の領域を超え出たら、確実な成果を何ももたらすことができない。諸理念の存在を想定する場合には、むしろ妄想を与えることになってしまう（B269, 571）。したがって、神の存在は理論的な認識には証明不可能である。この見方は、神の存在は実践理性の要請だとする『実践理性批判』の言説とも結びついて、当時の神学や哲学のなかで、神の存在は想定はできても認識はできない、それゆえ神も認識できないという見解となっていった。ヤコービにも同様の考えが見られる。例えば『スピノザの学説に関する書簡』（田中光訳、三二一―三二三頁）。さらに『哲学史講義』のなかでヘーゲルはフィヒテやブーターヴェクにも同様の考えを発見している（下巻四六三、四七二頁）。

抽象的な思考が事柄を普遍的に規定しようとするもう一つの仕方は、主観の自然的な衝動とその傾きをさまざまに特徴づけることである。この〔啓蒙主義的な抽象的な〕立場では、「人間は本性的に善である」と言われる〔ルソーおよびカント。五一一頁参照〕。この純粋な主観性は、人間は善という規定に固執する。善という規定は〔主観の〕同一性であり、純粋な自由であるからだ。ところが、善そのものが主観性にとっては同じように抽象的なものにとどまっている。善という規定はここでは主観が恣意的に定める偶然的なものである。善は主観性と自由の頂点である。この主観性と自由は真理とその展開を断念して、自分のなかで動きまわり、その挙げ句に、自分たちが妥当と認めたものが自分たちが定めた規定にすぎないことを知る。つまり、何が善で何が悪かを思いのままにできることを知る。これは精神自身のうちの内的活動である。それは偽善であり、極度の虚栄であるとともに、他面、冷静で高貴で敬虔な努力とも一緒になることもある。敬虔な感情生活と呼ばれるものがそれだ。敬虔主義もこの敬虔な感情生活に限定され、客観的な真理をいっさい受けつけず、宗教の内容である教義に歯向かう。なるほどキリストへのかかわりという媒介（仲介）の要素は手放さないけれども、このかかわりたるや単なる感情にすぎず、内的な情感のうちにとどまっているとされる。そのような敬虔は、主観性の虚栄と感情と同様に、認識しようとする哲学に論戦を挑む。いっさいが主観のなかに色あせ、客観性や確固たる規定性が何もなくなってしまう。それが主観性の結末《おち》である。そこには神についての展開はなく、ついには神は無内容なものになってしまう。

　*1↓初めにあげた〔啓蒙主義の思考〕様式がわれわれの時代の形式的な教養の最先端である。↑*1けれども、教団のさらなる形成のなかで互いに対立し合う両極〔啓蒙主義と敬虔主義〕はともに、第一に、自由の絶対的な圏域における精神の自由喪失と隷従であり、第二に、抽象的な主観性、*2↓内容を欠く主観性↑*2［＊2主観的な自由Va↓W］である。

＊1　われわれの時代の形式的な教養の最先端は、同時に極度に未熟である。それは形だけの教養しかもっていないからだ。Va↓W

これに対する第三極は、主観性が内容を自分自身から展開しつつも、それを必然性に従って展開することである。その内容を必然的なものとして知り、この必然的な内容を客観的で絶対的なものとして認めることである。これが哲学の立場だ。かくして〔宗教の〕内容は概念へと逃避し、思考によって自身の正当化を獲得する。この思考はたんに同一性の法則に従って抽象化したり規定したりすることではない。思考は具体的なものを向こう側にもつのではなく、それ自身が本質的に具体的なのである。したがって思考は概念で把握することであり、概念がみずからをその総体的な理念へと規定することである。それはそれだけで自覚的となった自由な理性である。自由な理性は内容を自分の必然性に従って展開し、真理の内容を正当化する。この立場は真理を承認し認識する知である。*1↓固定的な知による啓蒙と、敬虔主義のレヴェルは、あらゆる内容を揮発させてしまう。純粋に主観的な立場↑*1はいかなる内容も認めず、したがっていかなる真理も承認しない。これに対して、〔哲学的な〕概念も真理を〔みずから〕産出する（主観的な自由ではある）けれども、同時にしかし、この真理を〔自分によって〕産出されたものとしてではなく、端的に存在する真なるものと認める。この客観的な立場のみが、洗練された思考様式で精神の証言を行い、その証言を言い表すことができるのだ。［＊2］したがってそれは宗教の正当化である。とりわけキリスト教という真実の宗教の正当化である。この立場はまさにキリスト教の内容をみずからの必然（必要）性とみずからの理性に従って認識するからである。同じように、この内容の発展のなかで生じてくるさまざまな形式をも認識する。内容と形式の両者は互いに密接に結びついている。これらの諸形式とは、神が現象するさまざまな様式である。それは感覚的な意識にとっての表象であるとともに、普遍性や思考にまで到達する精神的な意識にとっての表象でもある。精神にとってのこうした完全な展開をわれわれはこれまで見てきた。その内容は精神の証言によって——その証言が思考的なものである場合にかぎり——正当化される。精神の証言は思考である。思考は〔神が〕現象する形式や特質をも認識し、それとともに、その形式がもつさまざまな限界をも認識する。啓蒙主義は否定することしか知らず、限界や特質そのものについてしか知らない。それゆえ内容そのものを正当にあつかわない。形式と特質はただたんに有限性や限界なのではなくて、形式の総体としては、それ自身が概念である。しかも、このさまざまな形式はそれ自身が必然的で本質的である。神はみずから現象するなかで、みずからを規定する。宗教は哲学によってみずからの正当化を、思考する意識から受けとる。

＊1　純粋に主観的な立場、あらゆる内容の揮発、固定的な知による啓蒙主義、ならびに敬虔主義　Va↓W≒L

＊2　そしてこの客観的な立場はわれわれの時代のより優れた教養学のなかに含まれている。Va↓W

すなおな信仰心はそのような正当化を必要としない。心情が精神の証言を与え、権威によってもたらされた真理を受けいれる。そしてこの真理によって満足し、和らぎ（和解）を得る。しかしながら思考が具体的なものに対立し始めるや、思考の過程はこの対立をくぐりぬけて和解にまで到達しなければならない。

この和解は哲学である。その限りにおいて哲学は神学である。神が自己自身と和し自然と和解していることを、哲学は次のように表現する。すなわち、自然という〈他である存在〉も潜在的には神的なものである。有限な精神はそれ自身においてみずから和解へと高まるものであるが、他方また世界史において、この和解に到達し、和解をもたらす、と。世界史における和解は「神の平和」である。それは「あらゆる理性よりも高い」のではなく、むしろ理性によって初めて知られ思考され、真なるものとして認識される。† ［＊］

＊　概念によるこうした和解がこの講義の目的でもある。L（1827?）

†　「あらゆる人知を超える神の平和が、あなた方の心と考えとをキリスト・イエスによって守るでしょう」〔フィリピ四・7〕のルター訳で、「人知」がVerstand（分別）ではなく、Vernunft（理性）となっていることを念頭に置いている。

哲学には二つの面が対立している。まず第一は固定的な知の虚栄である。この種の知は、哲学が宗教のなかにまで真理があることを示し理性がそのなかにあることを証明したりすることに、気分を害する。固定知による啓蒙はもはや宗教の内容からなにも得ようとはしない。そして、哲学が方法を自覚した思考として、思いつきや気ままな偶然的な思考に対して一つの目標を設定してやると、気を悪くする。第二に、純真な信仰心〔敬虔主義〕が哲学に対立する。ここには次のようなあい異なる三つの立場がある。(a)〔純真な信仰心に〕直接〔もとづく〕宗教〔敬虔主義〕(b) 固定知による啓蒙 (c) 宗教についての理性的な認識〔宗教哲学〕。*↓この最後のものを私はこの講義で示そうとしてきた。↑*

〔一八二七年八月十日終了　Bo Hu〕

＊ 最後にあげた宗教についての理性的な認識に、ならびに一般的に言って宗教心の促進に、この講義が手引きを与え貢献できたとしたら、幸いである。L (1827?)

D・F・シュトラウス
ヘーゲル「宗教哲学」講義（一八三一年）の要約

訳者注

節分けと見出しの記号はシュトラウス自身のものではなく、二七年との対応が見やすいように変えた。また第三部の要約には節分けがないが、英語版（LPR）を参照して補った。シュトラウスによる強調は傍点で示した。

ヘーゲルの宗教哲学から

序論

はじめに

序論では宗教の諸原理に対する哲学の関係をあつかう。われわれは宗教のなかで世俗を忘れ、宗教こそが最高の満足にして自己目的であるという考えを抱いている。宗教は真理の意識であり、至福の享受である。活動としてみれば、神の栄光を讃えることである。宗教はあらゆる国民にとって名誉にかかわる問題（point d'honneur）なのだ。

　こうした領域を哲学的考察の対象とすることによって、われわれは永遠の真理にとりくむことになる。哲学もまた、主観的精神が絶対的精神のなかに沈潜するという意味で、宗教そのものと同様に祈りである。ただし、独特な様式における祈りである。いまは、信仰と知、神学と哲学との対立が支配的である。神学には二つの方向性がある。啓蒙化された合理主義的な神学と、啓示を信じる超自然主義的な神学である。宗教の内容に関していえば、二つの方向性は、キリストの位格をめぐる問題のような例外はあるが、例えば三位一体の根本教義をなおざりにするという点で一致している。それゆえ三位一体の教義では、哲学は自由な活動領域をもっており、教会論の教義を〔三位一体のなかで〕神学者から擁護するのは、いまでは哲学である。形式に関して言えば、信仰と信心はいまや、神についての意識が精神のなかで直接的に自己意識と結びついていることを要求する地点に立っている。そこに哲学にとって好都合な状況がある。真理として妥当しようと欲するすべてのものが精神そのもののなかで真理であることが確証されなければならない、と要求されているからだ。誤っている点はただ、この確証が感情の直接的な確証以外のものであってはならないと主張され、哲学によって媒介された確証がたんに有限な確証にすぎないとして軽蔑され退けられている、ということだけだ。

キリスト教において宗教的な内容が開示されるのは、表象の形式においてである。この形式を哲学は知の形式へと翻訳する。

章別編成

〔宗教哲学の〕編成はまったく形式的にまとめることができる。そこでわれわれは〔宗教を〕次のような順序で考察する。

（1）　宗教の概念。

（2）　宗教の根源的分割（判断）、すなわち自分を区別しそれによって自分を制約されたものとして立てる概念。

（3） 推理、すなわちこの制約状態から概念が自己へと立ち還《かえ》ること。
この順序はしかし、同時に対象の側に生じる次のような客観的な展開でもある。
（1） 宗教の概念は、精神に対して存在する精神である。
（2） 精神はしかし、さらに根源的分割（判断）である。概念は対象として自己から区別され、まだ自己自身にふさわしいものとなっていない。ここには制約性、有限性、関係があり、有限な宗教がこれに属する。
（3） 最後に推論は、精神が自己自身のうちでおのれの対象と合一し概念が自己にふさわしいものとなるということである。これが啓示宗教である。

それゆえ

Ⅰ　宗教の概念にかんして、

（1） まず、その抽象的な概念が与えられなければならない。その抽象的な概念とは次のようなものだ。「宗教は精神の自己自身についての知である。ただし有限な精神と無限な精神との区別における精神自身についての知である」。
（2） 精神自身についてのこうした知が宗教として現象する諸形態は、感情と表象である。
（3） 宗教のなかで自己の有限性を断念した個別的意識は、教団のなかで万人の意識としても現存し、祭祀のなかに現れる。

（4）さらに、人間の世俗生活に対する宗教の関係についての考察がつけ加わる。

II　規定された宗教。

概念という潜在的なもの（das Ansich）は自己を実現しなければならないが、その過程で、概念のもろもろの規定はばらばらに分離して現れてくる。しかし、宗教の概念のなかにもともと含まれていなかったものは何ひとつとして現れてこない。けれども、この展開の途上でまだ目標に達しないうちは、概念の個々の契機だけが現れてくるにすぎない。概念はまだ自分自身にとって対象的ではない。これが異教の諸宗教の領域である。

（1）最初の宗教は直接的な宗教である。そこでは精神はすでに自己を本質実在として知ってもいるが、しかしまだ普遍的な精神から自分を経験的なものとして区別していない。

（2）個別的な意識と本質的実在とが分離して、本質的実在が有限な精神を超える威力として知られる。この威力はさしあたって（a）実体であり、そのなかで有限性は消失している。ここでは有限な事物の偶然性から神へと上昇するのであるから、これは宇宙論的証明の段階である。（b）この実体はしかし因果性へと自己を特定化する。そのなかでもろもろの有限性は消失するのではなく、因果性によって設定され、因果性に奉仕するものとして存在する。そのようにして実体が主人である。東洋の諸宗教はこれらの二つの形態に属する。

（3） 美の宗教〔ギリシャ宗教〕と目的に合わせた宗教〔ローマの宗教〕では、神は目的にしたがって調和的にはたらく神として知られる。これは目的論的証明の立場である。神は概念ないしは目的によって完全に規定された実在性をもつ。これは美であり、精神の直接的で自然的な和解である。

Ⅲ 啓示宗教は精神そのもののなかで成就された和解であり、精神の全面的に展開された概念の意識である。そこにはもはや、不分明なもの、不十分なものは何一つとしてない。

第一部　宗教の概念

A　普遍的な概念

宗教哲学においてわれわれは神の存在を前提するが、哲学というものは単なる前提を認めるべきでないと言われる。それゆえ、自然神学は神の存在証明をもって始める。この講義でも、それをもって始めるかのように思われるかもしれない。しかしながら、われわれはここでは、自然神学のように神それだけを考察するのではなく、宗教のなかで神についていだく知と不可分の関係にある神を考察するのだ。しかもわれわれはただ、宗教が存在するということだけを実証しさえすればよい。ただしこの証明は宗教哲学でではなく、宗教を必然的な帰結として導き出す先行する哲学の部分でなされる。たしかに神と宗教は、人間精神の実体的なものとしては一番初めのものであって、けっして何かの帰結ではない。けれどもここで「宗教が帰結である」と言うとき、それは、宗教が媒介されかつ自分自身を媒介するものでありながらも、絶対的媒介のなかでこの媒介そのものが廃棄されているということを意味しているのだ。媒介と直接性とは、〔それぞれ単独では〕抽象的な形式なのであって、両者はその統一のなかでのみ真理を有する。自然の真理は精神である。他方、精神の真理は、精神がその自然的な個別的なあり方から自己を解放して、絶対的精神のうちにあって、そのなかで自己を知るということである。これこそが宗教の本質である。それゆえ宗教の概念は必然的な概念なのである。

ところで、この宗教の概念とは何であろうか？　まず宗教が成り立つ場所と基盤に関して言えば、それは思考である。思考によってのみ神に達することができるということ、さらに、動物は思考することがないから宗教をもたないということ、これは誰もが認めるであろう。にもかかわらず、宗教の基盤が思考であるということが一部で否定されている。思考は普遍的なものの活動であり、普遍的なものだけをその内容としてもっている。そのかぎりでは、思考は宗教のたんに抽象的な基盤にすぎない。神はたんに普遍的なものであるだけでなく、具体的なものでもあるからだ。このことが宗教の概念を与えるであろう。神はたんなる実体一般ではなく、自己を知る実体にして主体である。この自己を知るものは、知るものと知られるものという二種類のあり方を含んでいるが、それら二つは一つであるとともに、分離してもいる。もしもわれわれが、自身を知る（weiß）神を、神である（ist）神から区別して立てるならば、前者のただ知るということ（Nurwissen）が同時に神という実体の存在（Sein der Substanz）でもあるということにはならず、〔知と存在が区別される〕有限な意識になってしまう。絶対的な自己意識というものは、それが意識でもあるかぎりでのみ存在する。それは二つの面に分裂する。一方は端的に自己のもとにとどまる実体であり、他方は主体であるが、ただし有限なものとして区別された主体でもある。かくして神は人間のうちで自己を知り、人間は精神として精神の真実態において自己を知るかぎりで、神のうちで自己を知る。これこそが、神が精神のなかで自己を知り精神が神のなかで自己を知るという宗教の概念なのだ。宗教は、神の概念が本質的に自分に対してあるかぎりで、本質的に神の概念のなかにある。「神は愛である、すなわち他者のなかで自分自身を意識する」という表現は、これと同じことを言っている。神は、それだけで存在する孤独のなかでは、満たされないものを感じ、否認されていると感じる。この欠乏は神が他者のなかで自分自身を知ることによって初めて埋め合わされる。神と宗教とのこうした概念は啓示宗教のなかで初めて達成される。

B　宗教の単純な諸形式

（1）　宗教の最初の形式は感情（Gefühl）である。感情からあらゆる直観や表象等々が生まれ出る。感情は刺激によって触発された心の状態（Affektion）であって、感得する主体と、感情をかきたてる対象との二重化はまだ生じていない。〔例えば〕いま私は硬さを感じている。しかし、「この対象は硬い」と私が言うとき、これはもはや感情ではなく表象である。意識がはじめてそのような二重化を行う。われわれが感情について語るとき、「或る内容がこの特殊的な主体としてのわれわれのうちにある」と言う。個別的なものとしての感情は一時的なものである。〔これに対して〕感情の複合体、感情の恒常的な様式は心胸《むね》(Herz) と呼ばれる。

それゆえ次のように言われる。宗教は一般に感情から、しかも心胸から発すべきである、と。私がたんに表象し洞察するものは、私にとっては自分とは別物のままでありうる。だがもし私がこの宗教的教義を私の心胸のうちにもつならば、その教義は私と同一であって、私は持続的にそのように規定される。ただし、宗教が感情や心胸のうちにあると主張されるのは、そのかぎりにおいてである。

しかしながら感情には無限に多くのものがある。それゆえ、感情からその特質や内容が区別されなければならない。だがふつうは、心胸のなかに何かを感じ抱いているという形式だけですでに、或る内容が正当化されていると考えられている。言い換えれば、宗教が真理であることは、宗教を心胸においてもっているということのうちに成り立つと考えられている。しかし心胸はいっさいがっさいの雑多なものの源泉でもある。悪意、ねたみ、憎しみ等々も感情のうちにある。犬や鶏や猫を敬う信心深さも感情のうちにある。感情の形式によって何かが正当化されているわけではまだない。その内身こそが問題なのだ。

（2）人間は動物ではないのだから、感情に立ちどまっているのではなく、感情の内容をも自分の対象とする。かくして宗教の第二の形式は表象である。感情とは、〔ある内容の〕特質規定が私のうちに集中した状態である。そこから私はこの内容を分割し根源分割（判断）し、〔主観と客観との〕二重化へと移行する。〔例えば〕いま私の眼は〔さまざまなものを〕感じている。あれこれと刺激を受けている。私はこれらの刺激によって触発された感覚をほうり出して、自分の前に一枚の紙を見ている。宗教においても同じように、感情は意識された表象となる。表象は宗教的内容が普遍的意識に達する様式である。しかし、表象はまだ内容の真実の形式ではない。概念こそがはじめて内容の真実の形式である。一方で、表象にとらわれている人々は、表象を概念へと転換する際に内容が没落すると苦情を言う。他方、啓蒙は表象形式と一緒に教義をもはねつけてしまう。両者とも形式から内容を切り離すことを知らない。

(a) 表象に属するものはまず形像《イメージ》的なものである。すぐにわかることであるが、形像はけっして本来的に受け取るべきものではなく、そこからその意義が区別されなければならない。例えば、「神が一人の息子を生みたもうた」というイメージがそうだ。

(b) しかし、表象に属するものはたんに形像的なものだけではない。特質がなく単純でまだ詳しく分析されていないものも、表象の本質である。例えば、「神が世界を創りたもうた」というような言い方があるが、ここでは「創る」という言葉は、絶対的な産出を表す無規定的な表現である。

（c）歴史的形式も表象に固有のものである。「神は世界を創りたまい、その息子を遣わしたもうた」という言い方は、歴史的に生じたこととしてある。概念の必然的な内的連関が、表象のなかでは、歴史的に生起したことの外面的連関となる。

（3）宗教の第三の形式は信仰である。宗教における感情は表象のなかにばらばらに現れ、そして表象は再び感情のなかで自己をとりまとめる。この感情が敬虔な祈り（Andacht）である。宗教的感情が特定の感情たとえばキリスト教的な感情としてあるために辿らなければならないこの〔表象という〕迂路は、ふつうは見逃されてしまう。けれども、もしわれわれがキリスト教教育によってこの宗教的表象を教え込まれなかったならば、そうしたキリスト教的な宗教感情をもつことはないであろうということも確かだ。一般的に言って、われわれがいまやこれらの表象を真実にして確実な何ものかとしてもつということ、これが信仰なのである。われわれはまず権威によって信仰へと導かれ、しかるのちに理論的思考へと促されるようになって、もろもろの根拠（理由）に基づいて信仰することになる。これらの根拠はしかし、〔われわれを〕別の権威つまり神の権威へと連れ戻す。けれども、神がモーゼに掟を与えた場合などのように、われわれが自分でそこに居合わせないかぎりは、この神的権威そのものも再び物語作家の権威に基づくことになる。だが、こうしたもろもろの根拠や思想や権威の濁った混ぜものに、信仰を形成するために、さらに或る重要な契機が、すなわちわれわれ自身の精神の証言が加わる。神的で精神的なものが歴史的にも現象するかぎりでは、それは或る媒体を介してわれわれに届けられる。その場合、この媒体がいかなる性質のものであるかが重要である。〔この物語の〕語り手が意志と能力と正しい意識をもっていたかが問われる。このことは、すでにおのずと理解されるといったものではなく、そのためには散文的な固定的な知の教養形成が必要であって、それは国民の或る程度の教養段階ではじめて登場する。ところが古代人にあっては、散文と詩、固定的な知と想像力はまだそのように分かれてはいない。それゆえ、もしわれわれが神的なものを歴史からのみ取り出そうとするならば、われわれはあらゆる歴史的なものにつきものの動揺と不安定に陥ることになる。それゆえ歴史的根拠づけは宗教的内容にはふさわしくない。とりわけ古文書は信仰の基礎としては不十分だ。主体は精神の証言によってのみ、歴史の真に精神的で宗教的な内容と知り合う。精神のこの証言において、精神の自律は信仰においても保たれている。この証言はさまざまな形態で表れる。例えば、われわれが外から受け入れたものも、もともとはすでにわれわれのものであったのだというプラトン的な想起のように。それゆえ信仰においては次の三つの関係が区別される。

(a) 精神に対する精神の関わり。あるいは、信じられたもののなかで本質的であるものと信じる者の内的本質との合一。

(b) この国民とかこの時代といった個々の特殊的な精神に対しては、真理の側も特殊的なものとしてかかわり、特定の仕方でのみ現存する。精神のさまざまな発展段階に応じて、信仰もさまざまに変容する。個別的な精神は国民精神のなかにその実体性と権威をもつ。個体は彼の父祖たちの信仰のなかで生まれ育てられるからだ。

（c）いまや国民が自身の実体的精神について意識するに至るということ、これこそがその国民の宗教の創設なのだ。これは歴史的な経過をたどり、取るに足りないところから始まって、あとから完成される。例えばギリシャ人では、その完成がホメロスによってなされ、さらに一種独特の司祭階級に委ねられたように。いまや個人はこの精神的気風のなかで育てられ、後続の世代は、先行する世代の自然的な権威を介して信仰を受け取る。この〔国民の〕精神からいかなる個人も抜け出すことはできない。この精神こそ彼の実体をなすものであるからだ。しかし、かような宗教が多数存在し互いに衝突し合い、さらに諸国民がそれぞれ自分たちの信仰を主張し布教しようとするところから、宗教戦争が生じた。だがこうした強制に対しては信仰の自由が要求される。そのさい信仰の内容はいっさい度外視されて、主体がこれを信仰するかそれともあれを信仰するかに関する強制のみが阻止され、他方で形式的な自由が要求される。この信仰の自由は本質的な要求であって、そこに、自分が自由だという意識が人間において成立する。もっとも完全な意味での信仰の自由は、真であるものは私によっても産み出されるということであるから、〔私自身の〕思考が信仰に対して自立性を獲得して登場し、かくして思考と信仰との断絶が生じる。だが思考もまたその時代の権威に従い、時代の原理を前提する。哲学のみが上に立つ原理を一切遠ざける。

C　祭祀の諸形態

情感（Empfindung）としての信仰の確信は敬虔な祈りである。そしてこの祈りこそ祭祀の一般的特質である。ふだん私は地上のもろもろの世俗的な目的にたずさわっているが、祭祀のなかでは自分を神についての意識にまで高める。しかし祭祀は〈神についての特殊的な意識〉を呼び起こすことではなく、〈私は神に受け入れられているという意識〉を呼び起こすことであり、この受け入れられた状態を享受することである。

和解がすでにもともと成就されているという確信が、祭祀の前提である。それは、神は人間に最上のものを望まれ、それを人間が享受できるよう与えたもうたという確信である。この和解はさまざまな事情に応じて、もともとから生じている統一として前提されていたり、あるいは分裂から初めて再建されかつ再建されるべき統一として前提されている。諸国民の国民精神は彼らの守護神であり、彼らはそれとの本源的一体性のうちに自己を知るのである。

祭祀は神とのこうした一体性をただ想い浮かべることだけではなく、この一体性を実際に味わい楽しむという意識をもつ。その意味で祭祀は祝祭である。人々は食べたり飲んだり踊ったりするが、この享受こそが祭祀の主要なことがらなのだ。彼らの祭祀は本質的に享受なのだから。

この享受は供犠《くぎ》と結びついている。そこに否定がある。人は或るものを譲渡し、他の者に対して恭順を示すためにそれを差し出す。しかし古代人の供犠では、この放棄が主体そのものの利益になる場合を除いて、捧げられたものの大部分が食されるため、犠牲はけっして断念ではない。とは言っても、彼ら古代人たちは神の権威を承認して、犠牲を神の栄誉として賞味した。彼らはこの宴のなかで、自分たちと神との一体感を得た。この感情は最高の幸運であるとともに最高の義務でもある。

この意識は、国民の普遍的精神である絶対的精神との一体性を意識することである。かくして主体は国民と自己との統一を意識するようになる。個々人はそれゆえ、国民同胞との親密な一体性のなかで自己を知り、神との一体性を享受するなかに彼個人の享受を見いだす。かくして祭祀は、個々人に互いに最高の保証を与えるものとなる。祭祀は民衆の幸福の基礎である。もし彼らが祭祀を怠るならば、不幸が生じる。個体は彼の特殊的な意識のなかに閉じこもり、全体は解体するであろう。

祭祀は、神的なものと人間的なものとの分離から出発し、この統一を再建しようとする試みでもある。とはいえここでも、絶対的な和解状態という前提、つまり人間に対して神が好意をもっているという前提がある。廃棄されるべき分離には二面がある。まず第一に、分離は自然的な外的な不幸、例えば凶作やペストなどであって、祭祀のなかで、実体的な精神は自然的な威力としても和解される。その際、不幸は犯された悪に対する神罰であるという前提も生じる。かくして人間が自分の特殊性を放棄することに真剣であることを証しするために、悔い改めと贖罪が企てられる。このように不幸を悪に対する罰とみなす場合には、自然の威力はただ自然的であるというだけではなく善という目的を自己内にもっているという前提が根底にある。人間の幸不幸は人間の善悪の行いによるという正しい宗教的な思想は一般に見られることだ。しかしながらこれを特定のケースに適用すると、誤解を招く。第二に、主観的意志を神の意志から純粋に精神的に分離し、善と悪とを分離するという面がある。これによってわれわれは純粋に精神的な基盤に立つことになる。その場合の悪は或る精神的なものであるから、精神の不幸は精神においてのみ廃棄される。人間が神との合一という神の目的のなかに自分を欲するという意識を獲得することによってのみ廃棄される。これは人間が悔い改めを行って、悪しき意志を自己内で断ち切り、はねつけることによって、成就される。ここでは人間そのものの自然（本性）のなかに存する悪から出発している。意志は自由であるべきだが、しかし自然的である。この自然的意志は悪として表象され、人間は生まれつき悪であると考えられているけれども、人間が罪深いのは、この自然的意志に立ち止まるときなのだ。この普遍的悪はいまや廃棄されるべきだ。それが教育によって廃棄されることをわれわれは知っている。教育によって無意識に生じることが、祭祀のなかで意識的・意図的に生じることが求められる。神それ自体のなかで成就されている和解が人間の人格にも意識されるために、人間は悪を否定しなければならない。自然の衝動や好みなどといった意志の特殊性を人間は断ち切らなければならない。この衝動の内容が理性的意志にふさわしいものになるということが祭祀の真の要素である。しかしこのことが抽象的に受け取られると、こうした衝動の根絶だけではなく、意志の生き生きとした活動の圧殺までもが求められてしまう。人間がその衝動のゆえに欲するものに所有があるが、人間はこの所有を放棄しうるのでなければならない。人間の自由意志も人間の所有に属する。自由意志は自らを完成された意志としなければならない。さらに言えば、私は悔い改めと罰によって悪しき行為を起こらなかったことにし、また改悛によって悪しき考えなどを生じなかったものとしなければならない。かくして和解とは、人間がその分裂を断つときに神と和解しているという確認なのである。

D　国家に対する宗教の関係

国家は精神の現実性の最高にして真実の様式である。家父長制的な国民においては、宗教は国家と外面的には同一のように見えるが、両者は異なるものとして分離しなければならない。宗教が国家の基礎であるというのは真実である。宗教のなかでは、人間は神において自由である。宗教のなかで精神の自由という概念が意識される度合いに応じて、さまざまな宗教が区別される。しかし一国民が彼らの国家において実現するものは精神の自由の意識である。精神の自由についての意識をまったくもたない国民は、国家体制と宗教の両面で奴隷である。

ある。宗教的自由と（国家）共同体における自由との間の連関が人間に意識されるのは、法律が神に由来するという表象においてである。それはあらゆる民族に見られる表象である。法律は自由の概念の展開であって、この自由の概念は宗教においてその真実態をもつということ、これが真理である。

しかしながら神は、国家において妥当するようなもろもろの義務と法律とは別の義務を、宗教の側からわれわれに要求する。そしてこのことが対立と矛盾にまで進展する。まず最初は、お上《かみ》と法律に従うことが神に従うことであった。これはまったく形式的であって、法律もお上も彼ら〔支配者〕の望むがままのものでありえたし、神に対して〔のみ〕釈明しなければならないと言われる為政者の恣意に万事が委ねられていたからだ。その場合の前提は、為政者は神から力をえて存在しているのだから彼らは国家において何が本質的であるかを知っている、ということである。こうした見解はとりわけプロテスタントのイギリスで現れた。しかしこの見解はその反対へと、つまり国民が統治することに神的な権限を与える原理へと転換した。〔この世が〕どのように治められなければならないかについて神から霊感を受けたと主張する一派が現れた。しかも彼らはこの霊感に基づいてチャールズ一世の首をはねたのだ。神的意志が法律であり、その法律の認識は何ら特殊なものではなく何か普遍的なものであるというのが本当のところだ。神が望んでいると言いうる法律はどのような法律であるのかということが定められていなければならない。すでに言われているように、宗教と国家は両者の基盤が異なるため、それぞれ異なる掟をもちうる。しかし両者の基盤は再び同一の主体であるから、両者は矛盾に陥ることがある。宗教は聖性を要求し、国家は共同倫理性を要求する。共同倫理的な婚姻に対して、教会の側からは神聖な独身が要求される。実直な稼ぎにかわって無為の貧困が求められる。理性的な自由の代わりに盲目的服従が求められる。宗教が人間に対して、国家における理性的なものに反対することを要求するならば、理性的意識はこれと闘うことになる。しかも本来的意味で世俗の智恵として、つまり現実と現在において理性的なものが何であるかについての認識として、これと闘うことになる。なぜなら、そのような宗教は現実的なものに対してたんに否定的にふるまい、その結果、国家の実定的な諸制度すべてが正当な権利を欠くものとされ、人間の意志も自由で成熟したものとは認められないからだ。

国家と宗教の関係について、プロテスタントの諸国家とカトリックの諸国家との間には、とても大きな違いがある。プロテスタントの宗教では、人間は自由と認められ真理について確信しているはずだとされる。この宗教形態はそれゆえリベラルな国家と合致する。しかしカトリックの諸国家では、宗教の原理は非自由であって、この原理はリベラルな体制と矛盾する。

人間はその概念からして自由である。これは無限の価値をもった原理である。しかしこの原理がこのように抽象的なままに放置されるならば、いかなる国家組織も成立する余地はない。なぜなら国家組織というものは自己との不等をもたらすが、抽象的な自由は同等を要求するからである。それゆえそのような基本〔原理〕は具体的に展開されなければならない。

この原理に貫かれ構成された国家は、非自由を原理とし自由な国家体制を認めない宗教とは衝突せざるをえない。ここに争いが生じる。しかしそのような宗教にひけをとった場合には、内面的な偽りが生じる。フランスの場合がそうであった。国家体制が宗教のことまで心配をする必要はない、国家の諸原理は理性から明らかなのだから、とよく主張される。けれども宗教の真理性に対して理性は、宗教を神という究極の絶対的真理へ連れ戻すこと以外に何の保証も与えない。一方に国家が他方に宗教が立つがままにほっておくならば、国家の諸原則は、究極の根拠にまで遡っていない思考から生じるために、確実に歪んだものとなる。

国家と宗教のもう一つ別の対立の仕方はこうである。国家は司法的に強制執行されるもろもろの法律の体系であり、それゆえ形式的で外面的な様式をもったもろもろの法律の体系である。この外面的なものには、同時に宗教の基盤でもある内的なものが対立する。近代的な体制は国家における自由の諸規定の全構築物を形式的に正当な（合法的な）仕方で保とうとする。これに対して、ギリシャ的なつまりプラトン的な体制がもう一方にある。ここではすべてが心構えや教育や哲学に基礎づけられる。われわれの時代では、国家体制は自分で自分を支えるべきであって宗教や心構えや良心はどうでもよいという意見が支配的だ。法律が支配すべきだと人は言う。けれども法律は人間を通じて支配するのであって、人間はたんに〔あれこれのケースに〕法律を適応する機械ではない。むしろ人間が洞察と良心をもって事にあたることこそ肝要なのだ。他方でしかし、心構えをそれだけとりあげることも同様に一面的である。なぜなら心構えは法律のように判断の普遍的な基準を提供してはくれないからだ。

付録　国家に対する宗教の関係

――バウアー編『ヘーゲル宗教哲学講義』より

〔五九五頁前半の内容を受けて〕主観性はこのようにして直接的な自然性から心を浄化し、みずからを改造する。この改造が徹底的に遂行され、その普遍的な目的にふさわしい持続的な状態に達したときには、倫理的な共同態として完成される。この途上で宗教は習俗へ、さらに国家へと移行する。

かくして国家に対する宗教の関係とも言われるあの連関があらわれる。これについてさらに詳しく述べなければならない。

一　国家は真に現実的な状況である。国家において真に倫理的な意志が現実の状態となり、精神はその真実のあり方に生きる。宗教は神について知ることである。それは、人間が神について知ることであるとともに、神のなかで自分を知ることでもある。これは神々しい智恵であり、絶対的な真理の領域である。ところで、これとは別に世俗の智恵というのもあるので、これと神々しい智恵との関係が問われることになる。一般に宗教と国家の基礎は一つである。両者は端的に同一である。族長的な関係やユダヤの神権国家では両者は区別できず、外面的にはまだ一体である。けれども両者は区別され、その後の経過のなかで互いに峻別された。しかしやがて再び、本当は同一なものとされた。この最後の端的な同一はすでに述べたことからも明らかである。宗教は最高の真理について知ることである。さらに言えば、この真理とは自由な精神のことである。宗教のなかでは、人間は神の前で自由である。人間は自分の意志を神の意志に適うものとすることによって、この最高の意志に対立することなく、最高の意志のなかに自分自身をもつ。人間は祭祀のなかで分裂を克服したときに自由である。国家は、この自由が世俗世界という現実において実現されたものにほかならない。ここで本質的な点は、一国民が彼らの自己意識のなかで抱いている自由の概念である。というのも、国家において実現される自由の概念は、潜在的にあった自由の意識であるからだ。人間が絶対的に自由であることを知らない国民は、国家体制と宗教のいずれの観点でも愚鈍さのなかに生きている。宗教と国家のなかには自由についての一つの概念がある。この一つの概念は人間がもつ最高のものであり、それが人間によって実現される。悪しき神観念をもつ国民は悪しき国家、悪しき宗教、悪しき法律をもつ。

国家と宗教との連関を詳しく考察することは本来「世界史の哲学」に属する。ここではただ一般の考え方に現れるような特定の形態の連関を、つまり両者が矛盾に巻き込まれついには対立に至るような関係を考察するにとどめたい。この対立面こそ現代の関心事であるからだ。

二　そこで、その連関をまず想い浮かべられるままに考察したい。人間はこの連関について或る意識をもっているが、それは哲学で知られるような絶対的な連関ではなく、一般的に想い浮かべられたものである。それによれば、法律や政治的権威や国家体制は神に源を発し、そのことによって権威づけられている。しかもそれは表象に与えられる最高の権威である。法律は自由の概念が発展したものである。自由の概念は、そのあり方を反省してみた場合、宗教においてとらえられた自由の概念をその真実の基礎としている。すなわち倫理的共同体や法の掟は人間の行動に対する永遠の規則であって、けっして恣意的ではなく、宗教そのものと同じくらい息の長いものである。宗教と国家についてのこのような連関の表象はどんな国民にも見られる。このことを次のような形で言い表すこともできる。すなわち人は法律と政治的な権威に従い、国家を結び合わせているもろもろの権力に従うことによって、神に従う、と。この命題は一面では正しい。しかしながら、法律がどのように解釈されるか、どのような法律が国家の基本体制に適っているかといったことが規定されないままでは、まったく抽象的に受け取られてしまう危険もある。つまり、先の命題を抽象的に表現すると、法律はたとえどのようなものであろうと、これに従うべきだ、となる。統治し立法する者はかくして政府の恣意に委ねられた。こうした状況がいくつかのプロテスタント系国家で現れ、しかもプロテスタント系国家でのみ生じえた。そのような国家でのみ、宗教と国家との統一があるからだ。国家の法律が理性的なものとみなされ、国家と宗教との根源的な調和を前提して、国法が神々しいものとみなされる。宗教は、国家で通用するものと矛盾するような宗教独自の原則をもたない。しかしながら、国家と宗教との形式的な統一にとどまるならば、恣意や圧政や抑圧に公然たる活動の余地が与えられる。このことがとりわけイギリスで（スチュアート家末期の王たちのもとで）[†1]表面化した。そこでは、受動的な服従が求められ、統治者はただ神に対してのみ自分の行為に責任を負うという命題が通用した。その際、国家にとって何が本質的で必然的であるかを統治者のみがはっきりと知っているということが前提されている。というのも、統治者と彼の意志は神の直接的啓示であるという規定〔ジェームス一世の王権神授説〕がさらにあるからだ。けれども、この原理はその後の展開の帰結によって、その反対へと転倒した。プロテスタントの間では司祭と平信徒の区別がなくなったため、司祭が神の啓示を独占する特権は否定され、ましてや平信徒にのみ属するような特権はないからである。そこで、統治者の神的な権威づけの原則に対抗して、一般信徒にも属するような権威づけの原則が立てられた。かくしてイギリスでは、どのように統治されなければならないかを啓示されていると主張するプロテスタントの一セクトが立ち上がった。彼らは主が与えたそのような霊感にしたがって反乱を起こし、王の首をはねた。[†2]それゆえ、法律は神の意志に基礎を置くということが一般論として確立されていたにしても、この神の意志を認識することも同じように重要な側面であって、しかもこの神の意志を認識することはけっして特殊なことではなく、すべての人間にできることなのだ。

†1　チャールズ二世（在位一六六〇—一六八五年）とジェームス二世（在位一六八五—一六八八年）。ヘーゲルはヒュームの『イギリス史』（独訳、一七八八年）を参照していると思われる。

†2　一六四九年にクロムウェル率いる独立派がチャールズ一世を断頭台で処刑したことをさす。やはりヒュームの『イギリス史』を参照していると思われる。

ところで、何が理性的であるかを認識することは思想的な教養形成の問題であり、とりわけ哲学の問題である。哲学はこの意味でしばしば世俗知（Weltweisheit）と呼ばれる。真実の法律がどのように外面的な現れで通用するようになったか（それらが統治者から奪い取られたのかどうか）はこの際、無関係である。自由や権利や人間性についての概念が人間の間で彫琢されていくのは、それ自体必然的である。法律が神の意志であるという真理において特に重要なことは、その法律がどんな法律であるかが明確にされることである。もろもろの原理そのものはたんに抽象的な思想にすぎず、その真実のあり方を発展のなかで初めて獲得する。もろもろの原理に抽象的に固執すると、それらはまったく真実ならざるものとなる。

三　最後に、国家と宗教とが分裂して別々の掟をもつこともある。世俗的なものの基盤と宗教的なものの基盤は異なっている。そこには原理にかんして、ある区別が現れてくる。宗教はたんに宗教本来の基盤にとどまるだけではない。宗教は主体にも働きかけ、宗教心と主体の活動にかんして指示を与える。宗教が個人に与えるこのような指示が、国家のなかで通用している法と共同倫理の諸原則とは異なることがありうる。この対立は、宗教の要求は聖性へと向かい、国家の要求は法と共同倫理へと向かう、と表現される。前者は永遠な生にかんする規定であり、後者は現世のかりそめの生にかんする規定であり、永遠の救済のために犠牲にされなければならない儚《はかな》い幸せのための規定である。かくして地上における天国という宗教的な理想が立てられ、現実の実体が精神世界で捨象される。世俗的な現実を断念するということが、現れ出てきた根本規定である。そこには世俗との闘争と世俗からの逃避とが伴っていた。実体的な基礎、真実なものに対して、それよりも高次だとされる別のものが対置される。

実体的な現実における第一の倫理は結婚である。神である愛は、現実では夫婦の愛である。この愛は、現存する現実における実体的な意志の最初の現れとして、自然的な側面をもつ。しかしそれは倫理的な義務でもある。この義務に対して、結婚の断念すなわち〔司祭の〕独身制が神聖なものとして対置される。

第二に、人間は個別的な者としては自然の必要性と格闘しなければならない。自分の活動と知性をもって自活するということは、人間にとって倫理的な定めである。というのも人間は自然的なあり方としては多くの側面に依存していて、自己の精神と勤勉さによって生活の資を得て、自然の必要性から自分を解放しなければならないからである。それが人間の実直さである。この世俗的な義務に対置された宗教的な義務は、このような仕方で活動してはならないこと、そのような世俗的な配慮にあくせくしてはならないことを要求する。商取引の全領域、営利や産業などに関係するあらゆる行為の全領域が放棄され、人間はそのような目的にかかわり合ってはならないとされる。しかしながら地上では、生活上の必要の方がそのような宗教的な見解よりも合理的である。人間の活動は何か神聖でないものとしてイメージされ、所得を得た場合には、この所得を自分の活動によって増やさないだけではなく、所得を貧者に分け与えること、とりわけ教会へ、すなわち何もせず何も働かない者たちへ献金することが要求される。生活のなかで実直として高く評価されるものが、神聖でないものとして放棄される。

第三に、国家における最高の倫理は、理性的で普遍的な意志が実際に働くということに基づいている。主体は国家のなかで自分の自由を得る。自由は国家のなかで実現される。これに対抗して宗教的な義務が立てられる。それによれば、自由は人間の究極目的ではなく、人間は〔神と教会に対する〕厳格な恭順を示して、自らの意志をもってはならない、とされる。さらには、良心と信仰においてさえも、自分を放棄すべきで心の最内奥において自分を断念して〈自己〉を放棄すべきだ、と要求される。

もしも宗教がこのようにして人間の活動を押収してしまうならば、世俗世界の合理性に対立した独特の指示が人間に押しつけられることになろう。これに対して、現実のなかに真実なものを認める世俗知が登場してくる。精神の意識のなかに精神の自由の諸原理が目覚める。かくして自由の要求は、自己断念を要求する宗教的な原則と闘争に陥ることになる。カトリックの諸国家では、主体的な自由が人々のなかに登場してくると、宗教と国家とがこのように互いに対立しあうことになる。

このような対立のなかで、宗教は否定的な仕方でのみ自分を語り、人間にあらゆる自由を断念すべきことを要求する。人間はその現実的な意識において、そもそも無権利である。宗教は現実的な共同倫理のなかに絶対的な正当性をまったく認めない。こうした〔敵対的な〕立場は現代世界に登場してきたとてつもない区別であって、人間の自由が端的に真実なものとして承認されるべきか、それとも宗教によって放棄されるべきかが問われることになる。

すでに述べたように、宗教と国家との一致は現に存在することができる。このことはプロテスタント系の諸国家では、まだ抽象的な形ではあるが、一般にたてまえとして現実のものとなっている。プロテスタンティズムは、人間が自分の知っていることだけを信じ人間の良心が神聖なものとして不可侵であることを要求するからである。神の恩恵を受ける場合も、人間はけっして受動的ではない。本質的には、主体的な自由をもってそこに居合わせ、自分が知り意欲し信じる際に、主体的な自由の契機がはっきりと要求されている。これに対してカトリックの諸国家では、両面は不一致であり、宗教は国家の原則から区別されている。このことはかなり広範な領域に見られる。一方に自由の原理を認めない宗教があり、他方にこの原理を基礎に据えた国家体制がある。人間は生まれながらにして自由であると言われるが、これは無限の価値をもった原理である。しかしながら、このような抽象的な言い方にとどまるかぎり、国家体制の有機的な組織は何も生まれはしない。有機的な組織は分節化を要求し、そのなかで義務と権利が制約されるからだ。有機的な組織が本当に生き生きと機能するためには、さまざまな不等が生じなければならないが、「人間は生まれながらにして自由だ」と叫ぶあの抽象的な言い方は不等をいっさい認めようとしない。

自由の原理は真実ではあるが、それを抽象的な形で受けとめてはならない。人間が本性上すなわち概念からして自由だという知は近代のものだ。その知が抽象的なものであろうとなかろうと、自由の原則に宗教が対立することがある。そのような宗教は自由の原則を認めようとせず、これを無権利なものと見なし、勝手な意志だけを合法的と見る。そうすると必ず争いが生じ、その争いは本当に調停されることがない。宗教は意志の放棄を求める。これに対して、世俗の原理は意志を根底に置く。世俗の原理に敵対するあのような宗教的な原理が頭をもたげてくると、政府は自分たちに対立する宗教を力づくで抑圧・排除し、あるいはこの宗教のメンバーを良からぬ徒党として扱う。宗教は教会としては十分賢明で、外面では譲歩できるけれども、精神のなかには不整合が生じてくる。世俗世界は或る特定の宗教〔カトリック〕を信奉しながら、同時に、それに対立する諸原理〔自由の諸原理〕に依拠している。このような諸原理を堅持しながらこれと対立する宗教を信奉しようとすることは、大きな不整合となる。例えば世俗的な自由の原理に固執したフランス人は、カトリックを信奉することを実際にやめた。カトリック教会はなに一つ放棄せず、教会への無条件的な服従をひたすら求め続けたからだ。宗教と国家とがこのように矛盾しあっている。フランス人は宗教を脇に置いて、思いのままにさせてきた。宗教は国家が関わりをもたない個人のプライベートな問題とされ、さらには、宗教を国家体制に介入させてはならないと言われた。自由の根本諸原則を立てる際、これらの原則は人間の最も内奥の自己意識と結びついているがゆえに真実であると言い立てられる。自由の諸原則を見いだすものが実際に理性であるとするならば、理性はこれらの原則が真であることを確証する。ただしそれは自由の諸原則が真実であって、けっして形式的なものにとどまらない限りでのことだ。しかもその証明は、自由の諸原則を絶対的な真理の認識へと連れ戻すことによってなされる。その絶対的な真理の認識こそ哲学の対象にほかならない。この認識は完全に徹底した分析にまで遡らなければならない。なぜならこの認識が完成されなければ、一面的な形式主義にさらされるからだ。けれども最後の根拠にまで達した場合には、最高のもの、神として認められるものに行き着く。一方に国家体制があり他方に宗教があるとよく言われるが、その言い方には、自由の原則が一面性にとらわれているという危険がある。われわれは現に世界が自由の原理に満たされているのを見る。しかもこの原理はとりわけ国家体制に関係している。これらの原理は正しいが、形式主義にとらわれている場合には、認識が最後の根拠にまで行き着かず、たんなる偏見にとどまっている。最後の根拠に達したところでのみ、端的に実体的なものとの和解がある。

国家と宗教とが分裂している場合に考察されるもう一つのこと。それは、現実的な自由の諸原則が基礎にあり、それらが法の体系にまで発展し、そこから現行の実定法が成立し、これらが個人との関係において法律一般の形式をとる、という面である。立法の維持は裁判に委ねられている。法をおかした者は法廷に引き出される。かくして、〔国家〕全体の存立が一般にそのような司法的な形式にゆだねられている。さらに司法的な形式には心構えという内的なものが対立していて、この内的なものが宗教の基盤となっている。かくして現実に属する二つの側面、すなわち実定的な立法とそれに関する心構えが互いに対立しあっている。

国家体制には二種類のシステムがある。一つは近代的なシステムである。ここでは、自由についてのさまざまな規定とそれらの全構造が形式的な仕方で維持され、心構えは考慮されることがない。もう一つは、心構えを中心にすえたシステムであり、プラトンの『国家』で展開されているようなギリシャ的な原理一般である。ここでは幾つかの身分が国家の基礎をなし、全体は教育と教養形成に基づいていて、この教養が学問と哲学にまで進むべきものとされる。哲学が支配的であるべきで、哲学によって人間は〔ポリスという〕倫理的共同体へと導かれなければならないとされる。あらゆる身分が賢慮の徳（σωφροσύνη）に参与すべきとされる。心構えと、形式を守った国家体制、この両面は不可分であり互いに他を欠くわけにはいかない[†1]。これに対して、近代では一方に国家体制が自分で自分を支え、他方の心構えや宗教、良心はどうでもよいものとして脇へのけられるという一面性が現れる。個人がどのような心構えをもち、どのような宗教を信じるかは国家体制には無関係だと考えられるからだ。けれども、これがいかに一面的であるかは次のことからも明らかである。法律は裁判官によって取り扱われる。その際、裁判官の公正さと賢明な洞察が重要となる。法律が支配するのではなく、人間が法律をして支配させるからだ。裁判のこうした活動は具体的なものであって、人間の意志とその洞察とが自分の義務を果たさなければならない。主体の意志がしばしば決定しなければならないのは、民法の規定が広範囲に拡がりながらも、具体的なケースの一つ一つにまで言及できないからである。これに対して、心構えだけというのも一面的で、プラトンの国家にはこうした欠陥がある。今日ではそのような洞察にけっして頼ろうとはせずに、むしろ万事が実定法によって処理されることを望む。このような一面性の大きな一例をわれわれはごく最近の時事ニュースのなかで体験したばかりだ。フランス政府[†2]の尖端には或る宗教的な心構え〔カトリシズム〕が見られたが、この心構えは国家一般を無権利なものとみなし、法と倫理的共同体という現実に敵対的に振る舞った。つまり、最近の革命〔七月革命〕は国憲の諸原理に矛盾した宗教的良心の帰結であった。しかも今やその同じ国憲に従って、個人がどのような宗教を信じるかは問題ではないとされている。この軋轢が解消される日はまだまだ遠い先のことであろう。

†1　プラトン『国家』の身分論についてはとくに 369b ff. 教育については 376e ff. 哲学の支配については 473c-d, 502c ff., 503b 最も重要な洞察については 504e-505a 参照。
†2　最後のブルボン王朝、シャルル十世（在位一八二四―一八三〇年）下のポリニャック内閣（一八二九―一八三〇年）。

心構えは必ずしも宗教の形式をとるとは限らない。心構えはもっと漠然としたものにとどまることもある。けれども民衆というものは、究極の真理をさまざまな思想や原理の形でとらえるのではない。民衆が正義（法）とみなすことのできるものは、具体的に特定された正義（法）にかぎられる。国民にとっては、正義（法）と倫理というこの〔具体的に〕規定されたものは、その最後の確証をただ現存する宗教の形式においてのみもつ。しかもこの現存する宗教が自由の諸原理と結びついていないときには、いつでも分裂と解決されざる不和がある。すなわち国家においてまさに起きてはならない敵対関係がある。ロベスピエール治下のフランスでは恐怖が支配した〔一七九三年六月から九四年七月までの恐怖政治の時代〕。しかもその恐怖は自由の心構えをもっていなかった人々に向けられた。彼らは心構えのゆえに嫌疑をかけられたからである。〔七月革命においても〕同じようにシャルル十世の〔ポリニャック〕内閣も嫌疑をかけられた。憲法の形式によれば、君主はいかなる責任からも免れていたはずである。しかしこの形式的な規定は持ちこたえなかった。王家は玉座から突き落とされた。そこで明らかになったことは、形式的に完成された憲政においても、最後の頼みの綱はやはり心構えだということだ。この心構えは国憲のなかで脇へおしのけられたが、今や一切の形式を蔑視して台頭してきている。こうした矛盾が存在し、しかもそれについての無自覚が支配的である。これにわれわれの時代はいま悩んでいる。

第二部　規定された宗教

はじめに

宗教全般は類であり、もろもろの宗教はその種である。しかしこれらの種を経験的に受けとめてはならず、普遍的なものから導出しなければならない。われわれは〔第一部では〕宗教の概念、すなわち宗教の本来的なあり方から始めた。言い換えれば、われわれ〔哲学者〕にとっての宗教から始めた。いま始めるべきもう一つの課題は、宗教の概念が端的にみずからを実現するさまを見ることだ。宗教はその実在性を意識のなかにもつ。真実の宗教〔キリスト教〕において初めて、宗教の概念にふさわしい意識が現れる。それより低次の諸宗教にもたしかに宗教の概念は現存しているが、まだやっと潜在的に現存しているにすぎず、宗教の概念が本当のところ何であるかということはまだ意識されていない。それゆえ、たとえこれらの宗教が潜在的に宗教の概念を含んでいるにしても、これらは真実の宗教ではない。宗教では意識こそが問題なのだから。この事情は、人間はもともと自由だといっても、例えば自由の意識をもたないアフリカ人には何の意味もないのと同じである。

宗教は精神と精神との関係である。しかしこの関係、この概念は初めは直接的で自然的なあり方をしている。精神の行為と進歩はいまやこの直接性を廃棄することにある。それゆえわれわれは、

まず第一に、自然的な宗教を考察しなければならない。自然的な宗教においては意識はまだ感覚的であり、まだ自己分裂していない。

第二に、意識はこの自然的なあり方を乗り超える。しかもこの乗り超える仕方にはさまざまな形態が認められる。それらの形態はさらに、神の存在のさまざまな証明に応じて、神についてのさまざまな特質規定となって現れる。

このように次第に進歩して行く宗教の特質規定は歴史的な側面をもち、おのおのの特質規定はさまざまな国民のもろもろの宗教となる。これらの宗教はわれわれの宗教ではない〔異教である〕が、しかし、それらのすべてが要素としてわれわれの宗教のなかに含まれている。

章別編成

（1）直接性における宗教、ないしは自然的な宗教。ここでは人間はまだやっと自然的な知であり、自然的で動物的な意欲であるにすぎない。それゆえこれは本来の宗教ではな

い。いわゆる呪術がこれに属する。

（2）　意識の自己分裂がはじめて本来の宗教への道を開く。その分裂とは、絶対的な威力としての神と、はかない偶然的な存在としての人間主体への自己内分裂である。

（3）　この領域で和解〔を成就するの〕は美の宗教である。人間主体はその自然的なあり方から共同倫理的なあり方へと自己を純化した。かくして神的なものは主体に対してもはや否定的にかかわるのではなく、肯定的にかかわる。他面でしかし、ここでは全体がすでに善と悪との無限の対立を通過したというわけではなく、神々もすでに無限の精神であるというのではなく、まだ自然的要素にとりつかれている。

A　自然的な宗教†

†　自然的な宗教の範囲は一八三一年度に劇的に縮小され、本質的には呪術宗教に限定された（左記（3）以降）。この章は「自然的な宗教」の語義をめぐる議論から始まる（左記（1）、（2））。この語の第一の意味は、「自然的な宗教」（理性的宗教）対「啓示宗教」（超理性的宗教）をめぐる啓蒙主義の論争を指している。このテーマの先取りは二七年の講義にもある（二〇〇頁）が、詳しく論じられたのは三一年が初めてである。第二の意味は、自然的な宗教は原始的な宗教であるというもので、人類の原初状態についてのかつての議論が紹介されている。

（１）　人間がみずからの理性の光によって神について認識することができると主張する理神論も、自然的な宗教と名づけられた。しかしこれは自然性の宗教ではなく、むしろ抽象的な宗教と言うべきだ〔四〇頁†１参照〕。

（２）　自然的な宗教のもう一つの語義は、人間精神の原始的な真実の宗教のことである。この宗教の断片が他のあらゆる宗教のなかに見いだされると言われている（Fr・v・シュレーゲル）。†無垢の状態と黄金時代についてのヘブライとギリシャの伝承で話題になっているのは、たんに欲求が単純で情念がまだ生じていないということだけであって、神が認識されているということではない。しかしながら、いずれにしても、これらの民族は人間の潜在的な本質を過去の一状態として表しており、また未来に再来する一状態としても表している。実際に人間の本質が一つの時代の、しかも原初の時代の状態であったというのは、精神の概念に反する。精神は精神が作り上げるものであり、それゆえ、ただちにすでに精神として現れるのではなく、初めはただ潜在的な萌芽としてある。知も意欲もただちに完全であるわけではない。普遍的なものを知る知は知覚を否定して初めて生じる。同じように、善を欲することも、完全に自然的なむきだしの意志の否定から生じる。それゆえ知と意欲は二つとも媒介されている。さらに神の認識に達するために、人間は自己の自然的な特殊性を取り除かなければならない。それゆえ原始宗教なるものを歴史的に証明しようとする試みは支持しがたい〔二一八頁および†参照〕。

† シュレーゲルは『インド人の言語と智恵について』のなかで、人間の精神が神的な認識の単純さを見捨てたり失ったりしたことは誤りであったというインドの伝統的な信仰を引き合いに出しながら、「けれどもそのような認識の痕跡は迷信の闇のまっただなかでも、なおも明るい光を放ち続けている」と述べている。本書二〇六頁参照。

（3）　自然宗教のなかでも最も基底にある宗教形態は、日月や山河などの自然対象を崇拝する宗教であるとふつう考えられている。これはしかし間違いだ。人間は自己意識の最初の段階でも、精神的なものである自己自身を、自然に対して一層高いものとして感じていた。宗教は精神の国においてのみ生じるからだ。しかしながら直接的な宗教では、精神は直接的にはまだ自然的な宗教である。普遍的な威力としての精神は、個別的で偶然的・属性的なものとしての自己からまだ区別されてはいない。人間は外面的な事物にまったく依存しており、同じように有限な諸目的に駆りたてられている。人間はこうした自然性を超える威力として精神を知る。ただしそれは、個々の災難を防ぎ個々の感覚的な楽しみ（享受）をもたらす威力であるというにすぎない。このような威力はまだ真実の威力ではない。それはすぐに人間そのものに属する。これに対して次の段階では、人間は直接的にこのような威力なのではない。誰も準備なしにこうした威力を行使できるわけではない。そのためには興奮によって媒介されることが必要となる。この外面的な状態にある人間は、いまや自然のあり方を超える威力として知られる。これがいまなお多くの民族に見られる呪術宗教だ。ここには自由の契機があるけれども、それは単に自然的な諸目的に向けられているために、まだ非常に不完全なものだ。他面では、恐怖がこの宗教を支配している。

これはエスキモーのあいだに見いだされる唯一の宗教である。彼らのあいだには、鯨を引き寄せ嵐を引き起こす呪術師たちがいた。〔パリー『大西洋から太平洋への北西航路発見にむけた航海日誌』。一一三三頁†参照〕。

モンゴル人などに見られるシャーマンも、これとよく似ている。彼らは催眠的な夢遊病の気質をもった人たちで、薬を飲んだり飛び跳ねたりして、地面に倒れ伏し、こうした〔エクスタシー〕状態で言葉を口走る。

黒人たちについて、彼らはみな呪術師だとヘロドトスがすでに言っていた〔『歴史』第二巻三三、松平千秋訳、岩波文庫、二〇〇七年、二〇九頁〕が、いまでもそうだ。村の長が雨を降らせると信じられている。だが〔この目的のために〕、村人たちは村の長を縛って抑えつける。そして丘へ登って派手な衣装を着て、語り、わめき、天につばする〔カヴァッツィ『歴史記述』。一二三六頁†参照〕。ここでも重要なのはエクスタシーだ。エクスタシーのなかで呪術師は通常の限定された状態の外に出て、自然を超える威力を得る。

しかし人間は死んだあとの方が、こうした威力をいっそう強く行使する。そこで黒人たちは、死者たちが生者を支配する威力をもつと考える。災難や死は死滅した敵の仕業である。あるいは、まだ生きている〔敵〕のせいである。なぜなら彼らは死を自然の結果としてではなく、いつもただ人間の行為の結果としてのみ見るからだ。死者たちは魔法によって拘束される。彼らは長いあいだ埋葬されなかったり、また、すでに埋葬された者の屍が掘り起こされ、首が切り落とされたりもする。巫術者《ふじゅつ》たちもそうした扱いを受ける。彼らはものに憑かれたように狂乱し、死者が何と和解したがっているかを告げる。血と骸骨には特に威力があると信じられているので、骸骨を保存したり、血を体に塗り付けたりする。野獣よけとして骸骨を自分の身にぶらさげる。こうした段階の宗教信仰が呪術である〔カヴァッツィ前掲書〕。

黒人は呪物《フェティシュ》（物神）を自分たちの神々とする。彼らは樹や動物など手当たり次第の物を彼らの呪物や鬼神《デーモン》（守護霊）にする。なにか事が起これば、その呪物はこわされる。

この最も低級な宗教形態は広く普及している。とりわけ意識が貶められている中心地帯アフリカで普及した。意識の貶めは世俗の生活でも、人食いや奴隷制として現れる。人間が尊厳をもつのは、自然的でむきだしの意志としてではない。端的に存在する実体的なものについて少なくとも一般的な知識をもち、さらに、そのように知ることのなかで自然的な主体を放棄することによってのみ、人間は尊厳を保つ。

B　宗教的な意識の自己内分裂

意識は自己内で分裂し、自然的で偶然的な自己に対して一つの実体的な威力を対置する。

この威力に対して、個別的なものとしての意識自身はたんに偶然的に存在する虚しいものとして関係する。この威力はあらゆるものを存立させるとともに、没落させもする。汎神論と呼ばれるものがこの形式である。この威力はたしかに思考されたものではあるが、まだそれ自身において精神的なものだとは知られていない。これについてさまざまな面から考察しなければならない。

（1）意識の高まり。この高まりはただたんにわれわれの考えなのではなく、この宗教形態の意識そのものに属することだ。この意識はみずから思考へと高まるけれども、そのことについての思想を抱くことはない。この思考への高まりを思考によって考察するのは、われわれの側からの手出しなのだ。

（2）次に、偶然的なものに対するこの威力の関係も考察しなければならない。偶然的なものは、それだけでは無であるため、実体がただちに現前している。これが汎神論の特質である。

（3）精神として特徴づけられるということが実体〔神〕にはまだ欠けているため、実体は〔精神としての〕こうした具体化を自分に与えようとつとめる。しかしながら、この具体的な形態化はたんに外面的に付け加わるものであって、本質実在〔神自身〕の特定化の働きとは考えられてはいない。ここでは空想が勝手気ままに多様な形態で翼をひろげる。

（4）特定化された状態の最終点は一《いっ》であり、〔個別的な〕このものである。個別的なものへの特定化は主観性の性格に属する。けれどもこの個別的なものは外面的に知りうるもので、感覚レヴェルで現前するひとりの人間が普遍的な威力として知られる。
（5）人間がみずからの本質実在〔神〕との合一のうちに自分を保つためにしなければならないこと、それは祭祀である。

これらの点のうち、とくに最初の二点だけを取り上げて一般的に考察する。ほかの点は具体的な宗教形態のなかで考察する。

a　有限なものから無限なものへの意識の高まり

この高まりは精神の最も本質的な運動である。それは〔神の存在の〕宇宙論的な証明のなかに表現されている。とはいえそれは、人が神の次元にまで高まるというとき、あたかも宇宙論的証明のような規則通りの推理をしているわけではない。また、人々の確信があたかもこのような推理にもとづいているわけでもない。この推理の個々の部分について意識できるのは、教養形成をとげた意識である。もちろんこの高まりは思考のなかで生じるのだが、しかし「一方に思考があり他方にそれについての意識がある」という言い方ではしばしば不十分だ。人間は自己と世界を意識している。しかし人間が自己と世界とをたんに偶然的なものと見る場合には、自己と世界は人間にとって不満である。人間は自己を端的に存在する必然的なものへ高め、このような偶然性を超える威力あるものへと高める。このことは、例えば人間が天にまなざしを向けるときのように、感情の最も単純な形においても生じうる。

この歩みのまったく形式ばった記述は、宇宙論的証明の次のような推理である。「あらゆる偶然的なものは一つの必然的なものを、その前提としてもたなければならない。しかるにこの世界はいま偶然的なもののたんなる集合である。それゆえ世界は或る必然的なものを前提しなければならない」。この証明は、偶然的なものから必然的なものへと進む。これに代えて、有限なものから無限なものへ、多から一へという形にすることもできる。この推理の共通の定式化はこうだ。「偶然的なものがあるのだから、必然的なものもなければならない」。けれども真実はこうだ。「偶然的で多様なもの等々は真に存在するわけではない。本当にあるのは〈一なるもの〉だけなのだ」。これを抽象的に定式化して、「現存する一切のもの（alles Dasein）の真理は存在（Sein）である」とすることもできよう。個別的で有限なものは、自分が否定するものに本質的にかかわる場合には（例えば、人間が空気や水など〔生きる基盤〕にかかわる場合には）、無限なものへとみずからを高める。そうすることで、個別的で有限なものは自己を無限なものへと高める。神の存在証明についての通常の意識には、こうした否定の契機が欠けている。証明の出発点となった有限なものがそのまま残される。そうして無限なものが、媒介され制約されたものとして現れる。ところが〔有限な〕多がむしろ非存在だと想定されると、〔無限な一への〕移行と媒介もかりそめのものに引き下げられてしまう。

b　偶然的な存在に対する実体の関係

これがもう一つの面である。意識の高まりのなかで忘れられた偶発的な存在（Akzidenzien）の方に実体は向きなおる。精神はいつまでも結果に立ち止まっているのではなく、全体をとらえる。端的に必然的なものは端的に存在する。しかし、それはもともと偶然的な存在を含み、それら偶然的な存在は無であるような存在者、空無なものとして規定される。これら偶然的な存在は、存在から無への、あるいはその逆への、たえざる交替と転換である。誕生は死であり、死は誕生である。存続するものはただこうした交替のみであって、統一として考えられたこの交替こそが実体的なものなのだ。これが東洋的なスピノザ的実体である。

このような実体観の欠陥は、実体の生成と没落のみがあって実体の自立性がないという点にある。実体はまだ主体ではなく、実体内ではまだ規定を欠いている。さまざまな形態が生じては消えていくが、そこには何の目的もない。あらゆるものが実体のなかへと入っていくが、そこから何ひとつ再び出ることがない〔V. 9. 105ff.『哲学史講義』下巻二四七頁〕。つまり、規定されたものは一つもなく、あるのはただ（インド人の幻想内容のように）ふらふらよろめくものだけだ。こうした体系がふつう汎神論と呼ばれている。実体はもろもろの事物に対して受動的で否定的にふるまう。実体は一方ではもろもろの事物によってのみ成り立つが、他方ではこうした制約から存在を純化する。すなわち有限なものを無とする。そうであるがゆえに、汎神論を「何から何まで神とするもの」と解釈することはばかげている。汎神論が最も崇高な形で現れるのは、東洋の詩人たち、とくにペルシアのマホメット教徒、例えばリュッケルトによって訳されたジャラール・ウッディーン・ルーミーにおいてである。†

† フリードリッヒ・リュッケルト編訳の詩集『メウラナ・ドゥシャルディン・ルーミー』テュービンゲン、一八二一年。

偶然的な存在に対する実体の本質的な関係は、実体が偶然的な存在を支配する威力であるということにある。実体についての抽象的な思考は、実体という一面にとどまることがある。たんなる実体には精神の契機がまだ欠けているが、しかし宗教は完成された理念であるから、精神の契機を欠くわけにはいかない。宗教の最も下位の段階においてさえも、欠くわけにはいかない。実体そのものは精神ではないのだから、精神は実体の外にある。しかも有限な精神として、一人の人間は実体のあの威力を執行する者である。しかしこのことは、その人間があれこれの個人の形で、権力の保持者として現存するという一面であるにすぎない。もう一面では、人間は実体に対して一つの空無なものである。人間は実体への屈伏と自己の断念を経て、あの威力との同一性に達する。それゆえ実体の側からすれば、実体は有限な精神として現実的である。だがこれに対しては、もう一つの側である非自立的なものが対立する。

以上がこの宗教形態の総論である。この宗教形態は東洋の宗教の次の三形態に具体化されて現れる。

（1）中国の宗教。この宗教のなかで実体は知られてはいるけれども、自己内で規定された基礎として、すなわち度量として知られている。

（2）インドの宗教。抽象的な一体性（統一）としての実体が精神に類似している。人間はこの抽象的な一体性へと高まる。

（3）ラマ教・仏教はひとりの特殊的な個人〔ラマや仏〕のなかに実体の具現を見いだす。他の人々もこうした具現へと高まろうとする。それが無の境地（Vernichtung）である。

一　中国の宗教

中国の国家宗教も、その基本は一種の汎神論である。実体は度量（das Maß：質と量とを合一した「質的に規定された量」）として知られ、それのもろもろの固定的な規定が理法と称される。これらの法則と度量はまずは、さまざまな形象である。次にもっと抽象的にとらえると、もろもろのカテゴリー、例えば⚊（然り）と⚋（否）である〔二五二頁の八卦の説明参照〕。これらのカテゴリーは、自然との関係では、〔四つの〕方位や〔五〕元素のなかで具体的な意味をもつ。また人間関係においても、五つの根本法則（五倫）のなかで、つまり両親、先祖、皇帝、兄弟姉妹、夫婦、すべての朋友に対するそれぞれの関係のなかで具体的な意味をもつ。[†] 多くの人々がこうした理法の研究に生涯を捧げている。肝心なことは、これらの根本法則が帝国における日々の生活に運用されるということだ。そうでないと、天罰として災厄が国家にふりかかる。この度量の維持は皇帝の務めである。皇帝は天の息子、天子、すなわち度量をそなえた目に見える天であるからだ。皇帝のみがひとり、天であるこの理法を敬って供物を捧げる。ほかの者たちは皇帝を敬う。戦争や洪水やコレラなど国全体を巻き込んだ災難が生じると、皇帝は自分が帝国のたずなをしっかりと引き締めていなかったことを懺悔して、部下の官吏たちにも反省を求める。

† 『北京の宣教師による……論稿』（二四一頁†参照）第五巻にこれに関する記述がある。「世界史の哲学」講義（上巻二〇三頁）では『書経』のなかで五倫が説かれていると述べ、君臣、父子、兄弟、夫婦、朋友という関係における五種類の義務をあげている。ここ宗教哲学講義では、先祖への義務が加わっている。

中国の宗教では、すべてが道徳的な生活に還元されるため、これを道徳的な無神論[†1]と呼ぶことができる。これらの義務と度量規定はとりわけ孔子の作品のなかに含まれている。[†2] それらは本当はもっと古い起源をもつのだが。

†1　シュトラウスはこう要約しているが、ヘーゲルは「道徳的無神論」という言葉を中国の宗教全般に用いるのではなく、儒教について用いている。

†2　孔子の作品についてのヘーゲルの知識は、一つには、影響力のあった昔の書『中国の哲学者　孔子』（パリ、一六八七年）に依っている。ただし、ヘーゲルはこの書をあまり評価していない。もう一つは、ジョシュア・マーシュマン（Josua Marshman, 1768-1837 イギリスのバプティスト派宣教師。インドに行き、セランポールに伝道を開拓。サンスクリット語および中国語に熟達。セランポール学校を創設して、現地語で各種の出版を行った）による『論語』の英訳『孔子著作集』第一巻（セランポール、一八〇九年）による（ラッソン版『歴史哲学』Bd.2. S. 315f.）。またヘーゲルは『北京の宣教師による……論稿』第一二巻「孔子の生涯」のなかにも、孔子の詳細な――いくぶん尾ひれが付いて誇張された――伝記を見つけたであろう。

しかしながら、そこに見られるもろもろの固定的な規定は多くの特殊的な規定の寄せ集めである。それらの規定はいろいろな活動と威力としても知られているけれども、〔全体として〕皇帝に従属している。それらの規定はとりわけ物故した祖先として想い浮かべられるが、想像の産物である守護霊としても想い浮かべられる。新王朝は一群の新しい守護霊を導入する。その際、それまで権勢を誇ってきた祖先の墳墓は破壊され、守護霊に向かって、新制度〔を布告する法令〕が一人の将軍によって読み上げられる。罷免された守護霊はさんざんにこき下ろされる。紀元前一一四二年の周王朝の廃止のときがそうだった。† 個人の特殊的な使命も特殊的な威力によって定められる。とくに神霊《シン》や守護霊によって定められる。それによって、ありとあらゆる種類の迷信の扉が開かれる。人々は自分の身にふりかかってきた一切のことを自分のせいにするのではなく、この守護霊のせいにすることで、みずからの自由を見いだす。中国人たちは物神（呪物）を操り、占い師をもつ。予言はあの一般的な罫線〔卦《か》〕に対応する細い棒を投げてなされる。

† 『北京の宣教師による……論稿』第一五巻による。正しくは紀元前一一二二年。二四五頁以下参照。

二　インドの宗教

中国の宗教では〔神的な〕威力はもろもろの特質規定の寄せ集めとして知られている。それゆえ、けっして理法（理性）や原理や精神としては知られていない。これに対してインドの宗教では、こうした多様さは一体性（統一）へと還元される。このような収斂こそ精神性の始まりであり、思考である。この思考は自己自身を規定する〈一なるもの〉である。インドの汎神論の始まりは、実体〔神〕が一つの思考であって、それがわれわれの思考のうちに現存するという点にある。けれども、それでもって直ちに精神が絶対者であるわけではない。思考は自己の内部に閉じこもったままである。思考はたしかにあらゆる威力の源ではあるが、まだ表象にとどまっている。思考はそれ自体において、差異を体系性のある現象へと形成する。だが、インドの原理はまだ十分成熟していないために、こうした展開はあの原理の外にこぼれ落ちて、野蛮な無限性に委ねられる。第三に、このように差異を統一へと連れ戻すことによって、理念の精神性が完成される。このような連れ戻しがインドの宗教にはある。ただし、その仕方は形態を欠いている。精神性のあらゆる契機があるけれども、それらが精神を形成することはない。まず初めに、このような抽象的な〈一なるもの〉を考察し、次に、自由奔放な空想を、そして第三に、〔あらゆるものが〕〈一なるもの〉のなかへと連れ戻される様を考察しなければならない。祭祀はこの〈一なるもの〉に結びついている。

（1）ここでは、規定されながらも自己自身を規定する普遍的なものが原理である。けれどもこの普遍的なものは形式的な知にとどまっている。

この最初のものはブラフマンと呼ばれる。ブラフマンについては、この普遍的なものをわれわれ人間が思考し、しかもわれわれの思考そのものがこの普遍的なものである、と言われる。ブラフマンはこのような思考として現存するに至る。この原理とわれわれの抽象的な思考は威力である。この純粋な威力が世界を創造した。このことはインドの〔神話〕叙述のなかで、さまざまに異なった形で描かれている。けれども自己関係的な純粋な思考活動が自己自身を産出するという根本特徴は、いつも変わらない。この純粋な活動は言葉とも呼ばれる。そのなかに次のような叙述がある。ブラフマンは水を造り、この水のなかに一粒の種を蒔いた。そこから卵が出来て、この卵のなかにブラフマーが生まれた。ブラフマーはみずからの思想によって〔世界を〕分節化し、自身の言葉によって、その他もろもろの力を創造した〔『マヌ法典』の英訳「第一章　世界創造」。渡瀬信之訳注、平凡社、二〇一三年、二一頁以下〕。もう一つ別の叙述はこうだ。初めは一者以外に何もなかった。一者は思考の力によって初めて欲求・欲望などを造った〔アレクサンダー・ダウ『ヒンドスタンの歴史』第一巻。二九三頁†2参照〕。

この思考はしかし、自己意識的な実在すなわち人間における思考として知られる。つまり、ブラフマンはバラモン階級《カースト》のなかに現存する。彼らによるヴェーダの読誦は、神そのものである。〔J・A・デュボア（Dubois, 1765-1843）『インドの習俗、制度、儀礼』一八二五年〕。自己意識はその抽象的なあり方では、ブラフマンそのものであるから、ブラフマンの祭祀はブラフマンそのものと合致する〔F・ウィルフォード「西方の聖なる島々について の論稿」。三〇一頁†1参照〕。ブラフマンはさまざまに異なる祭祀をもたない。祭祀において、人間は神的な実在の内容で自分を満たす。人間はなおも、その神的な実在を自分から区別する。ブラフマンにおいてはこのような区別は消え、それとともに祭祀も消える。バラモンたちは〔もろもろの分別を捨象した〕抽象的な自己意識を産み出さなければならない。インド人がなんらかの神の栄誉のために祈り目を閉じて合掌し無心の境地に入るとき、これがブラフマンなのだ〔ウィルフォード前掲書〕。これこそ祭祀の至高の境地である。これは肯定的な救済ではなく、意識の有限性と鈍麻と無化からの純粋に否定的な救済である。それは解放ではなく、ただ特殊性からの逃走にすぎない。

バラモンたちはブラフマーの口から生まれた〔『マヌ法典』の英訳。前掲訳三六頁〕。彼らは直接的にこの絶対的な威力である。それ以外のカーストは果てしない懺悔を媒介にしてのみ、この高みへ高まることができる。ちなみに、この懺悔をキリスト教の意味で受けとってはならない。これらの懺悔はここでは完全性へいたる道であって、〔キリスト教のように〕罪を前提していないからだ。インドの哲学も同じように抽象的だ。その目的はわれわれの哲学のように、神や世界などについての具体的な洞察ではなく、具体的な内容を取りのぞくことにある。

けれども、いまや〔具体的な内容を脱却した〕抽象的な自己意識が絶対的な威力として知られる。厳格〔な修行〕を通じてその境地に達した者は、ヨーギーである。ヨーギーやバラモンは天気を操り、王をなきものにしたり、空を飛んだり等々する〔三〇二頁参照〕。この自己意識はしかし、一般に自然の威力として知られている。バラモンは世界を保持しているが、しかし無意識的に保持している〔『マヌ法典』の英訳。前掲訳三五三頁〕。ちょうどこの絶対的な思考が意識を欠いた思考であるように。

インド人のあいだでは動物崇拝も見られる。とくに牛は非常に尊敬される。意識が朦朧とした状況は神がかった状態ではあるが、この状態にある人間は動物からそれほど遠くない。なぜなら、人間の特定の活動が無とみなされるために、インド人にはいかなる自由もない。

人間の個々の目的が本質的なものとみなされるということが自由には含まれているからである。

（2）　たんに抽象的な統一性しか知られていない場合、多様性の面はその統一の外にこぼれてしまう。この多様なものから神話が始まる。第一のものは形態を欠くものであったが、第二のものはもろもろの多様な形態である。この神話のなかには二重のものが現れている。一つは、多様な内容であって、それは第一のものが自分のなかで展開したものとして知られるのではなく、第一のものの外にこぼれ落ちる。第二にしかし、こうした多様なものが、それらの特定のカテゴリーに従って散文的状態にある事物として考察されるのではなく、想像力が多様なものに対して精神性一般や魂を与える。例えばヒマラヤやガンジスのように内容が完全に限定されたものである場合には、主体はそれ自身において空虚な形式である。〔ギリシャの〕美の宗教では、主体の精神的な形式はいつも精神的な内容ももっているが、インドの宗教では、内容は自然的なものだ。神話〔に登場する神々〕の諸形態のぶざまさ——例えば象の頭をもった神など†——は、内容が形式にふさわしくないところから来ている。

象の頭をもったガネーシャ

† ヘーゲルはインドの神ガネーシャ（シヴァの軍勢の指導者）を念頭に置いている。その絵をおそら

くクロイツァー『象徴学と神話学』一八一九年の図XXVII（前頁図）とXXIX、および『アジア研究』第一巻の図版のなかで見ていたと思われる。

インドの神話で肝心なことは、ブラフマンとヴィシュヌとシヴァとのトリムールティ（三位一体）である。† そのなかでもヴィシュヌが主要な規定である。ヴィシュヌはさまざまな化身を通じて地上において活動する。ヴィシュヌの化身は愛らしい守護神などの姿で、さまざまなインド的な唐草模様とともに描かれている。シヴァないしマハデーヴァ（magnus deus 偉大な神）〔が第三の契機である〕。この第三の契機は、それが精神であろうとしキリスト教的な三位一体の尊厳を保とうとするならば、全体が自分自身へと還帰することである。ブラフマンの最初の抽象的なそれ自身だけで存在する一体性（統一）は、そのことによって、具体的に想定された統一とならざるをえないであろう。

† トリムールティについて、ヘーゲルは多くの資料から情報を得て、トリムールティの意義の過大評価をそれらの情報源と共有している。トリムールティという考えはブラフマニズムの発展過程で後期の一時的な段階——マハーバーラタの第二段階、いくつかのウパニシャッド、およびプラーナによって代表される段階——に属する。ブラフマー、ヴィシュヌ、シヴァの関係も、ヘーゲルが考えているほど単純ではない。ヘーゲルの分析の多くはミル『イギリス領インドの歴史』第一巻に依拠している。けれども、この書では、トリムールティという表現は用いられていない。しかもミルはトリムールティがキリスト教の三位一体と類似しているという見方をはっきりと退けている。ヘーゲルはさらに一八三一年に刊行されたばか

りのポリー（Ludovicus Poly）編『マールカンデーヤ・プラーナ中のデーヴィー・マーハートミヤ』のラテン語による注釈も用いている。

（3）　これに対して、第三のものは精神を欠いた規定、すなわち生成と消滅という規定である。とりわけ産出を表す象徴において、シヴァは男および女として表象される。トリムールティは三つの頭によっても表現される〔クロイツァー『象徴学と神話学』一八一九年の図XXII（左図）〕。その形態化は精神的なものを想起させるが、しかし精神を欠いている。このように自分の外にあることのなかには、野蛮で奔放な営みがあるだけだ。クリシュナとシヴァは、のちになってやっと理性と本能によって駆り立てられた空想の産物である。それらはヴエーダの最古の巻には見当たらない。† インド人のある部分はクリシュナを崇拝し、また他の部分はシヴァを崇拝した。そのため、しばしば宗教戦争がおこった〔二九七頁†2参照〕。両者はもともとはブラフマーだったのに。

† ヘーゲルはおそらくコールブルック「ヴェーダについて」（二九七頁†1）から得た印象を要約している。コールブルックはその論文のなかで、こう述べている。一つの神の三つの主要な顕現がヴェー

ダのなかに述べられてはいるが、問題の節はのちに付加されたものである。ヴィシュヌのさまざまな化身に対する崇拝が比較的新しい発展であったという事実がこの見方を支持している、と。

けれどもこうした一般的な基礎のほかに、例えばガンジスやヒマラヤ、愛、泥棒の悪知恵等々といったあらゆるものが、可能なかぎり、同じように表面的な仕方で人格化される。このような下位の神々の世界の頂点に、天の神であるインドラが立つ。このような神々ははかないものである。彼らはヴィシュヴァーミトラの前におそれおののく〔三〇三頁†3参照〕。

〔ヒンドゥーの〕祭祀は典礼と祈りの言葉からなり、それらは朦朧とした状態をめざす。例えば、ヴェーダの読み方にはさまざまな仕方がある。後ろから読んだり、それぞれ二番目の言葉を繰り返すなどの読み方がある〔コールブルック前掲書〕。最高のものはこのような無の境地である。それは身体的な〔修行〕でもある。ガンジス河の水を飲み、シヴァの車の下敷きになったり〔ミル『イギリス領インドの歴史』など参照〕、また、度を越した感覚的な享受によって気絶したりする。

三　仏教とラマ教†

この二つの宗教はインドの宗教と非常に近い。

† 仏教（ラマ教）とヒンドゥー教の順序が二七年講義と逆になっている。どちらが歴史的に古いかはヘーゲルの時代には学問的にはっきりしていなかった。三一年における逆転は、より精確な歴史的情報を反映したというよりも、むしろ歴史が東から西へと発展するという宗教地理学的に規定された歴史図式（中国→インド→近東〔ペルシア→ユダヤ→フェニキア→エジプト〕→ヨーロッパ〔ギリシャ→ローマ〕）を明確にしたと言える。

ラマ教も汎神論であるが、実体の普遍的な現前がすでに〔ダライ・ラマなど〕具体的な個人の背後に退いていて、その個人が絶対的な威力として崇拝される。その個人は他の人々と同じように食事もするし、死にもする。にもかかわらず彼は実体の威力であり、その威力は何か無意識的なものだ。三人のラマがいる。最高位のラマは中国領のラサにいるダライ・ラマである。第二のラマ〔パンチェン・ラマ〕はタシルンポにいた。イギリス人の一行がこのラマを訪ねたとき、彼は三歳の子供だった〔二七八頁参照〕。第三のラマは北部タルタレイにいる。ラマが死ぬと、新しいラマを探さなければならない。そのための印が顔のしわに見いだされる。†

† ラマの印が顔のしわに見いだされるという話の情報源は確定できない。

仏教はヒンドゥー教やラマ教とは違って、もはや生者を崇拝の対象とするのではなく、ブッダという一人のすでに故人となった師を崇拝の対象とする。インド人は彼をもヴィシュヌの化身として崇拝する。† 彼の感覚的な現前はしかし宗教によって固定された。この宗教はセイロン、中国、ビルマなどに非常に広く伝播した。この宗教における最高の境地はインドの宗教に似て、ブッダとの合一である。この無我の境地はニルヴァーナと呼ばれる〔二六三頁†参照〕。けれども人間が生きている間にこのニルヴァーナに到達できない場合には、彼は魂の輪廻へと導かれる。

† ブッダがヴィシュヌの化身とされることを、ヘーゲルはおそらくウィリアム・ジョーンズ「ヒンドゥー教の年代記」(『アジア研究』第二巻)にあるジャヤデヴァの詩から知った。またクロイツァー『象徴学と神話学』第一巻にも同様の記述が見られる。

C　自由の宗教†

† 第二部の第三段階Cは、「移行形態」と位置づけられたペルシアとエジプトの宗教から始まる。この二つは二七年講義までは、第一段階の最後に位置していた。ユダヤ教はこれまでは「精神的な個体の宗教」の最初の形態だったが、ここでは「移行形態」のなかに包摂される。さらに、そこに「苦痛の宗教」

（フェニキアの宗教）に関する短い節が加わる。この配置は、近東の諸宗教を一つの節のなかにまとめて、それらのあいだに或る種の論理的な連関と発展を示すのには適している。また、中国↓インド↓近東↓ギリシャ・ローマ↓西ヨーロッパという具合に、東から西へと移るにつれて精神が発展していく地理的な類型論を表すのにも適している。

反面、ユダヤ教を近東の他の宗教と同列に扱っているような印象を与える点で、不都合である。実際の叙述のなかでヘーゲルは、ユダヤ教に近東の他の諸宗教をはるかに上回る意義を与えている。それゆえ、すぐ左の概観にあるようにユダヤ教を二元論のなかに分類するのは誤解を与える。ユダヤ教が二元論であるとしても、それはペルシアの宗教の善悪二元論とは違って、創造主と被造物との二元論ないしは対立を表している。実際の叙述のなかでは、ユダヤの神は善にして賢明かつ全能なものと特徴づけられている。このような変動は、この最終学期にいたっても第二部の宗教史の図式がなおも流動的だったことを示している。事実、講義冒頭の「章別編成」では、「移行形態の諸宗教」は第三段階の初めにではなく、第二段階の終わりに位置づけられていた（五八三頁）。

最後に、この学期の新しい配置は、ギリシャの宗教とローマの宗教との違いを軽視するという点でも不都合だ。ローマの宗教を自由や和解の宗教として叙述できるであろうか？　実際の扱いは、これが不可能であることを示している。LPR.2. 736. n.57 参照。

この段階の本質は、実体が自己自身のうちで自己を規定するということである。この規定は自己規定であるから、有限な規定ではなく、普遍性にふさわしい規定である。そのため、実体はまず善として規定される。善はいまやしかし、それだけ単独で閉じている。その上で悪との闘争に踏み込む。これが〔善悪〕二元論をなす。しかしこれは移行の諸形態の最初の一つである。

一　移行の諸形態
　1　二元論〔ペルシアの宗教、ユダヤ教〕。さらに次の契機は
　2　契機としての闘争が実体そのもののなかに苦痛として取り込まれることである。つまり神は死す〔フェニキアの宗教〕。次の契機は
　3　みずからを解消する闘争である。この闘いは自己および自由へと達するための力闘である〔エジプトの宗教〕。ここからついに
二　ギリシャの宗教が生じる。
〔三　ローマの宗教〕

一　移行の諸形態

a　善の宗教

善の宗教は二つの形態で存在した。第一にペルシアの宗教として。ここに見られる人格性〔の要素〕はしかし、〔光や闇といった〕自然的な形態に属する皮相なものにすぎなかった。

第二にユダヤ教として。ここでは善〔なる神〕がそれ自身で存在し、世界を創造する。

（1）ペルシアの宗教

ブラフマンは特質規定を欠いた一体性（統一）であり、それゆえ無意識的な統一体であった。さらには、自己自身を規定する一者である。しかし精神の自立性と特質規定の最高段階は、知という面から見れば真理であり、意欲という面から見れば善である。しかも両者は同じものである。威力は規定づけるものではあるが、たんに規定する働き一般にすぎない。この規定作用は目的をもたないために、偶然的なものである。いまや本質的な規定、すなわち絶対的な目的にもとづく規定が登場してくる。これが善である。この善はしかし、初めは抽象的である。それゆえ、光というまだ特殊化されていない物理的なものの純粋な直接性の形式のなかにある。

このような自己規定的な善は初めは抽象的であるため、さらに善以外のものが存在する。純粋な光は闇なしには顕わではない。抽象的な善は悪なしには存在しない。これが〔善悪〕二元論である。光と善とはここではまったく同一であり、光は〔善の〕たんなる象徴ではない。パーシー教徒は燃焼する火を崇拝するのではなく、火のなかで光輝くものだけを崇拝する。皮相な形で人格化された光はオルムズドと呼ばれる。光はオルムズドの現象であり、オルムズドという人格自身もまた特殊的なもの、一つの守護霊である。守護霊はそれ自身がアムシャ・スプンタ〔不滅の聖性〕、星の霊の一つである。光の国の模造がペルシアの国家であった。そこでは王が頂点に立って、そのすぐ下に七人の幹部がいた〔三二七頁†1参照〕。オルムズドはあらゆるものを生かすものである。生命をもち生命を分けもつすべてのものは、彼の国に属する。祭祀はとりわけ、オルムズドの創造の営みを生命の育成や農業などによって称えるという目的をもつ。[†1] しかしこの光の国と並んで、闇の国、アーリマンが表象される。光の国と闇の国とは互いに闘っている。その闘いはイランとトゥーランとの闘いとして描かれる。[†2]

†1　この段落の冒頭からここまでの叙述は主にクロイカーの独訳『ゼンド・アヴェスタ』にもとづく。

†2　イランとトゥーランとの闘いについては、『ゼンド・アヴェスタ』の各所にあるが〔例えば、岡田明憲『ゾロアスター教』一九九八年、平河出版社所収「アヴェスタ抄」三四二—三四五頁〕、ヘーゲルはこの断片的な叙述よりはむしろ、『王書』のゲレスによる独訳『フェルドゥーシーのシャー・ナーメにもとづくイランの英雄譚』（ベルリン、一八二〇年）を参照している。『王書《シャー・ナーメ》—ペルシア英雄叙事詩』黒柳恒男訳、平凡社、一九六九年参照。

(2)　ユダヤ教

光としての善は人格性をたんにそれ自身に付着する何か表面的なものとしてもっていた。これに対してヘブライの宗教では、善はそれだけで存在する。しかも善は実体の本質に属する。ペルシアの光からは人格性の規定を切り放すことができた。同時に、この絶対的な自由な主観性は排他的な個別性としてある。つまり神は本質的に一者としてある。まず、（a）

この絶対的な主体を考察し、次に（b）一者から区別されて立てられたもの、すなわち世界を考察し、さらに（c）この世界に対する人間の関係を考察しなければならない。

（a）神は思想に対してのみ存在するよう想定されているので、神との関係において、あらゆる自然的な存在様式は消滅している。かくしてここに精神の宗教が始まる。ペルシアの宗教とくらべて進歩している点は、この主体性にこそある。ペルシアの光の威力はたんに〈一《いっ》なるもの〉（Eines）であったが、ユダヤの神は一者（Einer）であるからだ。神は主体としては、自己自身と媒介されたものであり、それゆえもはや直接的で自然的なものではない。だから神の像をつくることはけっして許されない。神は直接的、感覚的に認識されるのではなく、ただ思考を介してのみ認識されうるからだ。

（b）ここで初めて神は真に世界の創造主として知られる。なぜなら主体は初め、自分を自分と媒介するものとして、根源的分割（判断）する主体であり、このことが世界の創造であるからだ。創造するということは、直接的にあることではない。世界は〈ただ在るのではなく〉、むしろ無から、つまり世界がない状態から造られたのだ。この否定的なものそれ自身が再び肯定的なものであり、善の威力に満ちたものである。それ以前のもろもろの宗教では、〈神に関する〉カテゴリーはいつも神統記でもあった。しかも根本規定は産出や流出という〈神には〉不適切なカテゴリーであった。主体性の出現とともに、この不適切なカテゴリーが消滅し、創造というカテゴリーが根源的な分割（判断）のカテゴリーとして登場する。この根源的な分割こそ〈個別的なものの存在をゆるす〉神の永遠の慈愛である。なぜなら〔一者から〕区別されたものは、一者の外に在るものとしては、存在する権利を本来もたないからだ。この否定的な性格が区別されたものにも現れる。区別されたものは没落し、かくして〔本質ではない〕現象として規定される。

（c）一なる善に対する創造の関係に話を進めるならば、絶対的な主体性の産出行為はけっして無茶な解放ではない。主体性は産出されたもの（被造物）のなかで自分自身のもとにとどまる。創造〔されるもの〕は創造主の似姿である。その際、世界は外的なものとして、散文的な事物と呼ばれるものにまで貶められる。世界から神はいなくなったが、世界はかろうじてまだ神の顕現である。神性を映すこうした鏡であることが、この〔地上〕世界の目的となる。このような宗教が崇高の宗教である。

人間は作用主体として、自然とはまったく違って神の似姿である。ペルシアの宗教でも善と悪との対立が現れたが、そこではしかし悪は一《いっ》なる神そのもののなかに入り込むのではなく、神の外でもう一つ別の実在のなかに入り込む。これに対してユダヤ教では、悪は精神自身の統一のなかに分裂として入り込む。もちろんそれはまだ絶対的な精神の統一ではない。なぜなら絶対的な精神ならば、その絶対的な根源的な分割（判断）と〔その産物である〕世界においても自分自身のもとにあり、世界は善であるからだ。これに対して有限なものとしての精神〔人間精神〕は、善と悪とが発生する場であり、両者の闘争そのものである。どのようにして悪はこの世界に生じたかという問いが、ここで初めて一つの意味をもつ。ペルシアの宗教では善と悪の二つがあった。ここユダヤでは、神は主体性として規定され、すべてが神によって立てられているので、悪はこうした基礎全体に矛盾する。いかにして悪が世界に入ってきたかについては、寓話や神話の形式で知らされている。†第一モーゼ書〔創世記〕第三章〔蛇の誘惑〕は歴史物語の形式で叙述されているため、そこにふさわしくない相貌が入ってくる。この物語には次のような深い思弁的な特徴がある。アダムは人間一般であって、彼に生じたことは人間の本性にかかわる。善悪を認識できる樹の実を食べることが禁じられていたけれども、そのような認識こそ精神の本質をなし、人間を神に似たものとする。しかし知は両面的なものであって、みずからをわがままな恣意へと向かわせたり善へと向かわせたりする自由をもつ。人間の目標はいまやこうした分裂を克服し、自己との調和、神との調和を再び達成し、再び無垢となることにある。ここ〔創世記〕では、分裂はけっして生じてはならなかったのだ、と描かれている。神の根源的な分裂は一面では、人間が現実に神のようになったということであり、他面では、罰として楽園からの追放が科せられ、その結果は死と労働であった。ここにこの意識の欠陥が見えてくる。なぜなら、人間がみずから活動的に自分を神の似姿として創造し自然をはるかに超える高みを示すということが人間の長所であるはずなのに、死が恐るべきものであり一つの罰であるのは、精神の本質的なあり方にまだ無自覚な者にのみあてはまるからだ。それゆえこの物語の本当の内実は、人間が自然性から必然的に抜け出すということにあり、その課題はまた、精神が自分自身との絶対的な統一へと立ち還るということでもある。この堕罪物語はユダヤ教では解明されないまま放置され、キリスト教になって初めてその真実の意味に達した。悪に対する善の闘争はたしかにユダヤ教の本質的な使命として現れる。けれども悪はたんに個々の人間に偶然的に現れてくるものとして考えられている。個々の人間に対しては、義人〔になること〕が〔目標として〕掲げられているが、義人のなかでは悪との闘いはまったくないか、ないしはもはや何ら重要ではなくなっているからだ。正義が神への奉仕と神の命令の履行のなかに据えられる。悪との闘いとその苦痛はとりわけ『詩編』のなかで描かれている。とはいえ、どちらかと言えば個人に属するものとしてのみ描かれている。

† ここから旧約聖書の堕罪物語が論じられるが、これは以前の講義ではキリスト教との関係で第三部で扱われていた。堕罪物語はキリスト教で重視されユダヤ教では無視されてきたからである。いまここでの問題は善と悪との問題であって、悪がどのようにして、そしてなぜ、ペルシアの宗教のように絶対的な神のなかにではなく、有限な精神のなかに入り込んできたのかを示そうとする。この点にペルシアの宗教とユダヤ教との大きな違いがある。善と悪との対立は、ユダヤ教では、宇宙論的な二元論のなかにも絶対的な精神のなかにもない。それは有限な精神の自由意志に発する堕落のなかに生じた。このような洞察がアダムの堕罪物語によって伝えられており、したがってそれはユダヤ教の論理に内在する、とヘーゲルは見る。この再認識はユダヤ教についてのヘーゲルの理解の深まりを示している。LPR. 2. 739. n. 64 参照。

ヘブライの宗教では、神は本質的に「主《しゅ》」として知られていた。たしかに愛と義としての神も知られてはいたが、しかし例えば『ヨブ記』〔四〇・3―4、四二・1―6〕においては、神の義への要求を諦めて神の威力に服している。神はイスラエルの民の主であり、しかもこの民だけの主である。東洋のほかの諸宗教は国民性と結びついていた。彼らはまだ神をいつも自己利害的な規定のなかで知っていたからだ。これに対してヘブライ人のあいだでは、神は完全な普遍性において知られていた。それゆえ客観的な側面から見れば、神は普遍的な主であるが、しかし主観的に見れば、ユダヤ民族だけが神に選ばれた民である。彼らだけが神を認め崇拝したからだ。けれどもこうした主観的な関係の拡張も、とりわけ預言書のなかでさまざまに語られている。例えば、異教徒もエホヴァ〔ヤハウェ〕の崇拝者となるべきだ〔詩編一一七・1、第二イザヤ書六六・21〕と。[†1]またこうも言いうる。神は、それを崇拝する者たちだけの神である。なぜなら神とは、神の鏡像である主観的な精神〔人間の精神〕のなかに自身を知ることなのだから。客観的には、神は天地の創造主である。もちろんここでも、自分たちの神が他の神々よりも強力だと言われるような歪みが生じる。[†2]神は万物に尺度と目標を定め、同じように人間にも規準を設定した。その掟はまだ理性の掟としてではなく、主の指示として現れる。さらに、事細かな政治的な指示もすべて外面的なカテゴリーであり、天下り的に示される。かくして、法と共同倫理に関する絶対的に存在する永遠の掟が、〔幕屋を建設する際に〕幕の色を青や黄色にせよといった掟と同列の形式で示される〔出エジプト記第三五—三八、四〇章。とくに三六・35〕。これらはすべてが、神は主であるとする規定から生じる。主のための祭祀は、主観的な精神〔人間〕がいつまでも自由に達することのない奉仕である。そこには神に関する掟と人間どうしの関係にかかわる掟との区別がない。ユダヤ精神が彼らの宗教とかかわるなかで見いだされる頑な形式主義は、唯一の主をこのように抽象的にめざすことのなかに基づいている。それはちょうど、マホメット教徒が彼らの宗教を拡張しようとする形式主義と同じである。ユダヤの頑な形式主義のなかでは主観的な精神はいかなる自由にも達しないために、不死の観念はなく、個人はむしろヤハウェへの奉仕や家族の維持、その土地での長寿といった目的に没頭する。

†1　他民族への言及はとくに亡命時代の預言書、例えば第二イザヤ書第四〇―五五章、ならびに亡命時代後の預言書、例えばハガイ書二・6以下に見られる。ヘーゲルはしかし預言書が書かれたさまざまな時代を区別していない。

†2　例えば出エジプト記一八・11には、「主はすべての神々にまさって偉大であった」とある。ヘーゲルは旧約の単一神教（多くの神の存在を認めながら一神を信じる Henotheismus）の時代の多くの証言を念頭に置いている。このテーマについては、C・P・W・グランベルク『旧約聖書の宗教観念についての史料批判的歴史』第一巻（ベルリン、一八二九年）の、とくに「第六章　邪神崇拝」が論じている。

それゆえ、ここでわれわれは有限な主体における闘争と苦痛をともに見いだす。この苦痛の客体化が次の段階の宗教である。威力をもった実体が精神へと転じるという場合、対立とその解消という契機を欠くことができないからだ。苦痛がそれだけ単独でありまだ統一へと取り戻されていない場合、自由を欠いた苦痛は、われわれが「苦痛の宗教」と呼ぶことのできるいくつかの宗教のなかに現れる。

b　苦痛の宗教†

† これは歴史上のフェニキアの宗教ではなく、アドニス（ギリシャ神話のなかの美青年。もとは穀物の死と復活をあらわす農業神）の姿にかかわる古代の神話から再構成したものである。実際のフェニキアの宗教は古代パレスチナ地方に住むカナン人の自然宗教の形態であって、フォイニクス（フェニックス 不死鳥）として知られる聖なる鳥との結びつきをもたない。カナン人を「フェニキアン」と呼んだのはギリシャ人であった。おそらくカナン人の船乗りたちが赤く日焼けした肌をしていたためと思われる。「フェニキアン」は「血のように赤い」を意味する *φοινός* に由来する。同根の語に由来するフォイニクス（*φοῖνιξ*）はエジプトの聖なる鳥のためにも用いられた。それはヘロドトスやプリニウスやタキトゥスらによって語られた話のなかに出てくる。ベルリン時代の抜粋（*Berliner Schriften*. Hrsg. v. Hoffmeister. S.706）から、ヘーゲルの情報源がクロイツァー『象徴学と神話学』第一巻であることが分かる。そのなかでクロイツァーはフェニックス神話の主たる情報源としてヘロドトス『歴史』第二巻七三をあげている。だがこれはヘーゲルの解釈の十分の根拠にならない。クロイツァーが他に引用している『プリニウスの博物誌』第一〇巻二（中野定雄訳、第Ⅰ巻、雄山閣、一九八六年）に、ヘーゲルの解釈はもとづく。ヘーゲルはフェニックス（不死鳥）のイメージに神の死についての表象を重ね、このイメージを中心に「苦痛の宗教」を構想した。その構想はセム人やシリア人や近東起源ではなく、むしろギリシャ人やエジプト人に結びつくものである。

苦痛の宗教は北西アジア〔オリエント〕の諸宗教、とくにフェニキアの諸宗教のなかに見られる。ヘブライ人の宗教では、われわれは精神を主と奉仕者という関係で、それゆえ自分自身に疎遠な形で見いだした。精神が〔真に〕現実的な精神であるためには、精神はこうした疎外から自分へと立ち還らなければならない。けれども、このことがなおも、象徴的に意義深い経過としての自然の場のなかで起こっている。

死は若返った生命《いのち》のなかに再び入りこむことであるというフォイニクス（不死鳥）の表象は、この宗教のものだ。これこそまさに精神である。ここにはもはや二つの異なる原理の闘争はない。一つの主体において、ただし人間主体ではなく神の主体において、事が展開する。

このなりゆきのいっそう詳しい形式はアドニスである。春には追悼祭が催され、アドニスが大きな悲しみをもって探し求められた。祭の三日目はアドニスの復活を祝う喜びの祭である。† これは一面では自然の運行についての意識という性格をもつが、これを象徴的に受けとって、この移行は一つの普遍的な規定、絶対的なものの一契機と解することもできる。

† アドニスの復活についての叙述は、ヘーゲルがオシリス崇拝と混同したことによる。W²に編入されている叙述では、アッティスとアドニスとタムスとが結びつけられているが、これはクロイツァー『象徴学と神話学』第二巻第四章によったものと思われる。さらにカール・ローゼンミュラー『古代の東洋と近代の東洋』（ライプチッヒ、一八一七—一八二〇年）を参照した可能性もある。

c　エジプトの宗教〔発酵の宗教〕†

† 三一年度に、エジプトの宗教の名称は「謎の段階」（二七年講義三四九頁）から「発酵の宗教」に変わった。この名称は、エジプトの宗教を特徴づける自然的な象徴から精神が抜け出ようともがいている姿をイメージしている。これは、この宗教の中心的なイメージであるオシリス崇拝つまり不死への信仰に、いっそう合致している。

次にギリシャ宗教への本来の移行が、エジプトの宗教のなかに、あるいはむしろエジプトの芸術作品のなかに与えられる。ここでもインド人に見られたような空想があるけれども、けっして空しい空想三昧ではない。むしろ、すべてが象徴的であって、外面的なものは自分自身を理解しようとする精神の苦闘だけを表現しようとしている。その苦闘は神自身の行為としてとらえられる。エジプトの宗教は発酵の宗教なのである。

主神はオシリスである。ヘロドトスによれば、オシリスは古い八神とは区別された新しい四神の一つである。†1 だが、のちになると、もっと高次の意識が開かれてくる。†2 豊穣の神オシリスに対して、荒廃の原理であるテュフォンが対立する。オシリスのそばにはイシスが立つ。これは女性の原理であって、オシリスが太陽であるとすれば、イシスは大地である。ここに再び太陽とナイル〔の氾濫〕と年々の実り、という自然の運行の循環が見られる。それゆえ、太陽とナイルは、オシリスを意味するもっと高次の思想の象徴であって、反対に、オシリスという人格化はナイルと太陽を象徴している。オシリスはテュフォンによって殺害された。イシスは彼の四肢を探して、その遺骸を葬ったが、彼の死をもって話は終わらない。オシリスは死者の国の支配者である。†2 ここではたしかに自然の契機が優勢である。けれどもこの循環は概念にふさわしいものでもあるので、自然的なものは精神的なものの象徴であり、またその逆でもある。

†1 『歴史』第二巻四三を参照している。ただし必ずしも正確ではない。
†2 ヘーゲルはここでオシリス神話の二元論的で宇宙論的な解釈よりはむしろ自然学的な解釈を採用している。豊穣の神オシリスと荒廃の原理テュフォンについてはプルタルコス『イシスとオシリス』三三を、大地の原理としてのイシスについては同書三八、オシリスの骨を探すイシスについては同書一八参照。オシリスという人格化がナイルと太陽を象徴していることについては三四四頁参照。

これら以外にも、自然の運行のなかの〔春分などの季節の変わり目といった〕個々の契機のみを表す神々もいた。〔これらに対して〕オシリスは婚姻の立法者、創設者等々でもあり、一つの精神的な姿をもつ。とくに考察されるのは死者の国、アメンテスの国である〔三三八頁†参照〕。ヘロドトスはエジプト人について、彼らは魂の不死を学んだ最初の人たちだと言った〔三四一頁†参照〕。それだけに、彼らが死体の保存にあれほどまでに腐心したということが奇異に思われるかも知れない。けれども魂への敬意は肉体への敬意と密接に結びついていた。肉体が死んで自然の威力の手にゆだねられる場合、他の国民であれば、自然そのものが直接その威力を死者に行使するのを防止するために、火葬や土葬を行うであろう。これは人間の行為、精神の行為として現れる。このようにエジプト人は肉体を含む人間全体を自然よりも高いものと理解し、それゆえ肉体にも敬意を払った。

エジプトの宗教では、一方で、神的なものが個々の現前するものにまでされるとともに、他方では、意識が精神的なものにまで高められる。エジプト人は以前は盗賊の集団に支配されていたという言い伝え[†1]のなかには、自然への当てこすりがある。エジプト人の王は太陽神アムンやアモンといった神の寵児としてだけではなく、このような神そのものとしても知られている。(アレクサンダー大王[†2])。神官たちもそれ自身が神々と見なされていた。

†1　ヘロドトスによれば、エジプトの先史時代は神々の種族によって統治されていた。また別の解釈によれば、司祭の種族によって統治されていた。なぜここで「盗賊の集団」と記述されているのかは明らかでない。むしろ「王族」や「司祭階級」と言うほうが整合的である。W²では「エジプト人は、神々でもあった一系統の王たちによって支配されていた」となっている。ヘーゲルがローマの先史時代と混同した可能性も考えられる。『歴史哲学講義』下巻一〇四、一〇八頁で、ローマは盗賊の集団に由来すると述べているからだ。

†2　アレクサンダー大王がシヴァのオアシスでアモン神のお告げを聴くために訪問した際、神託が大王を神の子と宣したこと。プルタルコス『アレクサンダー伝』二七(『プルターク英雄伝』河野与一訳、岩

波文庫、一九五六年、第九巻四二一―四四頁）。

もともとエジプト人は動物崇拝の神事を執り行っていた。それはすでにインド人において見られたものではあるが、エジプトでは非常に厳格なものだった。さまざまな地方でさまざまな動物が崇められた。そのような動物を傷つけると自分自身が殺害される不運を引き込むことになる。とりわけ〔牡牛〕アピスが崇拝された。アピスのなかに動物の魂があると考えられていたからだ。[†1] 神がまだ精神として認識されておらず、自然の努力という、意識を欠いた威力としてのみ認識されている場合、この威力は動物の姿で現れる。〔これに対して〕例えば、ミイラのマスクがしばしば動物の頭をしていることがあるが、そこには、精神的なものがこの動物的な形態から区別されて、その背後に認識されるということがある。エジプトでわれわれは、まず初めに軍人階級と司祭階級との闘争を見る。[†2] ここでは祭祀とそれがもつ実体性とに対抗して、政治的人間的な意志が登場してくる。ネイトの神殿には次のような碑文がある。「死すべき者のだれもこれまでわがヴェールを剥いだものはなかった。われはわが息子ヘリオスを産んだ。すなわち自然は一つの隠さ

アピスの前に跪く王

れたものであるが、そこからある別のもの、開示されたものが生じる」〔三四九頁参照〕。エジプトではあらゆるものが、何か語られざるものを象徴的に暗示している。この国民の精神は謎である。自然的なものがもつ謎から精神的なものへの移行は、動物のからだと人間の頭をもったスフィンクス〔の姿のなかに象徴されている〕。

†1　ヘロドトス『歴史』第二巻六五—七五。エジプトのテーベにおける鰐崇拝については同六九、カバの崇拝については同七一、アピス崇拝については第三巻二八参照。

†2　ケオプス〔クフ〕王とケプレン〔カフラー〕王が神殿を閉鎖して国民が生贄を捧げるのを禁じたこと（『歴史』第二巻一二四、一二七以下、一四二）を指す。軍人階級と司祭階級との対立についてはヘーレン『古代世界の重要な諸民族の政治と通商について』（第二巻、一八〇四年）に詳しい。

この謎から精神の明晰な意識への移行をギリシャ人がなしとげ、そしてこれをギリシャ人であるオイディプスがスフィンクスの謎を「それは人間だ」と解くという物語によって、きわめて素朴に表現している。ギリシャは神が精神として知られることへの移行点である。ギリシャは神のなかに本質的に人間性の契機を知っていたからだ。

二　ギリシャの宗教†

† ギリシャの宗教についてのシュトラウスの要約は、他の節にくらべて異常に長い。これは彼の個人的な関心を反映している。この節は講述の要約（a）から始まり、次に神の存在の目的論的証明についての詳述（b）に深入りして話が脇道にそれる。最後に再びギリシャの宗教の叙述に戻り、これを自由の宗教、美の宗教と特徴づけている（c）。

a　概　要

第一のもの〔ユダヤの神〕は実体としての威力であり、次に被造物の創造主としてあった。さらに発展した状況は、実体〔神〕の他者である人間がひとりの自由な者であること、つまり、人間が神の命令にただたんに服従するだけではなく、服従しつつも同時に自分で自立し自由だということである。この特質は初めは、人間という主体の側にのみ生じるように見える。けれどもそれは神の本性にも属する。神は自身を永遠《たえず》に他者へと外化し、しかもこの他者から自己へと還帰することによってのみ、精神である。神は創造主として、自身の似姿である他者〔人間〕をみずからに対置する。そのことによって神は自身に自身を対置する。けれども、これはけっしてまだ外化ではなく、依然として神が頭《かしら》として、神に対立する者が奉仕者として規定されている。精神の解放へと向かう進展における次の歩みの本質は、神が自己自身を失うこと、神が死滅し、しかもこの自己否定を介してのみ存在すること、これである。神がこのように自己を否定し他である存在とは、造られる存在である。けれども、神がその否定から自己へと還帰することによって、この他者は神的なものの一契機であり、神的なものと本質的に和解している。かくして人間は人間性を神の一契機として知る。人間は神への服従のなかで、一方ではたしかに否定的にふるまうが、しかし人間的なものを本質的な特質とする神に従うことによって、この服従のなかでも自由な者として振る舞う。神が死滅して有限なもの〔が存在する〕なかで、この死滅そのものが再び死滅し、神的なものがそこから立ち現れる。自然性を超えるこうした高まりのなかに自由がある。〔しかしギリシャの〕芸術宗教という最初の形態は、まだ直接性と自然性という規定のうちにある宗教である。人間は神的なものを初めは直接的な仕方で、それゆえまた有限で多様な仕方で、それ自身に即してもつ。これが美の宗教、ギリシャの宗教である。それの基礎は真の思想ではあるけれども、それはまだ有限な宗教に属する。

この自由の宗教の最初の形態の抽象的な基礎について言えば、ここで初めて目的の思想、目的に合った活動、すなわち神の智恵という思想が現れる。自由な活動というのは、目的に従った活動であるからだ。たしかに〔神の〕威力は創造的ではあるけれども、創造するものが創造されたもののなかに含まれ、そのなかで自身と合一しているということは、まだ知られていない。これに対して、目的にかなった行為は、以前にすでにもたらされたもの以外の内容が生じないような行為であり、たんに活動主体の自己保持にすぎないような行為だ。これが自由な活動である。自由な威力は自分自身を特定する威力であり、その威力の自己特定化が目的と呼ばれる。

b　神の存在の目的論的証明

神は目的にかなった賢明な働きをするという特質を際立たせると、神の存在の目的論的証明が成立する。この証明のなかで、（出発点となる）世界と（終点となる）神という両極が、目的という規定を介して結びつけられている。この証明は本質的に宇宙論的証明の継続である。初め神は威力として知られていたが、今度は初めて智恵として知られるようになった。この証明はもともと、自由なギリシャ人の精神のなかに初めて登場した。ソクラテスは言った。「神は人間に、ものを見るための眼を与え、眼を閉じるための瞼《まぶた》を、額から流れ落ちる汗をせき止めるための眉毛《まゆげ》を与えたもうた」〔クセノフォーン『ソークラテースの思い出』第一巻四5―6、岩波文庫、五〇―五一頁〕。世界には一連の事物が知覚され、それらは偶然的に対立し合っているが、にもかかわらず一つの統一を示していて、それらはその統一に端的に適合している。例えば、人間は光、空気、水、食料を必要とするけれども、これらの事物はそれぞれ生成し、おのおの独立していて、人間に対するかかわりは、それらにとって一つの外的な関係である。動物たちもそれぞれ自己完結して閉じている。彼らは、人間にとっての手段であることをそれ自身で表現してはいないけれども、にもかかわらず彼らは人間にとっての手段なのだ。このようにして事物はそれらがみずから設定したのではない関係をそれぞれにおいてもっているがゆえに、これらの特質や目的を設定する一つの働きが現存するはずである。その活動こそこれら事物の〔存在を支える神の〕威力なのだ。

この証明に対するカントの批判はこうだ。まず第一に、目的関係は事物のたんに形式にのみかかわっていて、実質にはかかわらない。それゆえ、神は目的を設定するものとして、たんに世界の形成者ないしはデミウルゴス〔造物主〕にすぎない。言い換えれば、事物が他者に対する関係は目的関係のなかに表現されているが、この関係のなかには事物の自己関係もすでに含まれているというわけではない。実質としての事物の自己関係は形式としての事物の他者関係から切り離されている〔『純粋理性批判』B651f.〕。そこでこう問われる。実質と形式とのこのような区別は正しいのか、と。この自己関係、こうした静かな存立、こうした恒常的な自己統一、これが実質であるが、これそのものは形式の特質の一つでもある。言い換えれば、実質は安定した自己関係以外のなにものでもなく、どんな働きのなかでも形式ももっている。だから、神が世界の形式を創造したならば、神は実質（素材）をどこか別のところからもってくる必要などなかったのだ。

この証明に対するカントの反駁の第二の論点は、この証明のなかでは、われわれがこの世で知覚する多くの偉大な智恵（ただし相対的でしかない智恵）から単一の絶対的な智恵へと推理が及ぼされていること、それゆえ推理の終点が出発点にふさわしくないということである〔『純粋理性批判』B655ff.〕。この反駁はもっともであるけれども、精神はみずから知覚したものについて思考する資格があり、知覚されたものを偶然的なあり方から普遍的なあり方にまで高める権能を与えられている。

この証明のさらなる欠陥をヤコービがとりわけ強調した。その欠陥とは、推理のこの形式のなかでは、出発点となる世界が神が存在するための基礎として現れ、したがって神が制約されたものとして現れるということである〔『スピノザの学説に関する書簡』田中光訳、三一一—三一二頁〕。けれども、これはたんに推理における誤った外観にすぎない。推理はたんに主観的な認識の手続きにすぎない。そしてこの推理そのもののなかで、制約するものとして現れたものが、制約されるものへと転回する。その結果は、出発点が欠陥をもっていたという言い方になる。有限な目的をめざす具体的な個別存在は端的に存在する主体と称されるのではなく、むしろ永遠の理性こそが真なるものである。このような否定的な契機がこの推理のなかに含まれている。真に目的にかなっているということは、目的という実質と手段とがばらばらなのではなく目的が自分自身の力で自分自身のなかで成就されるということである。目的の形式がもつこうした無限性は、生命のあり方のなかに存在する。生きた有機体は自分自身を産み出し、自分自身を目的とする。生命体が素材を自分の外部に必要とするということが、その場合の有限な面である。しかもそれぞれの生命体がそれ独自の栄養を、おのれの非有機的な自然として必要とする。有機的なものは非有機的なものを必要とするが、非有機的なものは有機的なものによって設定されたわけではないので、両者を設定する第三のものが存在しなければならない。さらに、有機体の目的にかなった活動、例えば動物の本能は無意識的なものであって、けっして彼ら自身によって設定されたものではない。したがってこの主体の外に一つの原因を必要とする。もしも自然が、初めは非有機的なものを産み出し次に有機的なものを産み出す盲目的な産出力と考えられるならば、有機的なものが〔非有機的なもののなかに〕みずからの生存を可能にする条件を見いだしたかどうかは、偶然的なままである。数多くの怪物たちが生存の条件を見いだせなかったために絶滅したと古代人が語っているように、有機体がそのような生存条件を見いだすことは簡単ではなかったであろう。この古い考えを近年のいわゆる自然哲学が再び温めなおした。[†1] むしろ人間はみずからを本質的に自分以外の自然に立ち向かう目的として知り、さらに有機的なものを非有機的なものに立ち向かう目的として知る。だがこれによっても有機体は外への関係をもち続ける。互いに対立しあう二つのものがあるが、両者の真実は両者が一つであることのなかにある。この一体性は或る第三者のなかにあり、この第三者が根源的な分割（判断）を成り立たせる。この第三者が一般に神と呼ばれる。そして精神はかの目的関係からこの神へと高まる。だが、神の概念を成就するには、ここではまだ多くのものが欠けている。神は初め生命性として、世界を統べるヌース（理法）として、世界霊魂（ただしまだその肉体から区別されていない霊魂）として想定された。[†2] このようにしてわれわれは宇宙の有機的な生命という概念を抱いていて、そのなかでは自立的に見える造形物も宇宙的生命のおのおのの契機に引き下げられている。

†1　「古い考え」とはアリストテレス『自然学』198b32-36を指す。ただしこの箇所のアリストテレスの思想は、自然によって産出されるほとんどすべてのものは必然性によって生じるのであって偶然によって生じるものはない、というものだ。

†2　おそらくアナクサゴラス（二六九頁†1）、プラトン『ティマイオス』29d-36d『パイドン』97b-99dアリストテレス『形而上学』984b15-22, 985a18-21『霊魂論』第一巻二―三、第三巻四―五などの議論を念頭に置いている。

ここまでは目的関係の形式面についてのみ語ってきた。次に内容面について語ろう。まず第一に、ここではもろもろの目的の有限な形態が神に対立する形で、神に結びつけられている。例えば個々の植物は、動物を養うために神によって設《しつら》えられた。これらの目的の多くがまったく実現されないこともある。動物たちの目的は生命感情を満たすことである。けれども彼らは屠殺される。〔植物の〕芽の目的はみずからを展開することであるが、開かないままに枯れてしまう〔ものもある〕。ましてや精神的な領域では、個々の目的は人間の情念や悪によってだいなしにされることがずっと多い。どんな民族でも没落する。それゆえ人間世界には、いろいろな小さな目的が成就するのを見ることもあれば、本質的に満たされないままでいるのを見ることもある。このようなことを通じて、これらの諸目的が制約されたものであることが明らかになり、われわれは一つの普遍的な目的へと高まらなければならない。

だが普遍的な目的をわれわれはもはや現象のなかに見ることはできず、理性によって推理するのだ。この最高の目的をカントは善ととらえ、この最高の目的に世界がふさわしくならなければならないと主張した〔『判断力批判』§87, 88Anm. 篠田英雄訳、岩波文庫、一九六四年、下巻一六六、一八四頁〕。けれども、自然はすでにそれ固有の諸法則と諸目的をもっており、おまけに人間の情念までもっている。そこで、この世の善の総計と悪の総計とでは、はたしてどちらが大きいかを検討することがテーマになる。ところがカントは、善はただただ実現されるべきだと言うにとどまった。善そのものはみずからを実現する威力ではないから、ここで第三のものが要請される。このようにしてカントは神に至りついた〔『実践理性批判』のなかの「実践理性の要請」。三二二頁†参照〕。自然神学的証明の欠陥は次のようなものである。（1）目的に即した活動という形式にかかわる形式的な観点では、ただ生命にしか到達しない。（2）実質的な観点では、現に存在するものから出発して、有限な諸目的が示される。（そして、善の概念から出発する場合には、「～すべし」にとどまるだけである。）

C　自由と美の宗教†

† 三一年度講義のなかでヘーゲルは、ギリシャの宗教を特徴づける言葉として、自由、人間性、美、芸術などを用いている。「自由」と「人間性」は倫理学的な面を表しており、「美と芸術」は美学的な面を表

している。この見出しはこれら二重の焦点を表示している。この年度では七月革命の衝撃を受けて、国家と宗教の関係に強い関心が向けられているのを反映して、ギリシャ宗教の倫理学的な意味が強調されている。ヘーゲルは自由と美との関係を独特な仕方で考察している。ギリシャの芸術は、それが自由な精神の概念に完全に適合しているがゆえに、そしてそのかぎりにおいて、美しい。この意味で、「自由」という倫理学的なカテゴリーの方が、ギリシャ宗教のより基本的な性格をなす（LPR. 2. 752. n.103）。

自然神学的証明の欠陥は、それに対応する宗教形態であるギリシャの宗教のなかにもあらわれる。ギリシャ宗教は目的という規定によって自由へ達したが、それはまだ最初の自由であるから、自然性に囚われていて、有限な自由である。自然的なものはたしかに従属的な地位に置かれ、神が主体として立てられている。しかしまだ絶対的な無限性にまで高められていない。神はまだ有限な精神である。神は一面では人間によって造られ、他面では内容的に人情味あふれている。そうであるがゆえに、この宗教は人間性の宗教、自由を明るく謳歌する宗教である。あらゆる人間的な偉大さは神的なものとして知られている。

自然的なものは一面では克服されている。精神は苦心の末に自然的なものから抜け出した。他面では、この宗教のなかに自然的なものがまだ含まれてはいるけれども、従属的なものにすぎない。ギリシャ神話のなかには、自然的な神々から精神的な神々への移行がはっきりと表現されている。自然的な神々はたんに表面的な人格性をもっているだけで、たんに精神性の仮面をつけているだけだ。それらは古い神々とか、あるいはティタン、ウラノス等々と呼ばれる。しかしながら自然的なもののこうした特徴はギリシャ神話の全体を貫き、フォイボス〔輝ける者。アポロンの呼び名〕などの元素的な基盤にまでさかのぼる。古い神々はもろもろの自然神である。たしかにそれらは精神的なものにもおもむくけれども、或る神々は抽象的な外面性であり、また他の神々は抽象的な内面性――例えば、ひたすら内面的に裁くエリーニュス――である。だが、ティタンと呼ばれる古い神々は新しい神々によって倒され、大地の縁《へり》の闇へと追いやられた。かくして新しい神々が人間の意識の白日の下に、その支配を打ち立てた。

　新しい神々は精神的な神々、共同体の神々であるが、ただまだ自然的なもののなごりをとどめている。ヘリオスからアポロンが生じる。光るものから知る者が生じる。しかしアポロンは太陽光線をみずからの頭に保持している〔三六六頁†参照〕。クロノスからポセイドンという都市の創設者が生成する。しかし主神はゼウスという国家神である。その自然的ななごりという面から見れば、雷鳴と稲妻の神である。

　人間的な意識の始まり、教養形成の始まりという点では、とりわけプロメテウスが注目される。ギリシャ人はしばしば自然状態を、人間が植物を食べて生きヘリオスの聖なる牡牛を食べることは許されなかった状態として描いた。プロメテウスがいまや人間に、動物と闘うこと、とりわけ火を起こすことを教えた。次に、肉を自分たちだけで食い尽くして、ゼウスには骨と皮だけを捧げることを教えた。この人類の教師がティタン族の仲間に数えられコーカサスで鎖につながれていたということは、奇異に思われるかもしれない[†1]。しかしながら彼が教えた技能はもっぱら自然的な欲求の満足にのみかかわる。ここではたえず貪欲な欲求が

エフェソスのアルテミス（クロイツァー『象徴学と神話学』より）

ライオンと闘うヘラクレス

座を占め、（プロメテウスの肝臓のように）繰り返し成長し、同じようにしばしば満たされる。プラトンはプロメテウスについてこう言う。プロメテウスは政治を人間に与えることができなかった。それはゼウスの城砦に隠されていた、[†2]と。

†1　ヘシオドス『神統記』510-615.『仕事と日』48-58. アイスキュロス『縛られたプロメテウス』928-931, 955-960.

†2　『プロタゴラス』321c-d. 本書三六八頁参照。

自然的なものから精神的なものへのこうした移行と同じものが、アルテミスのなかにも表れている。アルテミスはエフェソスの女神として多くの乳房と動物の姿でおおわれていて、自然の産出力・滋養力を象徴している。[†1] 反対にギリシャのアルテミスは狩りをする女である。ヘラクレスも獰猛な動物を殺して名声を得た。動物の殺害は自然から精神への移行の主要な特徴として登場する。[†2]

†1　エフェソスのアルテミス（ローマではディアナ）の叙述は、ミヌキウス・フェリクス（二―三世紀の護教家）の『オクタヴィウス』二二・五にある。ヘーゲルはおそらくこのテクストを直接見たのではなく、クロイツァー『象徴学と神話学』一八一九年、図Ⅲ4（前頁上図）を念頭に置いている。カール・オットフリート・ミュラー『芸術考古学ハンドブック』（ブレスラウ、一八三〇年）もギリシャの叙述法と小アジアのそれとの違いに言及している。

†2　ヘラクレスの数々の所業――ネメアのライオン退治（前頁下図）、レルネのヒドラ退治、ケリュネイアの鹿の捕獲、エリュマントスの猪の生け捕り、ステュムパーリデスの鳥退治、クレタの牡牛の捕獲、ディオメーデースの牡馬の征服、ゲーリュオーンの牛の征服のこと。

デメテールはたんに農業の教師であるだけでなく、婚姻と土地所有の共同体的な絆を創始した女神である。土地所有は、奴隷にとってと同じく遊牧民にとっても、神的で共同倫理的な自由の実際の始まりである。

パラス・アテナはアテナイの国民精神であり、アテナイ共同体《ポリス》の精神生活〔を象徴するもの〕として、とりわけ注目に値する。これらの神々のすべてにおいて、理性的で自由な意志がもついくつかの根本的な特質が崇拝されている。しかしながら、それらの神々のうちにあ

アテナ像
（フィディアスの作品の模作）

る精神はまだその特殊性に分散している。それゆえ多神である。これらの神々の有限性という一面は、それらの自然性である。有限性のもう一面は、それらの神々がまだ思考されておらず、まだやっと表象されているだけであること、それゆえまだ一《いっ》なる神へと綜括されておらず、まだ多くの神々が存在しているということのうちにある。人間はこれらの神々の本質実在性を外に見いだすのではなく、みずからの表象を通じて想像としてもたらす。それゆえ、神々の本質実在性は感覚レヴェルで形態化されている。しかしながら、神々は本質実在性として現れるがゆえに、感覚的なものは精神とまったく適合している。これが美の宗教〔たる所以〕である。

だが、神々を産み出すものが想像による表象である場合には、神々は造られたものとして現れる。*ποιηταί* は造り手の意味である。ヘロドトスは言う。ホメロスとヘシオドスがギリシャ人に彼らの神々を造ってやった、と〔三七九頁†参照〕。フィディアス〔Phidias, 紀元前五世紀の彫刻家〕が刻んだ〔ゼウス〕像を通じてギリシャ人は神々の父についての絶対的なイメージをもった。

ギリシャ宗教は本質的に美の宗教である。ギリシャ人は自由な精神性にまで自分を高めたが、この立場にとって、感覚的な形態でみずからを描こうとするとき、精神の本質的で必然的な形態は人間的な形態以外のものではありえない。だが人間的な形態は同時に理念的な形態でもある。もっと古い芸術は象徴的な芸術であった。それは何か抽象的な表象を外に表現しようとした。しかしそこでは、外面的なものが内面的なものにふさわしくないことがある。具体的な概念と精神がようやくそれにふさわしい形態化をも見いだすようになる。美しくないもののなかには、永遠の概念と、外面性のなかに現存するものとのあいだに分裂がある。例えばソクラテスのような人の顔には、内的な概念とは別の何かが働いている。† けれども肉体的なものがまったく精神的な魂からのみ生み出されたものとして描かれれば、それは美である。他方、精神的なものは顔の表情の特徴や身体の姿勢と動作を通じて表にあらわれる。それはまた衣服をつけた姿でも表すことができる。それ以外の身体は一個の有機的な生命体にすぎず、その裸の表現は感覚的な美にのみ属する。

† おそらくプラトン『饗宴』215a-b にあるアルキビアデスの議論。

ギリシャの神はたしかに精神的な自由を根底にもっているが、しかしまだ有限性を偶然性として身にまとってもいる。そのためここでは、おびただしい地方的で歴史的な特徴や、さまざまな種類の自然的で象徴的ななごりが、個々の神々にあらわれている。自由な精神性には属さない従属的なカテゴリーがあらわれている。例えば生殖のカテゴリーであり、ゼウスが無数に結婚を繰り返すというのがこれだ。こうした物語は明らかに別の領域にその始まりをもつ。

ギリシャの神々はもはや抽象的なものではなく、主体であり、主体として個性的である。彼らは多くの特徴を自身のうちに合一している。英雄たちも同様である。アキレスはたんに勇気という抽象的なのではなく、愛等々でもある。そうであるからこそ、ギリシャの神々はなんら体系をなさない。これがギリシャの神々が人情味をもつ所以である。けれども、いつでも言っておきたいことは、ギリシャの神々は人情味が多すぎるのではなく少なすぎるということだ。キリスト教の神人〔イエス・キリスト〕はもっとずっと人情味をもつ。神人は感覚的にとらえられる現存する人間であるが、しかし感覚のレヴェルは神性のうちに廃棄されている。

これら多くの有限な神々を超える唯一の威力がある。具体的なものが有限で特殊的なものであるから、このような普遍性がこれを超えて立つ。しかし、有限なものは具体的なものであるため、この普遍性は抽象的な普遍性である。これが運命であり、概念と目的を欠いた威力である。この威力に直面して、人間はみずからを断念し服従することによってのみ、おのれの自由を救う。運命は人間に対して外面的に勝利するのであって、内面的に勝利するのではない。人間は、外面的な現存が自分の目的にはふさわしくないから、あらゆる目的を放棄する。これは抽象的な自由である。絶対的な宗教〔キリスト教〕の見方では、不幸のなかでも絶対的な内容が達成され、否定的なものが再び肯定的なものへ転化する。しかし、ギリシャの精神はこうした外面的な必然性に対して、まだ絶対的な内容をなにも対置していない。この外面的な偶然性に対しても、ギリシャ国民はかれらの政治《ポリス》生活のなかで、純粋に自分から決断するという主観的な意志の無限性をまだもっていなかった。〔歴史上〕最初の自由であった彼らの自由はまだ有限性にとらわれており、それゆえ託宣が必要だった。家を建てるべきか、結婚すべきか、戦争すべきかといったことに関して、葉ずれの音や、陶酔状態に陥った神官の言葉などから〔神意が〕聴き取られた。自分から発する内的な決断はソクラテスのダイモニオン〔守護霊の指示〕をもって始まる。[†] このような守護霊〔内面的な主観性・良心の声〕はいまではだれもが自分のうちにもっている。

† クセノフォン『ソクラテスの思い出』第一巻一1—9とくに4、岩波文庫、二一—二二頁。プラトン『ソクラテスの弁明』24b-c, 26b-e. ヘーゲル『歴史哲学講義』下巻八一頁。本書三八九—三九〇頁参照。

しかしながら運命が共同倫理的な正義として最も真実で最も崇高な仕方で表れるのは、悲劇とりわけソフォクレスの悲劇[†1]においてである。運命は一部では不可解なものとして語られるが、よく見れば真実の正義であることが明らかになる。運命は共同倫理的な威力どうしの抗争であって、両威力は等しく正当性をもちながらも、同時にまた等しく一面的であり、あい並んで没落する。その結末は、ゼウスのみが真実なものであるということだ。[†2] ギリシャはこのような意識をホメロスのなかにはまだもっていなかった。その意識に彼らは教養形成の最高の頂点で初めて到達した。互いに抗争する威力は家族と国家であったり、意識されたものと意識されざるものであった。

†1　他の年度の「宗教哲学」講義はアンチゴネー、オイディプス王、コローノスのオイディプス、トラキスの女たちなどの作品にしばしば言及している。本書三八六―三八八頁、V.4.379, 395, 396, 91, 643.

†2　「何ひとつゼウスに依らないものはない」（ソフォクレス『トラキスの女たち』1277f.）。

ギリシャ人の祭祀のなかには楽しむ（享受）という契機がある。ギリシャ精神は祭祀において直接、自分自身のもとにあるからだ。もっと詳しく言えば、上記のさまざまな威力を承認するということが祭祀に含まれている。しかも、たんにあれこれの威力の一面的な承認ではなく、すべての威力の承認なのだ。楽しみ（享受）以上の契機は教訓である。吟遊詩人たちはギリシャ人に彼らのホメロスを教えた。祝祭の折に上演される悲劇は深い教訓を与えた。密儀のなかでは、おしゃべりや屁理屈を取り去った表象が伝達された。しかしギリシャの明澄な精神といえども、自分たちの領域を超越する或るものが存在するという予感をもっていた。それゆえ、彼らは「知られざる神のために」も祭壇をしつらえた〔使徒言行録一七・23〕。魂が浄化され高次の本質実在に受け入れられるさまが、密儀のなかでイメージ豊かに表現された。主要な契機は〔魂の〕不死の教えだった。だが最も賢明なギリシャ人であるソクラテスは聖別を拒んだ。† あらゆる聖別が、ソクラテスが成就したことよりもはるかに低い位置にあったからだ。ギリシャの祭祀のなかで人間がみずからを本質実在的な諸力〔神々の威力〕と同一であると知るかぎりで、そのような祭祀の特色は明るさにある。祭祀そのものが遊戯である。人間はそのなかでみずからを示し、自身の最高の美と器用さにおいて自己自身を享受する。ここには神と人間との不一致はなく、もとより和解している。

† ソクラテスはデルフォイの神殿で、彼が最も賢明であるという神託を受けた（プラトン『ソクラテスの弁明』20e-21a. クセノフォン『ソクラテスの弁明』§ 14）。ソクラテスがエレウシスの密儀の聖別を受けていなかったことについては、サモサタのルキアノス（Lucianus Samosatensis, 117-180 頃）が報告している。

次の課題は、この自由な精神が自分の有限性から自分を浄化することである。これが生じるのは、運命がギリシャ人の生活に突然ふりかかり、これらの国民精神がその特殊性と自然性のうちに没落し、こんどは神が純粋な精神として知られ、（たんに市民〔という特定の者たち〕だけではもはやなく）人間〔そのもの〕が端的に自由なものとして知られることによってである。〔ここに達するまでのプロセスで、まず〕これら特殊的な精神の一つ〔皇帝〕が、他のすべての精神の運命〔を決するもの〕へと高まる。他のすべての精神はかくして自分の政治生活の面で抑圧され、彼らの神々の弱さを自覚するにいたる。ギリシャ世界の運命〔の結末〕はローマの世界〔状況〕であった。

三　ローマの宗教

ローマの宗教はギリシャの宗教と取り違えることができない。ローマの宗教の原理は美ではなく、目的に外面的にかなっているということにある。神は或る目的に即して働くものと知られていた。そのなかでも絶対的な目的は、他の諸国を制圧する抽象的な威力としてのローマ国家である。ローマの精神は抽象的な普遍性の威力である。彼らはローマの精神を公共の運命（Fortuna publica）として、カピトリヌス丘のユピテル（Jupiter capitolinus）として崇めた。

ローマの国民は最も宗教的な国民と見られている。[†] しかし彼らにとって宗教は束縛的で制圧的なものだった。彼らの徳（virtus）は国家に全面的に奉仕することにある。宗教の個々の側面もこの関心に奉仕する。〔宗教の〕保護は貴族たちの手に握られていた。危急の時には、たいていの神々が迷信的な仕方で動員された。ウェルギリウスの作品などでは、ミネルヴァやアポロンのような神々は死せる機械である〔四二八頁†〕。〔ギリシャとは違う〕この異郷の地では、個性的で自由で共同倫理的なものが神々に欠けている。

† キケロー『神の本性について』二・八（『キケロー選集』第一一巻、岩波書店）

さらに、共同倫理的な特質をもたない散文的な有用性だけを目的とする数多くの〔神的な〕威力をローマ人は崇めていた。穀物を乾燥させる技能である〔竈の女神〕フォルナクスや、〔平和の女神〕パークス、〔ペストの神〕ペスティスなどである。さらには、パリリアのような祭と結びついた田舎の自然力も崇められた。サートゥルヌスの時代に崇められていた神々はこの種のものである。神々がまったく制約された外的な自然の諸力にすぎなかったことは、ローマの宗教の一面である。

もう一面は抽象的な内面性であって、知られざる内面的なもの、いわば内的な運命への戦慄である。ローマの隠された名前、アモールとエロース（愛）あるいはウァレンシア（Valentia 花）はこれに結びついている。[†1] ギリシャ人があらゆるものから何か美しいもの・神秘なるものを創りだす術を知っていたのに対して、ローマ人はこのようなぼやけた内面性に固執した。その内面性は畏敬の念としてあらゆるものに付着していた。それゆえローマ人は、例えば奇形児が生まれた場合には、おびただしい数の決まりをもっていた。ローマ人自身は美しい造形をなに一つ生み出さなかった。彼らはそれらをギリシャ人から奪ってきたのだ。例えばセネカのような悲劇では、共同倫理的な原理はなく、あるのはただ奴隷根性であり、だらしない奉公人根性にすぎない。[†2] ギリシャ人の演劇で主要なものは、言葉と彫塑的な

花飾りをつけたフローラ　アモール
（クロイツァー『象徴学と神話学』1841年より）

身体動作であった。表情は仮面によって遮られている。ローマ人のあいだではパントマイムが発達した〔モリッツ『アントゥサ』四三一頁†1〕。しかしその後は、獣を相手とした血なまぐさい戦闘が主流になった。そこでは散文的な死が直観された。冷厳に死することがローマ人にとって最高のものとなった。例えばセネカの抽象的な偉大さのように〔タキトゥス『年代記』一五・六二―六四　国原吉之助訳、岩波文庫、一九八一年、下巻二八九―二九二頁〕。

†1　クロイツァー『象徴学と神話学』第二巻（一八二〇年）によれば、ロームルスは自分が建設した都市に三つの名前を与えた。一つは隠された神秘的な名前アモールとエロース（Amor, ἔρως）、次に聖職者風の厳かな名前フローラ（Flora）またはアントゥサ（Anthusa）、そして市民としての名前ローマである。クロイツァーはこう書いている。「この都市は花咲き乱れるフローラであった。それはウァレンシア・ローマであり、強力なものだった」と。アントゥサ（Anthusa）は、花を意味するギリシャ語の ἄνθος に由来し、それゆえラテン語の Flora と同義である。Valentia は valeo（私は元気だ、力がある）に由来する。類似の叙述が『歴史哲学講義』下巻一一

五頁にある。

†2　ドイツ古典主義がセネカを過小評価する傾向はとりわけレッシングにまで遡る。ヘーゲルもこの流れに立つ。ヘーゲルがセネカのどんな悲劇を知っていたのかは定かではない。ヘーゲルの蔵書にあったセネカに関する二つのテクストは哲学的な著作のみを含むものだった。しかし、セネカの悲劇に対するヘーゲルの評価が厳しかったとしても、シュトラウスのここでの要約は正当化できない。シュトラウスはセネカの悲劇に対する批判とのちの喜劇に対する批判とを混同したと思われる。

ローマ人の精神のこの抽象的な威力は、皇帝のなかに人格化した。皇帝は神であった。皇帝は、穀物の病気やペストなどとはまったく別の威力であるかぎりでのみ、正当にも神であった。この状態は先行する〔ギリシャ〕宗教の朗らかな幸運をだいなしにした。この抽象的な権力は世界のなかにとてつもない不幸と苦痛を持ち込んだ。それが真実の宗教〔キリスト教〕を産む苦しみとなった。この世の満足を諦めることが真実の宗教の基盤を準備した。時が満ちたとき、すなわち世俗世界の精神のなかにこうした絶望がひろがったとき、神が御子を遣わした〔マルコ一・15、ガラテヤ四・4、エフェソ一・10〕。

第三部　完成された宗教

はじめに

一　この宗教の定義

この宗教の内容は、神が〔自身を自身から区別して〕みずからにとって対象でありながらも、この区別のなかで端的に自己と同一であるということだ。したがって神が精神であり絶対的精神であるということである。意識はこの内容のなかに自分が編みこまれているのを知り、自分をこの運動の契機として知る。意識は、彼自身のなかで神が自己を知るかぎりでのみ、神を知る。かくして神は教団における精神としてある。そこにこそ啓示宗教が存在する。

二　この宗教への移行

この宗教への移行は〔歴史的には〕次のようにしてなされた。まずギリシャの宗教で、人間は神を自由な精神として知ったが、それはまだ有限性にとらわれていた。ローマの世界で、この有限性は主観的精神の側の労苦でとりのぞかれた。かくしてこの主観的精神の側から、絶対的で自由な精神の意識への移行が準備されたのであった。

A　神についての抽象的な概念（神の存在の存在論的証明を含む）

この立場の抽象的な基礎は神の概念である。これまでのさまざまな宗教で、われわれは存在から神へと上昇した。その存在は時に偶然的なものとして考えられた〔宇宙論的証明〕。またある時は目的にかなったものとして考えられた〔目的論的証明〕。これらの証明は、ある与えられたものから出発することによって、有限性の側面にかかわる。〔これに対して〕自由な概念の無限性の宗教にふさわしいのは存在論的証明†であり、これがこの〔完成された宗教の〕段階の基礎をなす。ここでは神の概念から出発するが、しかしそれはまだ主観的な神概念である。この概念に存在も帰属することを示すのが、この証明のねらいである。それは次のような推理である。神は最も完全なものである。存在が属さないものよりも、存在も属するものの方がより完全である。それゆえ神には存在も帰属する。言いかえれば、神は全実在の綜括概念である。

† 存在論的証明についての講述をバウアー版は別個に編集している。V3. 271-276. Sk.17. 528-534.『宗教哲学』木場深定訳、岩波書店、下巻四〇〇―四〇七頁

この証明をカントは次のように批判した。存在はなんら実在性ではない。存在は概念の内容に何もつけ加えない。想い浮かべられた百ターラーは現実の百ターラーと同じ内容である。しかし、私が百ターラーを想い浮かべたからといって、そのことで私が百ターラーを実際に所持しているわけではまだないのだ。――カントがこう批判する際、有限なものと無限なものとの区別が見逃されている。有限なものはその概念にふさわしくない。〔有限な〕個体はその類〔概念〕と同一ではない。それゆえ個体は消滅する。これに対して、無限なものにおいては、〔存在と概念との〕このような差異は廃棄されている。ところでこの〔存在論的〕証明の最も不完全な点は、神における概念と対象との統一がたんに前提されているだけだという点にある。言いかえれば、最も完全なる実在はまた存在もしなければならないとい

うことが単に前提されているだけだという点にある。それゆえ、概念は存在をすでに自己内に含んでいるということをはっきりと示さなければならない。存在は無媒介的な自己関係である。これに対して、概念は、その中であらゆる区別が〔廃棄されて〕たんに観念的となっているようなものであり、完全な透明性、完全な自己同一性である。この同一性はしかし直接性でもある。それゆえ、概念はそれ自身において存在をもつ。われわれが思考するものとしてわれわれの概念を実現しようと努める場合にも、みずからの一面性を取り除きみずからを実在性へ翻訳しようとする観念的なものの努力が現れる。概念は、それがすでに〔存在としても〕立てられているのでなければ、自分自身を真でないものと知るからである。

しかしここ〔キリスト教の叙述〕では、概念と〈直接的なものとしての存在〉との抽象的な論理的同一性が問題なのではない。存在論的証明の二つの側面〔概念と存在〕のこうした関係のなかに、われわれは精神そのものとしての神をもつ。精神は絶対的に存在する概念である。精神は自己を区別し根源的に分割する（urteilen）。こうして精神から区別されたものは、精神を欠くもの、存在である。しかしこの区別においても、精神は端的に自己と同一であり、純粋な光である。そのようにして神はみずからを啓示した。そのようにして神は顕わなものである。

B　表象形式における神の理念

章別編成

啓示宗教としての宗教はすべての人間のためのものである。神を純粋な思考の場で知る思弁的認識に達した人々だけのものであってはならない。思考はたんに純粋な思考であるだけではなく、表象と直観においても自己を顕わすものであるから、この絶対的真理は、感じ直観し表象する人々のためのものでもなければならない。これが、宗教が哲学から区別される形式である。表象することも思考することではあるが、ただし自由な形式における思考ではない。宗教的内容も思弁的内容と同様に固定的な知を超えている。たとえば、思考と存在との同一性は固定的な知にとってはありえない。「思考は思考、存在は存在」というのが固定的な知の判断であるからだ。

この〔完成された宗教の〕理念と内容を次の三つの領域で考察しなければならない。

（1）　自由な普遍性におけるこの理念。あるいは神の純粋な本質実在——父の国
（2）　理念の自己内区別、目下のところ差異に囚われている区別——子の国
（3）　この有限な精神と絶対的に存在する精神との和解——霊（精神）の国

この章立てをもう少し詳しく見ると、次のようになる。

理念はこの三つのすべての領域で神の自己開示（啓示）である。

（1）それはまず純粋な理念性と普遍性の場のうちにあり、思考する精神の不動の場にある。ここでの神の自己開示（啓示）のあり方は、〈神は区別によっても直接的に自己のもとにある〉という単純な推論である。神の自己区別はここではまだ外面性にまで達していないからだ。この〔内的な〕運動によって神は精神である。それゆえ、この領域はとくに父の国と呼ばれるけれども、三位一体の教義〔父―子―霊〕がここに属する。

（2）第二の場は特殊性と表象という場である。第一の領域では第一のもの〔父なる神〕からまだ区別されていない他者としてあった子が、ここでは外面的なものとして、世界と自然として規定される。その世界と自然に、自然的なものとしての有限な精神〔人間〕も属する。しかしながら、われわれはいまは宗教の領域にいるのだから、ここでなされるのは自然と人間についての宗教的考察である。言いかえれば、神と〔人間と〕の統一が再び表に現れる。かくして自然のなかに御子〔キリスト〕が登場する。これが信仰の始まりをなす。御子はまず初めは人間として、外的な自然的な歴史をもつ。その後はしかし、この歴史はこうした性格を失って、神的歴史、神の顕現の歴史となる。それが子の国から

（3）霊（精神）の国への移行をなす。霊の国の場は、人間が神と和解しているという人間の自己意識であり、教会と祭祀におけるこうした意識の成就である。

一　父の国

まず初めに神は、思考するものとしての人間にとってある。神についてのこうした認識は教義という形で人間にもたらされる。人間がその教義を概念によって把握しない場合には、それを表象として信仰のなかへ受けいれることができる。三位一体の教義がそれである。神は精神としては、自分自身のもとにある自由な知の活動である。この活動は活動としては、自己をもろもろの契機の中に置かなければならず、概念としては、自分を根源的に分割〔判断〕しなければならない。しかしこのように区別されたものも、直ちに、それがそこから区別された元のものである。こういう仕方の分割を表象として表すと、父なる神が永遠に〔絶えず〕彼の御子を産みたもう、という表現になる。「神は自分に御子をもうけるためにそうなされた」とわれわれは言う。ただし、こうした行為のすべてが神そのものだ。神はもっぱらこうした総体性なのだ。神を父として抽象的に受けとれば、神はまだ真実の神ではない。それは抽象的な真理にすぎない。真理は宗教においては信じられ、哲学においては概念的に把握される。

しかしながら、ここに固定的な知が自分のカテゴリーを持ち込む。数という、概念を欠く最たる規定が、あるいは区別を欠く同一性が持ち込まれる。〔三が一であるという〕この言い方のなかには矛盾があると人は言う。たしかに、このような神の自己内区別は矛盾にまで進展しうるが、それは第二の領域で初めて生じる。

三つのなかにはただ一つの総体性のみがあるという意識の痕跡は、以前にも抽象的な形で現れていた。たとえばピタゴラスの *τριάς* という三重に神聖なものとか、カントの三分法などとして。†

† 「トリアス」についてヘーゲルは、祭祀的なトリハギオンよりはむしろピタゴラス派についてのアリストテレスの報告（『天体論』268a10-15）を念頭に置いている。『哲学史講義』上巻二〇六―二〇八頁参照。カントについては『純粋理性批判』B110. Anm.2 参照。

父としての神は第一の普遍性であり、特質をもたず認識しえないものである。それゆえグノーシス派は父としての神を「深淵」(*βυθός*) と名づけた。しかし神はさらに自己を区別する。言いかえれば「ロゴス」(*λόγος*) であり、子であり、顕現するという契機である。それゆえグノーシス派は子としての神を「〔神の〕最初の自己了解」(*πρώτη κατά ληφις ἑαυτοῦ*) とも名づけた。† この第一段階では、理念はそれ以上の規定には進まない。神は多くの性質をもった主体としてとらえられるだけである。だが、これらさまざまな性質は必ずや矛盾にまでつき進む。固定的な知は特質規定を捨象した上で、抽象的な実在性のみが残っているという情報をつかむ。しかしながら神の上述の理念においては、矛盾のたえざる定立と解消はわれわれ自身の主体的な活動として与えられるのではない。精神自身の客観的な、いやむしろ絶対的な活動として与えられる。第一の純粋な形式のさらなる帰結は、理念は自己を自己と媒介する活動として規定される場合に真理であるということである。

† グノーシス派についてヘーゲルは、ネアンダー『グノーシス派の体系』（二一〇頁†）から情報を得ている。『哲学史講義』中巻三六〇―三六二頁参照。

二　子の国

a　区　別

第一の理念においては単にかりそめのものにすぎなかった区別が、いまではそれ相応の権利を認められる。この国は子という規定のなかにある。区別されたものは〈他である〉という形式のうちにある。精神は〈他であるもの〉に関わる。それによって立てられるのは、もはや絶対的な精神ではなく、有限な精神である。区別されたものそのものは、自然と有限な精神〔人間〕へと自己内で区別されたものであるから、それとともに世界創造が生じ、子が現実に他者となるという形式が現存する。神は創造主である。ただし「ロゴス」として、みずからを顕わすものとして創造主である。世界は人間にとって最初は前提されたもの、直接的に存在する多様なものである。第二にしかし、人間は世界のなかに神を認識しもする。それは〔キリスト教〕以前の諸宗教や神の〔宇宙論的または目的論的〕存在証明のなかに見た通りである。けれども、このように自然から出発して神を認識するやり方は制約された現象から出発するため、この制約性を神のなかへ持ち込むことによって、いつもそぐわないものを残している。神はおそろしい雷鳴をもって轟《とどろ》くが、にもかかわらず認識されることがない〔ヨブ記三七・5〕〔と人々は言うが、神は轟く以上のことをしなければならない〕。

b　和　解

(1)　和解の理念と、その理念が一人の個人に現象すること

神はたんに自然的な仕方ではなく、精神的な仕方で自己を開示（啓示）しなければならない。感じ直観する有限な人間に対してても神が精神としてみずからを開示するためには、神は肉において現象し人間とならなければならない。その可能性は神的本性と人間的本性との一体性（統一）のなかにのみある。神の人間化をわれわれはすでに、インドのさまざまな化身やダライ・ラマのなかに、さらにまたギリシャの英雄たちやローマの皇帝たちの神格化のなかにみた。これらすべてのなかに、神的本性と人間的本性とが潜在的に一つであるという規

定を獲得しようとする闘争がある。しかしながら、そのような東洋的な諸形態においては、人間性はたんにマスクにすぎず、本質的なものではない。その根底には、精神が疎遠な質料（ὕλη）のなかに突きおとされ精神の身体化〔受肉〕は〔肉体という〕牢獄に囚われることだ、という表象がある〔ネアンダー『グノーシス派の体系』〕。そうした表象にはたしかに真実なものがある。他面しかし、そのような主体性における特徴づけは、精神の究極的な尖鋭化（純化）であって、その契機は神の生においては欠くことのできないものである。精神は無限な自己関係のなかで直接性の規定をそれ自身においてもつから、神が人間に精神として啓示されるときには、この直接性の契機もそこに現れてこざるをえない。けれども自然的な直接性においては神はけっして真に内在的ではなかったから、もはや神は「炎につつまれた柴」〔出エジプト記三・2〕というような自然的な直接性において現れるのではなく、精神的な直接性において人間的な姿で現れる。主体性〔の契機〕をたんに偶然的にそなわったものと見る汎神論では、無数の化身が生じる。これに対して、精神としての神の現象は、精神が唯一性の契機を含んでいるため、ただ一度の現象でしかない。

（2）　キリストが歴史のなかに感性的に現前する

われわれが概念においてこの地点まで来てしまったあとで、もう一方の〔神の〕側においても、〔キリストという〕個別的な人間が神人として知られることによって、神性と人性との一体性が一般的に意識されるようにもなる。まず初めに、この〔具体的な〕両親から生まれた一人の個別的な人間が現にそこにいて、食べたり飲んだりする。他方、この人間が神として知られることによって、神の彼岸性が神人という規定において廃棄される。初めの見方はそれだけでは、非宗教的な見方である。それに対して後の方は信仰である。前者から後者へと導かれなければならない。キリストの外的な現れから出発して、キリストの死まで辿ることができる。しかしここで〔キリストの死をめぐって〕信仰と無信仰とがはっきり区別される。

初めの見方は人間的な側面の考察であるが、人間的な面がすでにより高次のものへの移行の始まりでもあるという意味で、そうなのだ。キリストの教えはこの人間的な面に属する。その教えはまだ人間的なものではあるが、それは信仰を内的精神性の基盤へと導かなければならない。奇蹟もこの面に属する。キリストの事蹟〔歴史〕は初めはたんに外面的なものだ。キリストはそもそもの初めは一人の教師であった。彼の教えの中身を詳しく見れば、それは道徳的な教えであり、とりわけ人間に対する愛の教えである。この教えは一見したところ抽象的なものだ。私に何の関わりもない人を〔愛せと言われても〕私は愛することができない。〔だから〕この愛は、正しくは、隣人への愛である。この誡命は他の宗教でも見られるが、キリストの教えには、さらに神の国〔の到来〕についての告知が含まれている。すなわち、内面性という人間の真なる基盤へと人々を導き、あらゆる地上的価値が無価値に見えるような絶対的な価値へと人々の意識をめざめさせる教えが含まれている。内面性へのこうした高まりは、キリストの教えのなかでも際立った特徴であって、この高まりは彼の教えのなかで無限のエネルギーをもってわれわれの表象へともたらされる。〔例えば〕山上の教えをキリストは〔次の言葉で〕始める。「幸いなるかな心の清き人たちよ。彼らは神を見るであろうから」〔マタイ五・8〕。これは語りうる最大のことである。この山上の語りのなかでは、さらに非自由と外面性と迷信のすべてが廃棄されている。それゆえ、〔ルターの翻訳によって〕国民が聖書を手にしたことは、限りない価値をもっている。聖書は絶対的な民衆本である。さらに（抽象的な意見ではなく）絶対的な心構えのみが価値をもつということが詳しく語られる。「何よりもまず神の国を求めよ」〔マタイ六・33〕。純粋な内面性へのこの高まりにくらべれば、才能や権力があるとか、教養に欠けるとかは副次的な事柄だ。キリストが金持ちの若者にむかって「君の財産を貧しい人々に与えて私について来なさい」〔マタイ一九・21〕と語りかけるときにも、この内面性の無限の価値、あらゆる外面的なものから身を引くことの無限の価値が言い表されている。あるいはまた、キリストが「私の父〔なる神〕の意志を行う人々こそ、私の母であり私の兄弟たちである」〔マタイ一二・50〕と言うときにも、その無限の価値が語られている。キリストはみずからを神の子にして人の子と呼んで、「子と、子がみずからを顕わそうと選んだ者のほかには、父を知る者はいない」と言った〔マタイ一一・27〕。このことはここではまず、人間は神の子であり、人間はみずからを神の子とすべきであるという普遍的な意味をもっている。この教師は自分のまわりに友人たちを集めて、自分の教えで彼らを教育した。しかしながら彼の教えは革命的なものであったために、彼は訴えられた。そして彼はみずからの死をもって、みずからの教えを確証した。

そこまでは無信仰の者でもついて行ける。その点でキリストはソクラテスに類似している。ソクラテスはその教えの内面性のゆえに、彼の民族の神々と対立し、そのために死刑の判決を言い渡された。キリストはソクラテスとは別の民族に属していたから、その教えはソクラテスの教えとは別の色合いをもっていた、というだけではない。天国についてのキリストの教えは、ソクラテスの内面性よりも無限に大きな深さをもつ。以上が無信仰の者にも理解できるキリストの外面的な歴史である。

(3)　キリストの死と精神的現前への移行

しかしながらキリストの死とともに転回が始まり、信仰にもとづく考察、聖霊から出発する考察が現れる。それは、キリストのなかに神の本性が啓示されたという神についての考察である。この信心深い意識は、「私を見る者は父をも見る」〔ヨハネ一四・9〕という上に引用したような箴言に反映している。そのような箴言は初めは規定を欠く一般的なものであった。しかしながら信仰はこうした箴言の正しい解釈であり、とりわけキリストの死の正当な解釈でもある。信仰は絶対的な真理についての意識、神が何であるかについての意識にほかならない。神は三位一体である。すなわち〔まず〕端的に存在する普遍者であり、〔次に〕自分を区別し自分に対立するが、〔最後に〕しかし、そのなかで自分自身と同一であるという生の過程である。要するに、こうした推理のプロセスである。神がキリストのうちにあるという信仰はいまや、神の生のこうした〔受肉の〕経過がキリストの人生のなかで直観され、しかもすでに直観されたという確信である。このことがキリストのなかで直観されうるためには、いくつかの条件が要る。例えばキリストの教え、とりわけキリストが自己自身について語った箴言が必要である。それらの箴言は初めは〔彼が神の子であることを〕請け合うものであったが、内容的には、表象の一般的領域にまでくだって解釈されうるような種類のものである。もう一つの基準は、われわれがこの個人において神的な威力を見るということ、つまり奇蹟である。奇蹟に対しては可能なかぎりのあらゆる種類の反駁を考えることができる。キリストが活動した時代は奇蹟信仰の時代だったとか、キリスト以外の他の人々も奇蹟を行っていたといった反駁などである。だが信仰にもとづく考察はこれとは別だ。もしキリストが神人ならば、奇蹟はもはや何ら難しいものではない。他面しかし、奇蹟はいつも信仰にとってのみある。信仰にとっては、奇蹟は再びあたり前のもので、大した意味をもたなくなる。

そもそも信仰は聖霊の証言に基づいていて、それがキリストの現れに十全な意義を与える。弟子たちはキリストとともに生き、彼のすべての教えを聴き、彼の行いのすべてを見た。にもかかわらず、キリストはのちに初めて彼らに聖霊を遣わそうとする〔ヨハネ一五・26、使徒言行録一・7―8〕。それは、彼らがキリストの生前にキリストから得た確信が、まだ本当の真理ではなかったということだ。霊（精神）がこのようにあふれ出ることが聖霊降臨祭で想い浮かべられる。精神の証言は主体の側における気分である。特殊的な国民精神とその〔土着の〕自然的な神々を打ち砕くことによって、神を精神的なものとして普遍的な形式において知るという衝動は、あの時代の精神の無限の欲求であった。この衝動は、無限な精神が一人の現実の人間の姿で現象し顕現することを要求する。神の無限の主観性は直観する意識に対して、個別性の形式で存在する。信仰はいまや、この聖霊が降りそそいだ人々によってすでに物語られていたように、キリストの生涯をみずから解き明かす。だがとりわけ精神のこの証言によってのみ理解されるのは、キリストの〔生よりはむしろ〕死である。キリストの死は信仰が試される試金石である。この死はまず第一に、キリストがそれ自身においてて人間性をもつ神であったということを意味する。しかもこの神は、死にまで至る神、それゆえ絶対的な有限性のうちにある神、あまつさえ犯罪者として死にさえもする神である。それゆえにこの死は、人間性がキリストにおいて最も極端にまで達した証拠なのだ。ところが次に「神みずからが死せり」という第二の規定が現れる。これはより高次のあらゆる真理に対する絶望である。だが第三に、ただちに次の転回が現れる。すなわち神の死は無限な否定であり、神はこの否定のなかでもみずからを保持している。この過程はむしろ死の死であり、生への甦りである。キリスト自身が死後ふたたび弟子たちの前に現れた、と教えられる。そこにさらに、キリストが昇天し神の右に座るという話がつづく〔マタイ二八・9、17、マルコ一六・9以下、ルカ二四・13以下、ヨハネ第二〇—二一章、使徒言行録第一章全体、七・55〕。この物語は神的本性そのものが顕わになることである。それはすでに〔父の国という〕第一の領域にあった。ただしいまここでは、直観に対する直接性の形で始まり、個別性において経過する。父という抽象性が子において廃棄される。これが死である。しかしながらこの否定の否定は父と子との統一であり、愛であり、精神である。それゆえここには以前〔父の国で見たの〕と同じ神的本性の経過がある。ただし今度はこれが意識に対して顕わになっているのだ。

キリストの死についてさらに考察すべき本質的なことは次のことである。神がこのように貶められ人間性をもつということは、キリストには疎遠なものであって、他から受け取ったものだ。なぜならキリストは永遠の昔から神だったからだ。キリストに無縁なこのことは、そのものとしては、他に属するものである。他とは人間である。人間のあらゆる形態におけ る有限性——その主要な形態は悪であるが——をキリストはみずからに引き受けた。一方では、人間性は神の生における一契機として知られるが、他方、キリストが人間性を死に至らしめることによって、人間性は神に属さないものとして認識される。このことが、キリストは世界の罪を背負い、それを死に至らしめた、と表現される。これは、各人が自分自身で自立しなければならないというユダヤ的（＝道徳的）な帰責〔の教説〕に反する。しかしそのような帰責は有限性の領域にのみその座をもつのであって、けっして自由な精神それ自身の領域にあるのではない。すでに道徳において、精神は自由なものとして知られている。ましてや宗教的な領域では、なおのことそうだ。だから、悪が含んでいる制限は精神にとっては無であり、精神は起こったことを起こらなかったことにすることさえできる。それゆえ信仰にとって、この死のなかで死滅したものは有限性一般であり、悪一般である。かくして死は普遍的な意義をえて、世界の和解となる。しかしここで、〔実践を欠いた〕たんなる考察は終わる。主体みずからがこうした自己疎外の苦痛のなかに引き込まれる。これが第三の部分への移行である。

三　精神（霊）の国――教団

a　教団の自己意識

この部分は、これまでのすべての領域に対する主体の関係を含んでいる。主体はこれら三つの契機を経過し、自分自身を自分の本源的な精神的本性と結びつけ、それ自身のうちにある神の似姿と結びつける。こうしたサイクルを主体はそれ自身においてもつ。この経過は、「人間は自然のままではあるべき状態にない。自然のままの人間は悪だ」という意識をもって始まる。

この運動の基盤は教団であり、自己自身をこの他者において知る神である。信仰の確立による教団の設立をわれわれはすでに見た。個人は洗礼〔第一のサクラメント〕を通じて教団の成員となる。かくして個人は教団のなかで、われわれが真なるものの運動として見た精神的な生を生き抜く。本来、事を起こすのは教団とそのなかにおける主体である。主体がこの信仰のなかで教育されることによって、主体はすでに悪を克服した場にあり和解の国にいる。それによってしかし、主体は無限の苦痛と闘争を免れているのではなく、ただそれらが緩和されているにすぎない。信仰が個人に教え込まれるとき、信仰は外面的ですでに出来上がったものとして、教会の実定的な教義として主体に現れる。

それゆえ、主体は自然のままではそのあるべき状態にないが、同時にしかし、あるべき状態になる可能性、神によって恩恵のなかへ受け入れられる可能性を有している。この目的のために個人は、神的本性と人間的本性とが潜在的に一つであるという真理を、信仰と表象のなかでつかむ。こうした信仰や前提のなかにあるのは、主体がその自然性を取り除いて、これと闘っているということである。これは一方では主体の行為であり、他方では聖霊（聖なる精神）の御業である。ただし、この聖霊（聖なる精神）は主体にとって外的なものではなく、主体が信仰する彼自身の精神なのだ。

第三に、主体は神と自己との統一と和解の保証をえる。これはたったいま述べた第二の点、すなわち悔い改めと懺悔を条件としている。言いかえれば、人間がその自然的な意志をしりぞけることを条件としている。もしもこの条件が満たされるならば、かの合一は第二のサクラメントである聖餐のなかで人間に保証される。聖餐は〔神との〕こうした統一を味わい楽しむこと（享受）である。宗教のこの最後の中心点において、宗教における他の一切の差異にその意義を与えるような違いが現れる。聖餐は神的なものとの一体性（統一）のたんなる保証ではなく現実に一体性〔統一〕を授けることであるから、神的なものが身体的な味わいとして食される。或る教義によれば、神的なものは初めは主体から区別され、他なるものとして、聖なるパンというこうした外面的なものとして立てられ、それが人間に食される。これはカトリック〔の教義〕である。カトリックのまったくの外面性と非自由は、カトリックにおける神のこうした外面性にもとづく。これに対してルター派の態度は、感性的なものを食い尽くすことのなかにのみ、信仰においてのみ、主体と神とのこうした合一があり、この享受の外では聖なるパンはありふれた事物〔普通のパン〕にすぎない、というものだ。第三のツヴィングリ派とカルヴァン派の態度は、聖餐はたんなる表象と思い出にすぎず、たんに道徳的な関係にすぎない、とする。

以上が教団である。(1) 直接性 (2) その直接性の廃棄 (3) 和解の保証、これが教団における神のプロセスの三段階だ。教団とは、各人にとってこのような信仰が前提としてあり、それゆえ精神が普遍的なものとして現存している状態のことである。これと反対の考えは、各人が自分の教えを自分だけでもっているという表象である。だが各人が自分だけでもっている教義は偶然的なものにすぎない。こうした各自の特殊性は宗教において食い尽くされる。

以上が全面的に顕わにされた絶対的真理である。第一に、愛の自己内における永遠なる生としての神。第二に、表象する有限な精神にとって主体〔子〕として表された絶対的真理。したがってあの主体の〔キリストという〕感性的な形態は精神によって解釈される。第三に、愛である生、その生のプロセスが、教団の自己意識のなかに顕わになること。そのプロセスは神であり、それがキリストにおいて想い浮かべられる。

b　宗教の実現

しかしながら、宗教とならんで、なおほかに世俗の領域が現存しているから、宗教はこの世俗においても自己を実現しなければならない。カトリック教会では、主体が教会によって支配された外面的なものであるため、教会は世俗をも外面的に支配しなければならないという要求をもって現れる。しかしながらこの世俗性は人間の自由〔の表れであり基盤〕でもあるのだから、世俗はこの宗教に対して野生的、反抗的に現れる。世俗における宗教の真の実現は内的な実現であって、共同倫理的で合法的な国家生活が組織されること〔法治国家の自己組織化〕にほかならない。しかしながら、そのような国家生活がひとたび確立されると、国家生活はそれ自身がこの〔世俗の〕領域における神性として、神々しいものの全ひろがりをのみ込んでしまう。その結果、全内容がしなびてしまう。国法が普遍的なものとして知れるように、思考は神の内容をも吟味し、神の内容が思考の吟味に耐えるものであることを要求する。思考は今や、証言を与えようとする精神である。信仰のなかには真実の内容があるけれども、それは表象の形式においてある。今やこの内容に思考の形式が与えられなければならない。これを遂行する哲学はそれによって宗教の上位に立つのではなく、ただ表象としての信仰形式の上に立つだけなのだ。

〔一八三二年〕二月五日了†

† シュトラウスがこの要約を書き終えた日付。

訳者あとがき

本書の翻訳を始めたのは拙著『神と国家　ヘーゲル宗教哲学』が刊行される直前、一九九五年春だったように思う。あれから実に六年が経過してしまった。訳稿を整えるのに四年、校正に二年を要して、ついに世紀を越えてしまった。

金子晴勇先生のお薦めにより、この課題に取り組む機会を得た。ここに厚く感謝申し上げたい。

一九九九年の正月休みを各章の概観を書くために費やした。長い期間に断続的に訳してきたものを、そのとき初めて集中的に読み通した。直接の対象はまさしく拙い訳稿であるが、もとはといえばヘーゲルの講義である。ちょうどヘーゲルの集中講義を聴講したような言い知れぬ感動を覚えた。大部な翻訳ではあるが、時間をとって集中的にお読み頂くことをお勧めしたい。ヘーゲルが、よく言われるように現実を既存の体系に強引に当てはめる悪しき図式主義者ではなく、具体的な経験的事象に悪戦苦闘する哲学者であったことがお分かり頂けるだろう。それは固有なものの固有な論理の探究であった。とりわけ第二部の宗教史のなかにそれがよく現れている。ここでは、注にあげられている情報源にも目をとおしながら、包括的な比較宗教学的営み（編者序文）に注目して頂きたい。

第二部の宗教史では世界各地の宗教が出てくるため、それぞれの専門家のお世話になった。阿久津昌三、埋田重夫、澤田典子、重近啓樹、染谷臣道、田中伸司、毛利晶、山下秀智、湯之上隆の各先生にはいろいろと貴重なご教示を頂いた。ここに厚く御礼申し上げたい。

ボンで最終校正をしている時に立川武蔵先生と出会い、短期間だが同じ宿舎でご一緒したのは不思議なご縁というしかない。先生からはヒンドゥー教に関するカタカナ表記についてや、そのほか貴重なご指摘を頂いた。また『ヒンドゥーの神々』（せりか書房）から貴重な写真を転載するにあたってご配慮頂いた。この分野の専門家が身近にいなかったため不安が残っていたが、最後にこの不安を解消して頂いたことに厚く御礼申し上げたい。

小林亜津子さんには拙訳の一部を読んで頂き貴重なご指摘を頂いた。索引作りには小椋宗一郎さんと菊池有希さんのご協力を頂いた。記して感謝申し上げる。

最後になったが創文社の小山さんには大変お世話になった。奇しくも本翻訳が創文社における小山さんの最後の仕事になり、退社後もまさにボランティアで仕事を続けて頂いた。小山さんの励ましと熱意がなかったら、この翻訳は実現しなかったであろう。心から御礼申し上げたい。

二〇〇一年八月　　ボンにて　　　　山﨑　純

詳細目次

ヘーゲル　宗教哲学講義（一八二七年）

D・F・シュトラウス
ヘーゲル「宗教哲学」講義（一八三一年）の要約

[ラ行]

[ワ行]

［マ行］

［ヤ行］

［ハ行］

［ナ行］

［タ行］

［サ行］

[カ行]

【事項】

［ア行］

【神名・神話】

索　引

【人名】

本書は、二〇〇一年に創文社より刊行されました。文庫化にあたり、訳文を一部改めるとともに書誌情報などを最新版に改訂しました。

G・W・F・ヘーゲル
1770-1831年。ドイツ観念論を代表する哲学者。弁証法を創始し，壮大な哲学体系を構想した。代表作は『精神現象学』など。

山﨑　純（やまざき　じゅん）
1950年，新潟県生まれ。東北大学大学院文学研究科博士課程単位取得退学。博士（文学）。現在，静岡大学名誉教授。著書に『神と国家』『ヘーゲル「精神現象学」入門』（共著）ほか。訳書に『自筆講義録Ⅱ』（ヘーゲル全集第16巻，共訳，刊行予定）ほか。

講談社学術文庫

定価はカバーに表示してあります。

宗教哲学講義《しゅうきょうてつがくこうぎ》

G・W・F・ヘーゲル
山﨑《やまざき》　純《じゅん》　訳

2023年1月11日　第1刷発行

発行者　鈴木章一
発行所　株式会社講談社
東京都文京区音羽2-12-21　〒112-8001
電話　編集（03）5395-3512
販売（03）5395-4415
業務（03）5395-3615
装　幀　蟹江征治
印　刷　株式会社広済堂ネクスト
製　本　株式会社若林製本工場
本文データ制作　講談社デジタル製作

ISBN978-4-06-530302-3

「講談社学術文庫」の刊行に当たって

これは、学術をポケットに入れることをモットーとして生まれた文庫である。学術は少年の心を養い、成年の心を満たす。その学術がポケットにはいる形で、万人のものになることは、生涯教育をうたう現代の理想である。

こうした考え方は、学術を巨大な城のように見る世間の常識に反するかもしれない。また、一部の人たちからは、学術の権威をおとすものと非難されるかもしれない。しかし、それはいずれも学術の新しい在り方を解しないものといわざるをえない。

学術は、まず魔術への挑戦から始まった。やがて、いわゆる常識をつぎつぎに改めていった。学術の権威は、幾百年、幾千年にわたる、苦しい戦いの成果である。こうしてきずきあげられた城が、一見して近づきがたいものにうつるのは、そのためである。しかし、学術の権威を、その形の上だけで判断してはならない。その生成のあとをかえりみれば、その根は常に人々の生活の中にあった。学術が大きな力たりうるのはそのためであって、生活をはなれた学術は、どこにもない。

開かれた社会といわれる現代にとって、これはまったく自明である。生活と学術との間に、もし距離があるとすれば、何をおいてもこれを埋めねばならない。もしこの距離が形の上の迷信からきているとすれば、その迷信をうち破らねばならぬ。

学術文庫は、内外の迷信を打破し、学術のために新しい天地をひらく意図をもって生まれた。文庫という小さい形と、学術という壮大な城とが、完全に両立するためには、なおいくらかの時を必要とするであろう。しかし、学術をポケットにした社会が、人間の生活にとってより豊かな社会であることは、たしかである。そうした社会の実現のために、文庫の世界に新しいジャンルを加えることができれば幸いである。

一九七六年六月

野間省一